AF569858

HULK
DYSTOPIA

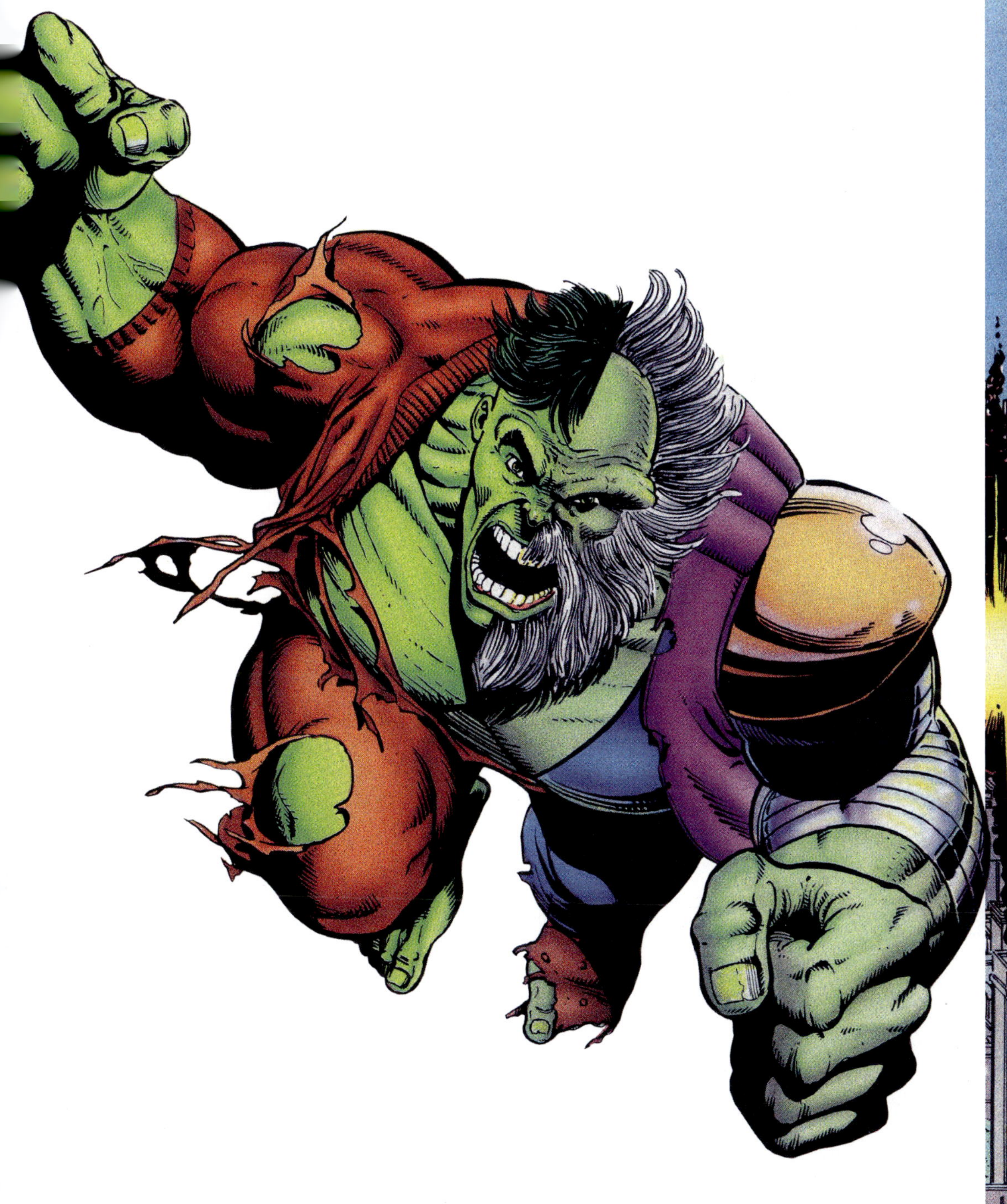

INHALT

MARVEL

MIX
Paper | Supporting responsible forestry
FSC
www.fsc.org
FSC® C115044

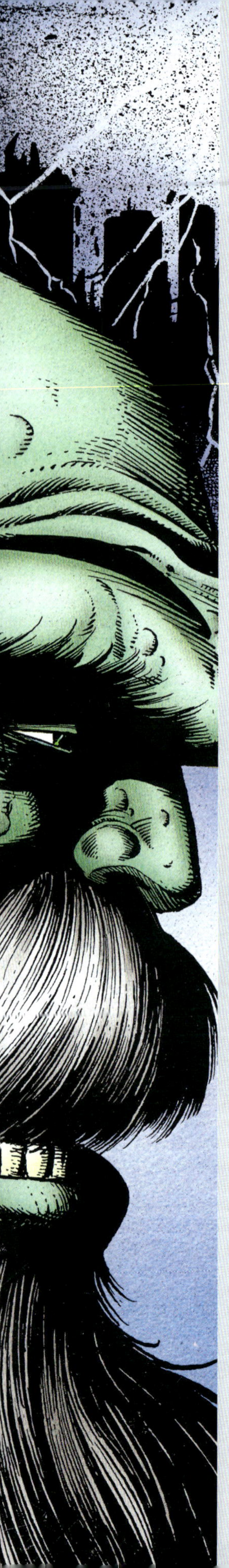

HULK
DYSTOPIA

PETER DAVID
STORY

DALE KEOWN (The End)
GEORGE PÉREZ
(Future Imperfect 1-2)
ZEICHNUNGEN

LIVESAY (The End)
GEORGE PÉREZ
(Future Imperfect 1-2)
JOE WEEMS (The End)
TUSCHE

DAN KEMP (AVALON STUDIOS) (The End)
TOM SMITH
(Future Imperfect 1-2)
FARBEN

FABIO CIACCI
WALPROJECT
LETTERING

REINHARD SCHWEIZER
ÜBERSETZUNG

TOM BREVOORT
BOBBIE CHASE
MARC SUMERAK
REDAKTION USA

C. B. CEBULSKI
CHEFREDAKTEUR USA

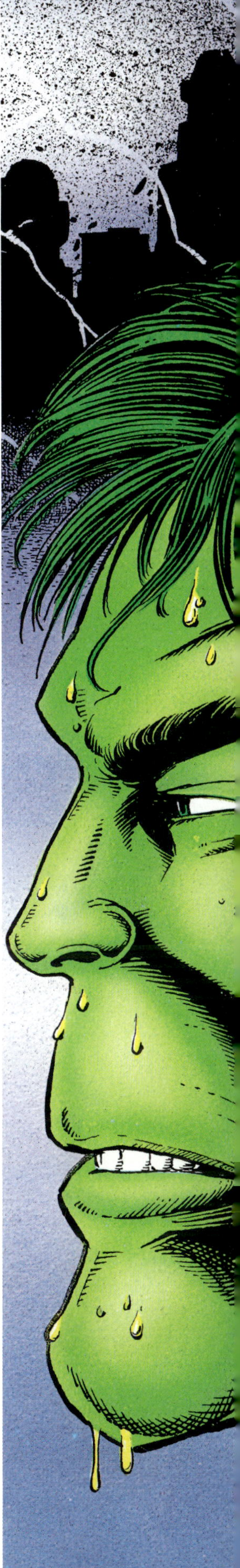

MARVEL MUST-HAVE: HULK – DYSTOPIA erscheint bei **PANINI COMICS**, Schloßstraße 76, D-70176 Stuttgart. Druck: Lito Terrazzi Industria Grafica. Pressevertrieb: Stella Distribution GmbH, D-22297 Hamburg. Direkt-Abos auf **www.paninicomics.de.** Anzeigenverkauf: BLAUFEUER VERLAGSVERTRETUNGEN GmbH, info@blaufeuer.com. Es gelten die Anzeigenpreise gemäß der Mediadaten 2023. Geschäftsführer **Hermann Paul**, Publishing Director Europe **Marco M. Lupoi**, Finanzen/Logistik **Felix Bauer**, Marketing Director **Holger Wiest**, Marketing **Fabio Cunetto**, Vertrieb **Alexander Bubenheimer**, PR/Presse **Steffen Volkmer**, Publishing Manager **Lisa Pancaldi**, Redaktion **Christian Endres**, **Harald Gantzberg**, **Matthias Korn**, **Anja Seiffert**, **Kristina Starschinski**, **Ilaria Tavoni**, **Daniela Uhlmann**, Übersetzung **Bernd Kronsbein**, **Reinhard Schweizer**, Proofreading **Marion Bergmann**, Lettering **Fabio Ciacci**, **Walproject**, grafische Gestaltung **Marco Paroli** (coordinator), **Cinzia Morando**, **Barbara Sarti**, Art Director **Alessandro Gucciardo**, Redaktion Panini Comics **Annalisa Califano**, **Beatrice Doti**, Prepress **Cristina Bedini**, **Daniela Guidetti**, **Andrea Lusoli**, Repro/Packager **Alessandro Nalli** (coordinator), **Anna Boselli**, **Mario Da Rin Zanco**, **Valentina Esposito**, **Luca Ficarelli**, **Linda Leporati**. Deutsche Edition bei Panini Verlags-GmbH unter Lizenz von Marvel Characters B.V. Cover von **George Pérez**, *Hulk: Future Imperfect* TPB (2015).

Bibliografische Information der Deutschen Nationalbibliothek
Die Deutsche Nationalbibliothek verzeichnet diese Publikation in der Deutschen Nationalbibliografie; detaillierte bibliografische Daten sind im Internet über dnb.d-nb.de abrufbar.

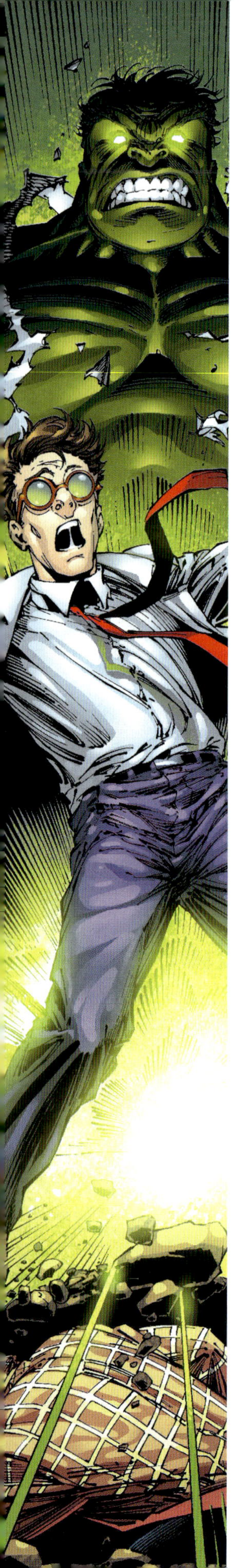

GEMEINSAM IN DIE GAMMA-POSTAPOKALYPSE

Habt ihr euch je gefragt, wie Comic-Künstler zusammenfinden, um dann als Kreativteam einen Meilenstein zu schaffen, der Generationen überdauert? So war es damals im Fall von Autor **Peter A. David**, Zeichner **George Pérez** und ihrem modernen Klassiker *Hulk: Future Imperfect* alias HULK: DYSTOPIA …

David, der die Abenteuer des Gamma-Goliaths 1987 übernommen hatte, wurde schnell als einer der besten und einflussreichsten **Hulk**-Hofschreiber aller Zeiten gefeiert. In seinen Storys heirateten **Bruce Banner** und **Betty Ross**, der tumbe Gigant wurde zum schlauen Koloss und zur grauen Hulk-Variante **Joe Fixit** – und Hulks Sidekick **Rick Jones** reifte zum Erwachsenen und heiratete **Marlo Chandler**. Pérez auf der anderen Seite galt bereits zu Beginn der 1990er als einer der größten Superheldenzeichner der amerikanischen Comic-Gegenwart. Dennoch war es nicht geplant, dass David und Pérez an einer Geschichte über einen Hulk-Tyrannen der postapokalyptischen Zukunft zusammenarbeiten würden.

2022 erinnerte sich David daran, wie es dazu kam. Natürlich kannte er Pérez schon länger, allein aufgrund von dessen Zeichnungen in der AVENGERS-Serie zwischen 1975 und 1980. Später begegneten die beiden sich außerdem auf Conventions. Das führte allerdings nicht zu ihrer gemeinsamen Reise in die Zukunft der Hulk-Legende. Dafür brauchte es einen Zufall im Alltag. Anfang der 1990er saß David eines Tages im Wartebereich einer New Yorker Notfallambulanz – und traf dort den ebenfalls wartenden George Pérez! Die beiden kamen ins Gespräch, und wie sich herausstellte, wollte Pérez schon immer mal einen Comic aus Davids Feder realisieren. Das Timing passte, denn der Gamma-Autor hatte gerade eine Idee zu einer dystopisch-postapokalyptischen Hulk-Story entwickelt, deren geplanter Zeichner dummerweise abgesprungen war.

Also erzählte David noch in der Notfallambulanz von seiner Geschichte, und Pérez sagte zu, sie zu zeichnen. Das einzige Problem an der Sache: Normalerweise heuern bei Marvel die verantwortlichen Redakteure die Zeichner für ein Projekt an. Davids Editor war anfangs auch nicht allzu glücklich angesichts der Initiative seines Autors, aber als der Name *George Pérez* ins Spiel kam, war das schnell vom Tisch. Und so machten sich diese beiden Größen daran, ihr futuristisches Hulk-Abenteuer und das Debüt von **Maestro** zu inszenieren, das Ende 1992, Anfang 1993 veröffentlicht wurde (nachdem David im Sommer 1992 bereits **Spider-Man 2099** zu dessen Einstand verholfen hatte – der Mann formte in jenen Tagen also *wirklich* die Marvel-Zukunft).

David schwärmte 30 Jahre später noch immer davon, wie viel Pérez der Story gegeben hat – etwa durch all die Gegenstände aus der Marvel-Historie, die er in den Trophäenraum von Rick Jones zeichnete. Auch HULK: DYSTOPIA steht in der Ruhmeshalle der Marvel-Comics. Übrigens kehrte David zwischen 2020 und 2022 für eine neue Prequel-Saga in „seine" Zukunft zurück, was wir in den drei Bänden MAESTRO, MAESTRO: KRIEG UND FRIEDEN sowie MAESTRO: KRIEG UM DIE ZUKUNFT veröffentlicht haben. Aber nun erst mal viel Vergnügen mit dem Original – und mit dem Hulk-Beitrag zur seit 2002 existierenden *The End*-Reihe, in der die Kreativen sich die letzten Tage der Marvel-Ikonen in der Zukunft vorstellen …

Christian Endres

HULK: DYSTOPIA, TEIL 1

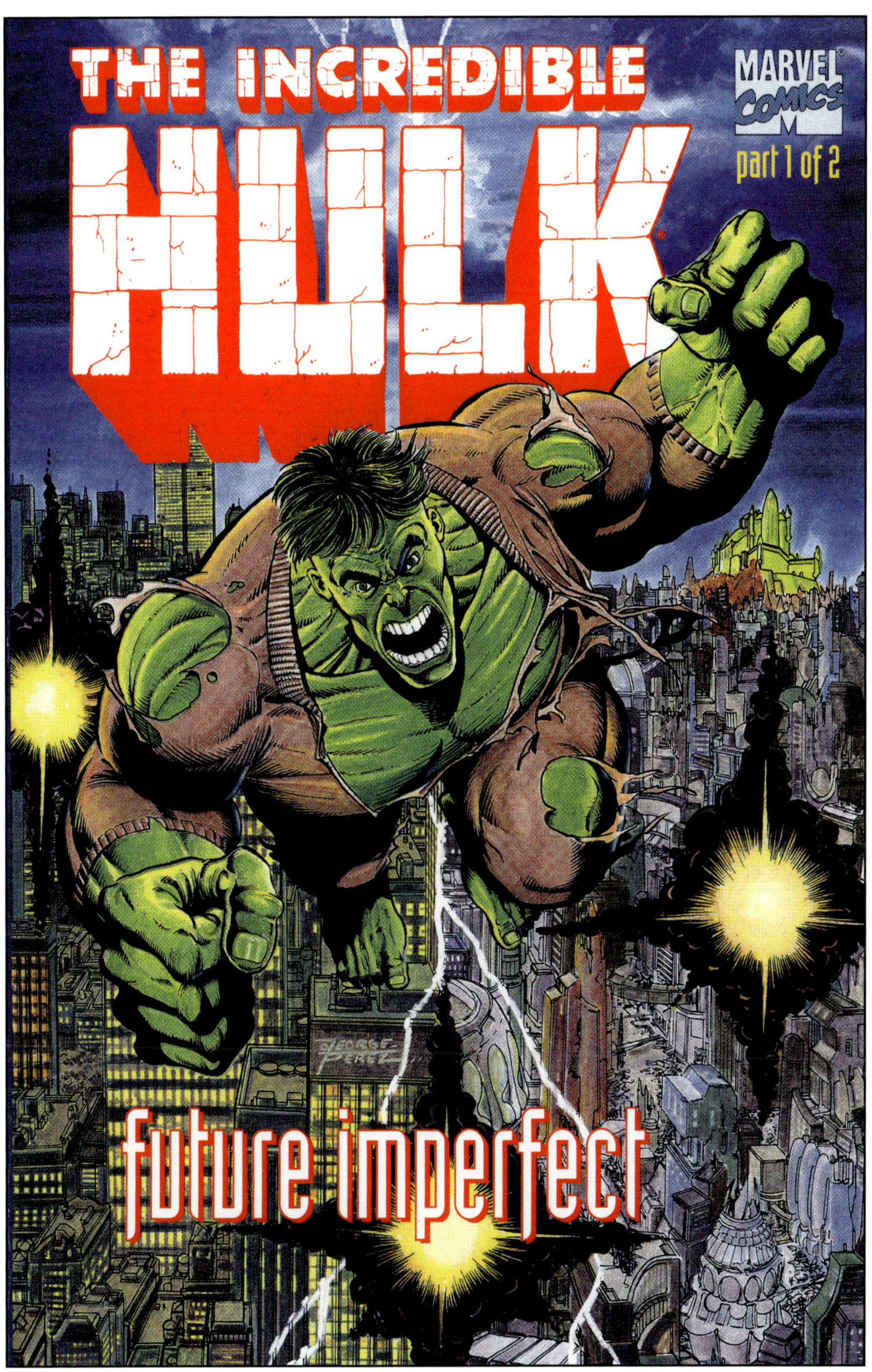

Hulk: Future Imperfect (1992) 1
Cover von **GEORGE PÉREZ**

GEORGE PEREZ

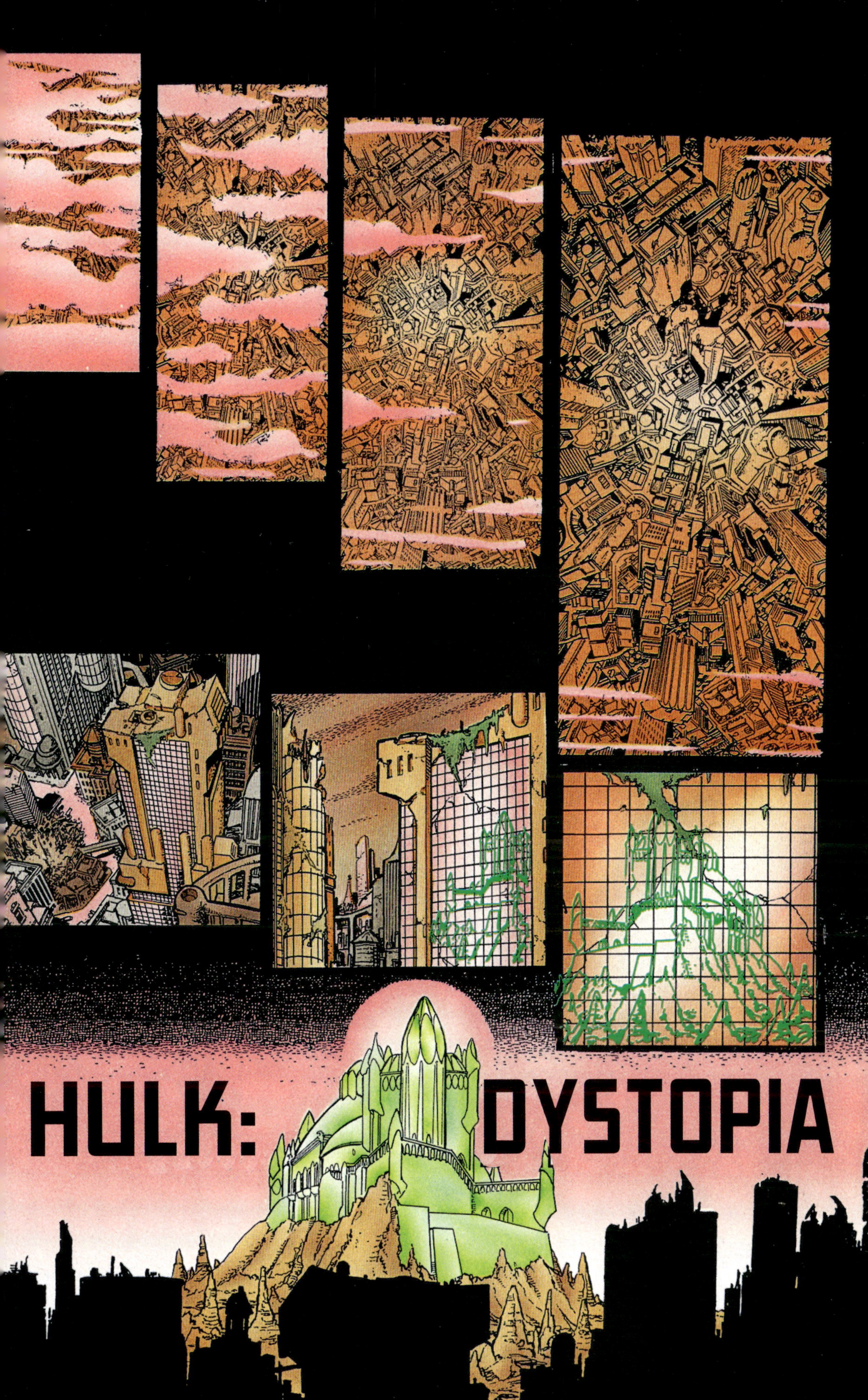
HULK: DYSTOPIA

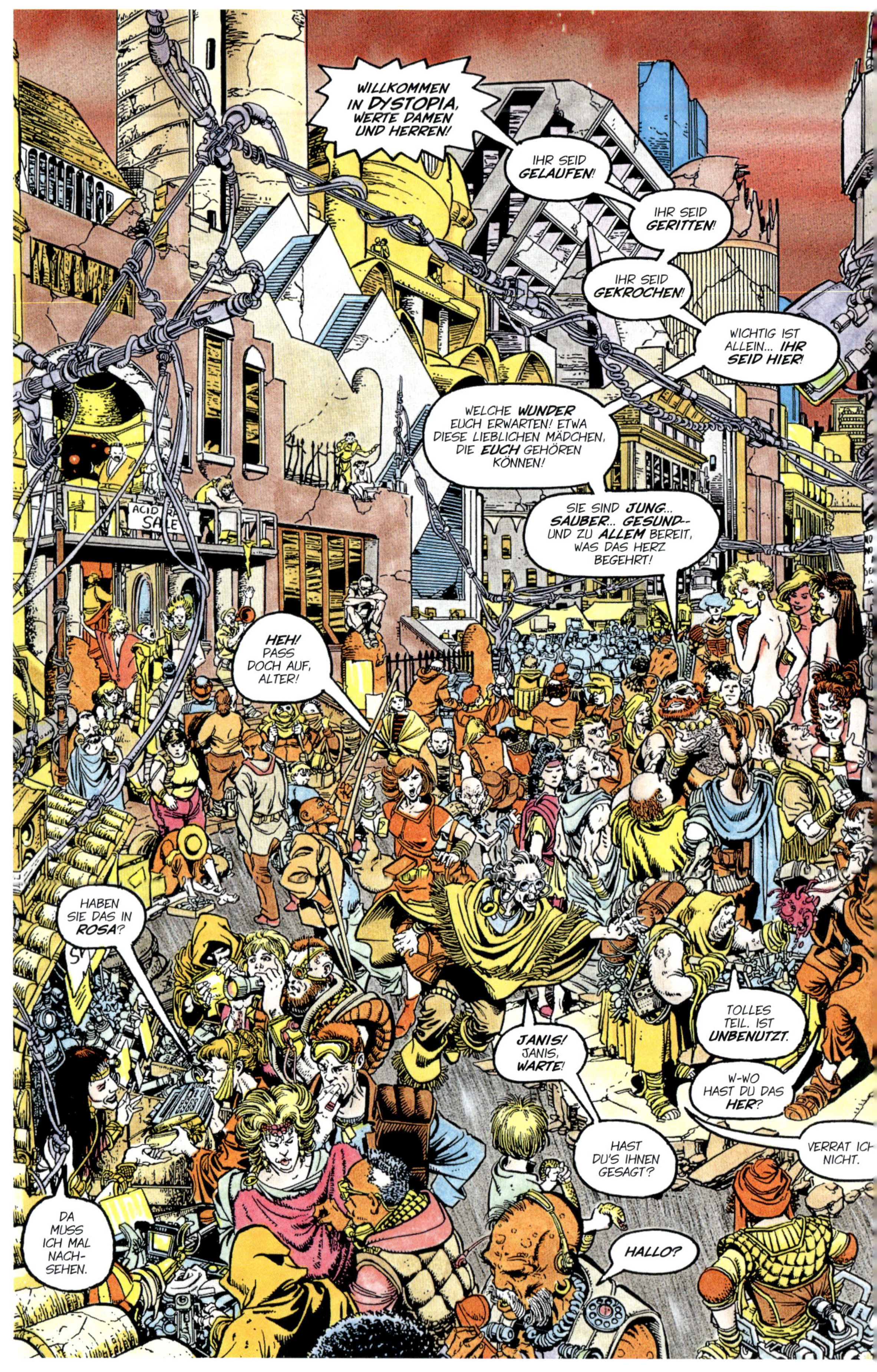
WILLKOMMEN IN DYSTOPIA, WERTE DAMEN UND HERREN!
IHR SEID GELAUFEN!
IHR SEID GERITTEN!
IHR SEID GEKROCHEN!
WICHTIG IST ALLEIN... IHR SEID HIER!
WELCHE WUNDER EUCH ERWARTEN! ETWA DIESE LIEBLICHEN MÄDCHEN, DIE EUCH GEHÖREN KÖNNEN!
SIE SIND JUNG... SAUBER... GESUND-- UND ZU ALLEM BEREIT, WAS DAS HERZ BEGEHRT!
HEH! PASS DOCH AUF, ALTER!
HABEN SIE DAS IN ROSA?
JANIS! JANIS, WARTE!
TOLLES TEIL. IST UNBENUTZT.
W-WO HAST DU DAS HER?
VERRAT ICH NICHT.
HAST DU'S IHNEN GESAGT?
DA MUSS ICH MAL NACH-SEHEN.
HALLO?

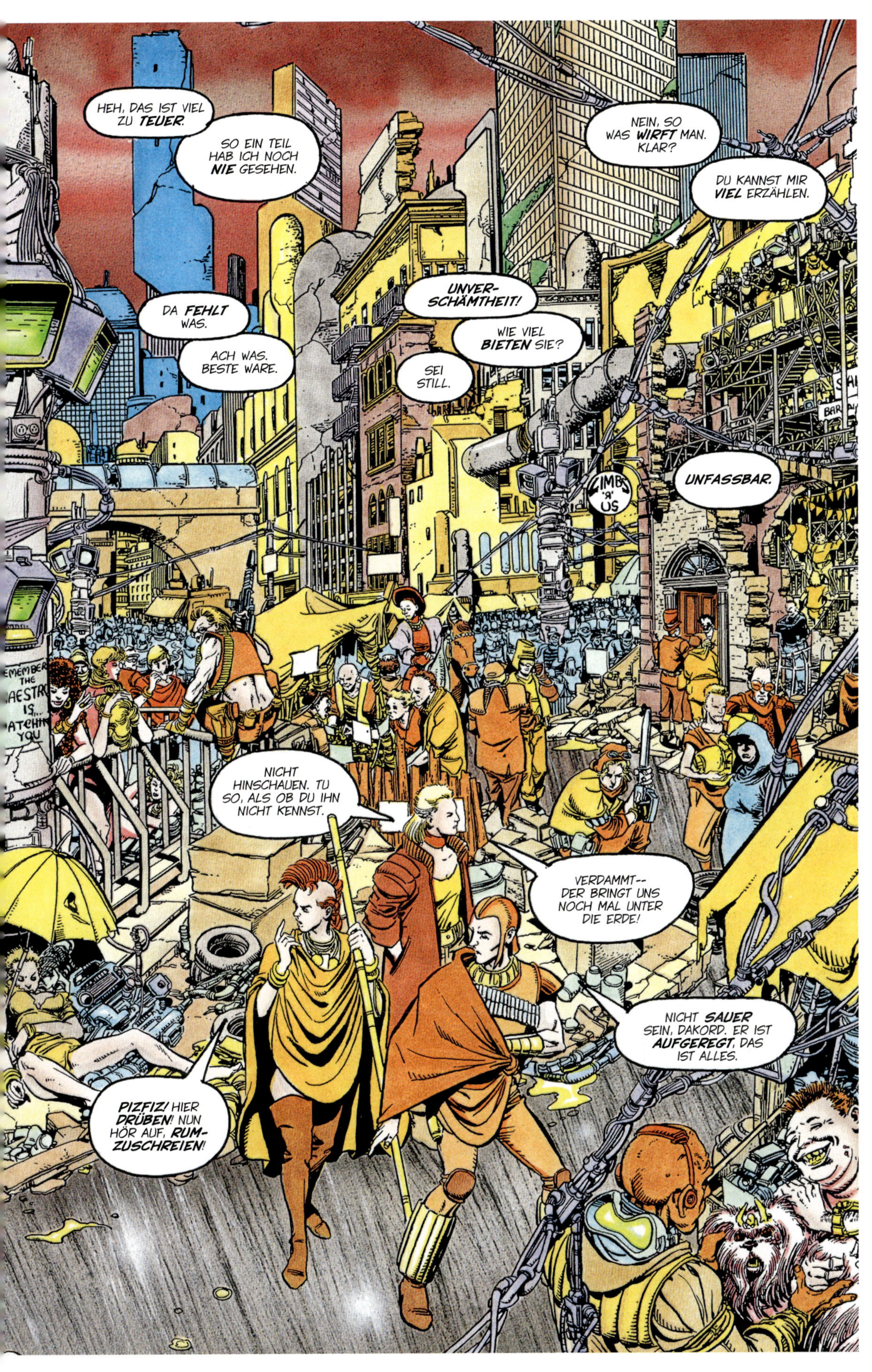

HEH, DAS IST VIEL ZU **TEUER**.
SO EIN TEIL HAB ICH NOCH **NIE** GESEHEN.
NEIN, SO WAS **WIRFT** MAN. KLAR?
DU KANNST MIR **VIEL** ERZÄHLEN.
DA **FEHLT** WAS.
ACH WAS. BESTE WARE.
UNVERSCHÄMTHEIT!
WIE VIEL **BIETEN** SIE?
SEI STILL.
UNFASSBAR.
NICHT HINSCHAUEN. TU SO, ALS OB DU IHN NICHT KENNST.
VERDAMMT-- DER BRINGT UNS NOCH MAL UNTER DIE ERDE!
NICHT **SAUER** SEIN, DAKORD. ER IST **AUFGEREGT**, DAS IST ALLES.
PIZFIZ! HIER **DRÜBEN**! NUN HÖR AUF, **RUMZUSCHREIEN**!

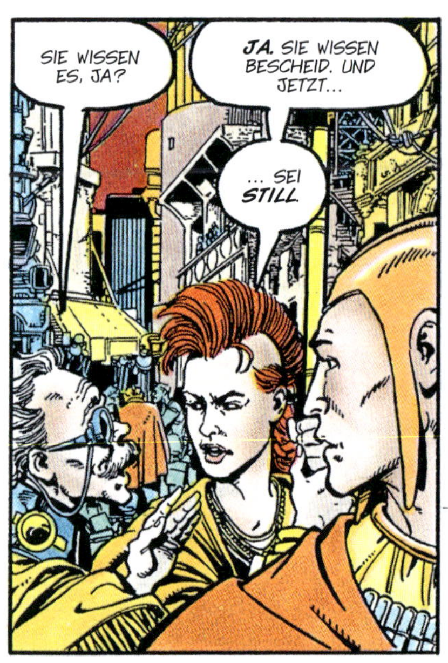
SIE WISSEN ES, JA?
JA. SIE WISSEN BESCHEID. UND JETZT...
... SEI STILL.
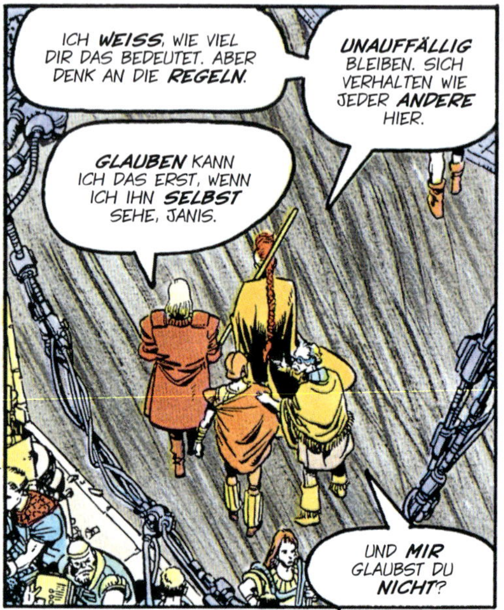
ICH WEISS, WIE VIEL DIR DAS BEDEUTET. ABER DENK AN DIE REGELN.
UNAUFFÄLLIG BLEIBEN. SICH VERHALTEN WIE JEDER ANDERE HIER.
GLAUBEN KANN ICH DAS ERST, WENN ICH IHN SELBST SEHE, JANIS.
UND MIR GLAUBST DU NICHT?
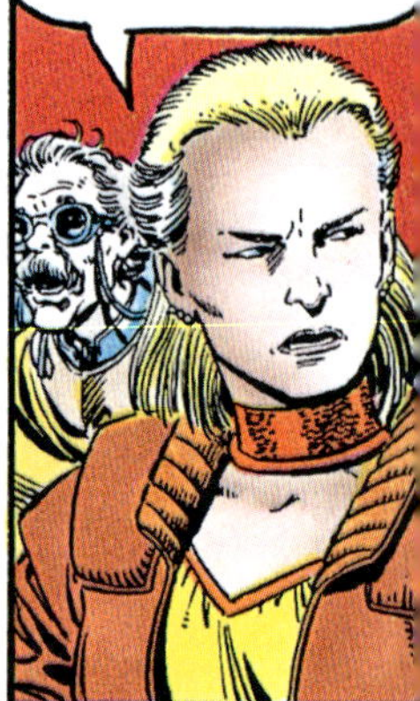
ZU LANGE MUSSTE ICH MICH VOR DEM MAESTRO VERKRIECHEN. WIE SOLL ICH GLAUBEN, DASS DIESER EINE UNS WAS NÜTZEN WIRD?
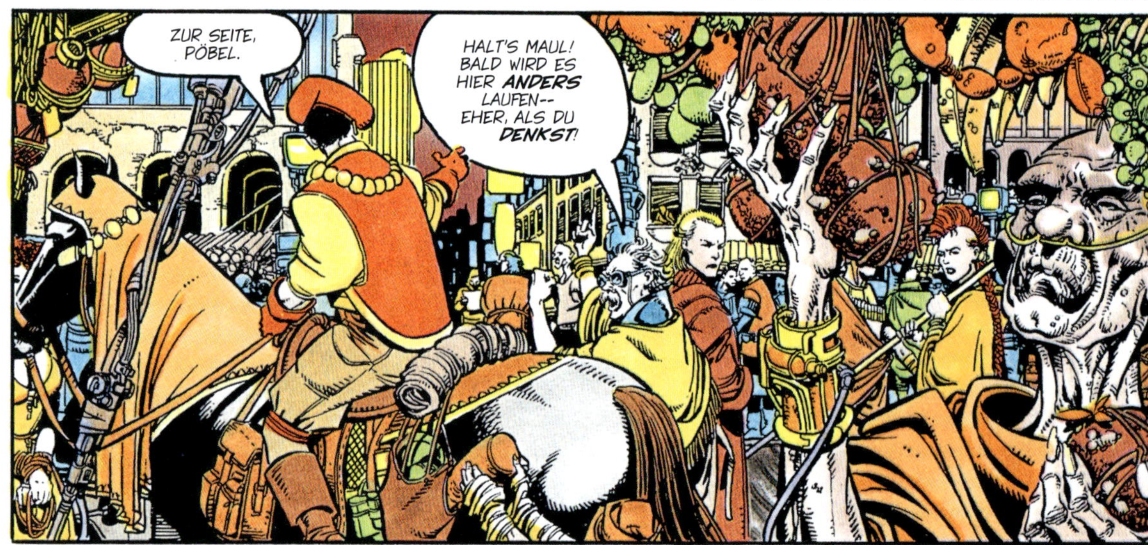
ZUR SEITE, PÖBEL.
HALT'S MAUL! BALD WIRD ES HIER ANDERS LAUFEN-- EHER, ALS DU DENKST!
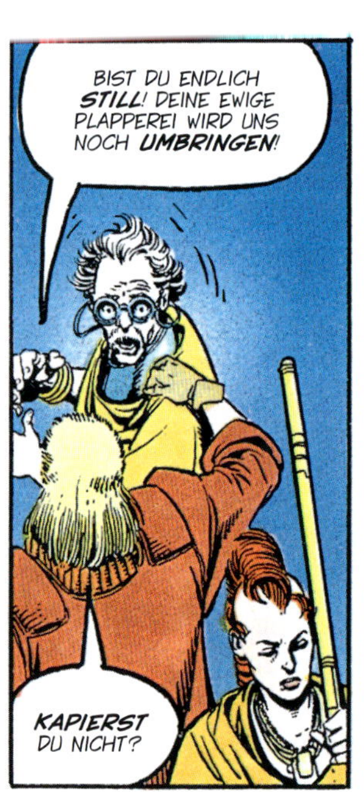
BIST DU ENDLICH STILL! DEINE EWIGE PLAPPEREI WIRD UNS NOCH UMBRINGEN!
KAPIERST DU NICHT?
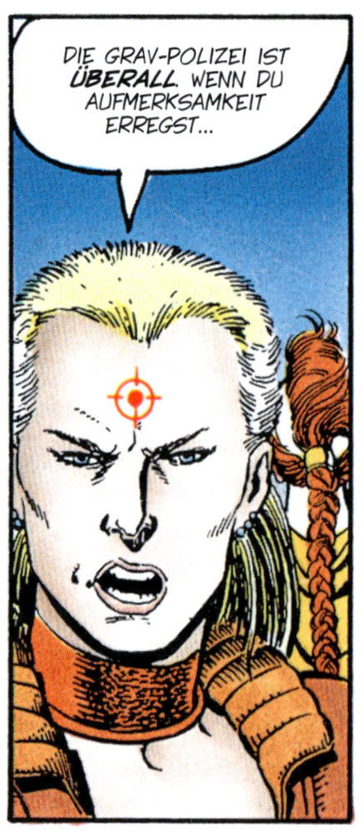
DIE GRAV-POLIZEI IST ÜBERALL. WENN DU AUFMERKSAMKEIT ERREGST...
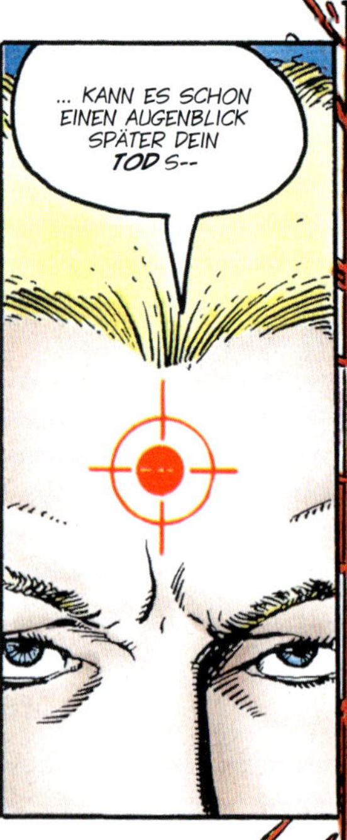
... KANN ES SCHON EINEN AUGENBLICK SPÄTER DEIN TOD S--
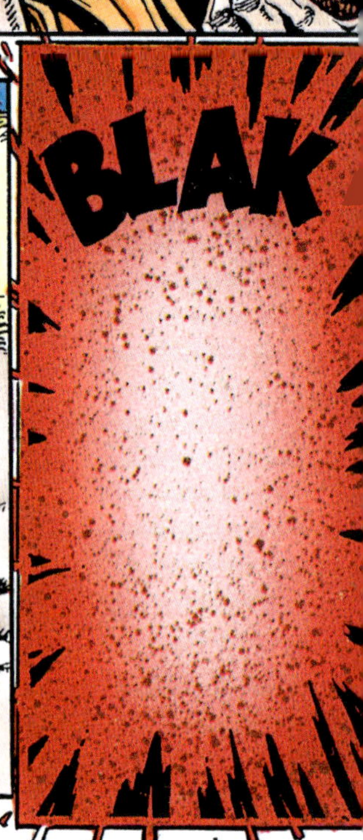
BLAK

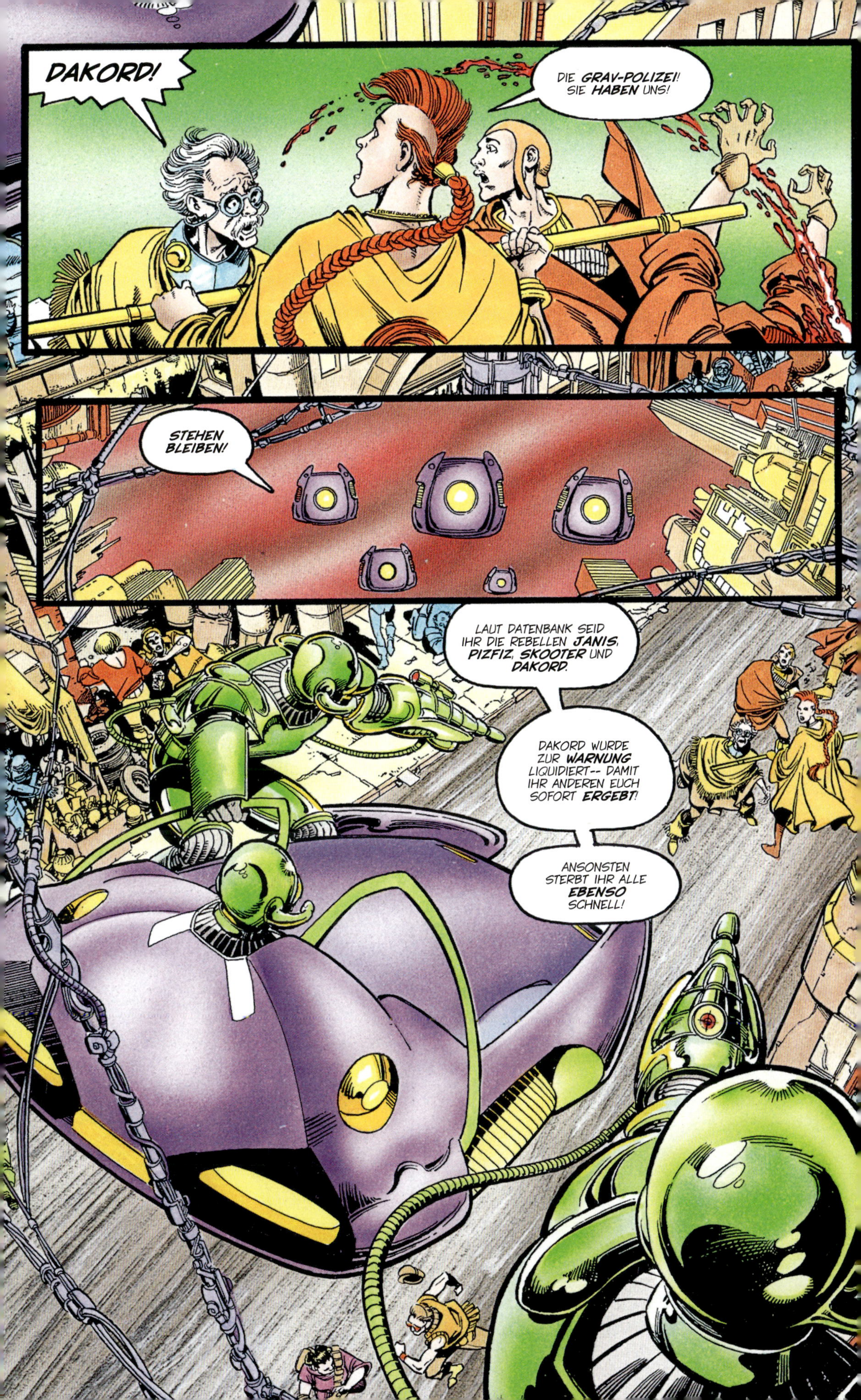
DAKORD!
DIE GRAV-POLIZEI! SIE HABEN UNS!
STEHEN BLEIBEN!
LAUT DATENBANK SEID IHR DIE REBELLEN JANIS, PIZFIZ, SKOOTER UND DAKORD.
DAKORD WURDE ZUR WARNUNG LIQUIDIERT-- DAMIT IHR ANDEREN EUCH SOFORT ERGEBT!
ANSONSTEN STERBT IHR ALLE EBENSO SCHNELL!

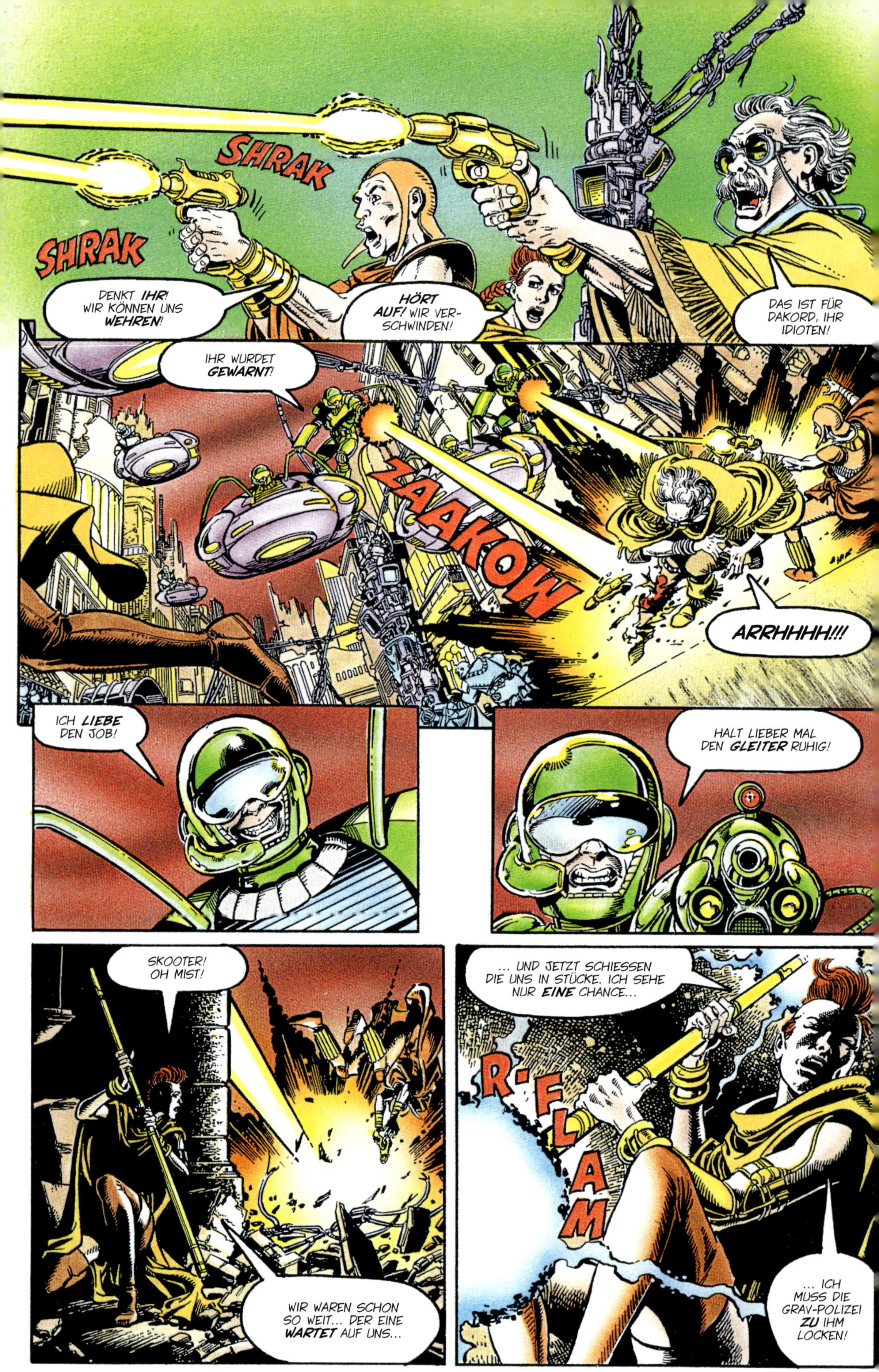

SHRAK
SHRAK
DENKT **IHR**! WIR KÖNNEN UNS **WEHREN**!
HÖRT AUF! WIR VERSCHWINDEN!
DAS IST FÜR DAKORD, IHR IDIOTEN!

IHR WURDET **GEWARNT**!
ZAAKOW
ARRHHHH!!!

ICH **LIEBE** DEN JOB!

HALT LIEBER MAL DEN **GLEITER** RUHIG!

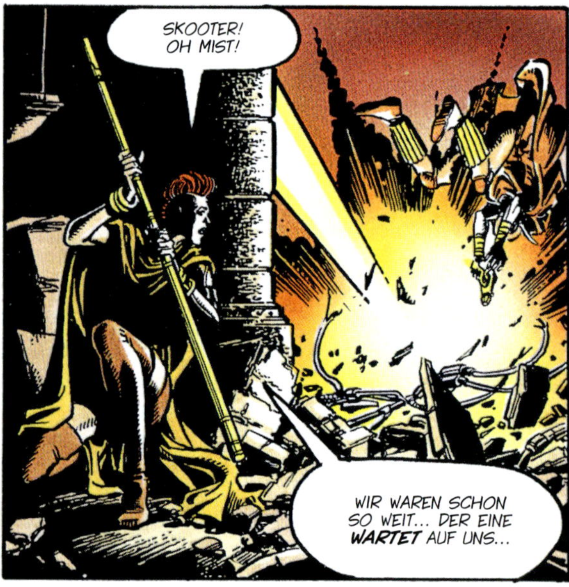

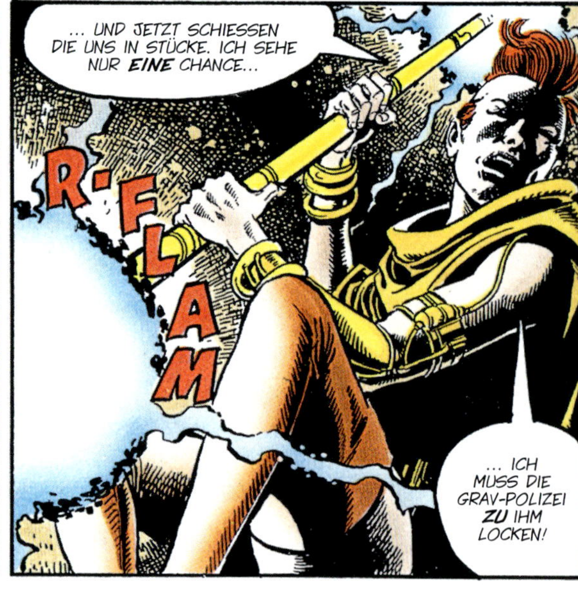

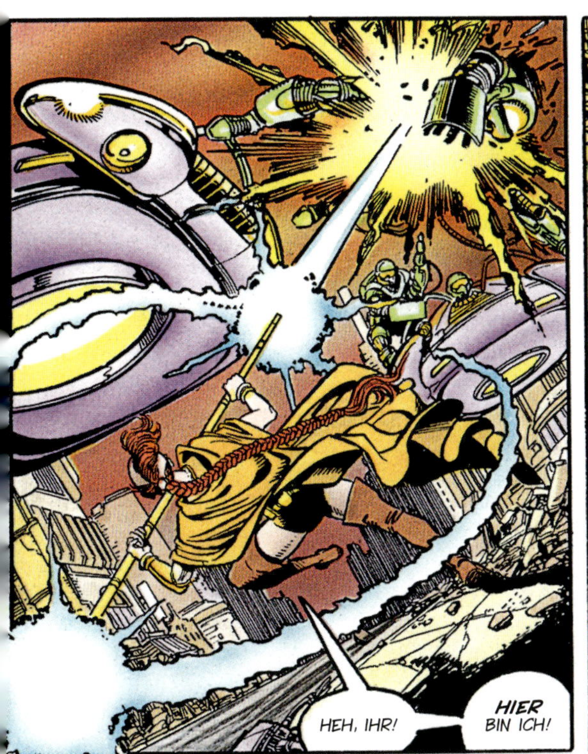
HEH, IHR!
HIER BIN ICH!

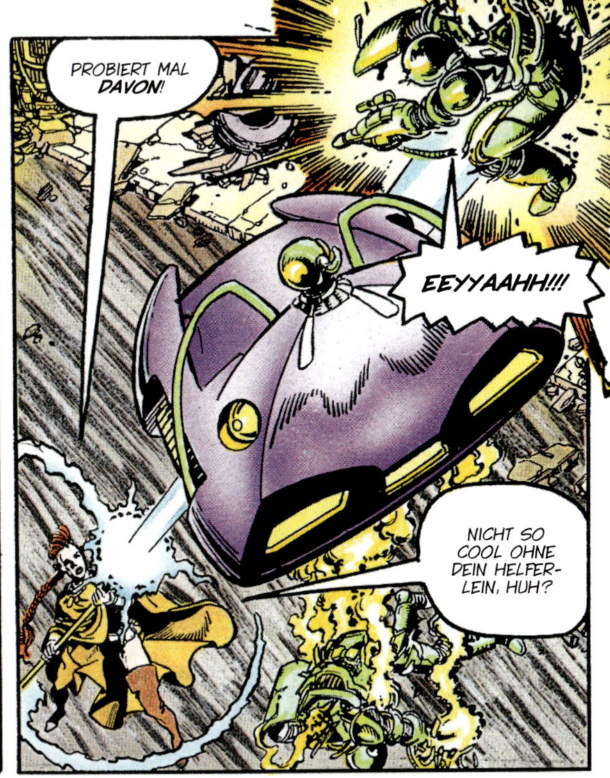
PROBIERT MAL DAVON!
EEYYAAHH!!!
NICHT SO COOL OHNE DEIN HELFER-LEIN, HUH?

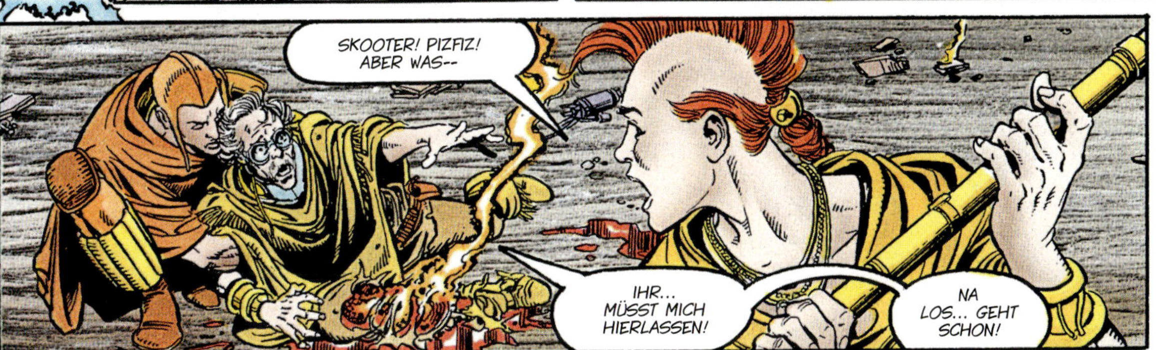
SKOOTER! PIZFIZ! ABER WAS--
IHR... MÜSST MICH HIERLASSEN!
NA LOS... GEHT SCHON!

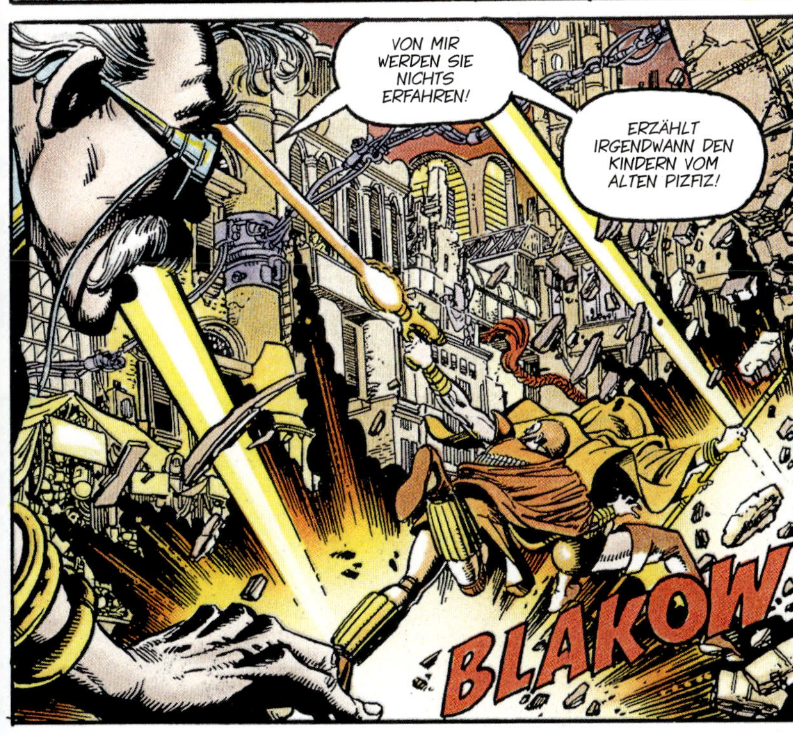
VON MIR WERDEN SIE NICHTS ERFAHREN!
ERZÄHLT IRGENDWANN DEN KINDERN VOM ALTEN PIZFIZ!
BLAKOW

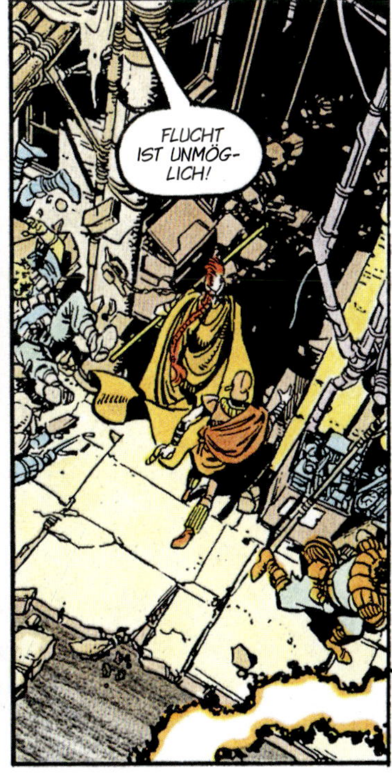
FLUCHT IST UNMÖG-LICH!

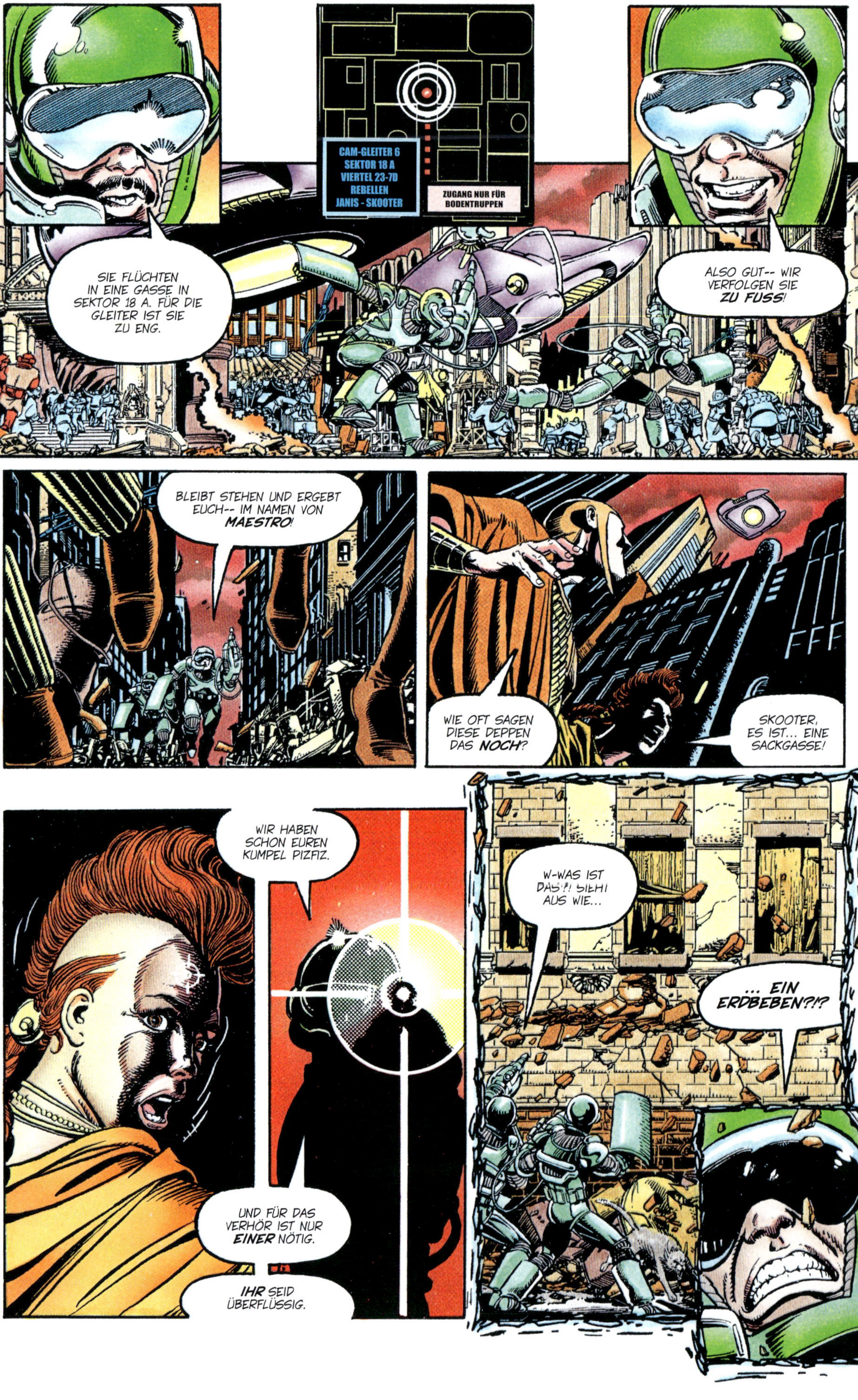

CAM-GLEITER 6
SEKTOR 18 A
VIERTEL 23-7D
REBELLEN
JANIS - SKOOTER

ZUGANG NUR FÜR
BODENTRUPPEN

SIE FLÜCHTEN IN EINE GASSE IN SEKTOR 18 A. FÜR DIE GLEITER IST SIE ZU ENG.

ALSO GUT-- WIR VERFOLGEN SIE ***ZU FUSS***!

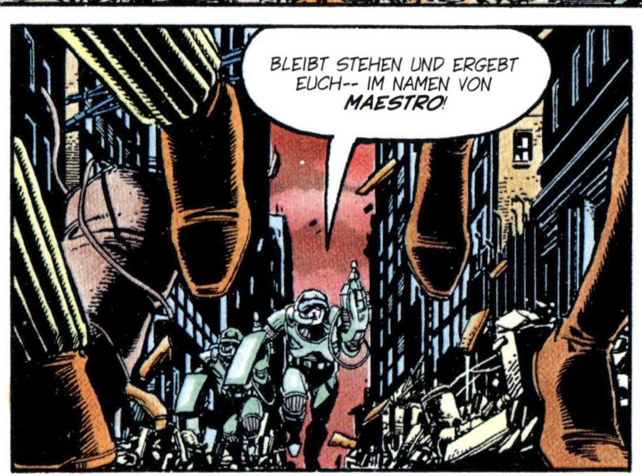

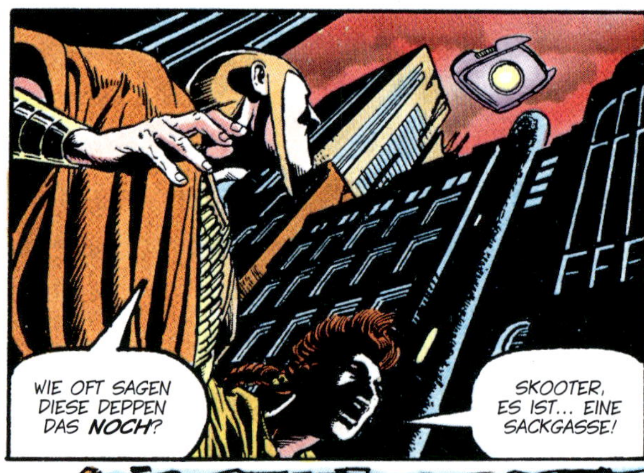

WIR HABEN SCHON EUREN KUMPEL PIZFIZ.

UND FÜR DAS VERHÖR IST NUR ***EINER*** NÖTIG.

IHR SEID ÜBERFLÜSSIG.

W-WAS IST DAS?! SIEHT AUS WIE...

... EIN ERDBEBEN?!?

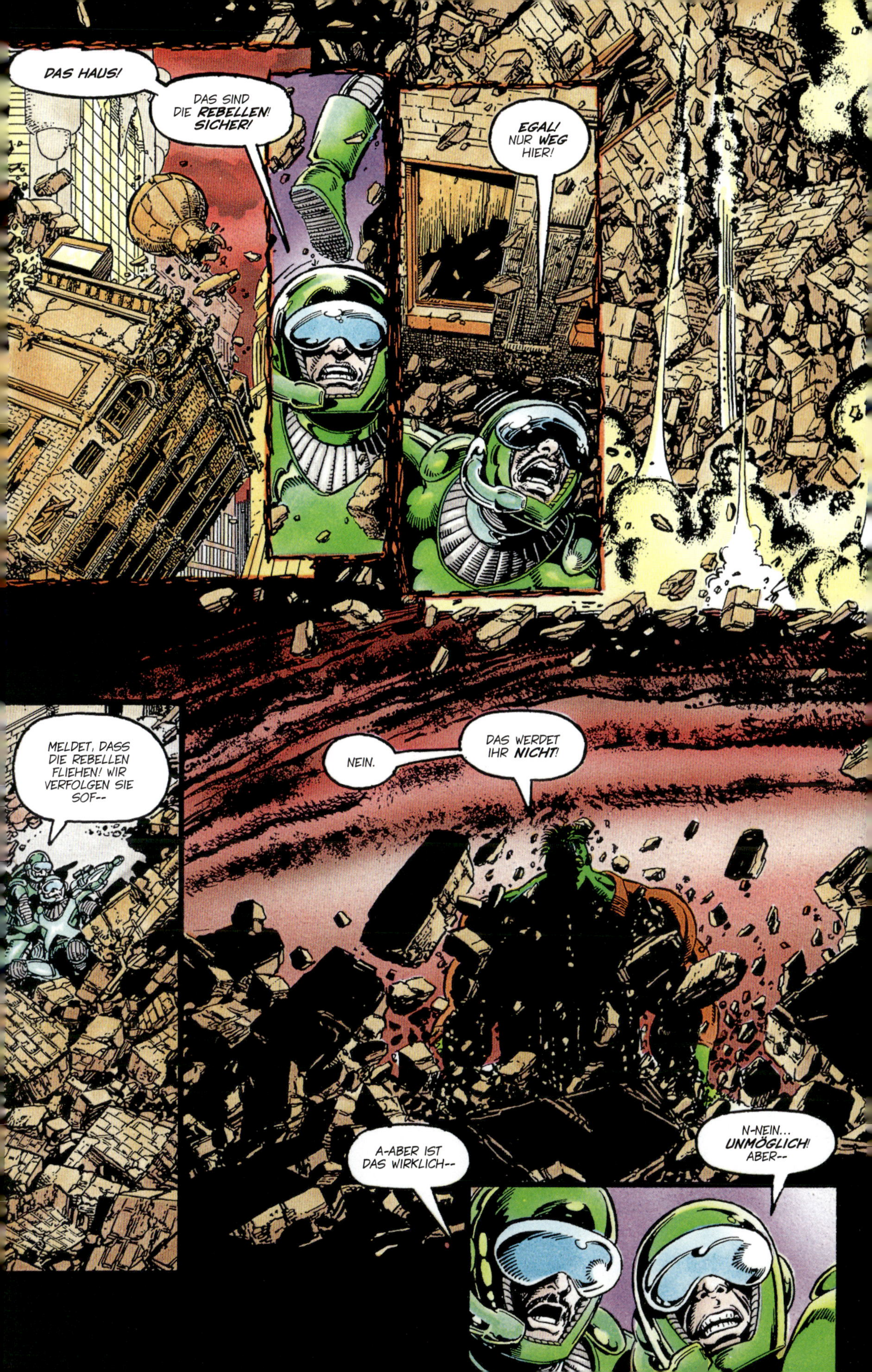
DAS HAUS!
DAS SIND DIE REBELLEN! SICHER!
EGAL! NUR WEG HIER!
MELDET, DASS DIE REBELLEN FLIEHEN! WIR VERFOLGEN SIE SOF--
NEIN.
DAS WERDET IHR NICHT!
A-ABER IST DAS WIRKLICH--
N-NEIN... UNMÖGLICH! ABER--

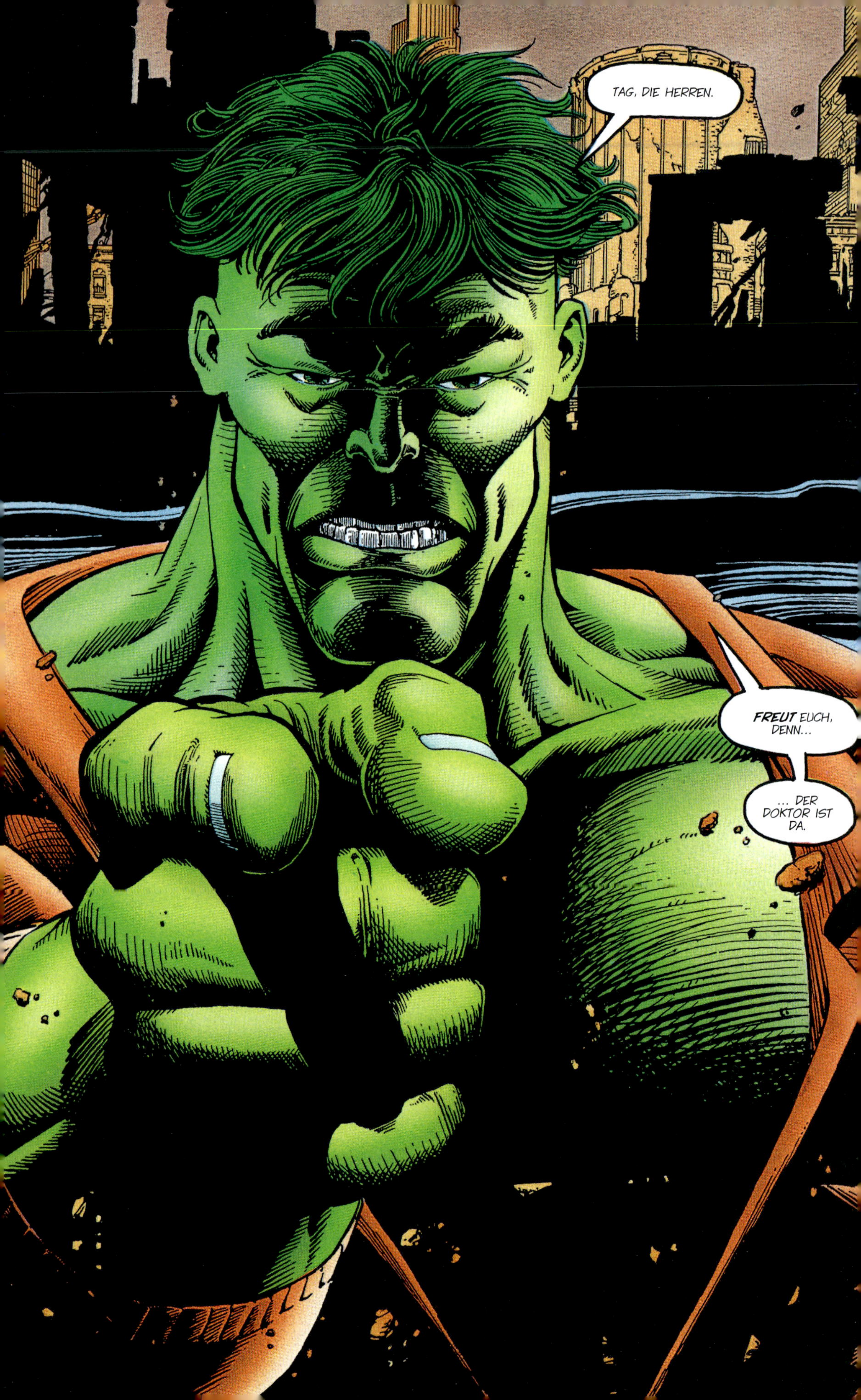
TAG, DIE HERREN.
FREUT EUCH, DENN...
... DER DOKTOR IST DA.

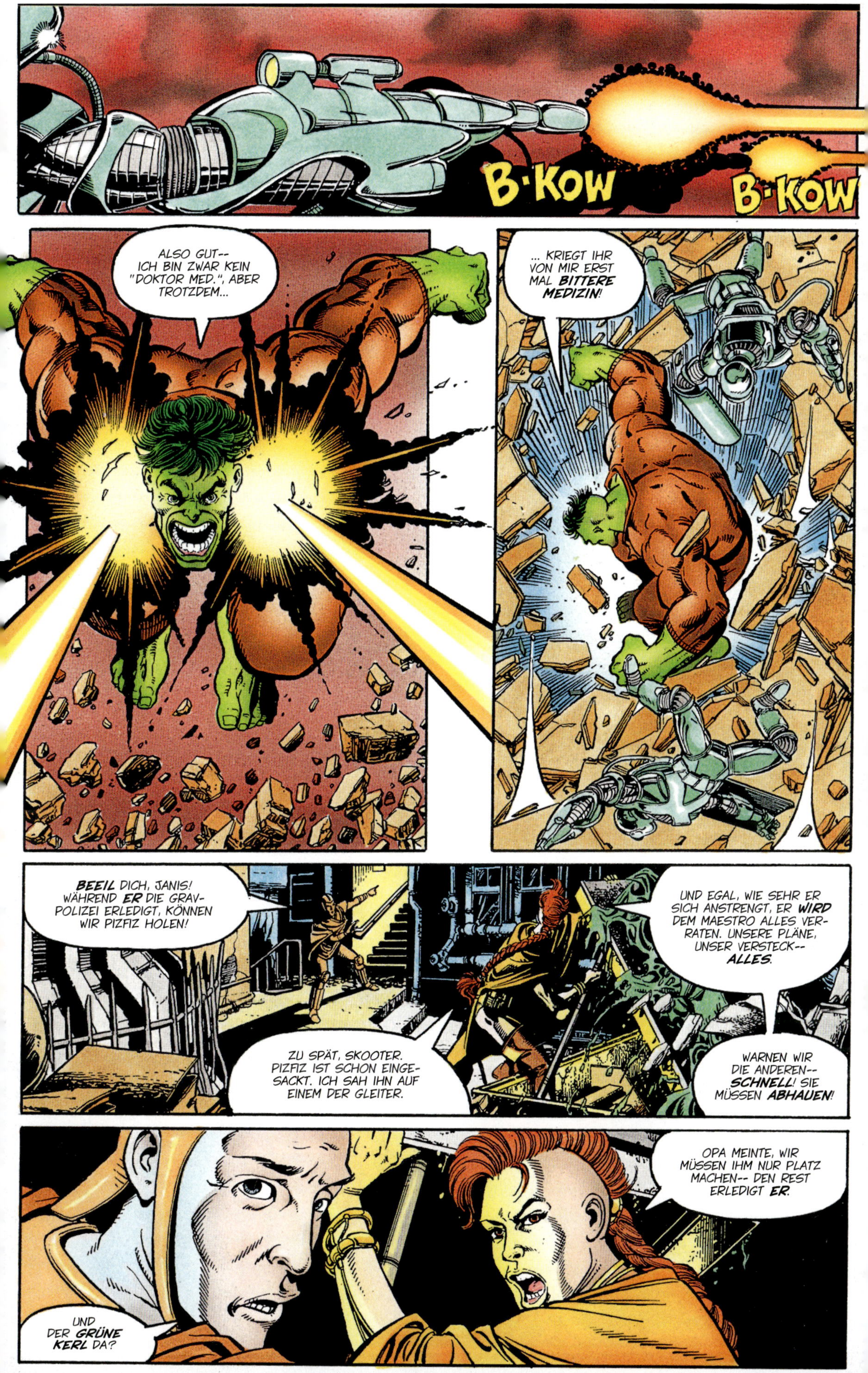

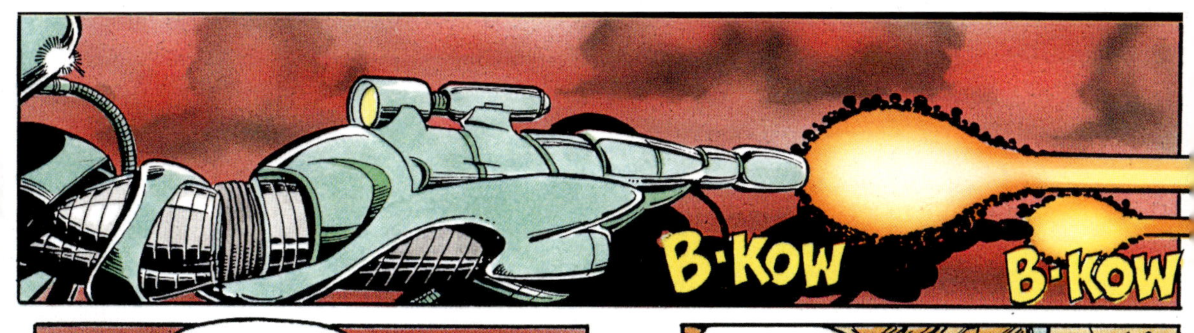

ALSO GUT-- ICH BIN ZWAR KEIN "DOKTOR MED.", ABER TROTZDEM...
... KRIEGT IHR VON MIR ERST MAL **BITTERE MEDIZIN**!

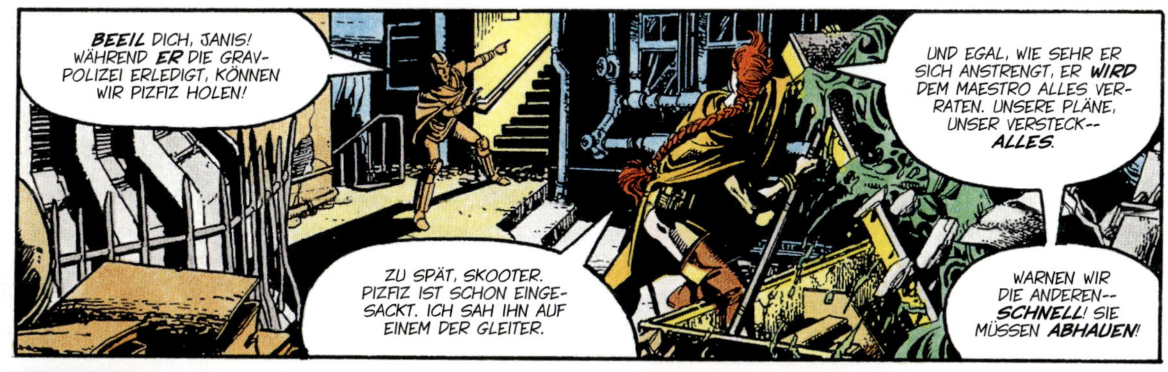

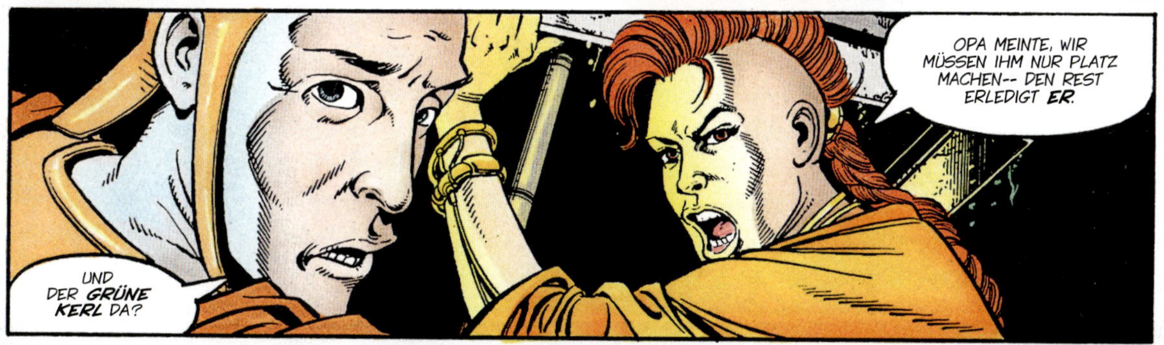

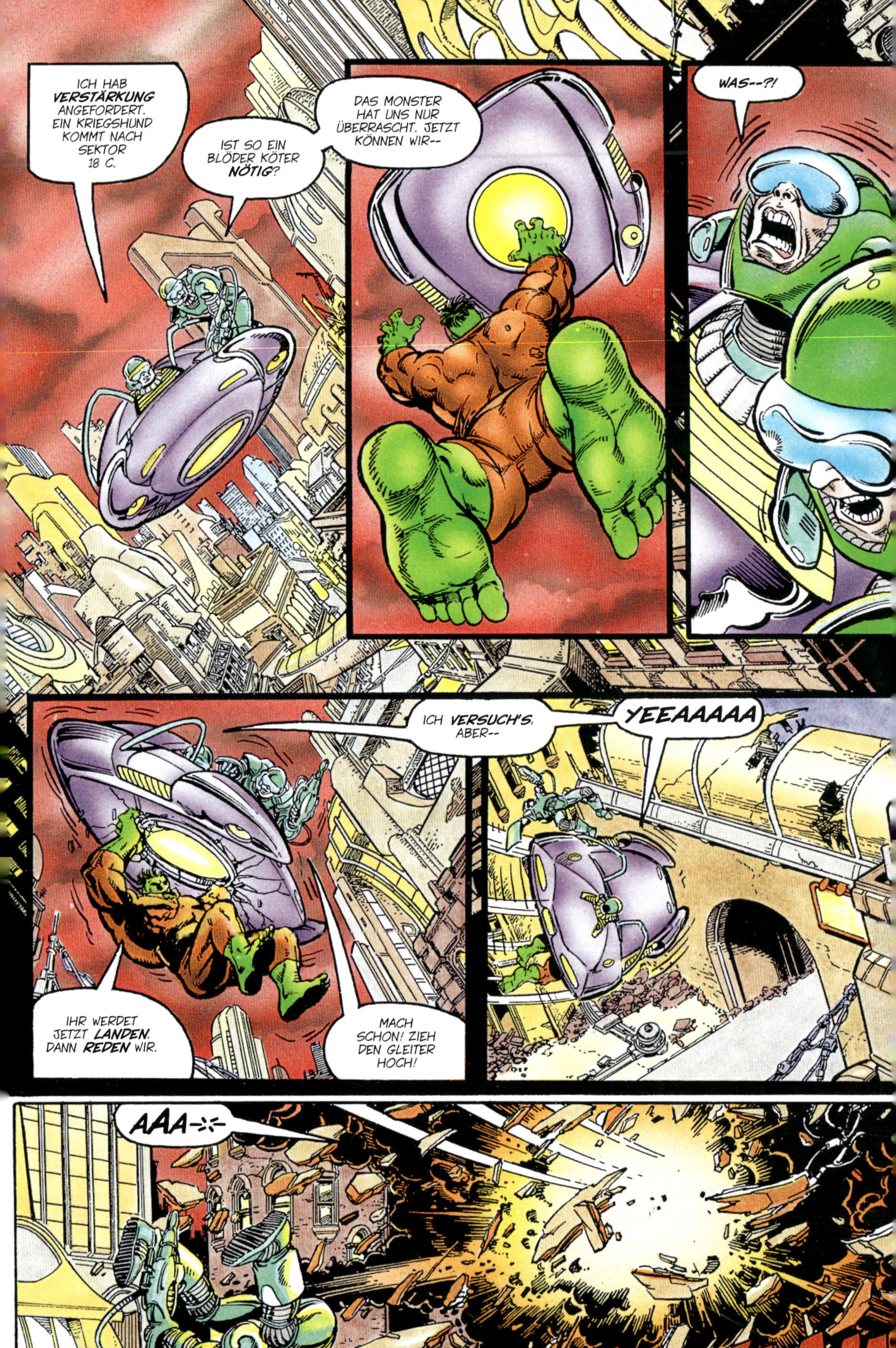
ICH HAB VERSTÄRKUNG ANGEFORDERT. EIN KRIEGSHUND KOMMT NACH SEKTOR 18 C.
IST SO EIN BLÖDER KÖTER NÖTIG?
DAS MONSTER HAT UNS NUR ÜBERRASCHT. JETZT KÖNNEN WIR--
WAS--?!
IHR WERDET JETZT LANDEN. DANN REDEN WIR.
ICH VERSUCH'S, ABER--
MACH SCHON! ZIEH DEN GLEITER HOCH!
YEEAAAAAA
AAA-
THAVLAM

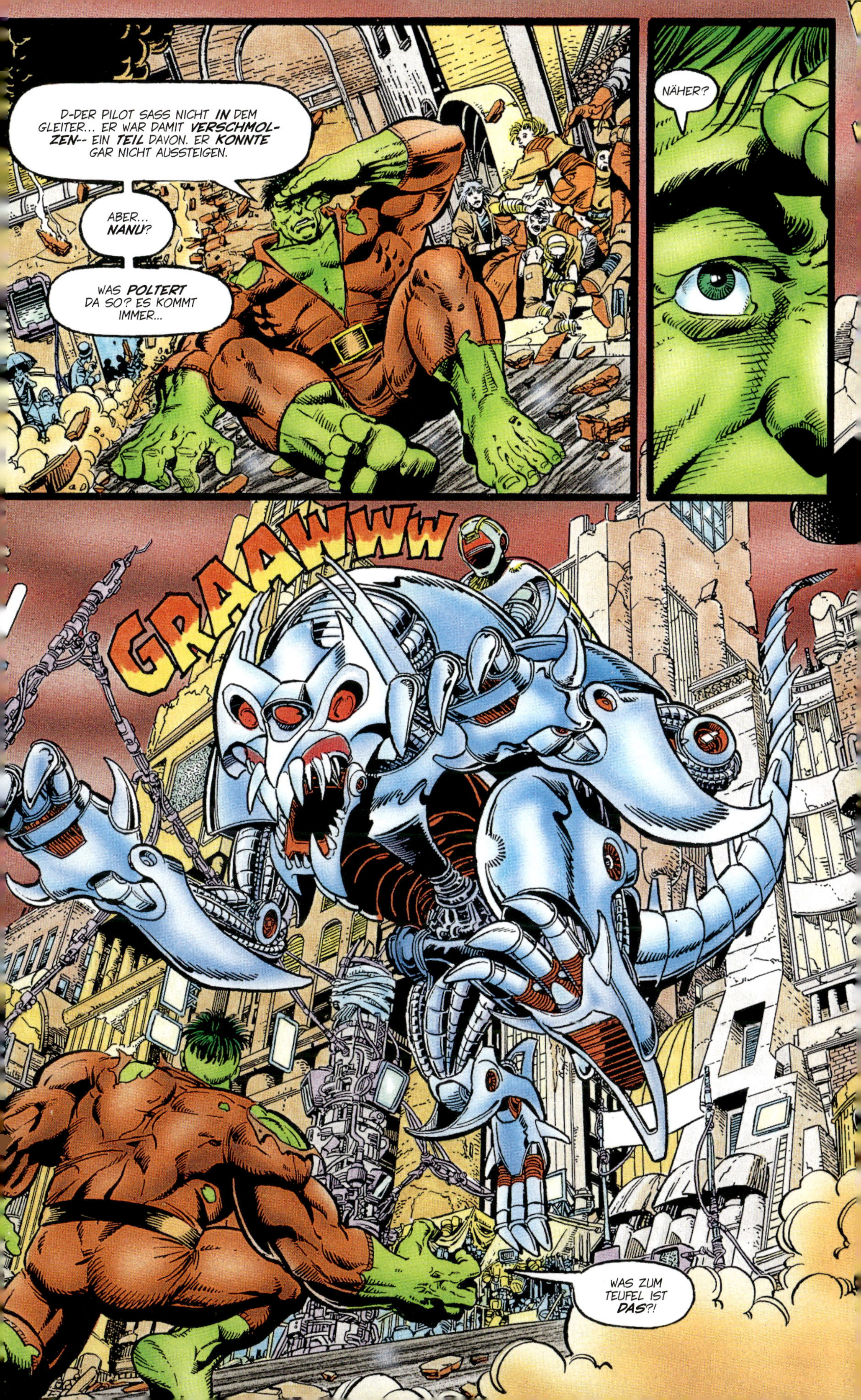
D-DER PILOT SASS NICHT IN DEM GLEITER... ER WAR DAMIT VERSCHMOL-ZEN-- EIN TEIL DAVON. ER KONNTE GAR NICHT AUSSTEIGEN.
ABER... NANU?
WAS POLTERT DA SO? ES KOMMT IMMER...
NÄHER?
GRAAAWWW
WAS ZUM TEUFEL IST DAS?!

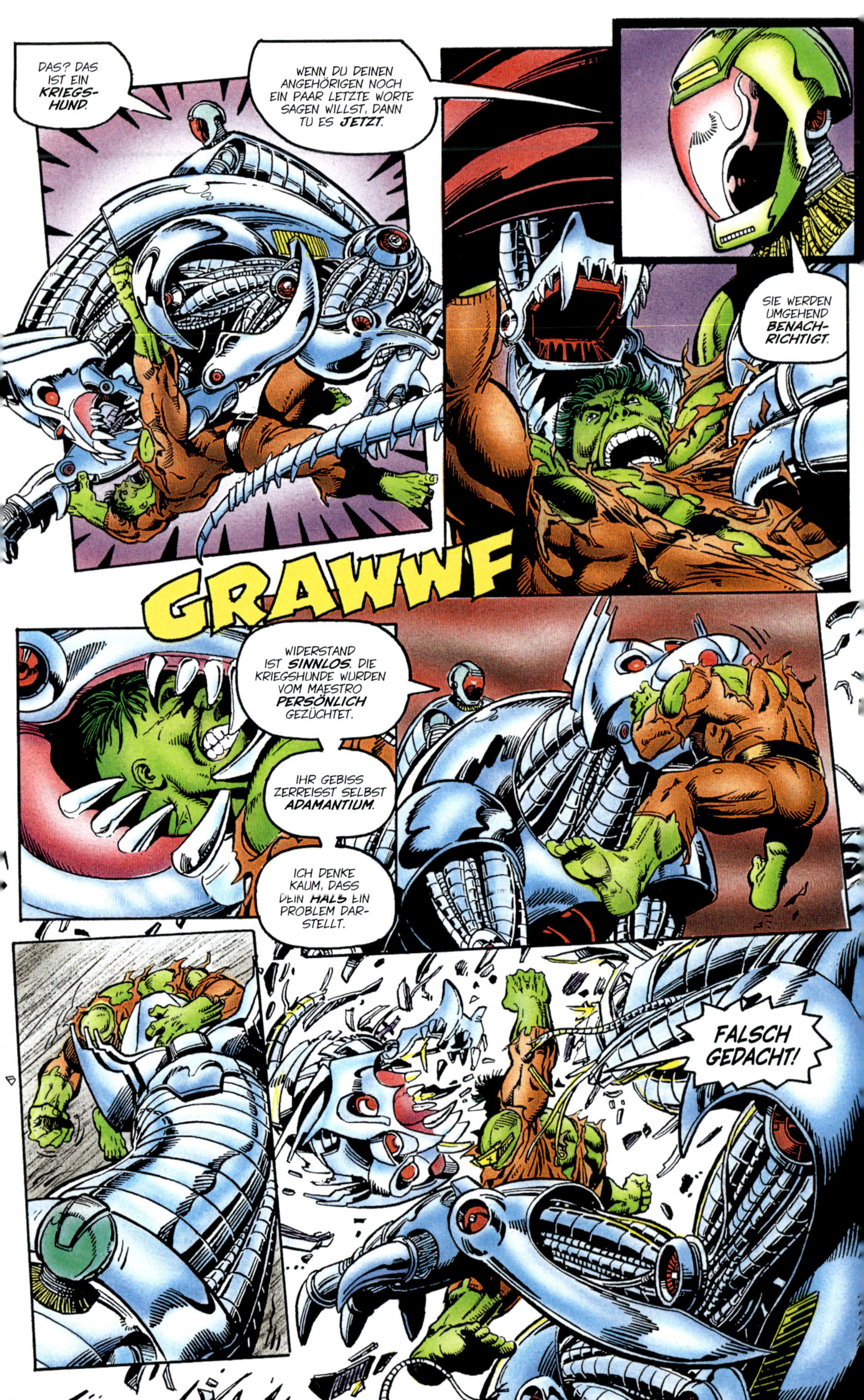
DAS? DAS IST EIN KRIEGS-HUND.
WENN DU DEINEN ANGEHÖRIGEN NOCH EIN PAAR LETZTE WORTE SAGEN WILLST, DANN TU ES JETZT.
SIE WERDEN UMGEHEND BENACH-RICHTIGT.
GRAWWF
WIDERSTAND IST SINNLOS. DIE KRIEGSHUNDE WURDEN VOM MAESTRO PERSÖNLICH GEZÜCHTET.
IHR GEBISS ZERREISST SELBST ADAMANTIUM.
ICH DENKE KAUM, DASS DEIN HALS EIN PROBLEM DAR-STELLT.
FALSCH GEDACHT!

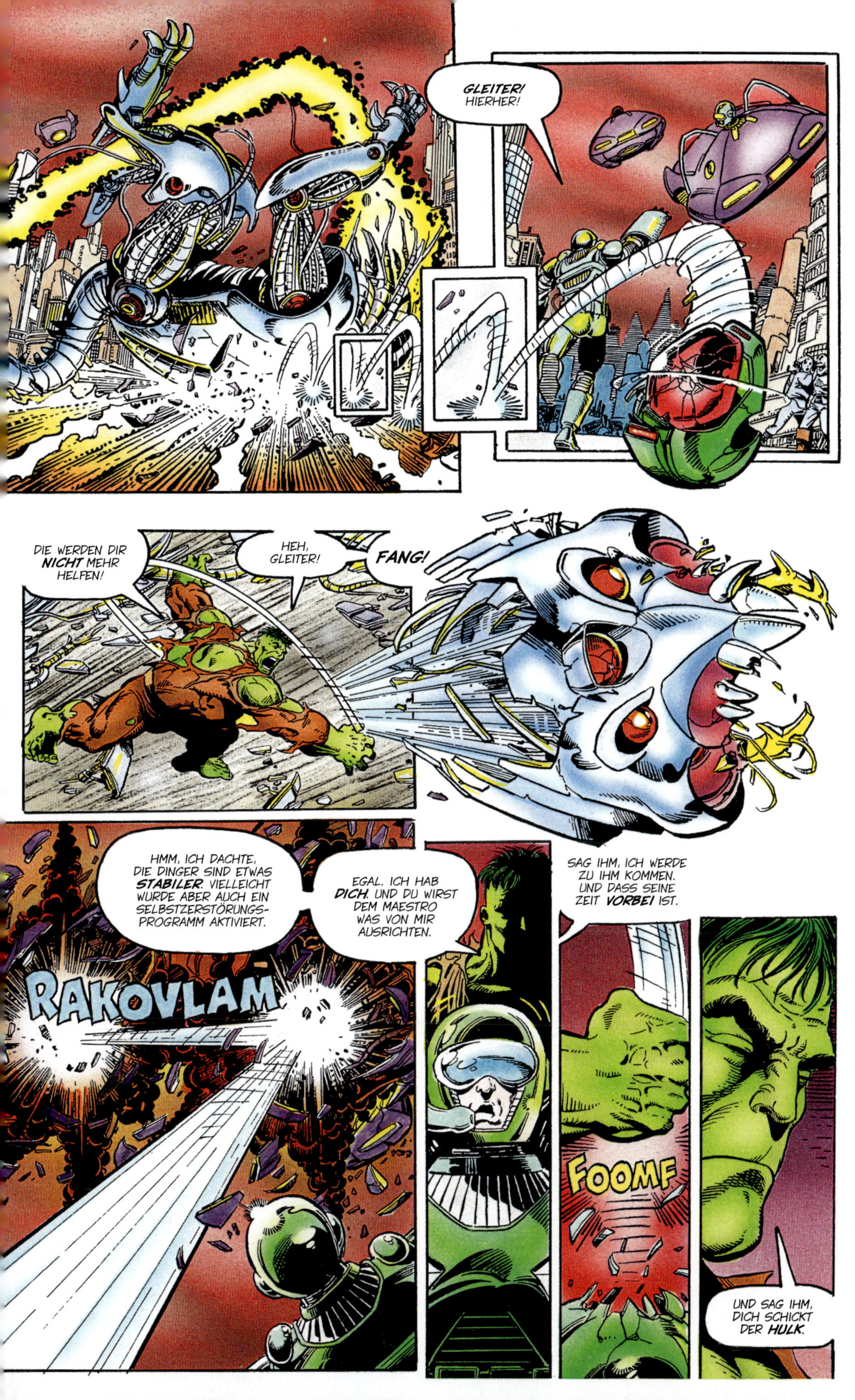
GLEITER! HIERHER!
DIE WERDEN DIR NICHT MEHR HELFEN!
HEH, GLEITER!
FANG!
HMM, ICH DACHTE, DIE DINGER SIND ETWAS STABILER. VIELLEICHT WURDE ABER AUCH EIN SELBSTZERSTÖRUNGS-PROGRAMM AKTIVIERT.
EGAL. ICH HAB DICH. UND DU WIRST DEM MAESTRO WAS VON MIR AUSRICHTEN.
RAKOVLAM
SAG IHM, ICH WERDE ZU IHM KOMMEN. UND DASS SEINE ZEIT VORBEI IST.
FOOMF
UND SAG IHM, DICH SCHICKT DER HULK.

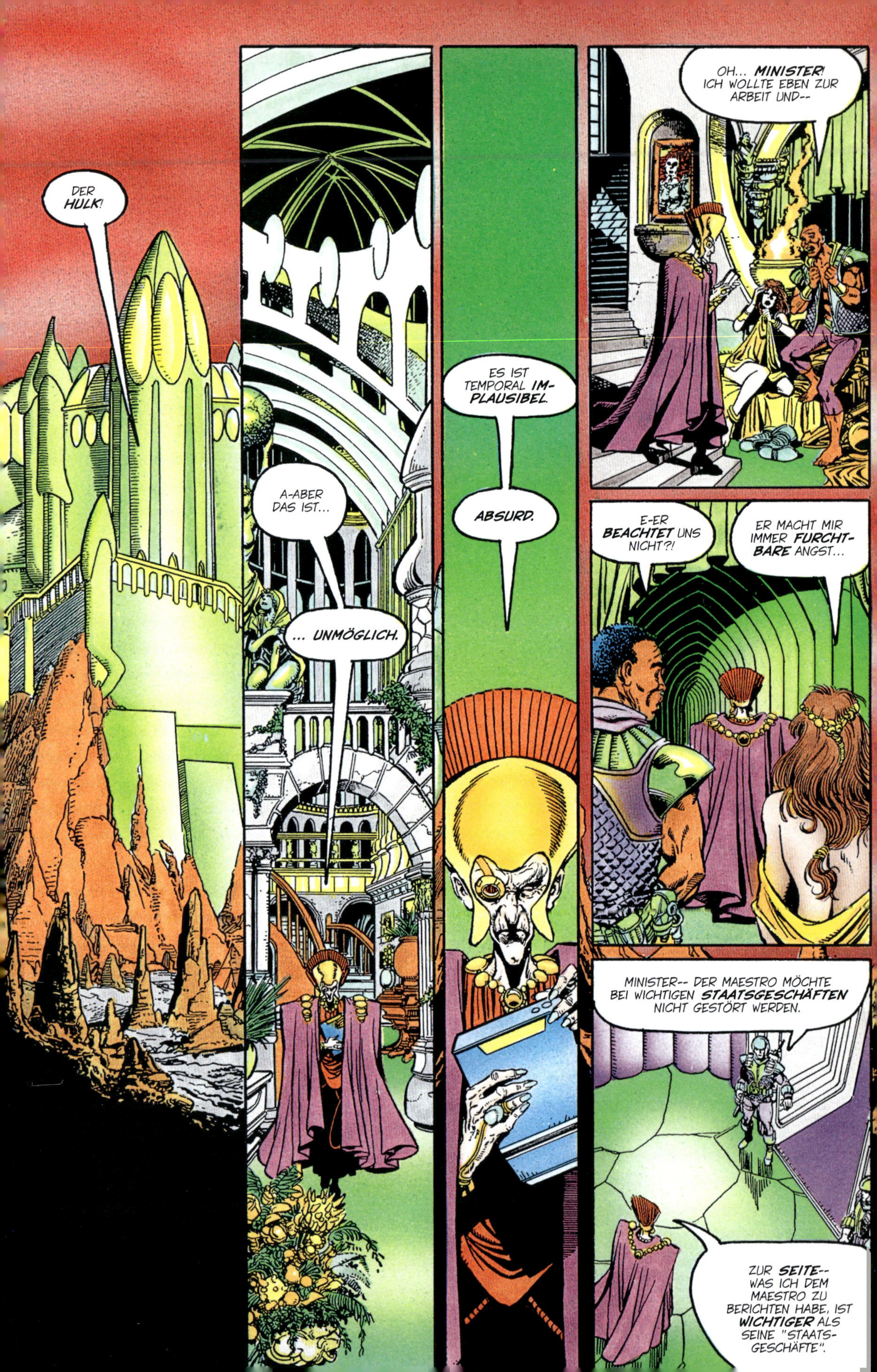
DER HULK!
A-ABER DAS IST...
... UNMÖGLICH.
ES IST TEMPORAL IM-PLAUSIBEL.
ABSURD.
OH... MINISTER! ICH WOLLTE EBEN ZUR ARBEIT UND--
E-ER BEACHTET UNS NICHT?!
ER MACHT MIR IMMER FURCHT-BARE ANGST...
MINISTER-- DER MAESTRO MÖCHTE BEI WICHTIGEN STAATSGESCHÄFTEN NICHT GESTÖRT WERDEN.
ZUR SEITE-- WAS ICH DEM MAESTRO ZU BERICHTEN HABE, IST WICHTIGER ALS SEINE "STAATS-GESCHÄFTE".

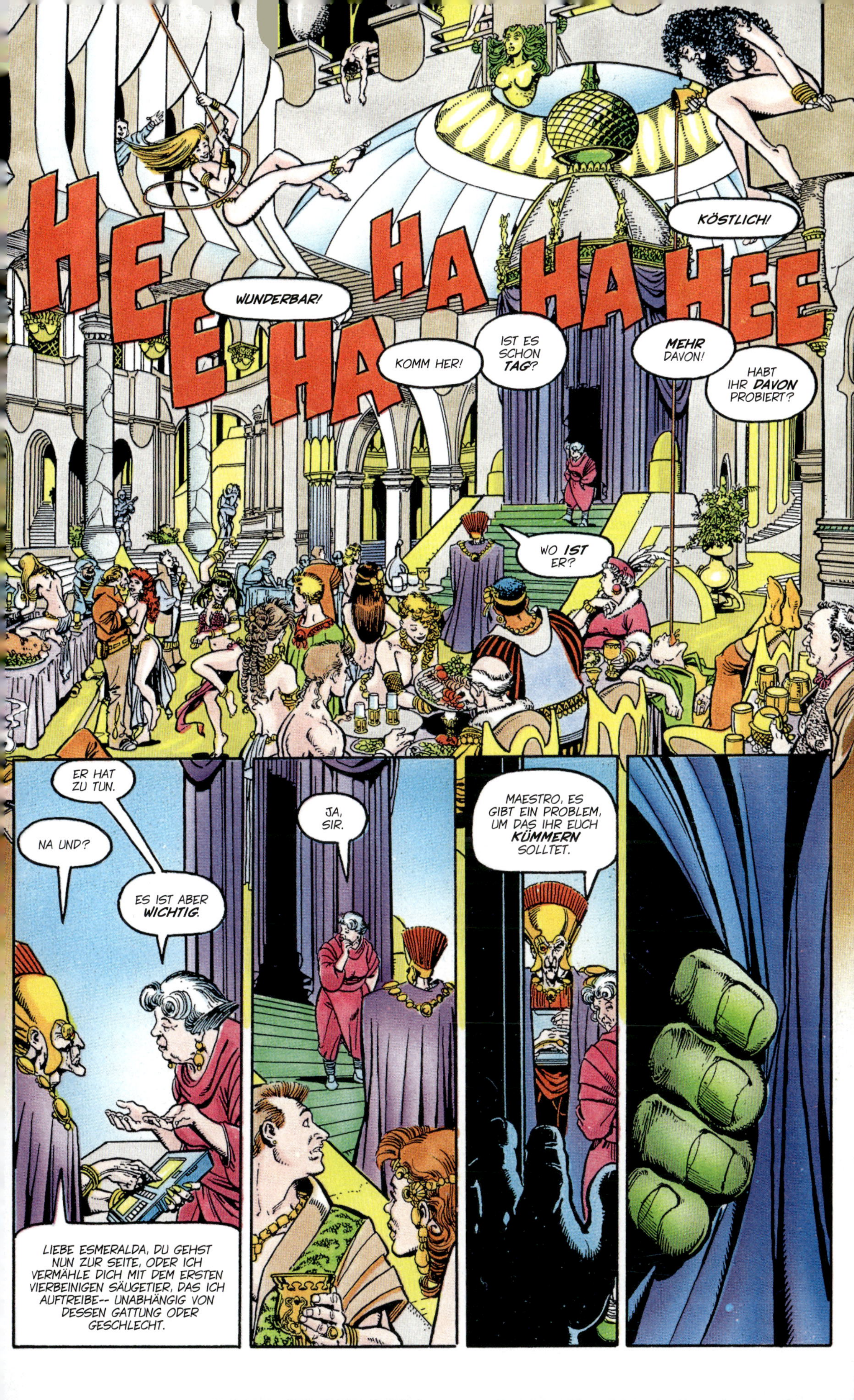
HE
E
HA
HA
HA
HA
HEE
WUNDERBAR!
KOMM HER!
IST ES SCHON TAG?
KÖSTLICH!
MEHR DAVON!
HABT IHR DAVON PROBIERT?
WO IST ER?
ER HAT ZU TUN.
NA UND?
ES IST ABER WICHTIG.
LIEBE ESMERALDA, DU GEHST NUN ZUR SEITE, ODER ICH VERMÄHLE DICH MIT DEM ERSTEN VIERBEINIGEN SÄUGETIER, DAS ICH AUFTREIBE-- UNABHÄNGIG VON DESSEN GATTUNG ODER GESCHLECHT.
JA, SIR.
MAESTRO, ES GIBT EIN PROBLEM, UM DAS IHR EUCH KÜMMERN SOLLTET.

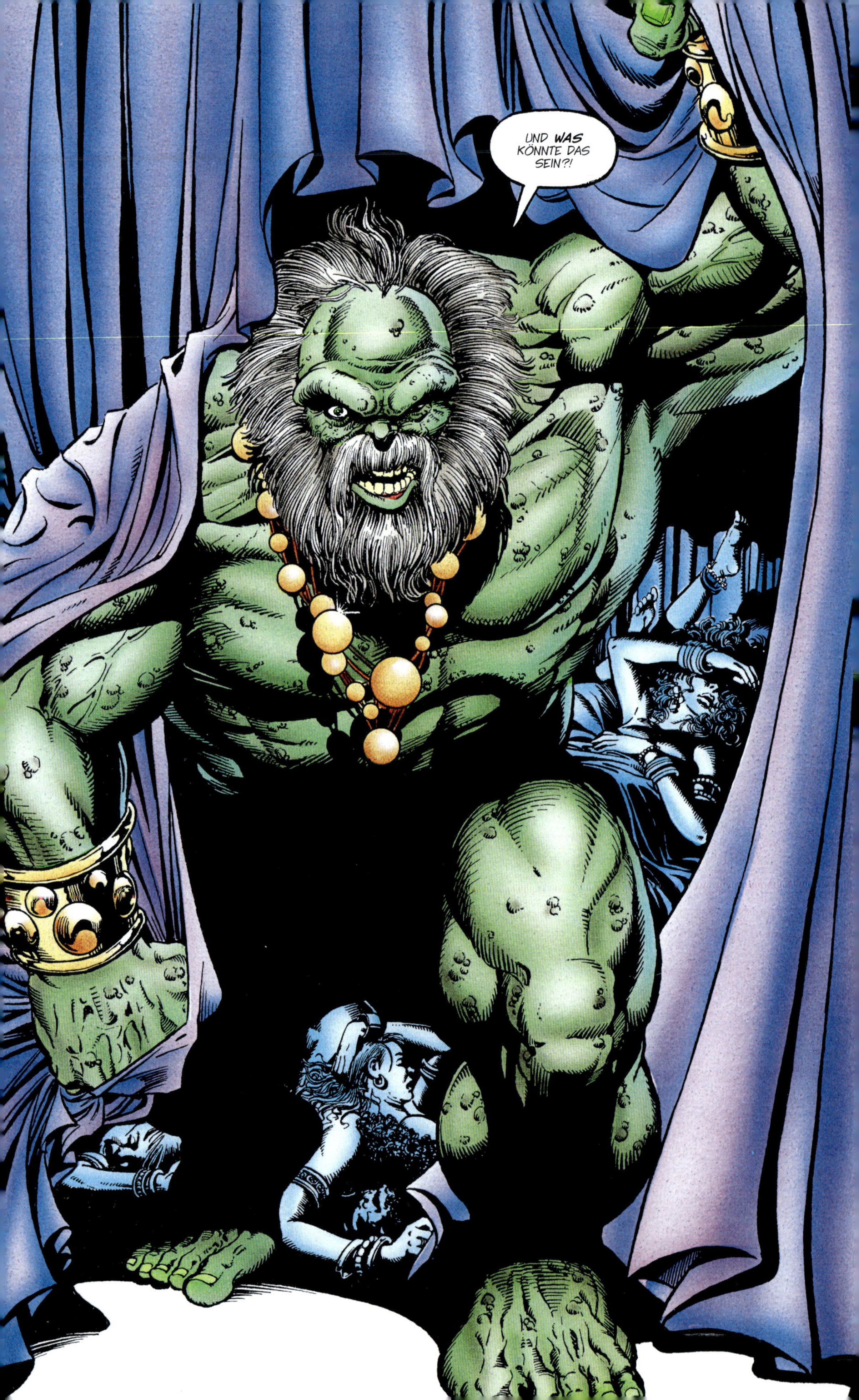
UND WAS KÖNNTE DAS SEIN?!

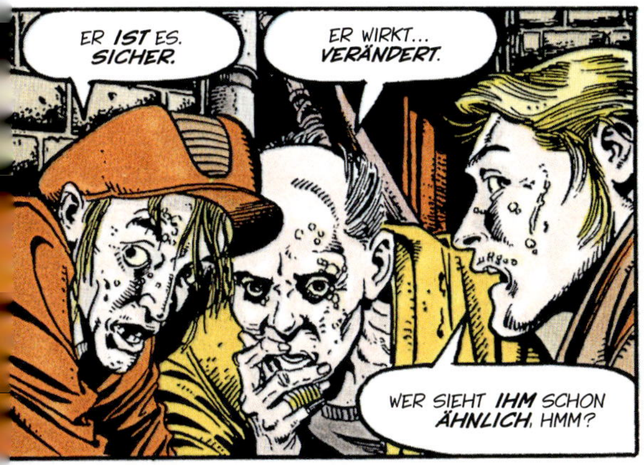
ER IST ES. SICHER.
ER WIRKT... VERÄNDERT.
WER SIEHT IHM SCHON ÄHNLICH, HMM?

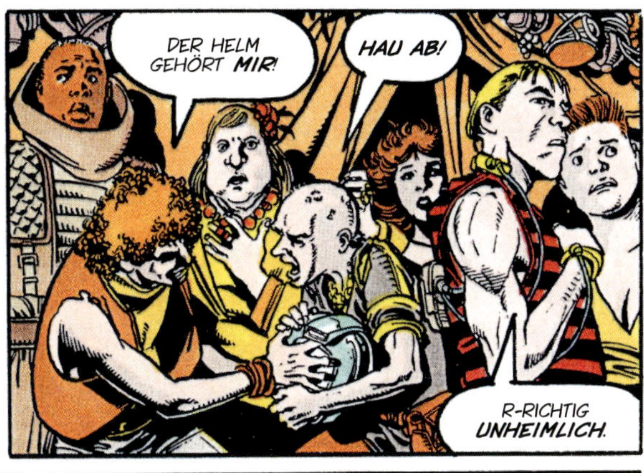
DER HELM GEHÖRT MIR!
HAU AB!
R-RICHTIG UNHEIMLICH.

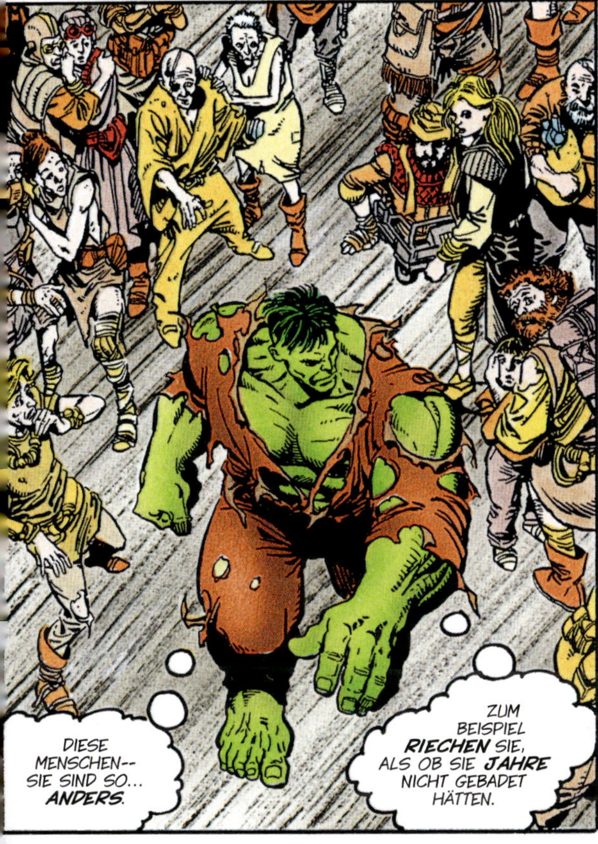
DIESE MENSCHEN-- SIE SIND SO... ANDERS.
ZUM BEISPIEL RIECHEN SIE, ALS OB SIE JAHRE NICHT GEBADET HÄTTEN.

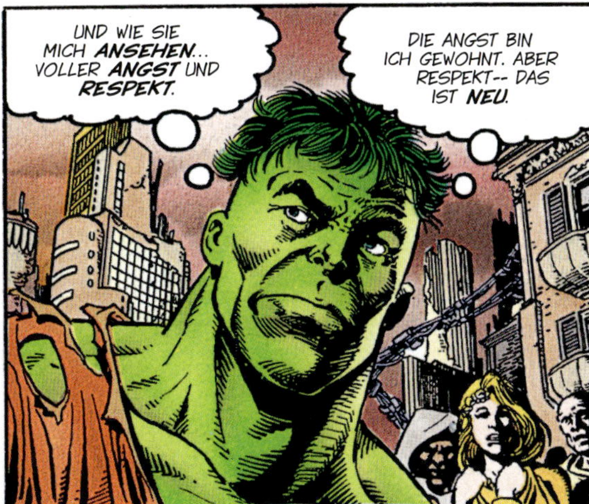
UND WIE SIE MICH ANSEHEN... VOLLER ANGST UND RESPEKT.
DIE ANGST BIN ICH GEWOHNT. ABER RESPEKT-- DAS IST NEU.

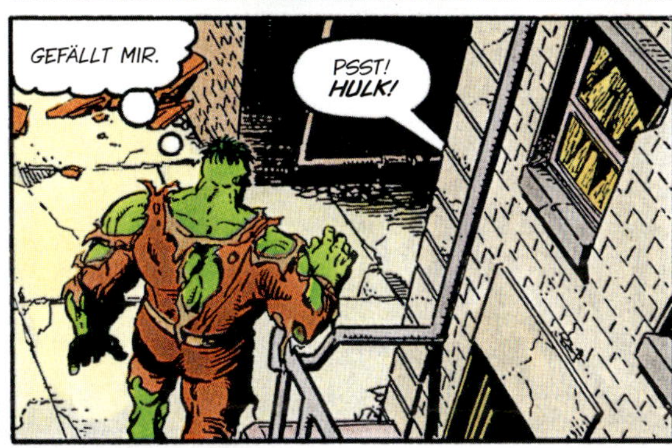
GEFÄLLT MIR.
PSST! HULK!

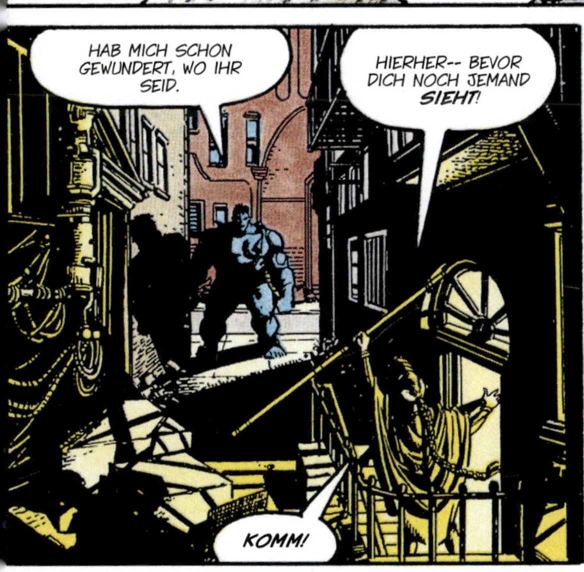
HAB MICH SCHON GEWUNDERT, WO IHR SEID.
HIERHER-- BEVOR DICH NOCH JEMAND SIEHT!
KOMM!

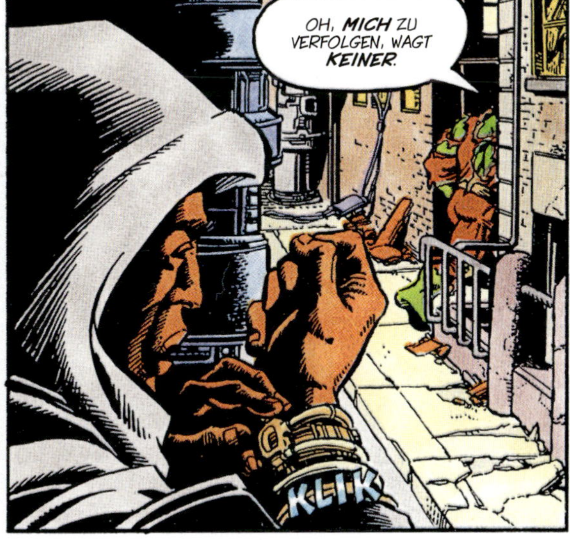
OH, MICH ZU VERFOLGEN, WAGT KEINER.
KLIK

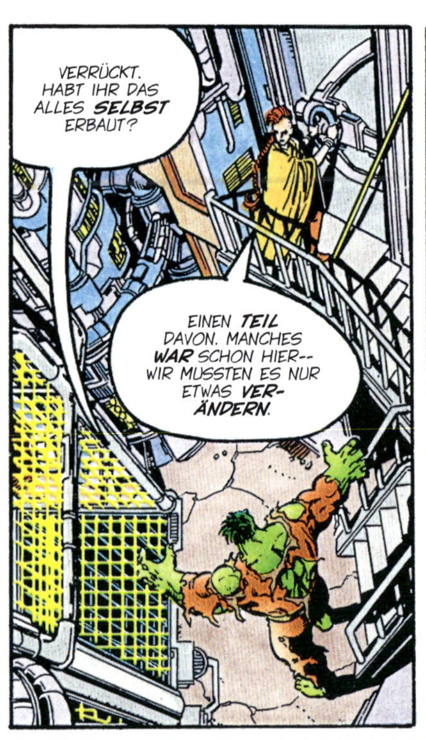
VERRÜCKT. HABT IHR DAS ALLES SELBST ERBAUT?
EINEN TEIL DAVON. MANCHES WAR SCHON HIER-- WIR MUSSTEN ES NUR ETWAS VERÄNDERN.

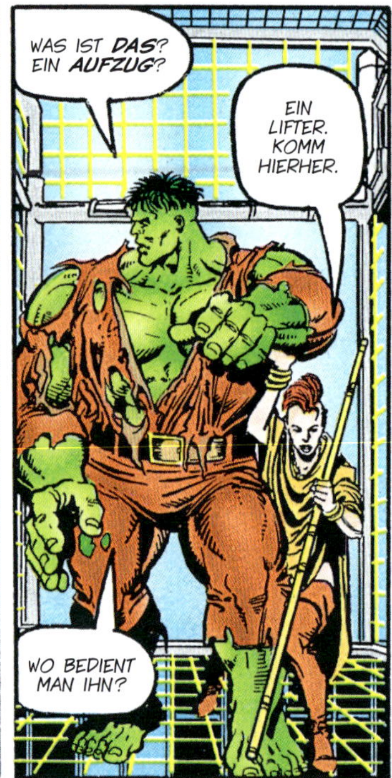
WAS IST DAS? EIN AUFZUG?
EIN LIFTER. KOMM HIERHER.
WO BEDIENT MAN IHN?

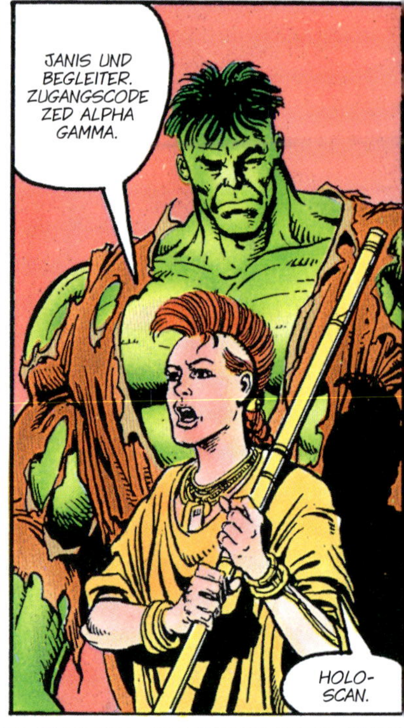
JANIS UND BEGLEITER. ZUGANGSCODE ZED ALPHA GAMMA.
HOLO-SCAN.

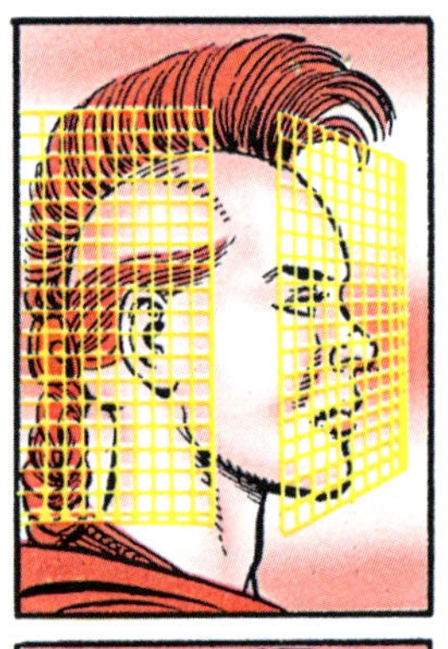

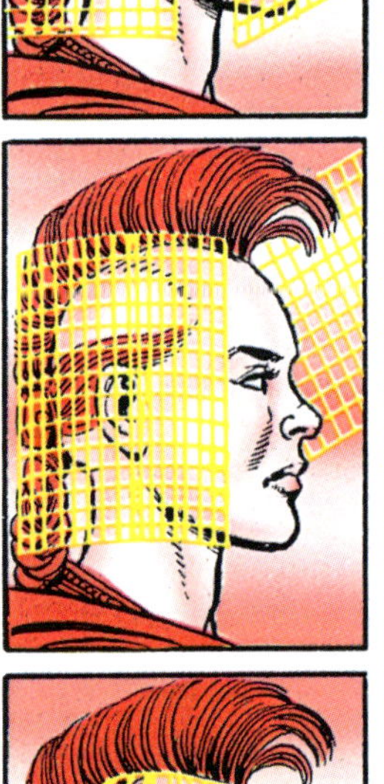

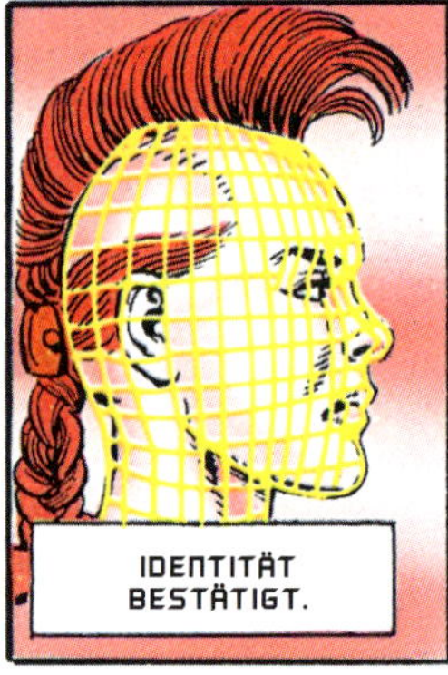
IDENTITÄT BESTÄTIGT.

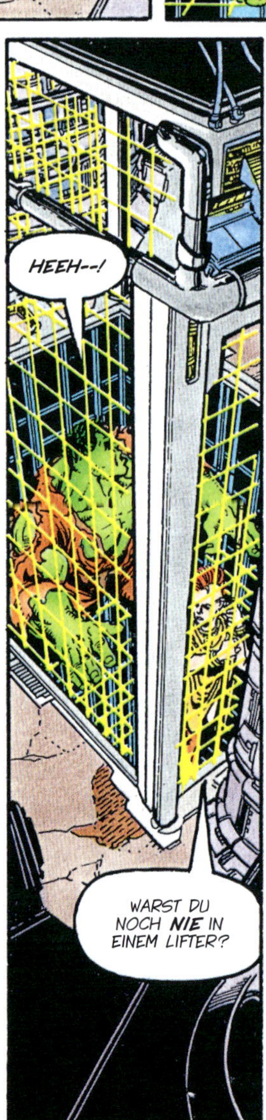
HEEH--!
WARST DU NOCH NIE IN EINEM LIFTER?

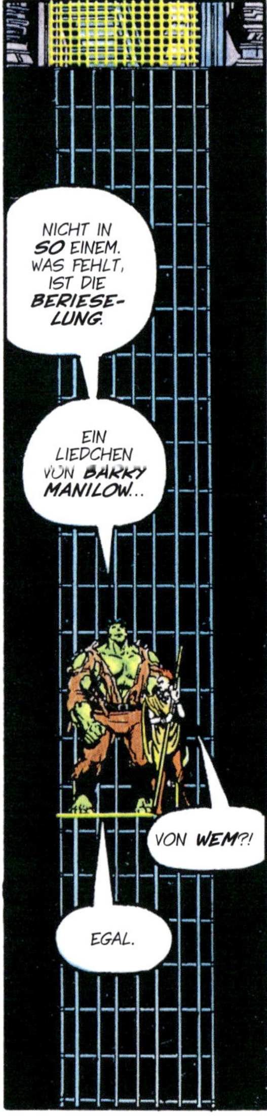
NICHT IN SO EINEM. WAS FEHLT, IST DIE BERIESE-LUNG.
EIN LIEDCHEN VON BARRY MANILOW...
VON WEM?!
EGAL.

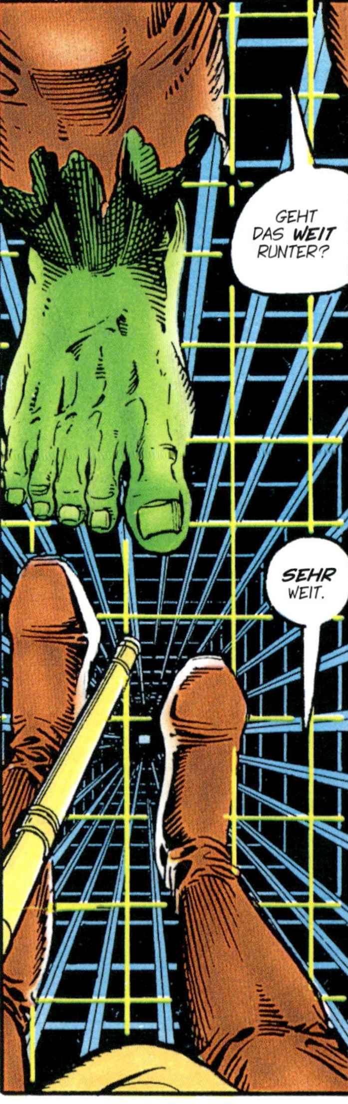
GEHT DAS WEIT RUNTER?
SEHR WEIT.

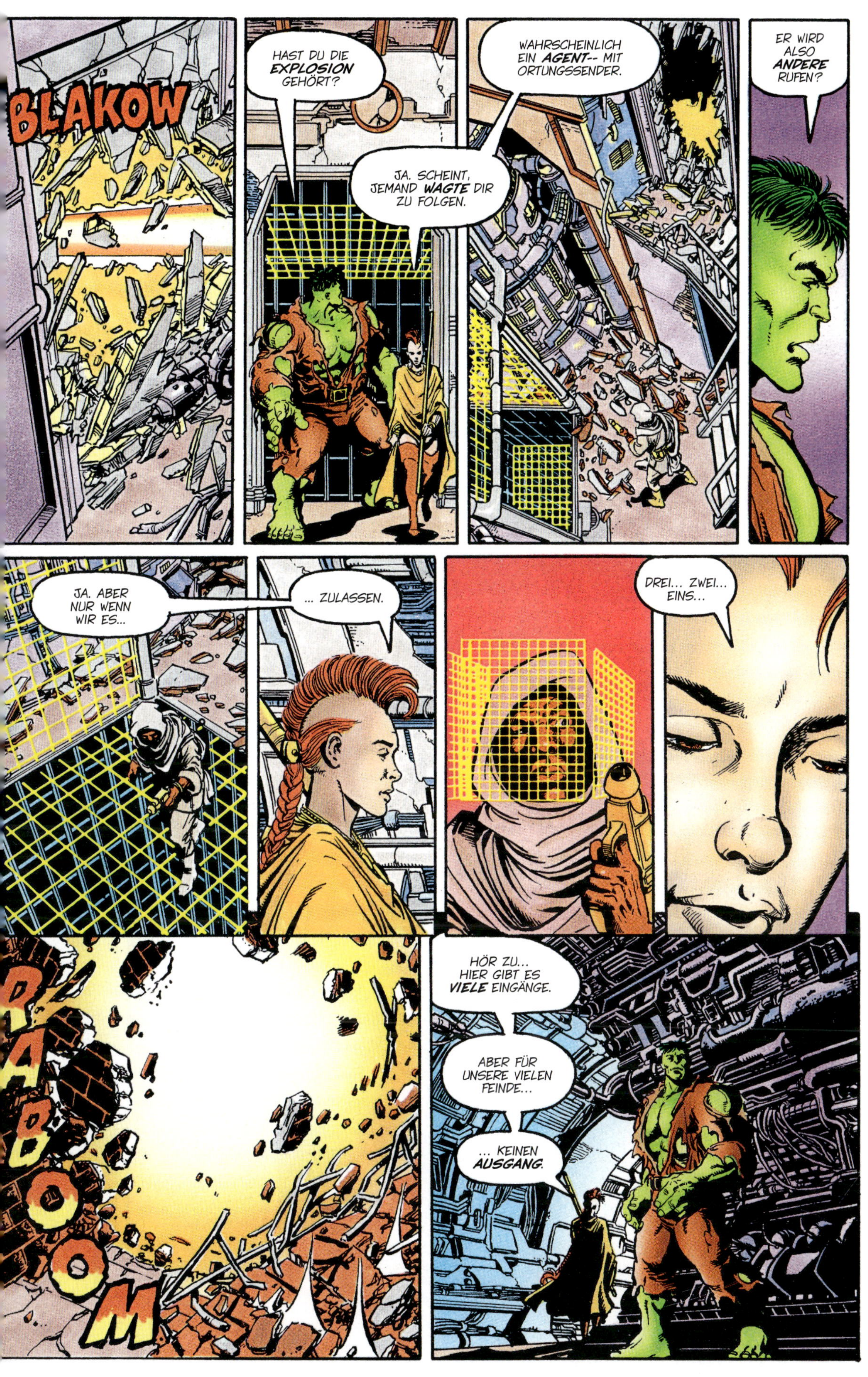
BLAKOW
HAST DU DIE EXPLOSION GEHÖRT?
JA. SCHEINT, JEMAND WAGTE DIR ZU FOLGEN.
WAHRSCHEINLICH EIN AGENT-- MIT ORTUNGSSENDER.
ER WIRD ALSO ANDERE RUFEN?
JA. ABER NUR WENN WIR ES...
... ZULASSEN.
DREI... ZWEI... EINS...
BRABOOM
HÖR ZU... HIER GIBT ES VIELE EINGÄNGE.
ABER FÜR UNSERE VIELEN FEINDE...
... KEINEN AUSGANG.

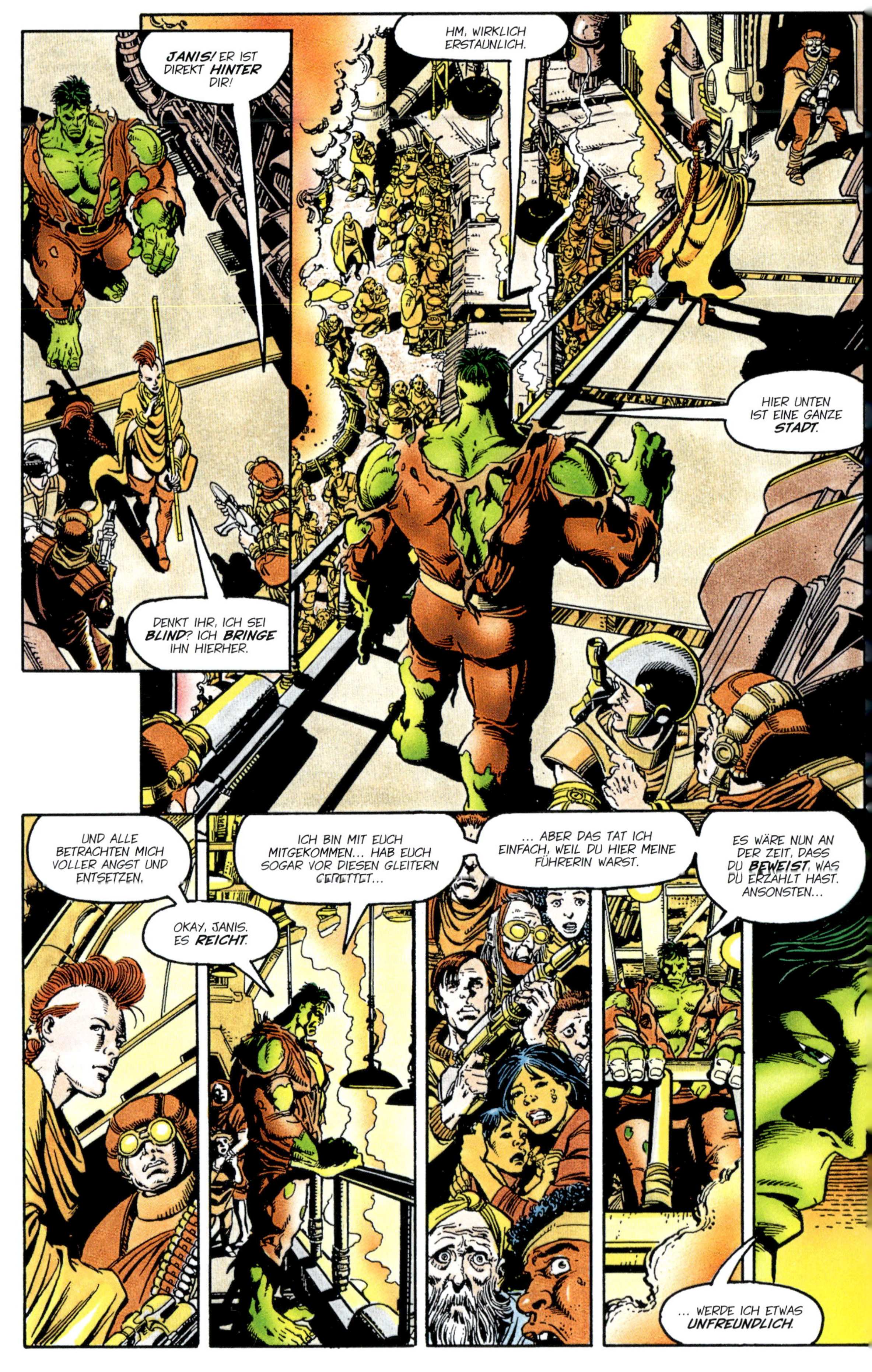
JANIS! ER IST DIREKT HINTER DIR!
HM, WIRKLICH ERSTAUNLICH.
HIER UNTEN IST EINE GANZE STADT.
DENKT IHR, ICH SEI BLIND? ICH BRINGE IHN HIERHER.
UND ALLE BETRACHTEN MICH VOLLER ANGST UND ENTSETZEN.
OKAY, JANIS. ES REICHT.
ICH BIN MIT EUCH MITGEKOMMEN... HAB EUCH SOGAR VOR DIESEN GLEITERN GERETTET...
... ABER DAS TAT ICH EINFACH, WEIL DU HIER MEINE FÜHRERIN WARST.
ES WÄRE NUN AN DER ZEIT, DASS DU BEWEIST, WAS DU ERZÄHLT HAST. ANSONSTEN...
... WERDE ICH ETWAS UNFREUNDLICH.

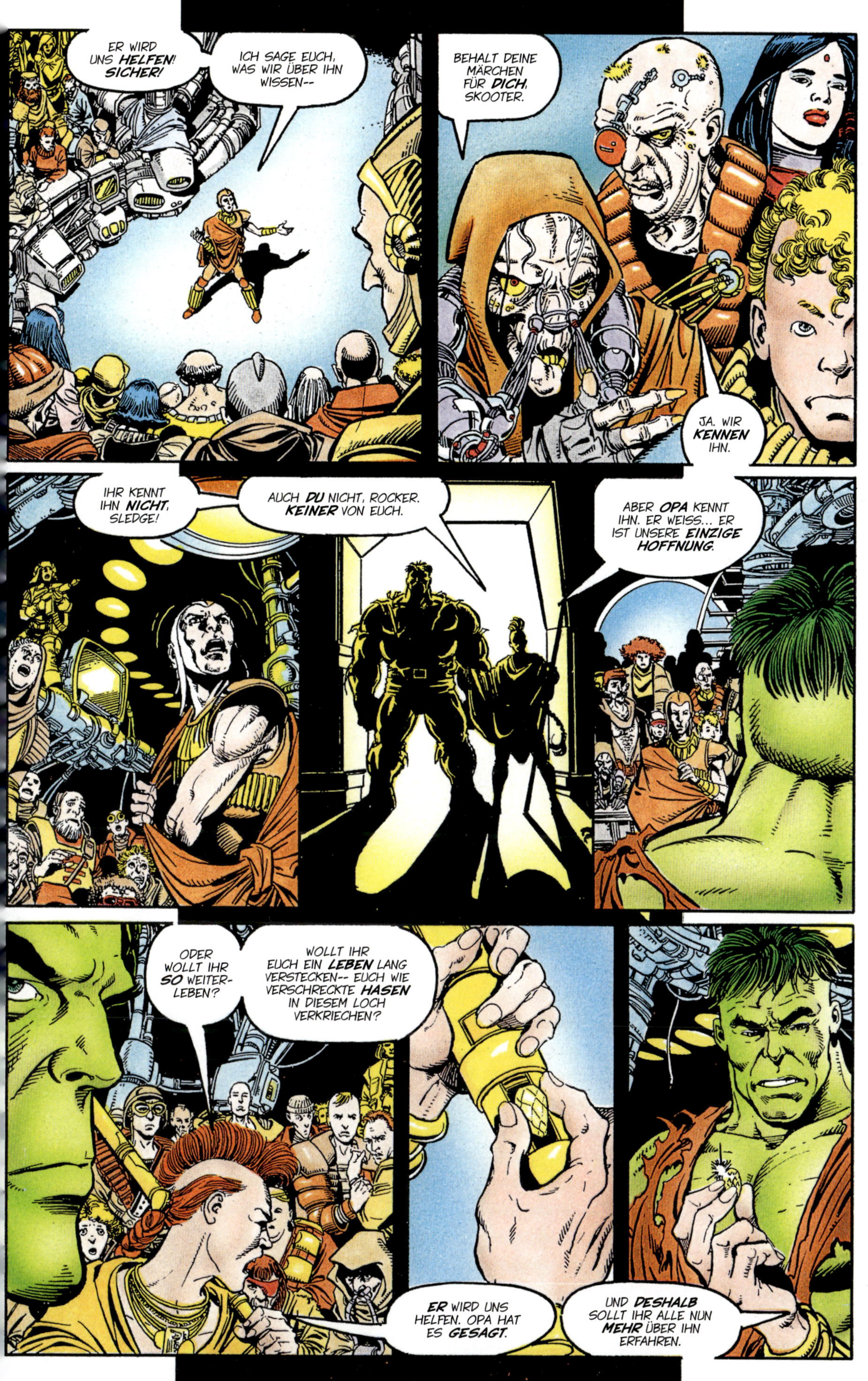
ER WIRD UNS **HELFEN**! **SICHER!**
ICH SAGE EUCH, WAS WIR ÜBER IHN WISSEN--
BEHALT DEINE MÄRCHEN FÜR **DICH**, SKOOTER.
JA. WIR **KENNEN** IHN.
IHR KENNT IHN **NICHT**, SLEDGE!
AUCH **DU** NICHT, ROCKER. **KEINER** VON EUCH.
ABER **OPA** KENNT IHN. ER WEISS... ER IST UNSERE **EINZIGE HOFFNUNG**.
ODER WOLLT IHR **SO** WEITER-LEBEN?
WOLLT IHR EUCH EIN **LEBEN** LANG VERSTECKEN-- EUCH WIE VERSCHRECKTE **HASEN** IN DIESEM LOCH VERKRIECHEN?
ER WIRD UNS HELFEN. OPA HAT ES **GESAGT**.
UND **DESHALB** SOLLT IHR ALLE NUN **MEHR** ÜBER IHN ERFAHREN.

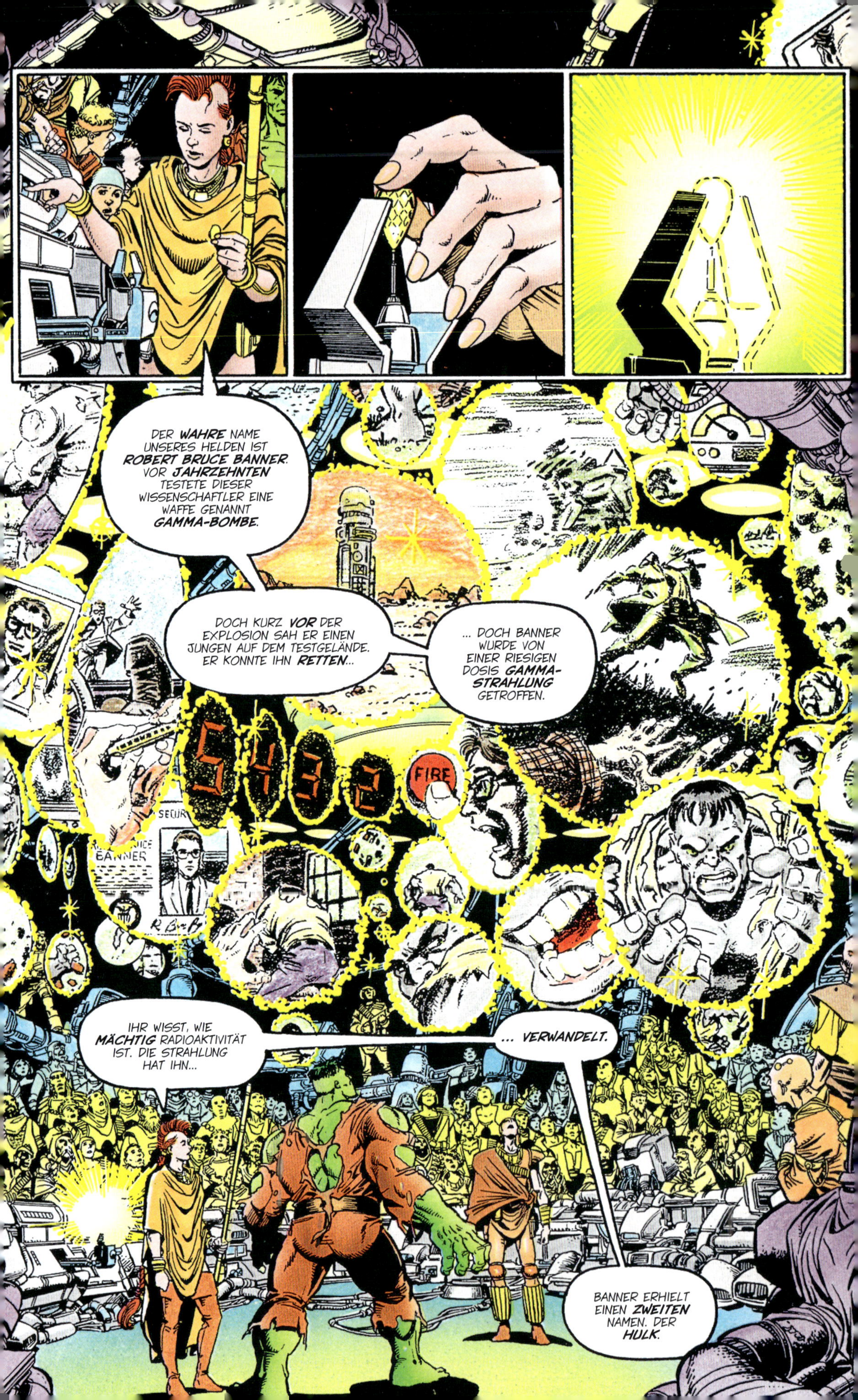
DER WAHRE NAME UNSERES HELDEN IST ROBERT BRUCE BANNER. VOR JAHRZEHNTEN TESTETE DIESER WISSENSCHAFTLER EINE WAFFE GENANNT GAMMA-BOMBE.
DOCH KURZ VOR DER EXPLOSION SAH ER EINEN JUNGEN AUF DEM TESTGELÄNDE. ER KONNTE IHN RETTEN...
... DOCH BANNER WURDE VON EINER RIESIGEN DOSIS GAMMA-STRAHLUNG GETROFFEN.
5 4 3 2
FIRE
BANNER
IHR WISST, WIE MÄCHTIG RADIOAKTIVITÄT IST. DIE STRAHLUNG HAT IHN...
... VERWANDELT.
BANNER ERHIELT EINEN ZWEITEN NAMEN. DER HULK.

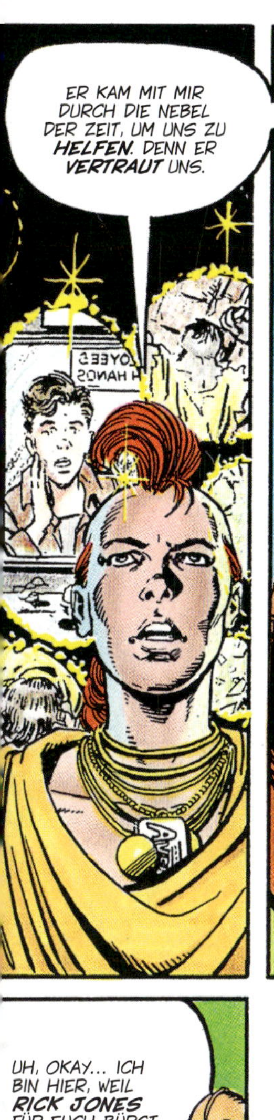
ER KAM MIT MIR DURCH DIE NEBEL DER ZEIT, UM UNS ZU HELFEN. DENN ER VERTRAUT UNS.

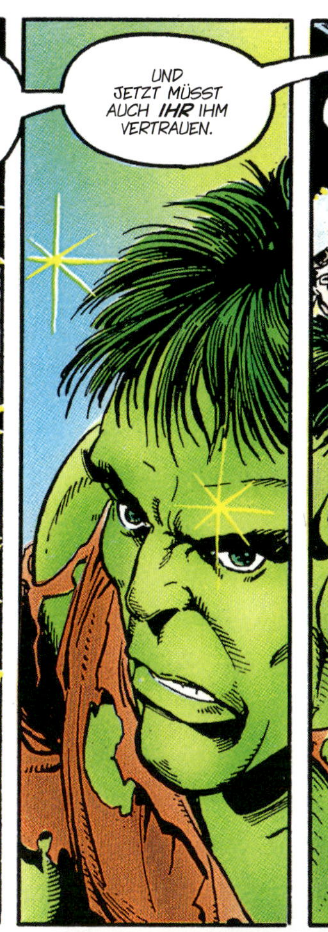
UND JETZT MÜSST AUCH IHR IHM VERTRAUEN.

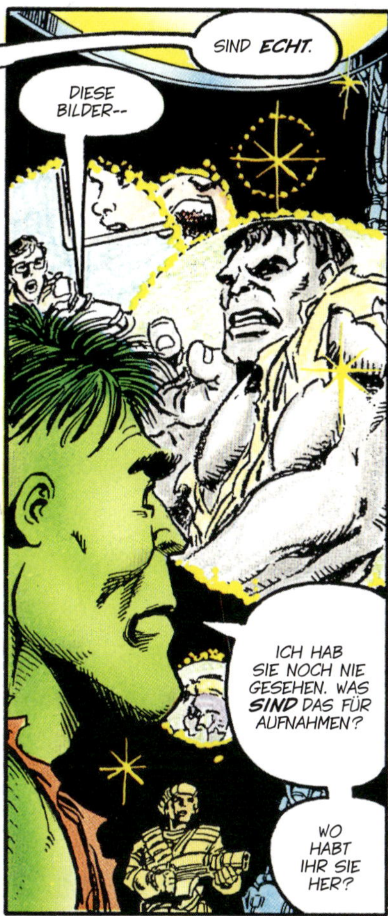
SIND ECHT.
DIESE BILDER--
ICH HAB SIE NOCH NIE GESEHEN. WAS SIND DAS FÜR AUFNAHMEN?
WO HABT IHR SIE HER?

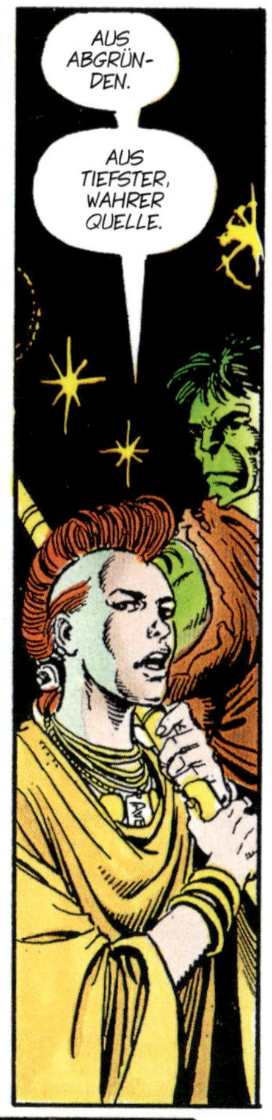
AUS ABGRÜN-DEN.
AUS TIEFSTER, WAHRER QUELLE.

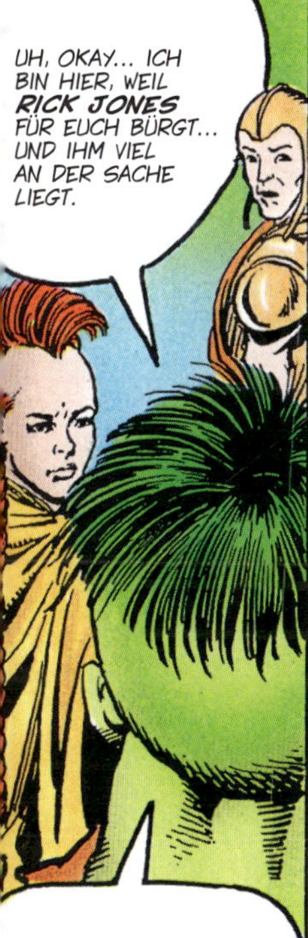
UH, OKAY... ICH BIN HIER, WEIL RICK JONES FÜR EUCH BÜRGT... UND IHM VIEL AN DER SACHE LIEGT.

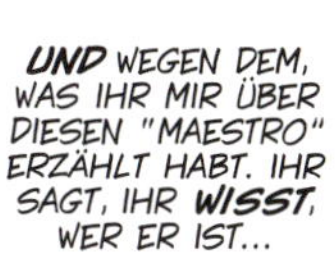
UND WEGEN DEM, WAS IHR MIR ÜBER DIESEN "MAESTRO" ERZÄHLT HABT. IHR SAGT, IHR WISST, WER ER IST...

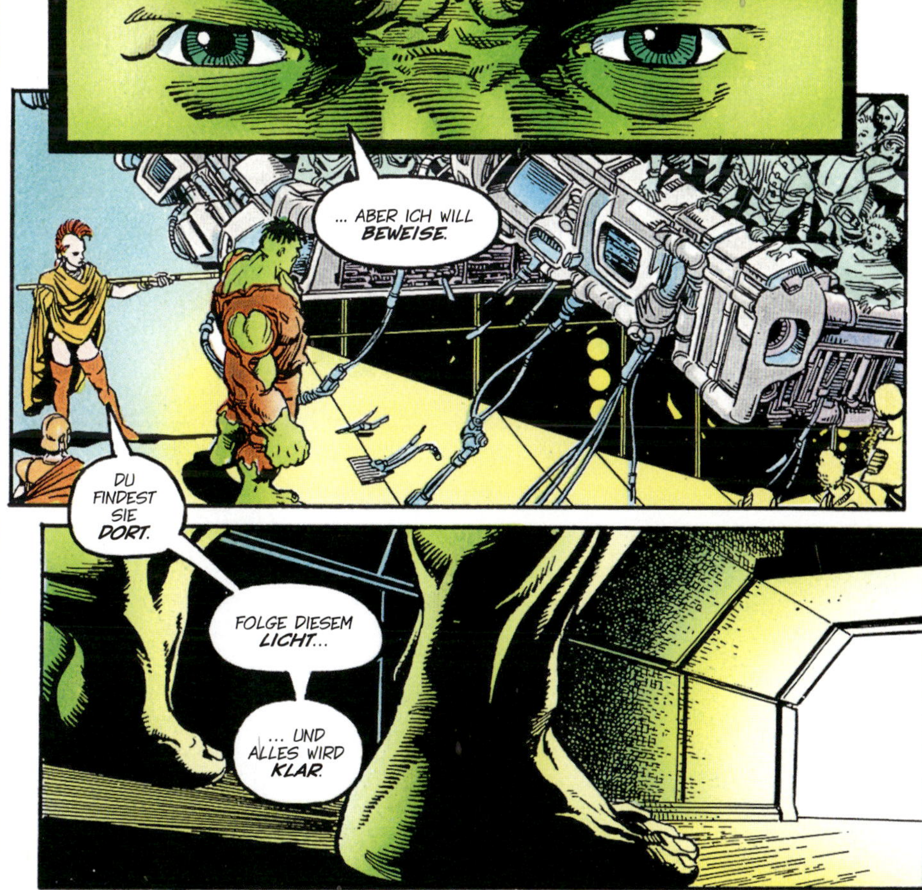
... ABER ICH WILL BEWEISE.
DU FINDEST SIE DORT.
FOLGE DIESEM LICHT...
... UND ALLES WIRD KLAR.

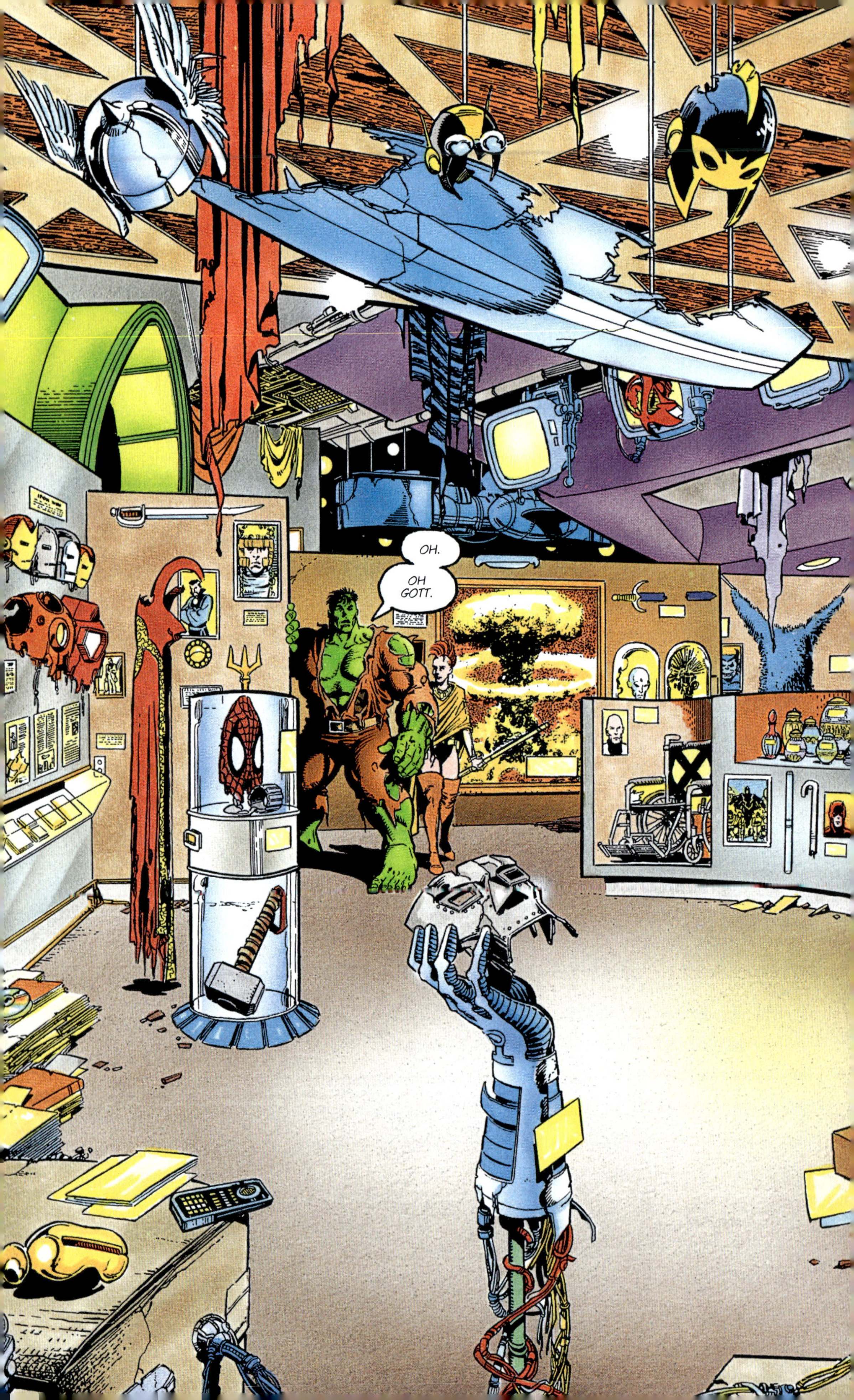
OH.
OH GOTT.

DEAD... AGAIN!
Ist... er das?

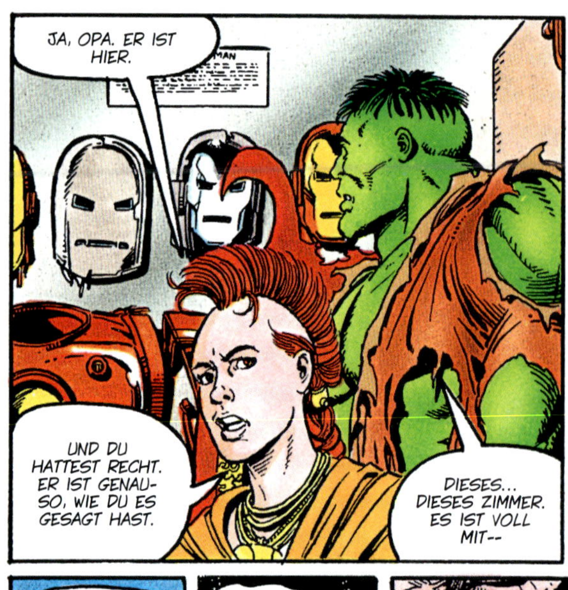
JA, OPA. ER IST HIER.
UND DU HATTEST RECHT. ER IST GENAU-SO, WIE DU ES GESAGT HAST.
DIESES... DIESES ZIMMER. ES IST VOLL MIT--

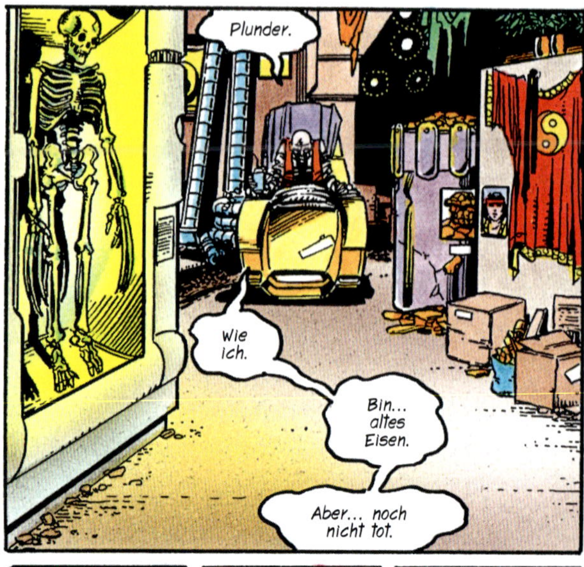
Plunder.
Wie ich.
Bin... altes Eisen.
Aber... noch nicht tot.

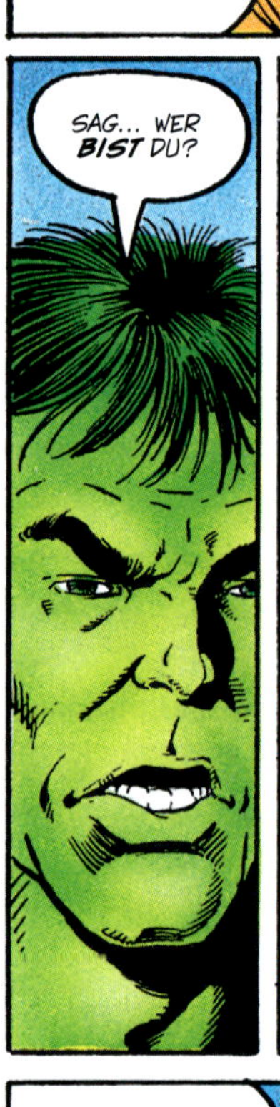
SAG... WER **BIST** DU?

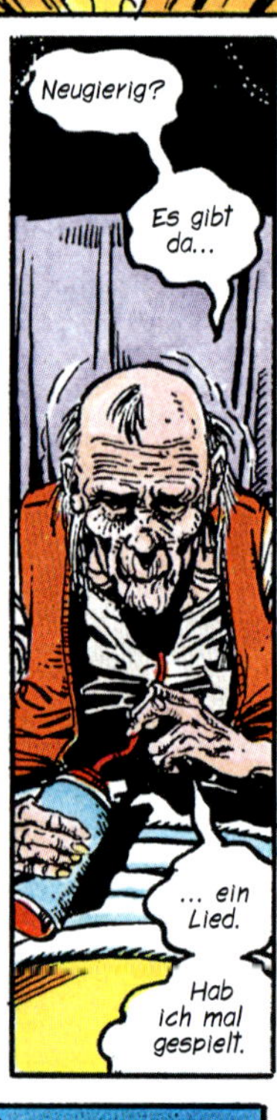
Neugierig?
Es gibt da...
... ein Lied.
Hab ich mal gespielt.

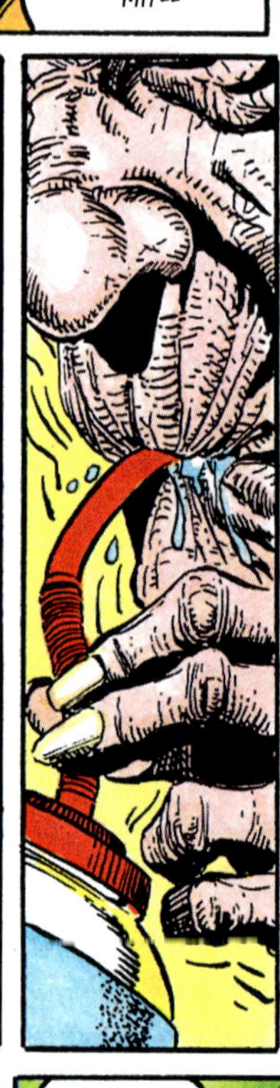

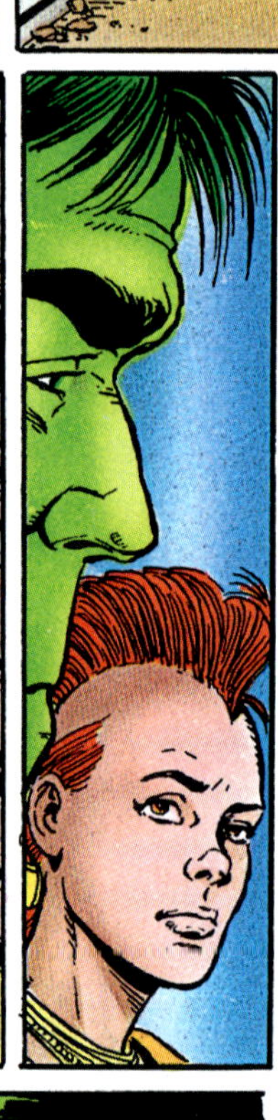

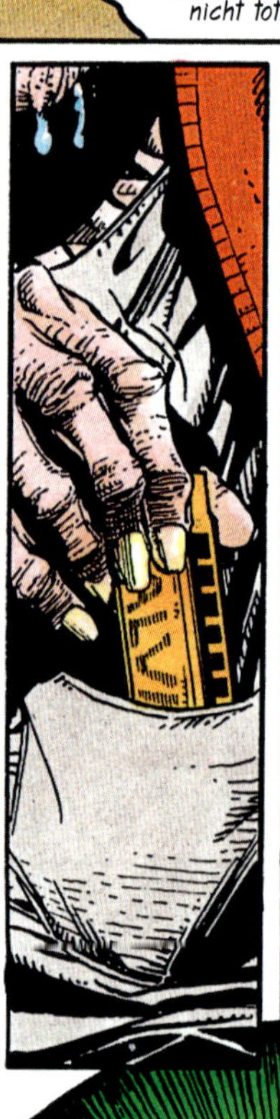

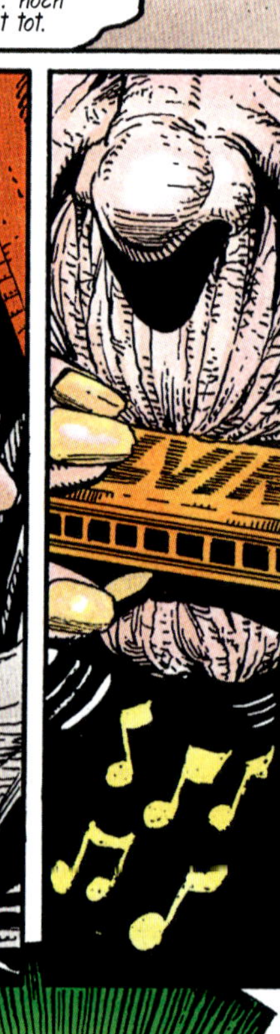

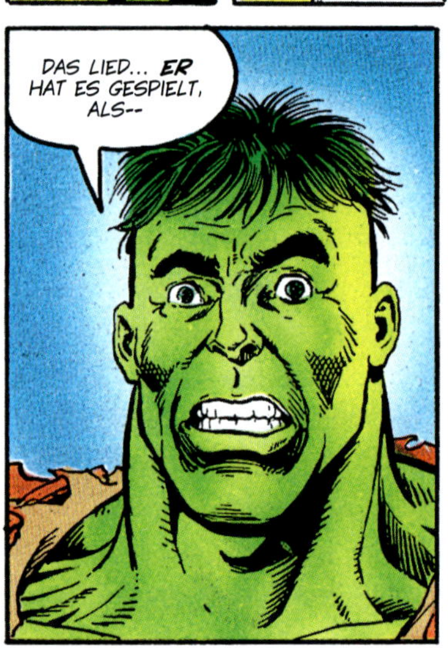
DAS LIED... **ER** HAT ES GESPIELT, ALS--

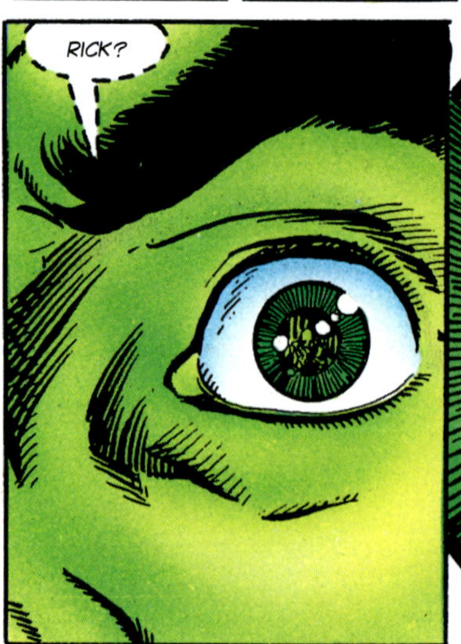
RICK?

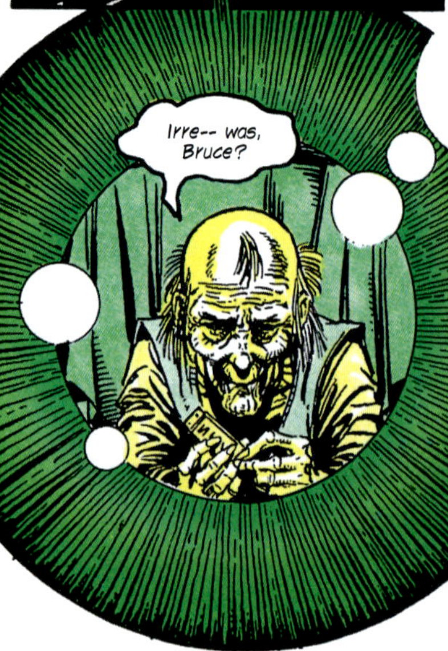
Irre-- was, Bruce?

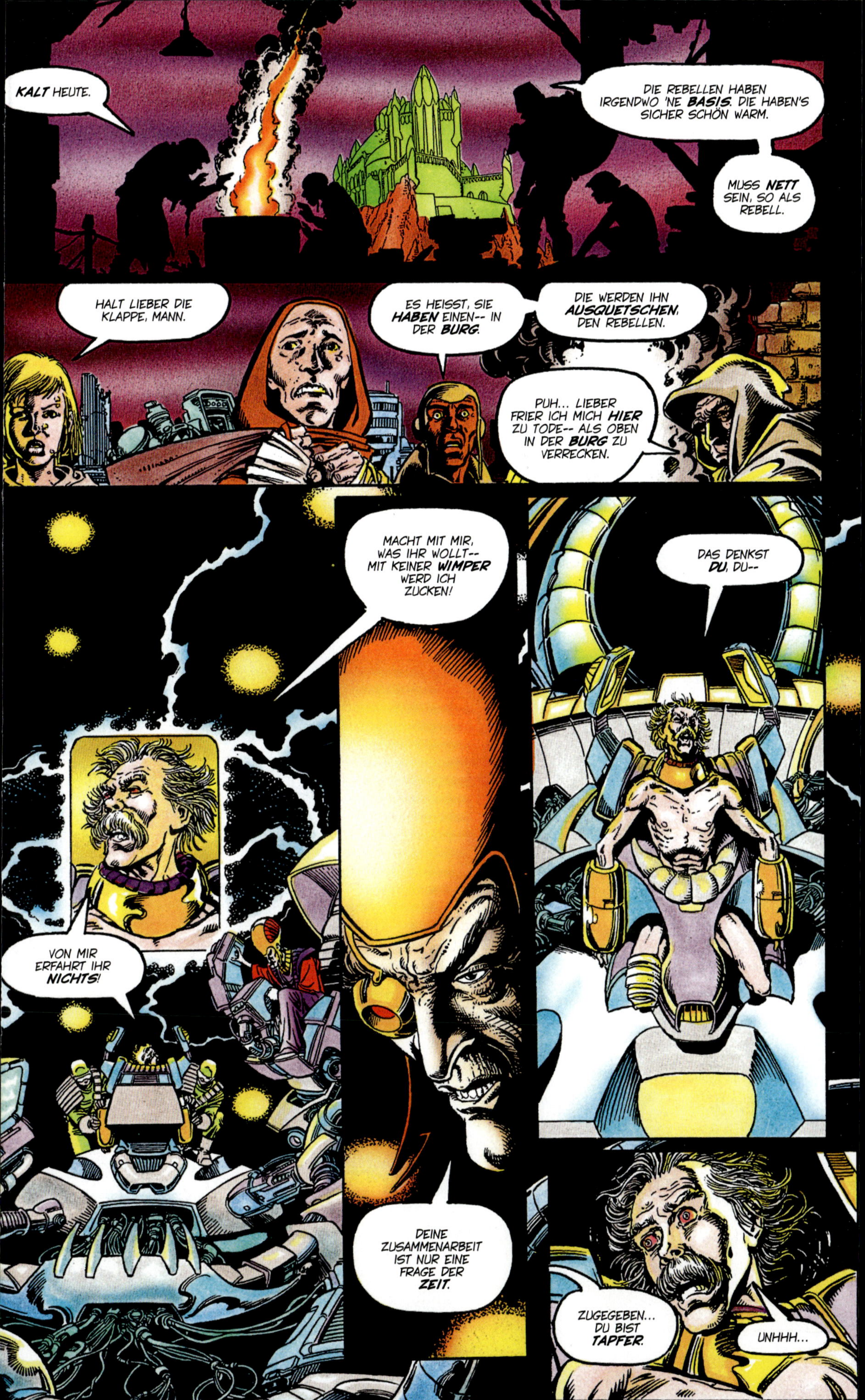
KALT HEUTE.
DIE REBELLEN HABEN IRGENDWO 'NE BASIS. DIE HABEN'S SICHER SCHÖN WARM.
MUSS NETT SEIN, SO ALS REBELL.
HALT LIEBER DIE KLAPPE, MANN.
ES HEISST, SIE HABEN EINEN-- IN DER BURG.
DIE WERDEN IHN AUSQUETSCHEN, DEN REBELLEN.
PUH... LIEBER FRIER ICH MICH HIER ZU TODE-- ALS OBEN IN DER BURG ZU VERRECKEN.
VON MIR ERFAHRT IHR NICHTS!
MACHT MIT MIR, WAS IHR WOLLT-- MIT KEINER WIMPER WERD ICH ZUCKEN!
DAS DENKST DU, DU--
DEINE ZUSAMMENARBEIT IST NUR EINE FRAGE DER ZEIT.
ZUGEGEBEN... DU BIST TAPFER.
UNHHH...

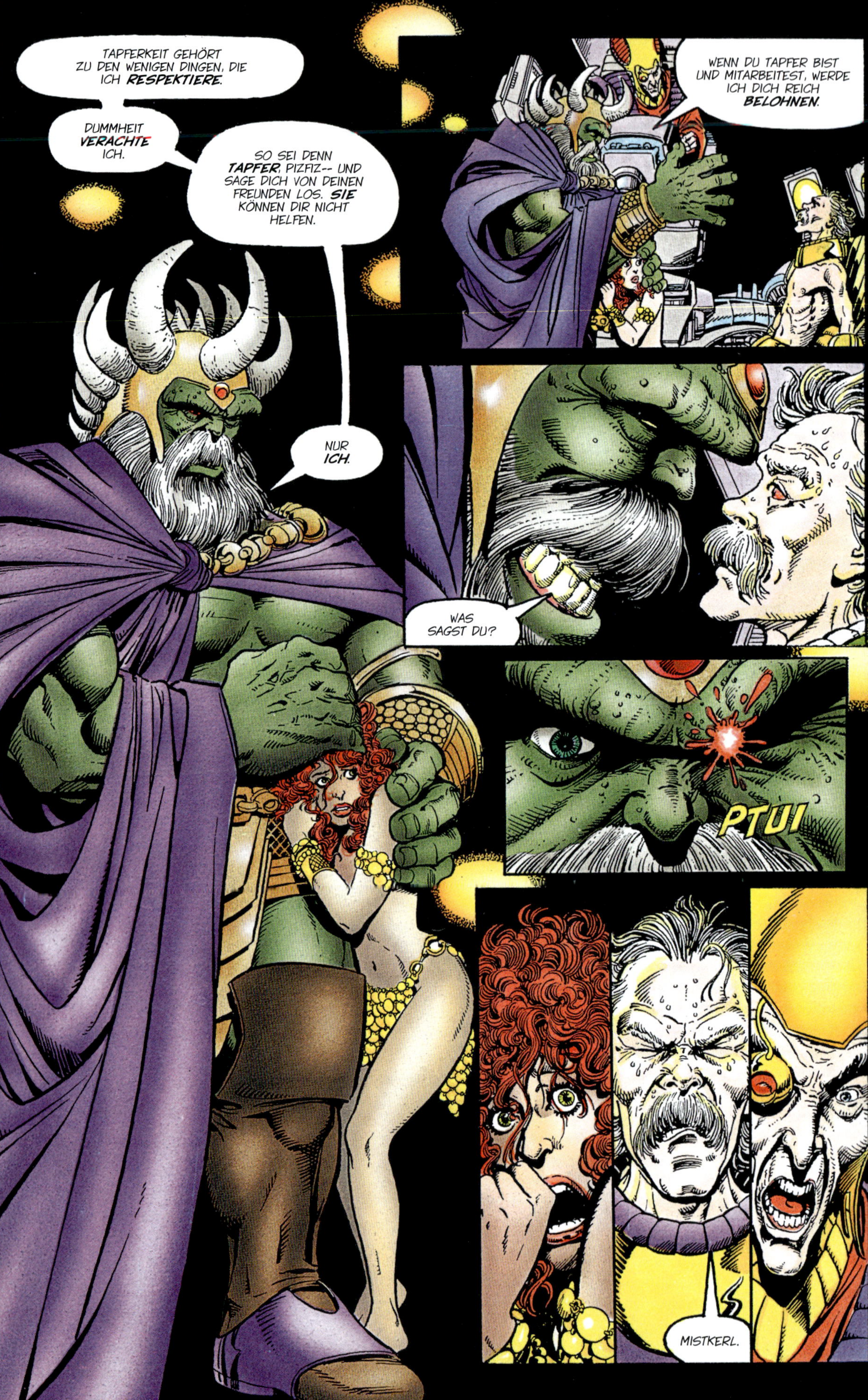
TAPFERKEIT GEHÖRT ZU DEN WENIGEN DINGEN, DIE ICH RESPEKTIERE.
DUMMHEIT VERACHTE ICH.
SO SEI DENN TAPFER, PIZFIZ-- UND SAGE DICH VON DEINEN FREUNDEN LOS. SIE KÖNNEN DIR NICHT HELFEN.
NUR ICH.
WENN DU TAPFER BIST UND MITARBEITEST, WERDE ICH DICH REICH BELOHNEN.
WAS SAGST DU?
PTUI
MISTKERL.

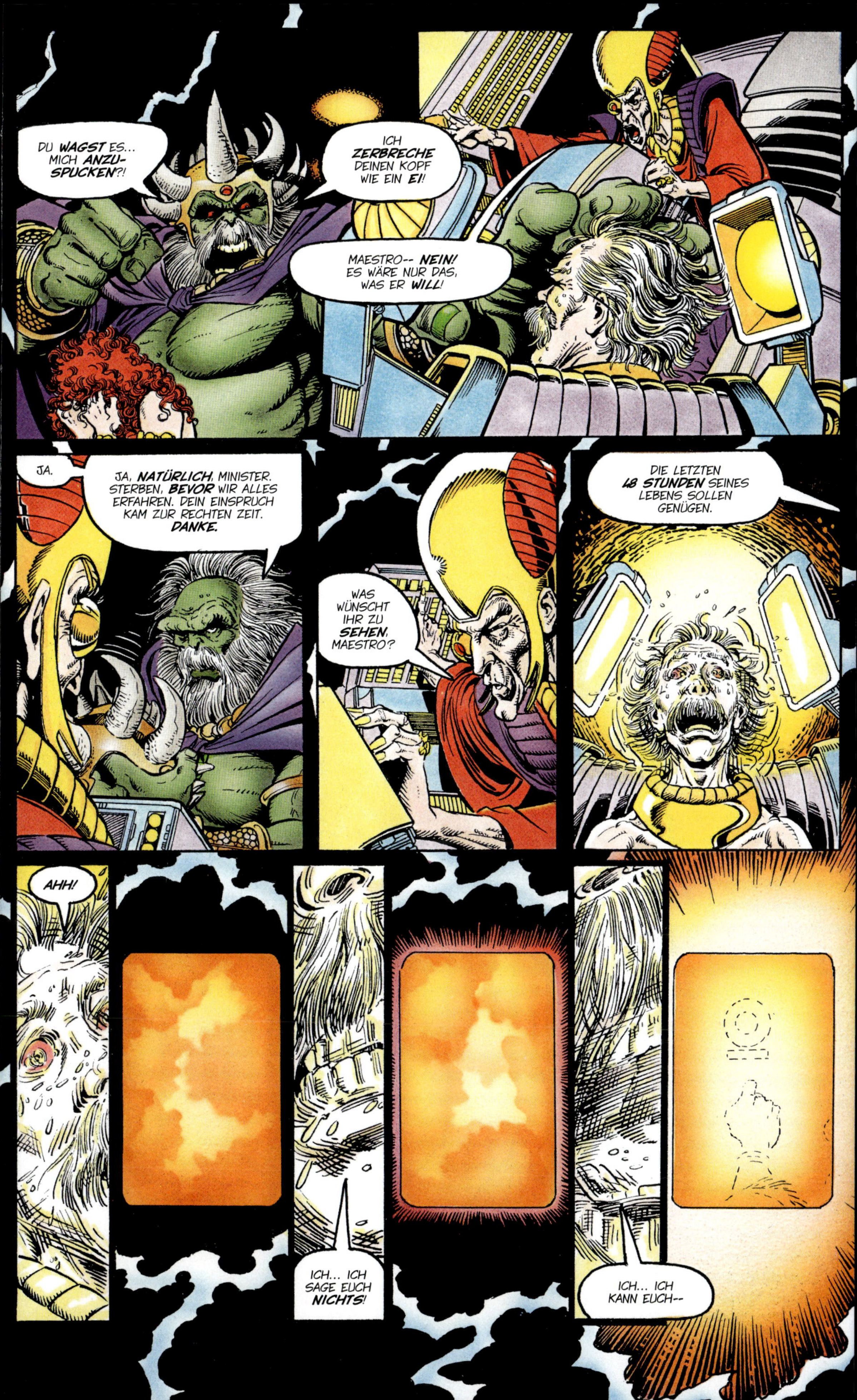
DU WAGST ES... MICH ANZU-SPUCKEN?!
ICH ZERBRECHE DEINEN KOPF WIE EIN EI!
MAESTRO-- NEIN! ES WÄRE NUR DAS, WAS ER WILL!
JA.
JA, NATÜRLICH, MINISTER. STERBEN, BEVOR WIR ALLES ERFAHREN. DEIN EINSPRUCH KAM ZUR RECHTEN ZEIT. DANKE.
WAS WÜNSCHT IHR ZU SEHEN, MAESTRO?
DIE LETZTEN 48 STUNDEN SEINES LEBENS SOLLEN GENÜGEN.
AHH!
ICH... ICH SAGE EUCH NICHTS!
ICH... ICH KANN EUCH--

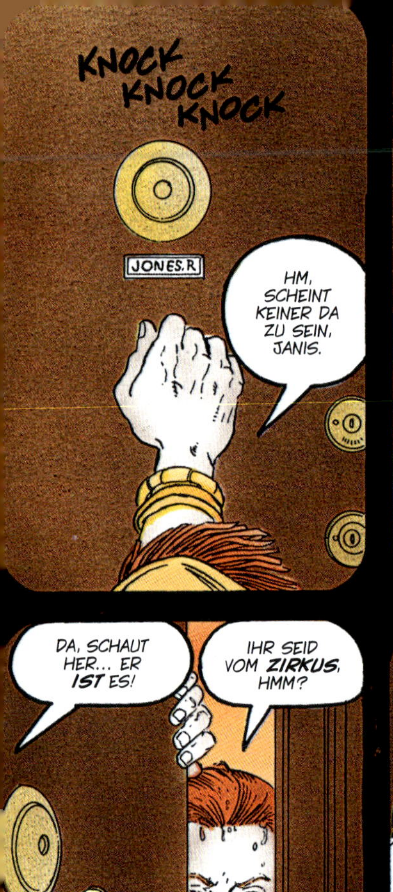
KNOCK
KNOCK
KNOCK
JONES.R
HM, SCHEINT KEINER DA ZU SEIN, JANIS.

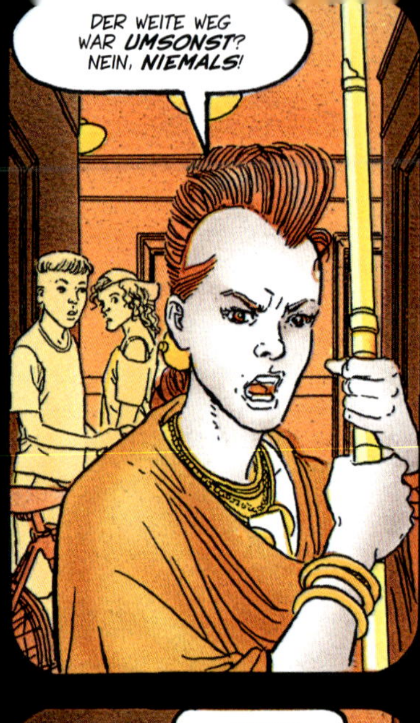
DER WEITE WEG WAR UMSONST? NEIN, NIEMALS!

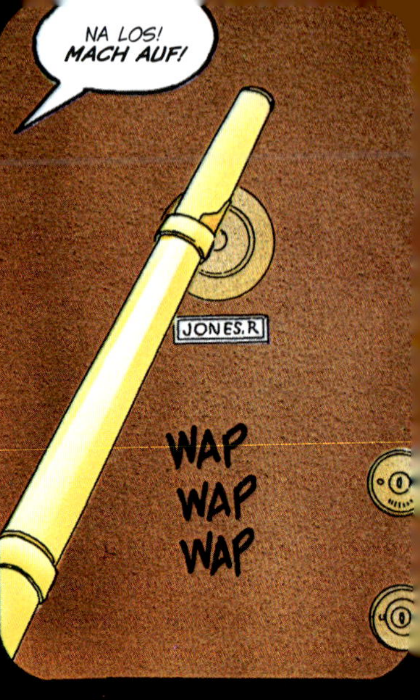
NA LOS! MACH AUF!
JONES.R
WAP
WAP
WAP

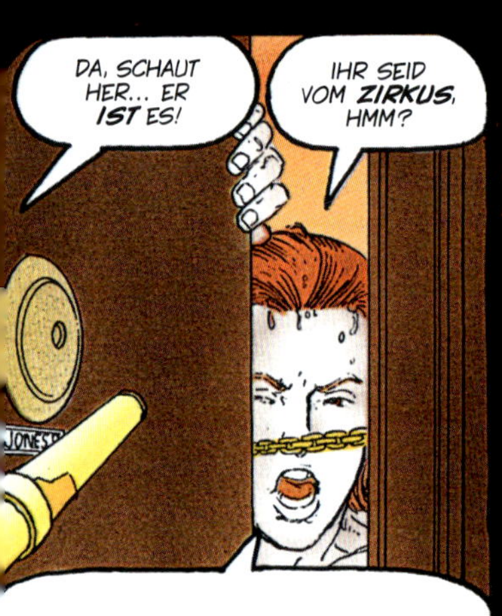
DA, SCHAUT HER... ER IST ES!
IHR SEID VOM ZIRKUS, HMM?

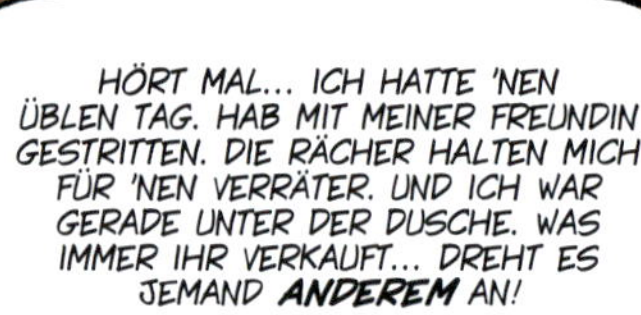
HÖRT MAL... ICH HATTE 'NEN ÜBLEN TAG. HAB MIT MEINER FREUNDIN GESTRITTEN. DIE RÄCHER HALTEN MICH FÜR 'NEN VERRÄTER. UND ICH WAR GERADE UNTER DER DUSCHE. WAS IMMER IHR VERKAUFT... DREHT ES JEMAND ANDEREM AN!

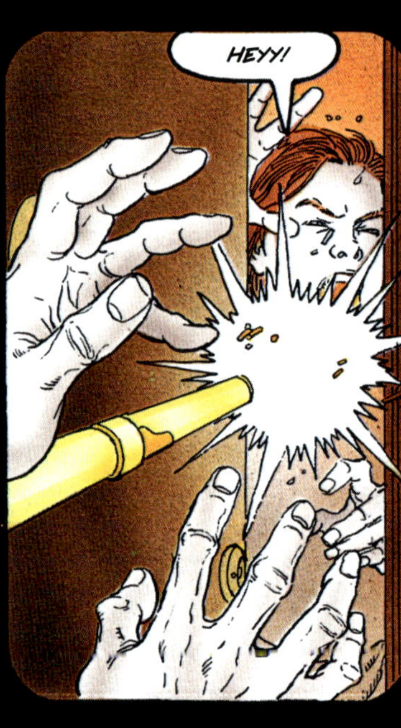
HEYY!

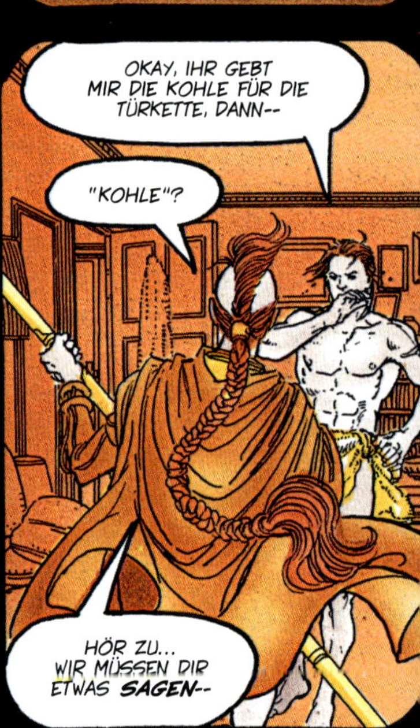
OKAY, IHR GEBT MIR DIE KOHLE FÜR DIE TÜRKETTE, DANN--
"KOHLE"?
HÖR ZU... WIR MÜSSEN DIR ETWAS SAGEN--

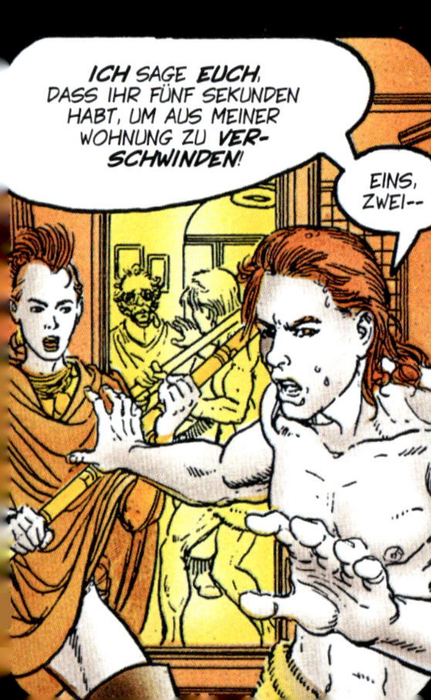
ICH SAGE EUCH, DASS IHR FÜNF SEKUNDEN HABT, UM AUS MEINER WOHNUNG ZU VERSCHWINDEN!
EINS, ZWEI--

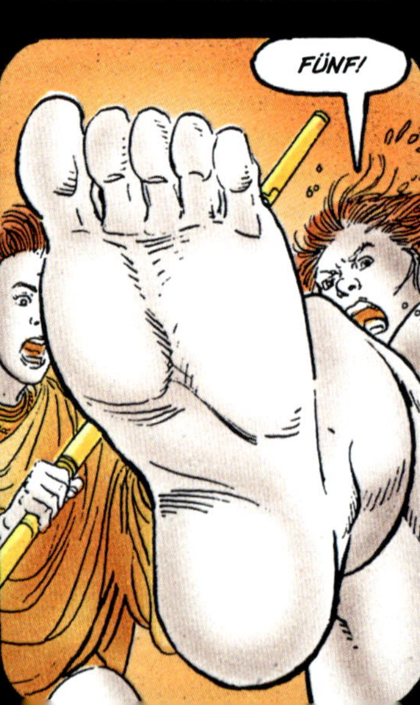
FÜNF!

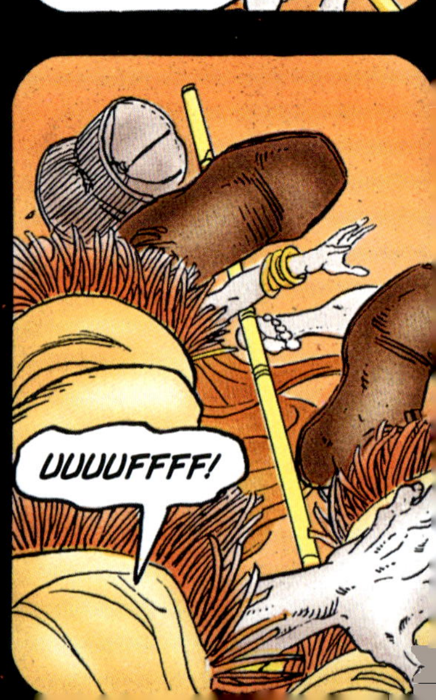
UUUUFFFF!

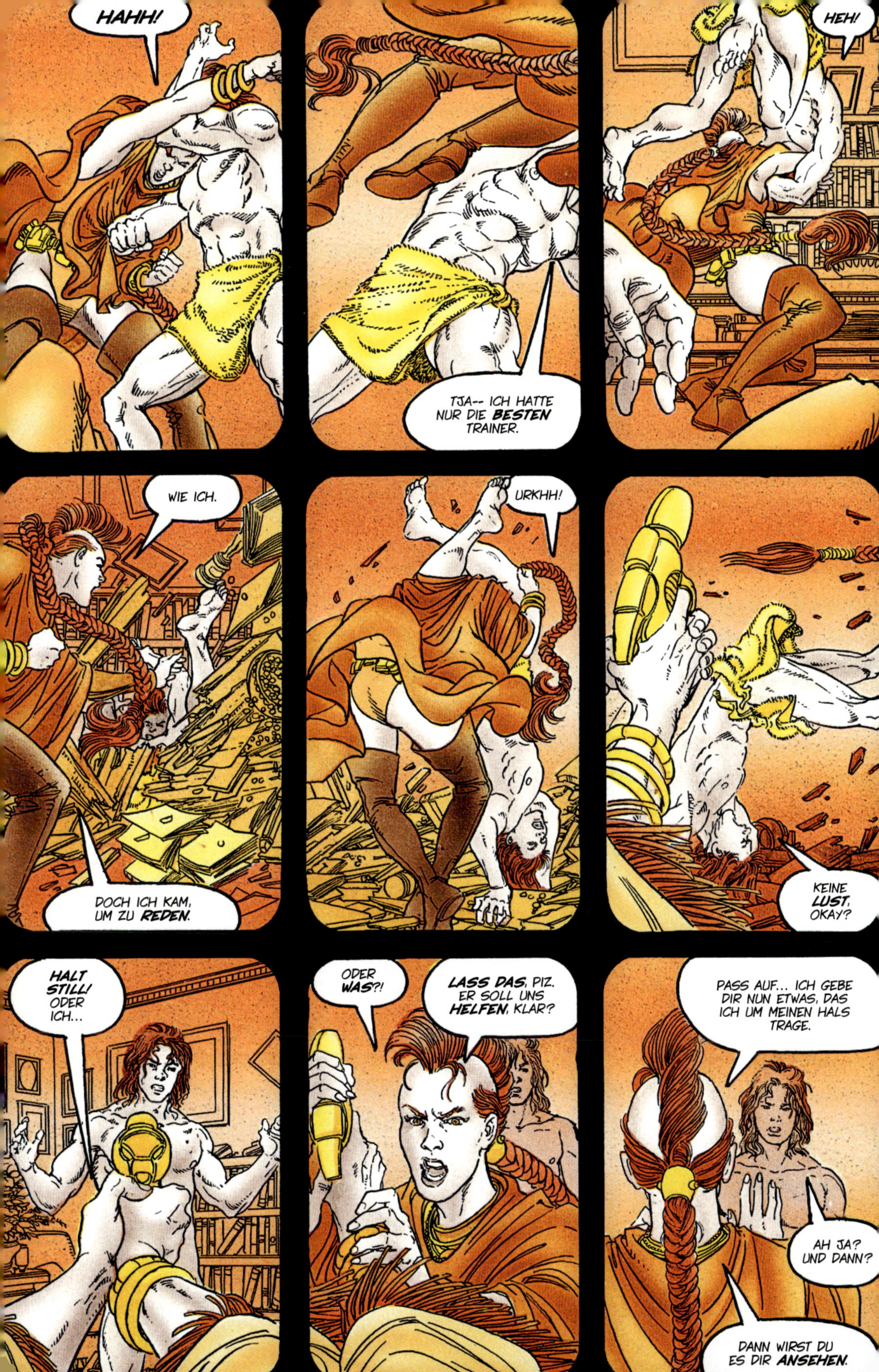
HAHH!
TJA-- ICH HATTE NUR DIE BESTEN TRAINER.
HEH!
WIE ICH.
DOCH ICH KAM, UM ZU REDEN.
URKHH!
KEINE LUST, OKAY?
HALT STILL! ODER ICH...
ODER WAS?!
LASS DAS, PIZ. ER SOLL UNS HELFEN, KLAR?
PASS AUF... ICH GEBE DIR NUN ETWAS, DAS ICH UM MEINEN HALS TRAGE.
AH JA? UND DANN?
DANN WIRST DU ES DIR ANSEHEN.

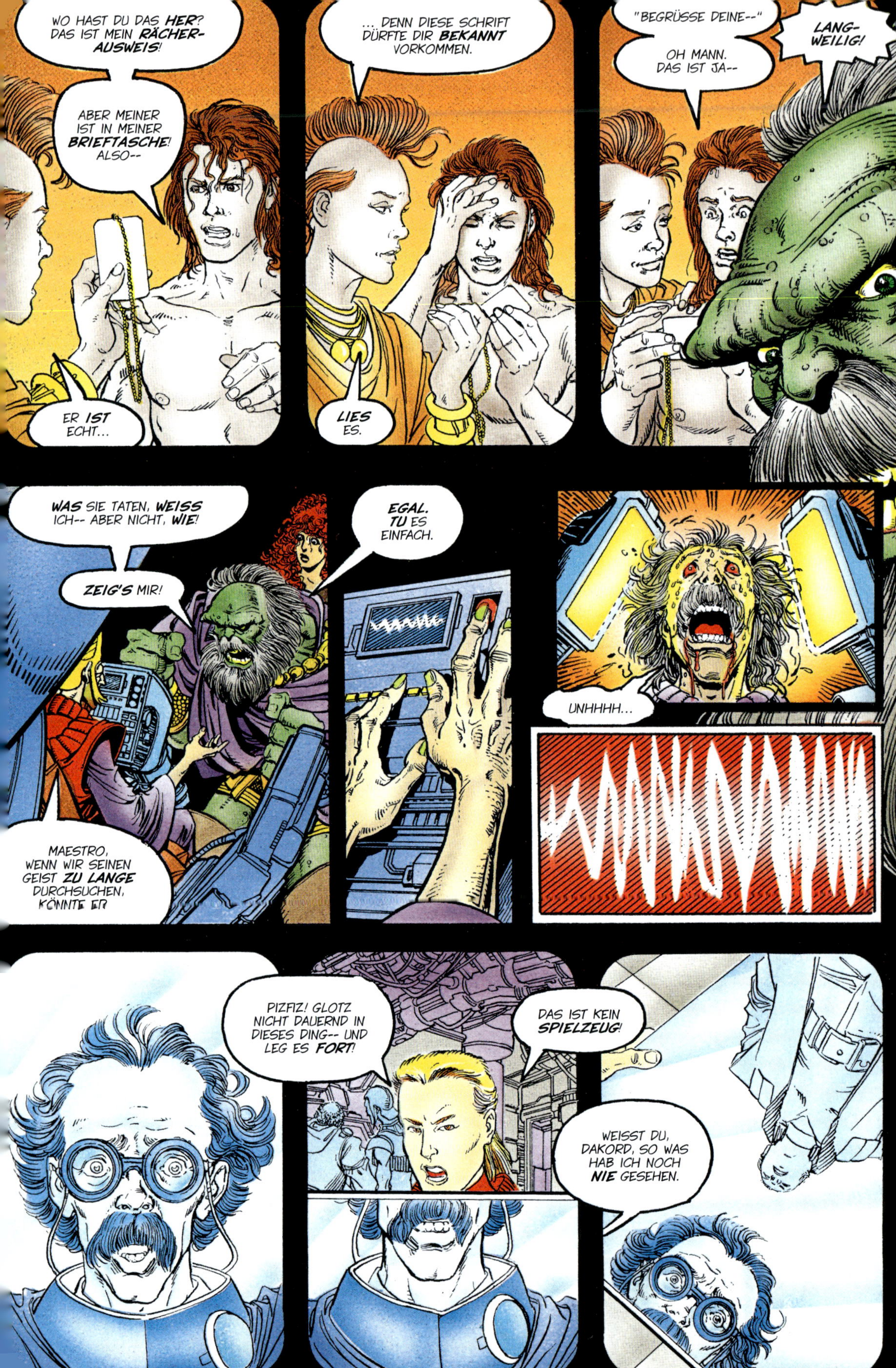

WO HAST DU DAS HER? DAS IST MEIN RÄCHER-AUSWEIS!
ABER MEINER IST IN MEINER BRIEFTASCHE! ALSO--
ER IST ECHT...
... DENN DIESE SCHRIFT DÜRFTE DIR BEKANNT VORKOMMEN.
LIES ES.
"BEGRÜSSE DEINE--"
OH MANN. DAS IST JA--
LANG-WEILIG!
WAS SIE TATEN, WEISS ICH-- ABER NICHT, WIE!
ZEIG'S MIR!
MAESTRO, WENN WIR SEINEN GEIST ZU LANGE DURCHSUCHEN, KÖNNTE ER
EGAL. TU ES EINFACH.
UNHHHH...
PIZFIZ! GLOTZ NICHT DAUERND IN DIESES DING-- UND LEG ES FORT!
DAS IST KEIN SPIELZEUG!
WEISST DU, DAKORD, SO WAS HAB ICH NOCH NIE GESEHEN.

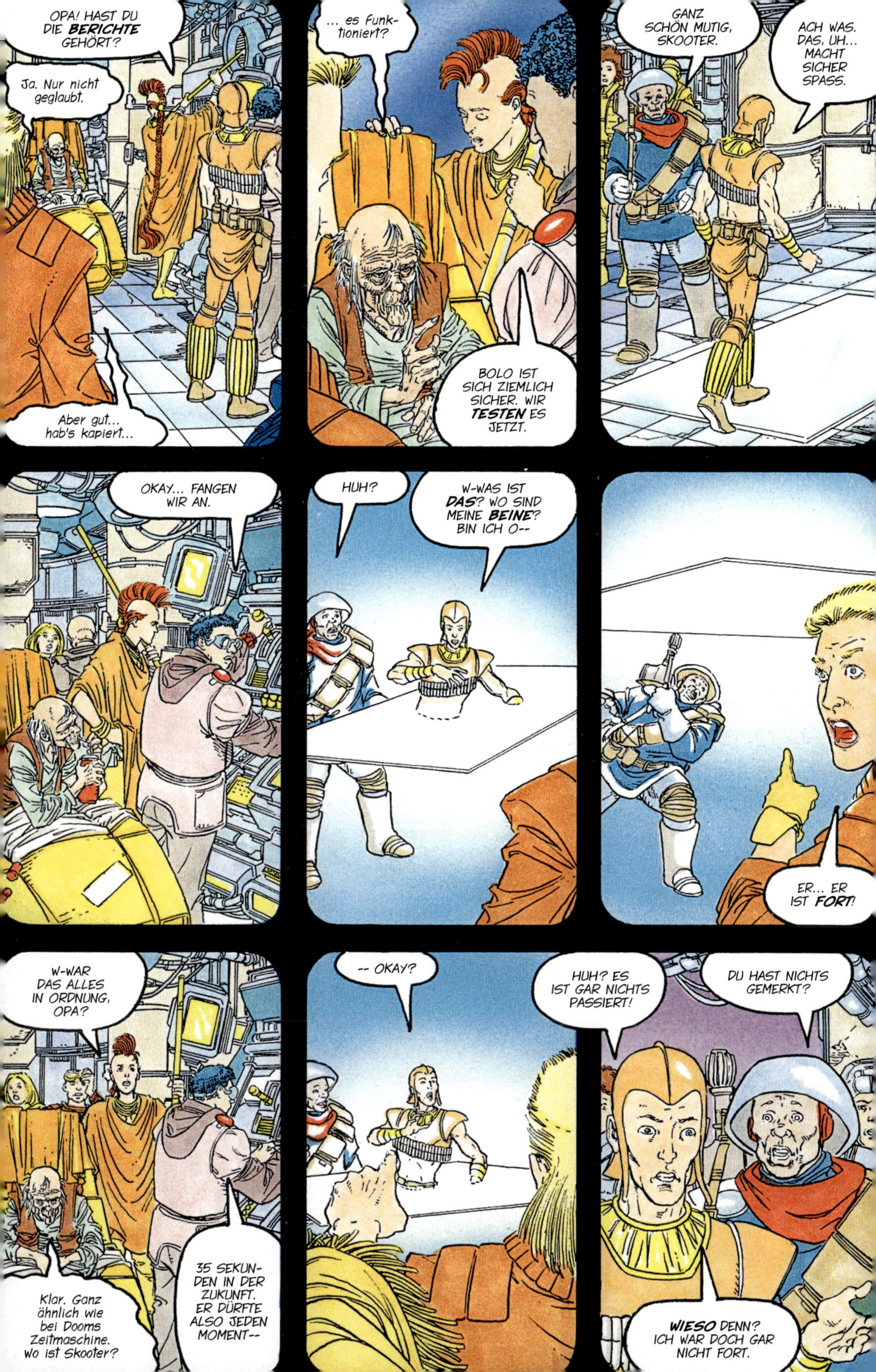
OPA! HAST DU DIE BERICHTE GEHÖRT?
Ja. Nur nicht geglaubt.
Aber gut... hab's kapiert...
... es Funktioniert?
BOLO IST SICH ZIEMLICH SICHER. WIR TESTEN ES JETZT.
GANZ SCHÖN MUTIG, SKOOTER.
ACH WAS. DAS, UH... MACHT SICHER SPASS.
OKAY... FANGEN WIR AN.
HUH?
W-WAS IST DAS? WO SIND MEINE BEINE? BIN ICH O--
ER... ER IST FORT!
W-WAR DAS ALLES IN ORDNUNG, OPA?
Klar. Ganz ähnlich wie bei Dooms Zeitmaschine. Wo ist Skooter?
35 SEKUNDEN IN DER ZUKUNFT. ER DÜRFTE ALSO JEDEN MOMENT--
-- OKAY?
HUH? ES IST GAR NICHTS PASSIERT!
DU HAST NICHTS GEMERKT?
WIESO DENN? ICH WAR DOCH GAR NICHT FORT.

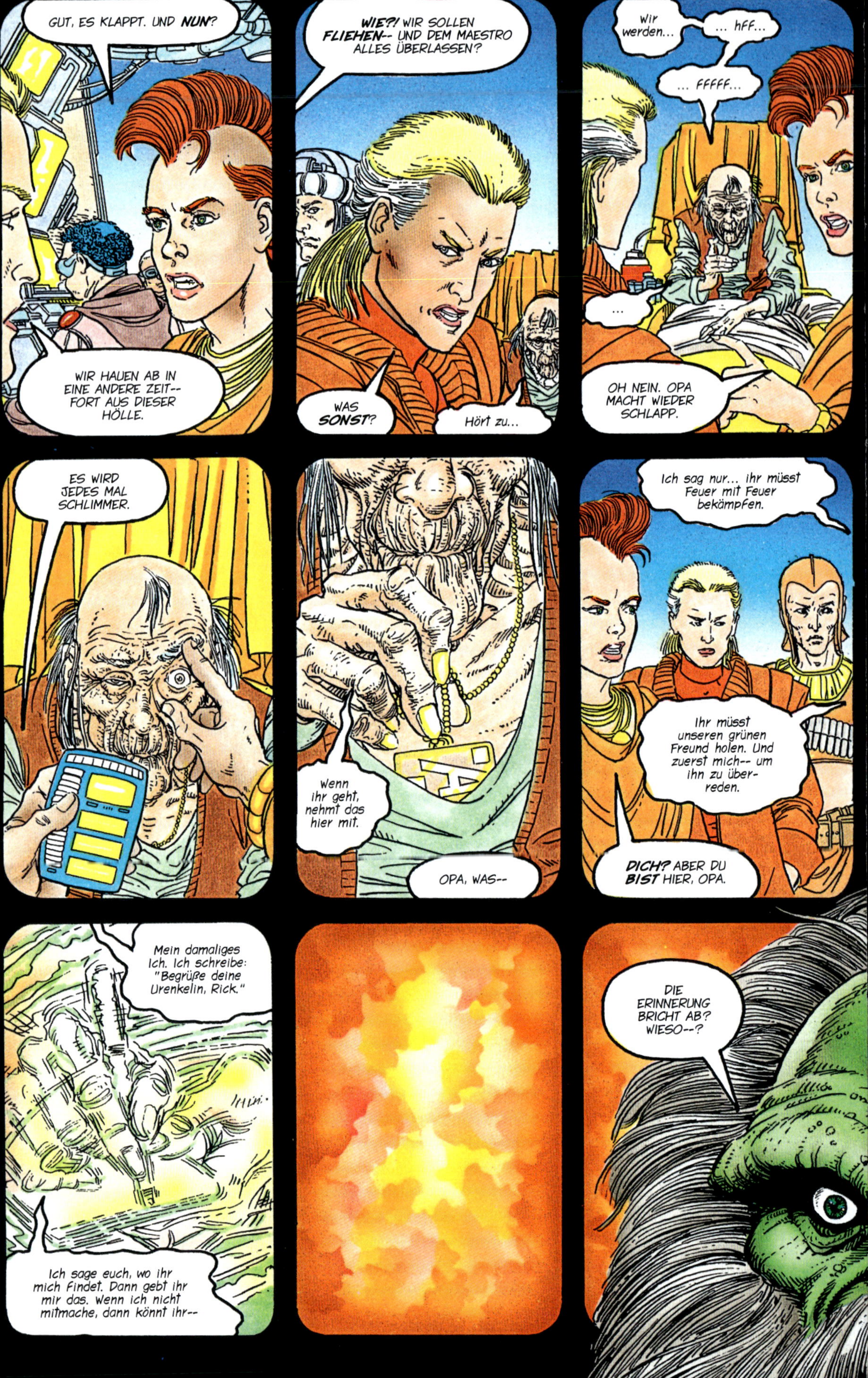
GUT, ES KLAPPT. UND **NUN**?
WIR HAUEN AB IN EINE ANDERE ZEIT-- FORT AUS DIESER HÖLLE.
WIE?! WIR SOLLEN **FLIEHEN**-- UND DEM MAESTRO ALLES ÜBERLASSEN?
WAS **SONST**?
Hört zu...
Wir werden...
... hff...
... FFFFF...
...
OH NEIN. OPA MACHT WIEDER SCHLAPP.
ES WIRD JEDES MAL SCHLIMMER.
Wenn ihr geht, nehmt das hier mit.
OPA, WAS--
Ich sag nur... ihr müsst Feuer mit Feuer bekämpfen.
Ihr müsst unseren grünen Freund holen. Und zuerst mich-- um ihn zu überreden.
DICH? ABER DU **BIST** HIER, OPA.
Mein damaliges Ich. Ich schreibe: "Begrüße deine Urenkelin, Rick."
Ich sage euch, wo ihr mich findet. Dann gebt ihr mir das. Wenn ich nicht mitmache, dann könnt ihr--
DIE ERINNERUNG BRICHT AB? WIESO--?

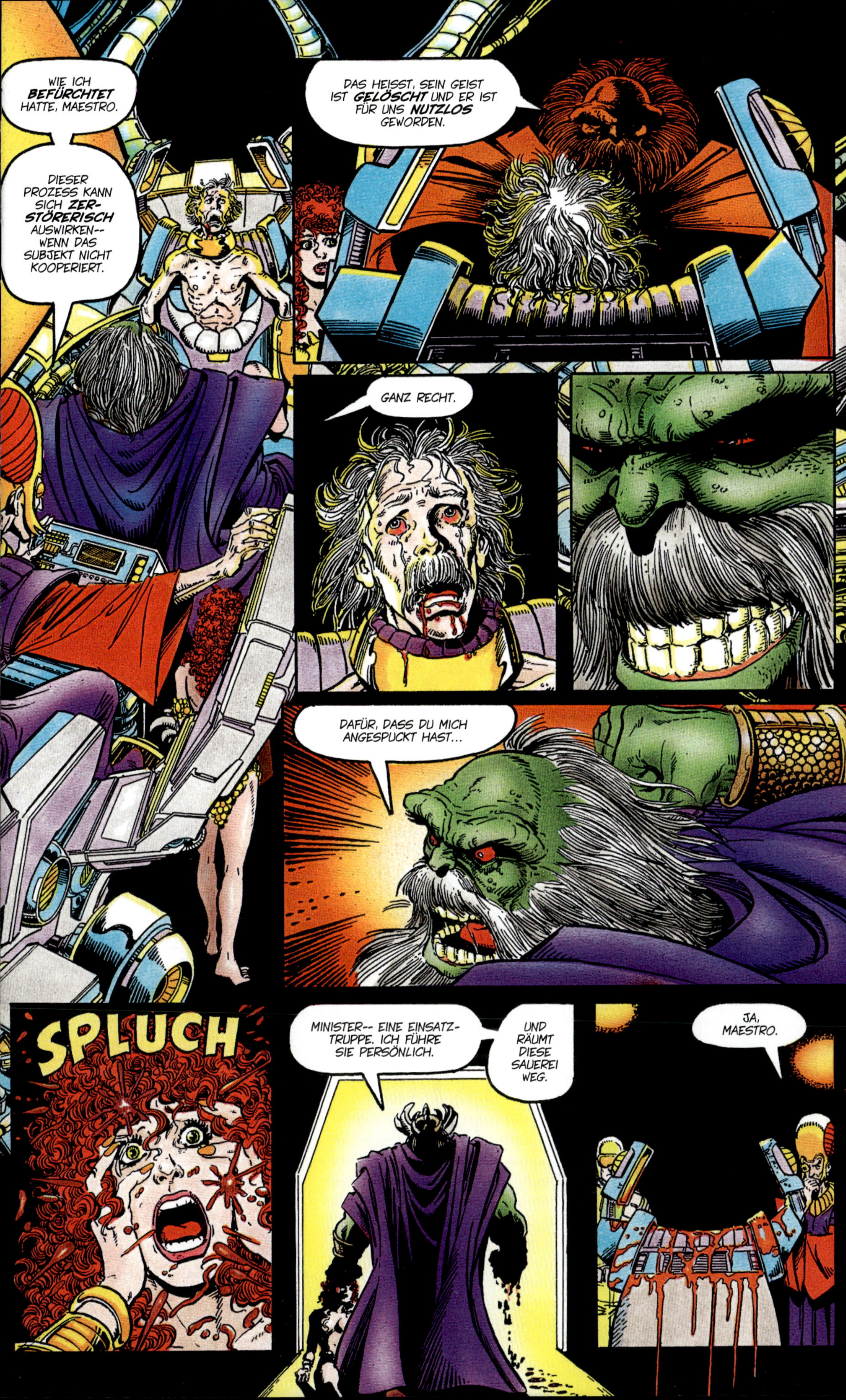
WIE ICH BEFÜRCHTET HATTE, MAESTRO.
DIESER PROZESS KANN SICH ZERSTÖRERISCH AUSWIRKEN-- WENN DAS SUBJEKT NICHT KOOPERIERT.
DAS HEISST, SEIN GEIST IST GELÖSCHT UND ER IST FÜR UNS NUTZLOS GEWORDEN.
GANZ RECHT.
DAFÜR, DASS DU MICH ANGESPUCKT HAST...
SPLUCH
MINISTER-- EINE EINSATZTRUPPE. ICH FÜHRE SIE PERSÖNLICH.
UND RÄUMT DIESE SAUEREI WEG.
JA, MAESTRO.

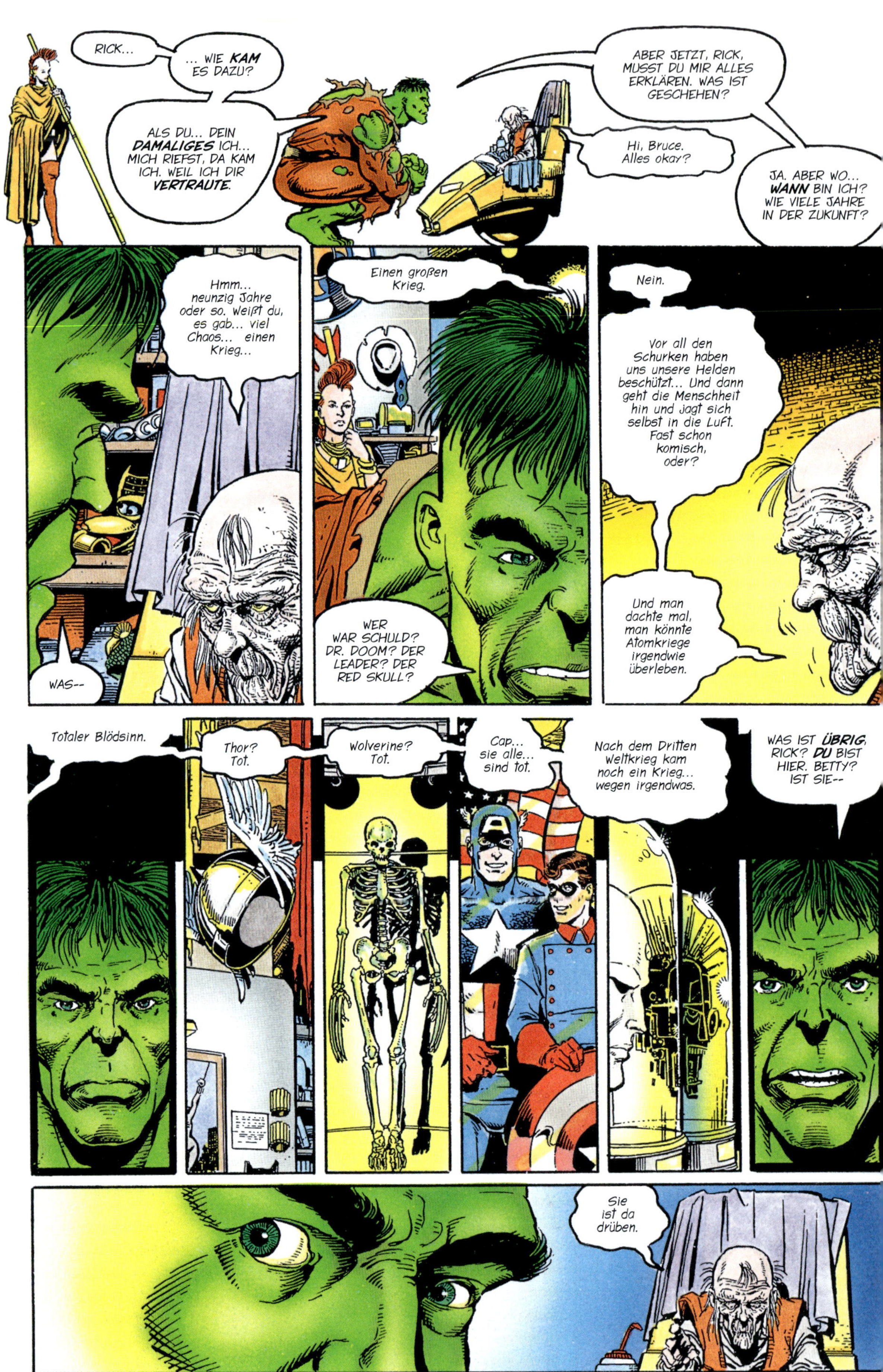
RICK...
... WIE **KAM** ES DAZU?
ALS DU... DEIN **DAMALIGES** ICH... MICH RIEFST, DA KAM ICH. WEIL ICH DIR **VERTRAUTE**.
ABER JETZT, RICK, MUSST DU MIR ALLES ERKLÄREN. WAS IST GESCHEHEN?
Hi, Bruce. Alles okay?
JA. ABER WO... **WANN** BIN ICH? WIE VIELE JAHRE IN DER ZUKUNFT?
Hmm... neunzig Jahre oder so. Weißt du, es gab... viel Chaos... einen Krieg...
WAS--
Einen großen Krieg.
WER WAR SCHULD? DR. DOOM? DER LEADER? DER RED SKULL?
Nein.
Vor all den Schurken haben uns unsere Helden beschützt... Und dann geht die Menschheit hin und jagt sich selbst in die Luft. Fast schon komisch, oder?
Und man dachte mal, man könnte Atomkriege irgendwie überleben.
Totaler Blödsinn.
Thor? Tot.
Wolverine? Tot.
Cap... sie alle... sind tot.
Nach dem Dritten Weltkrieg kam noch ein Krieg... wegen irgendwas.
WAS IST **ÜBRIG**, RICK? **DU** BIST HIER. BETTY? IST SIE--
Sie ist da drüben.

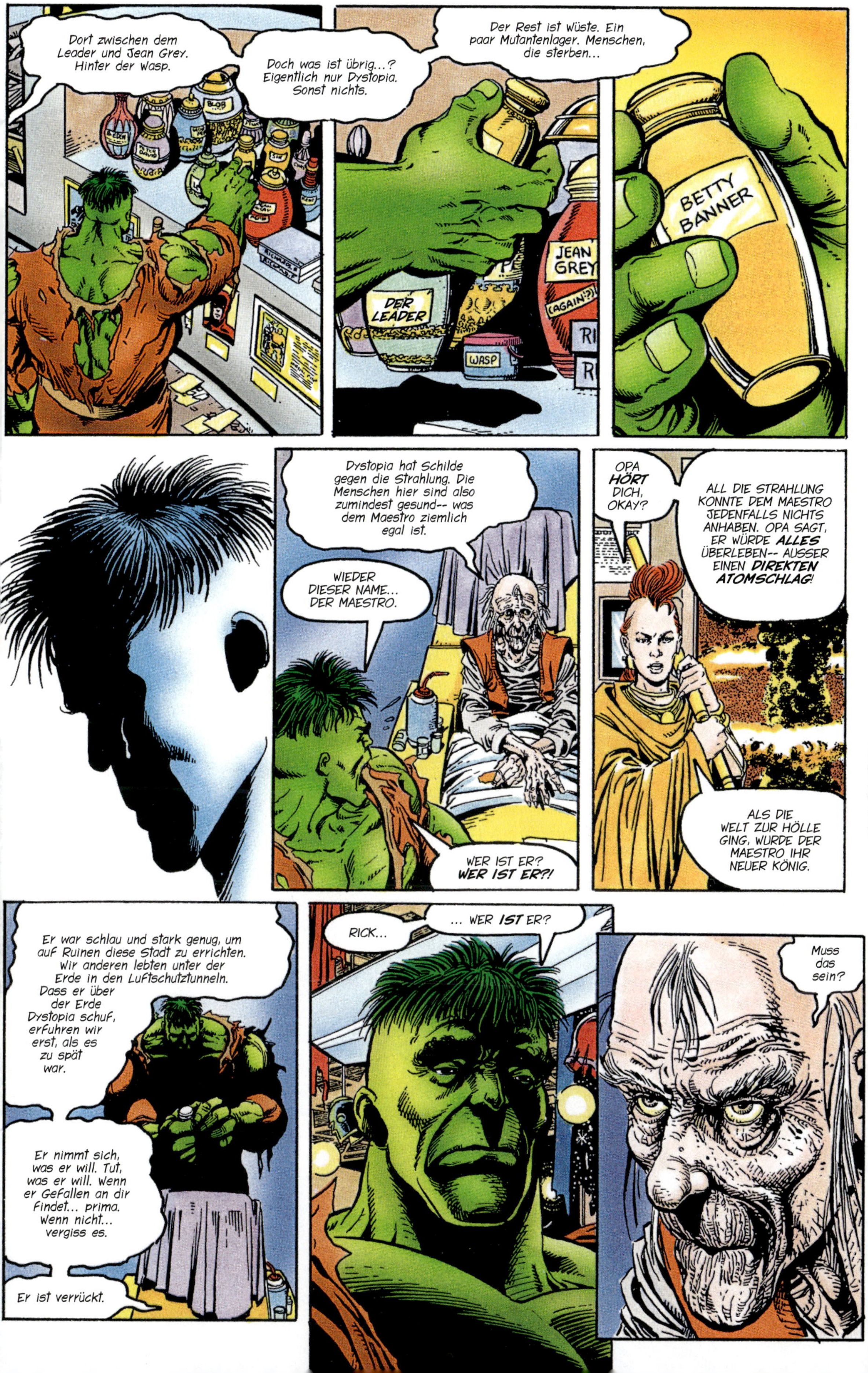

Dort zwischen dem Leader und Jean Grey. Hinter der Wasp.
Doch was ist übrig...? Eigentlich nur Dystopia. Sonst nichts.
Der Rest ist wüste. Ein paar Mutantenlager. Menschen, die sterben...
DER LEADER
JEAN GREY (AGAIN?)
WASP
BETTY BANNER

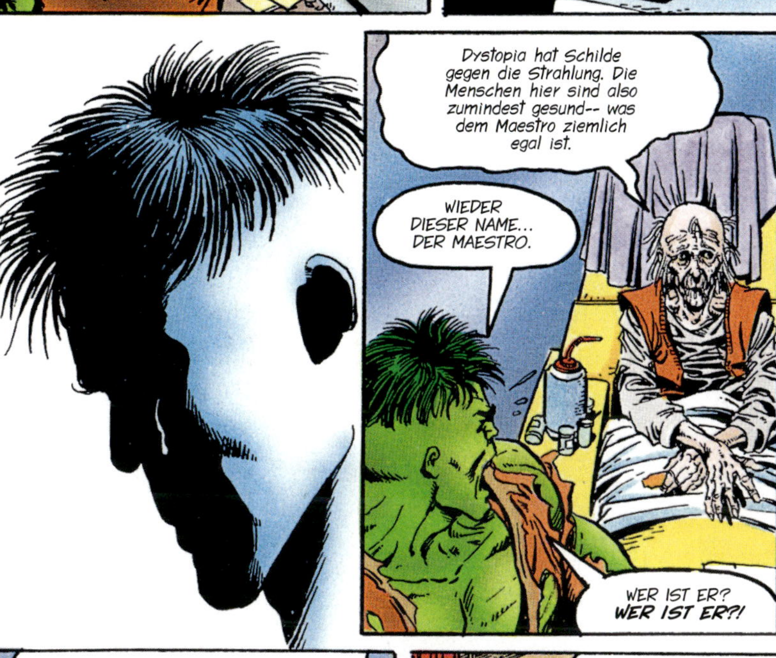

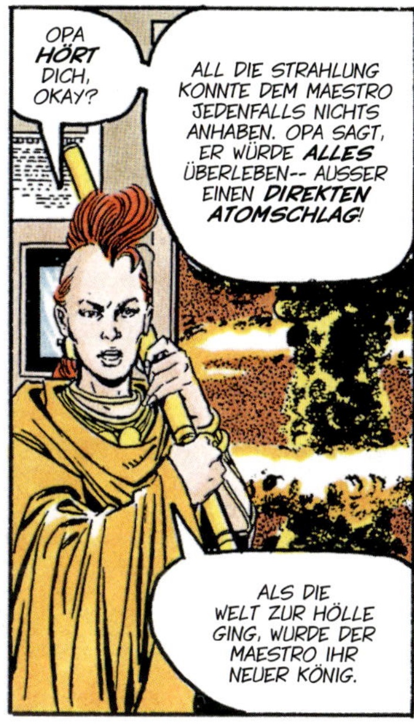

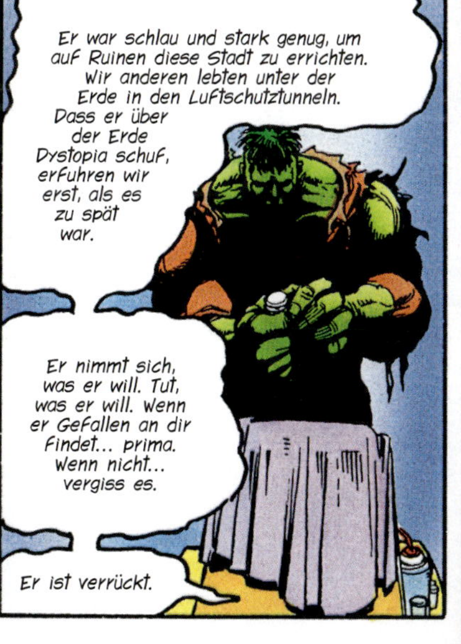

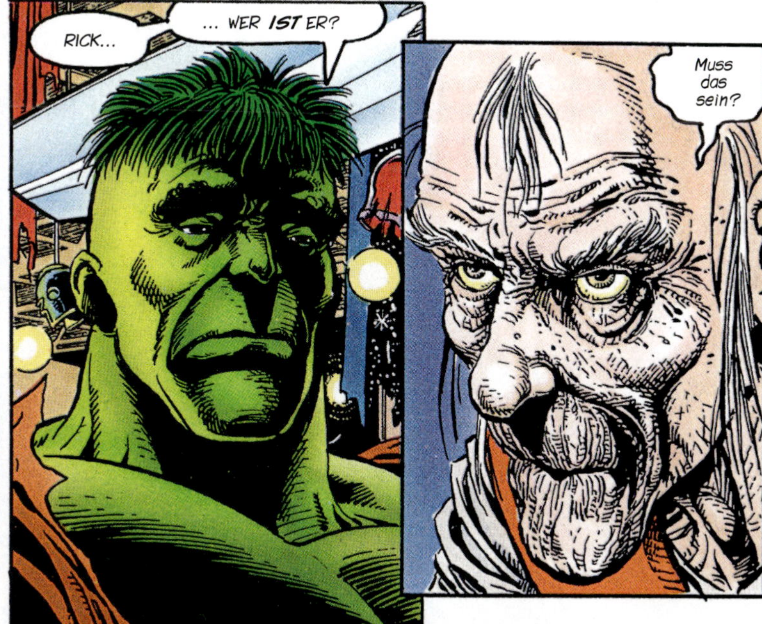

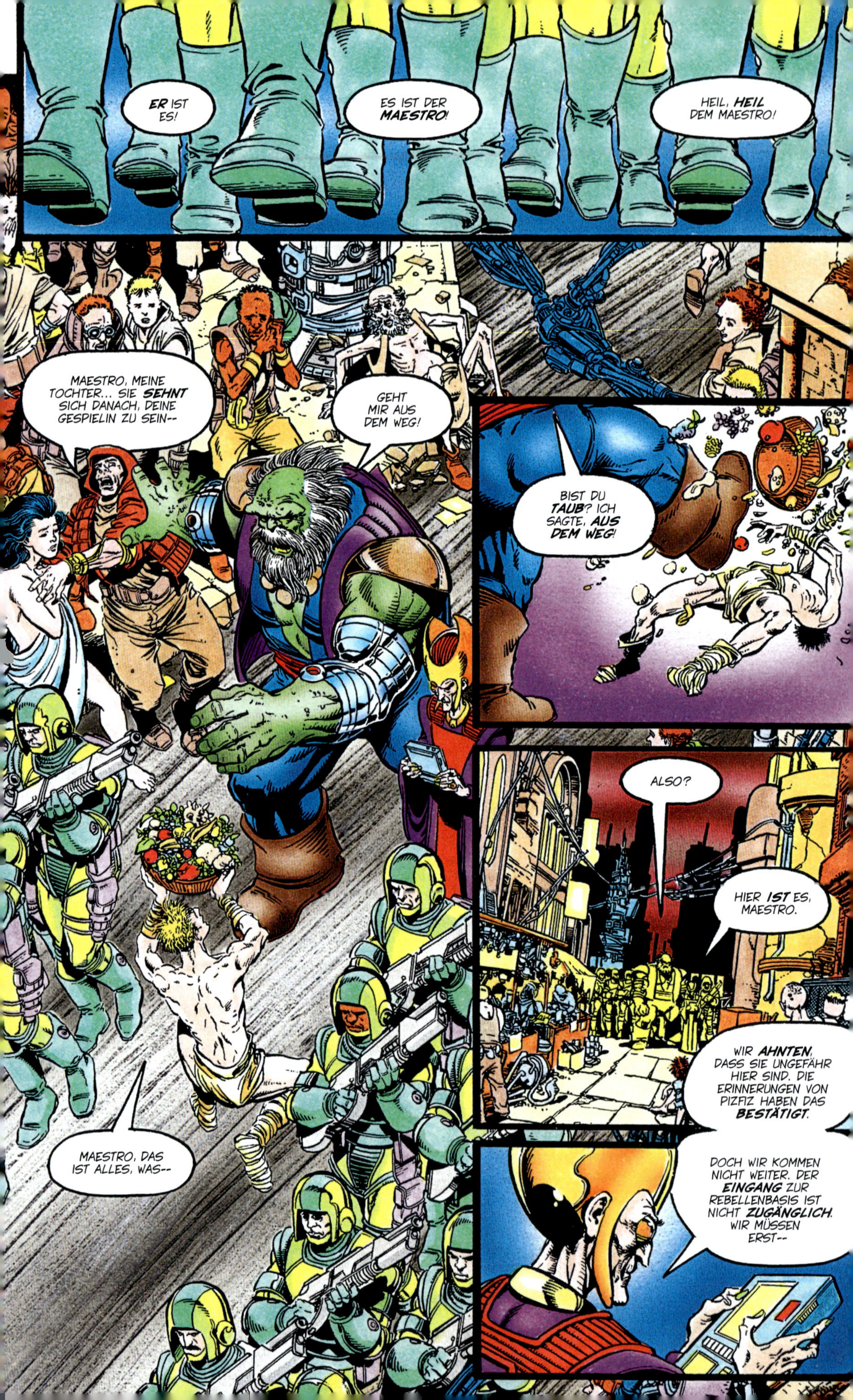
ER IST ES!
ES IST DER MAESTRO!
HEIL, HEIL DEM MAESTRO!
MAESTRO, MEINE TOCHTER... SIE SEHNT SICH DANACH, DEINE GESPIELIN ZU SEIN--
GEHT MIR AUS DEM WEG!
BIST DU TAUB? ICH SAGTE, AUS DEM WEG!
MAESTRO, DAS IST ALLES, WAS--
ALSO?
HIER IST ES, MAESTRO.
WIR AHNTEN, DASS SIE UNGEFÄHR HIER SIND. DIE ERINNERUNGEN VON PIZFIZ HABEN DAS BESTÄTIGT.
DOCH WIR KOMMEN NICHT WEITER. DER EINGANG ZUR REBELLENBASIS IST NICHT ZUGÄNGLICH. WIR MÜSSEN ERST--

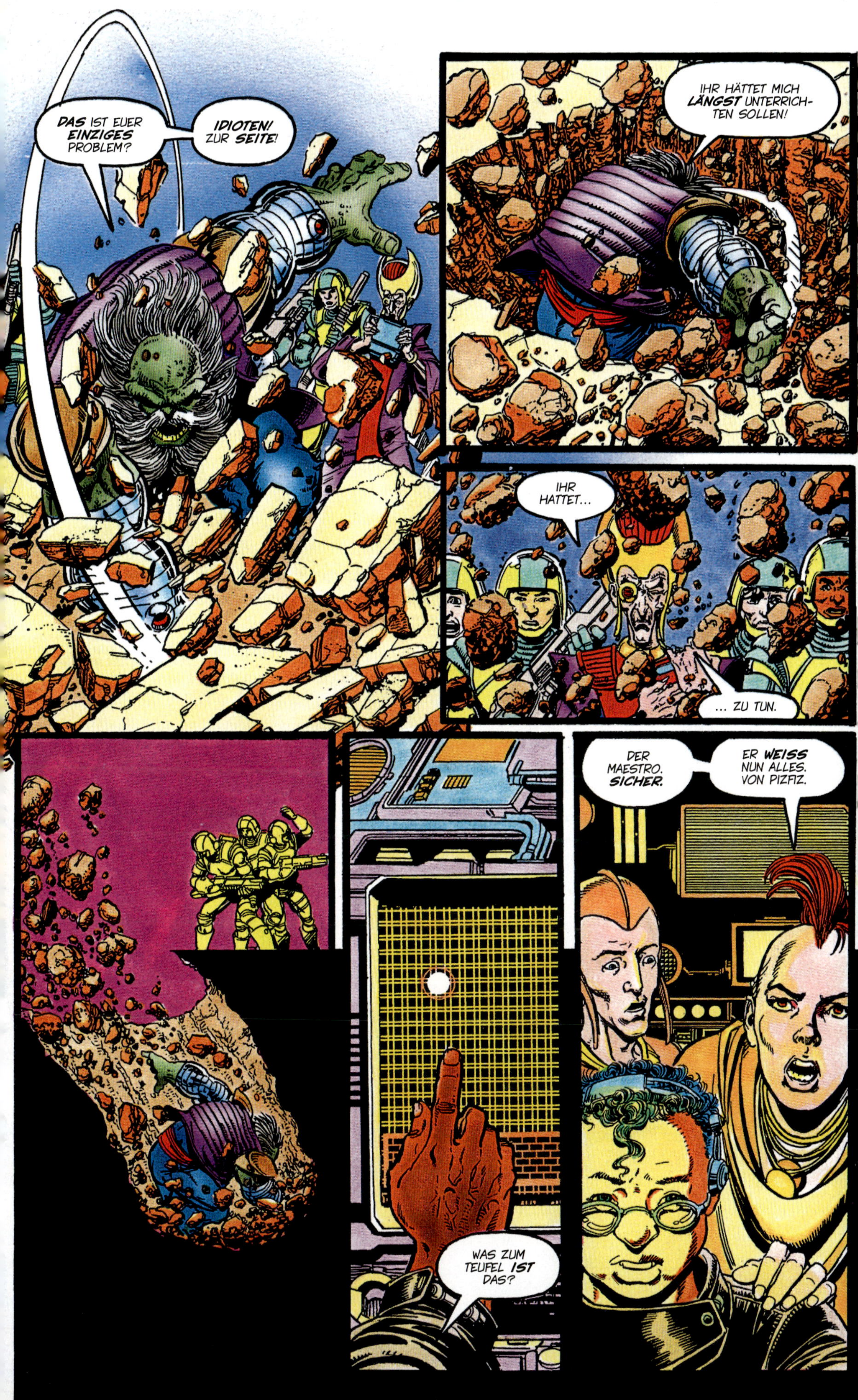
DAS IST EUER EINZIGES PROBLEM?
IDIOTEN! ZUR SEITE!
IHR HÄTTET MICH LÄNGST UNTERRICHTEN SOLLEN!
IHR HATTET...
... ZU TUN.
WAS ZUM TEUFEL IST DAS?
DER MAESTRO. SICHER.
ER WEISS NUN ALLES. VON PIZFIZ.

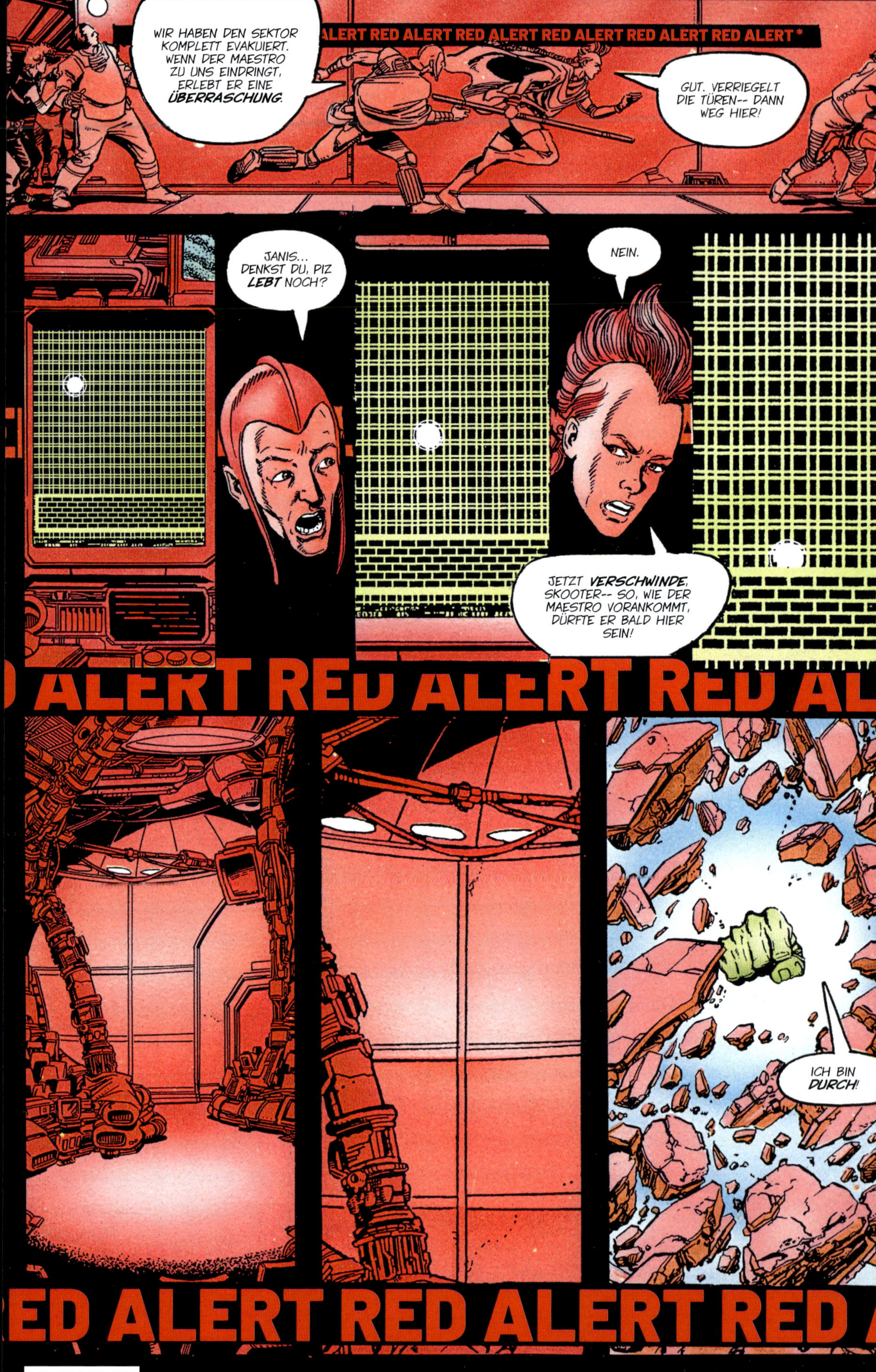

* ALARMSTUFE ROT

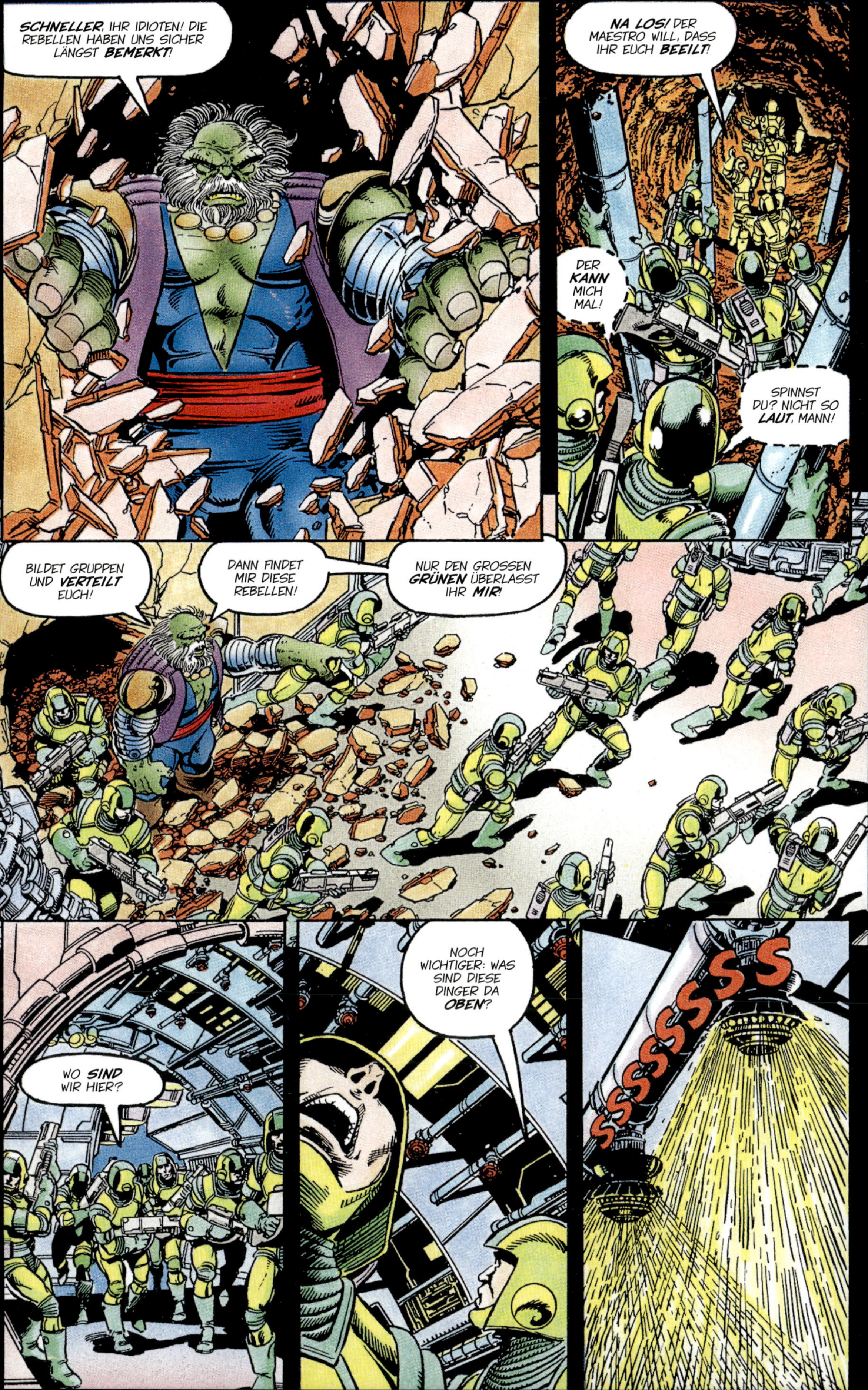
SCHNELLER, IHR IDIOTEN! DIE REBELLEN HABEN UNS SICHER LÄNGST BEMERKT!
NA LOS! DER MAESTRO WILL, DASS IHR EUCH BEEILT!
DER KANN MICH MAL!
SPINNST DU? NICHT SO LAUT, MANN!
BILDET GRUPPEN UND VERTEILT EUCH!
DANN FINDET MIR DIESE REBELLEN!
NUR DEN GROSSEN GRÜNEN ÜBERLASST IHR MIR!
WO SIND WIR HIER?
NOCH WICHTIGER: WAS SIND DIESE DINGER DA OBEN?
SSSSSSSSS

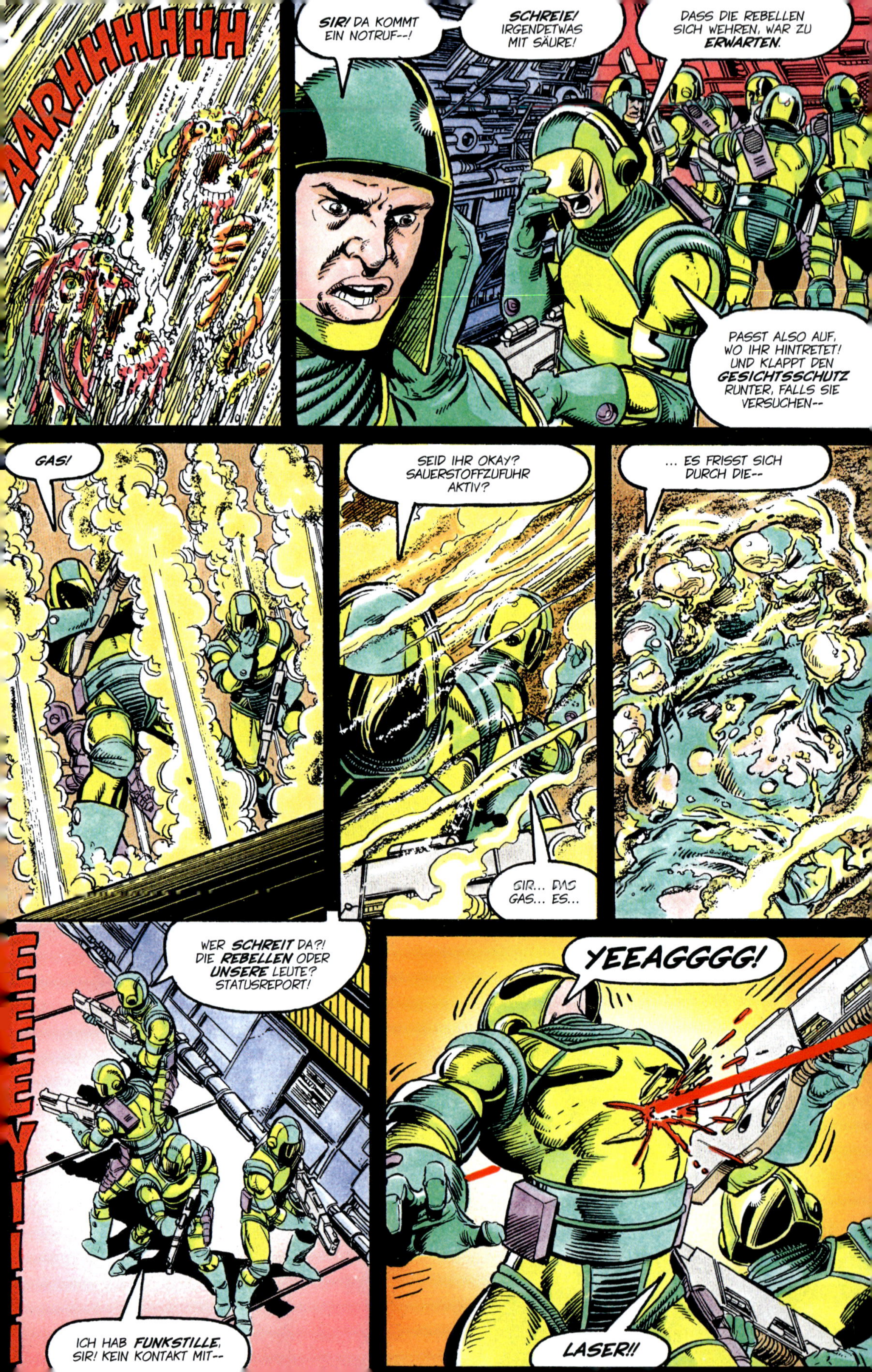
AARHHHHHHH
SIR! DA KOMMT EIN NOTRUF--!
SCHREIE! IRGENDETWAS MIT SÄURE!
DASS DIE REBELLEN SICH WEHREN, WAR ZU ERWARTEN.
PASST ALSO AUF, WO IHR HINTRETET! UND KLAPPT DEN GESICHTSSCHUTZ RUNTER, FALLS SIE VERSUCHEN--
GAS!
SEID IHR OKAY? SAUERSTOFFZUFUHR AKTIV?
SIR... DAS GAS... ES...
... ES FRISST SICH DURCH DIE--
EEEEYIIII
WER SCHREIT DA?! DIE REBELLEN ODER UNSERE LEUTE? STATUSREPORT!
ICH HAB FUNKSTILLE, SIR! KEIN KONTAKT MIT--
YEEAGGGG!
LASER!!

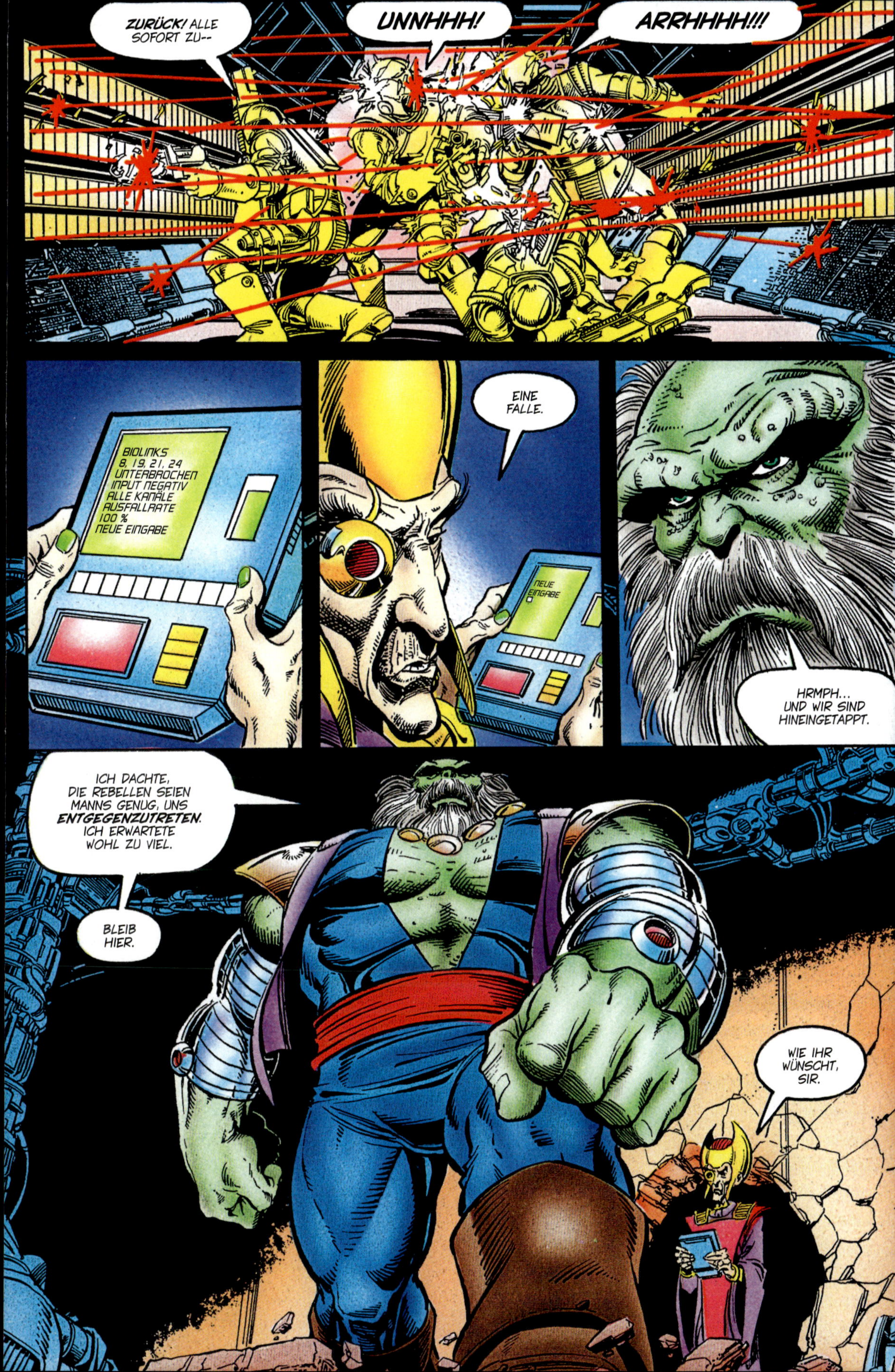
ZURÜCK! ALLE SOFORT ZU--
UNNHHH!
ARRHHHH!!!
BIOLINKS 8, 19, 21, 24 UNTERBROCHEN INPUT NEGATIV ALLE KANÄLE AUSFALLRATE 100 % NEUE EINGABE
EINE FALLE.
NEUE EINGABE
HRMPH... UND WIR SIND HINEINGETAPPT.
ICH DACHTE, DIE REBELLEN SEIEN MANNS GENUG, UNS ENTGEGENZUTRETEN. ICH ERWARTETE WOHL ZU VIEL.
BLEIB HIER.
WIE IHR WÜNSCHT, SIR.

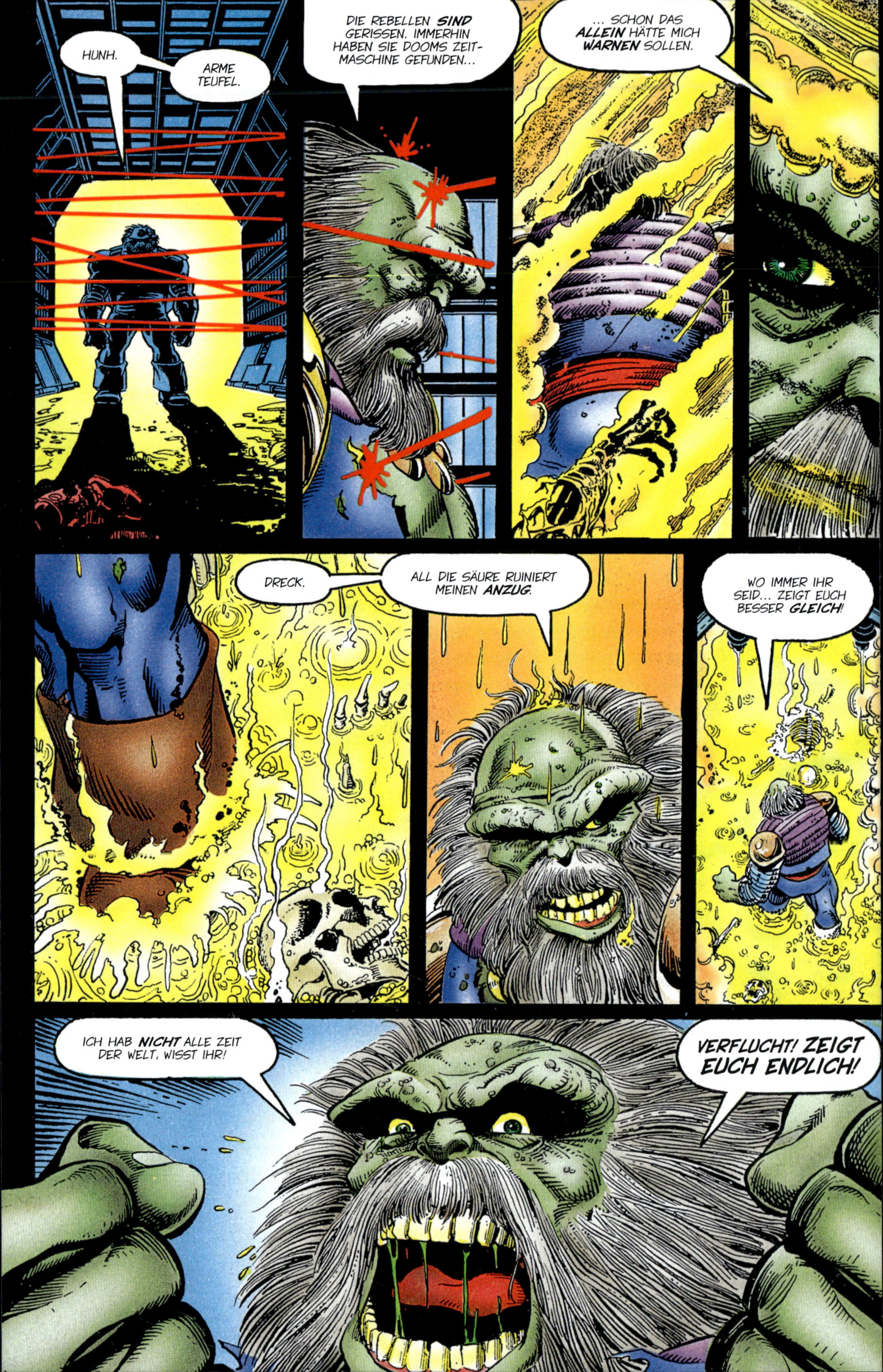
HUNH.
ARME TEUFEL.
DIE REBELLEN SIND GERISSEN. IMMERHIN HABEN SIE DOOMS ZEIT-MASCHINE GEFUNDEN...
... SCHON DAS ALLEIN HÄTTE MICH WARNEN SOLLEN.
DRECK.
ALL DIE SÄURE RUINIERT MEINEN ANZUG.
WO IMMER IHR SEID... ZEIGT EUCH BESSER GLEICH!
ICH HAB NICHT ALLE ZEIT DER WELT, WISST IHR!
VERFLUCHT! ZEIGT EUCH ENDLICH!

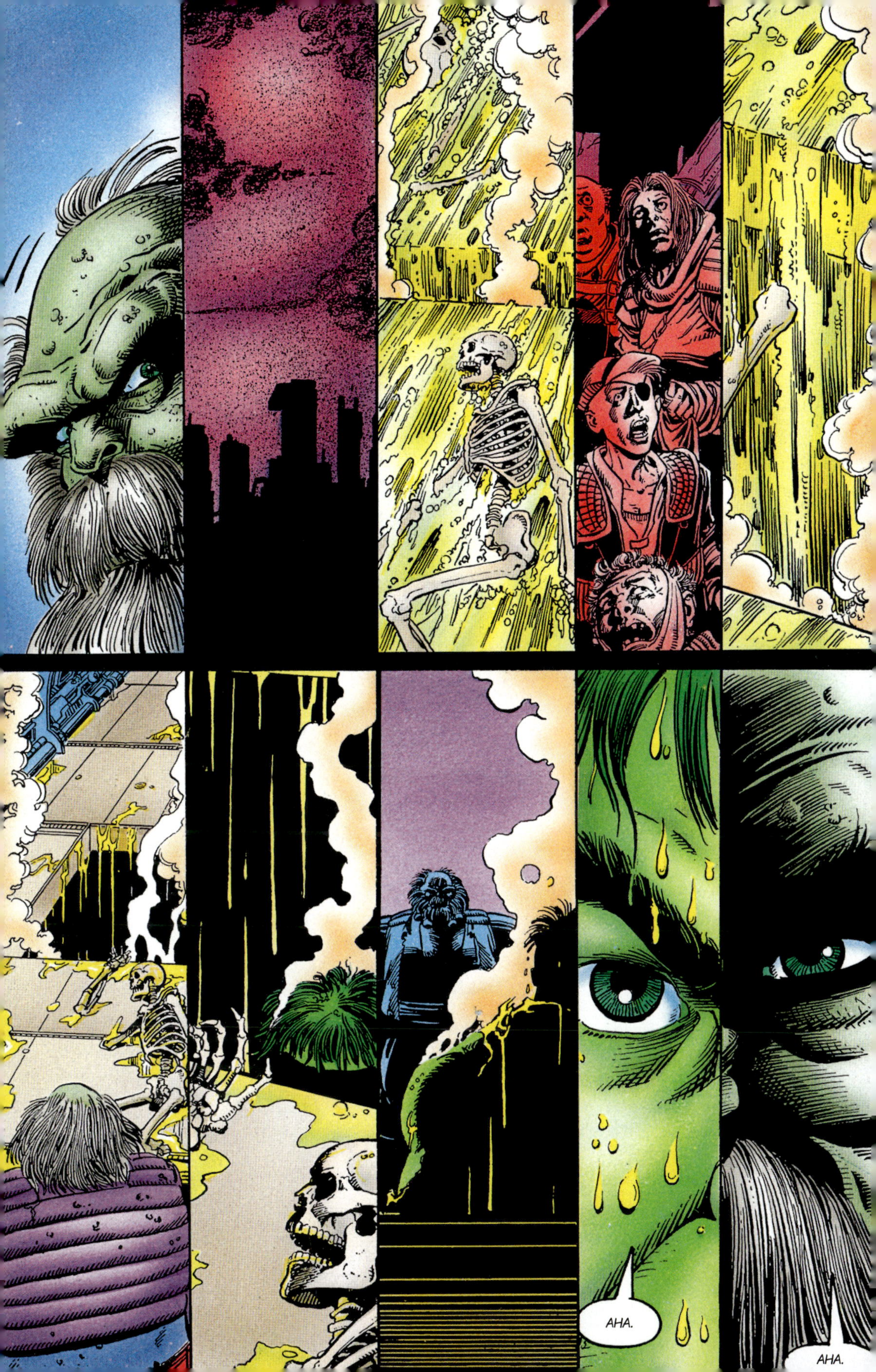
AHA.
AHA.

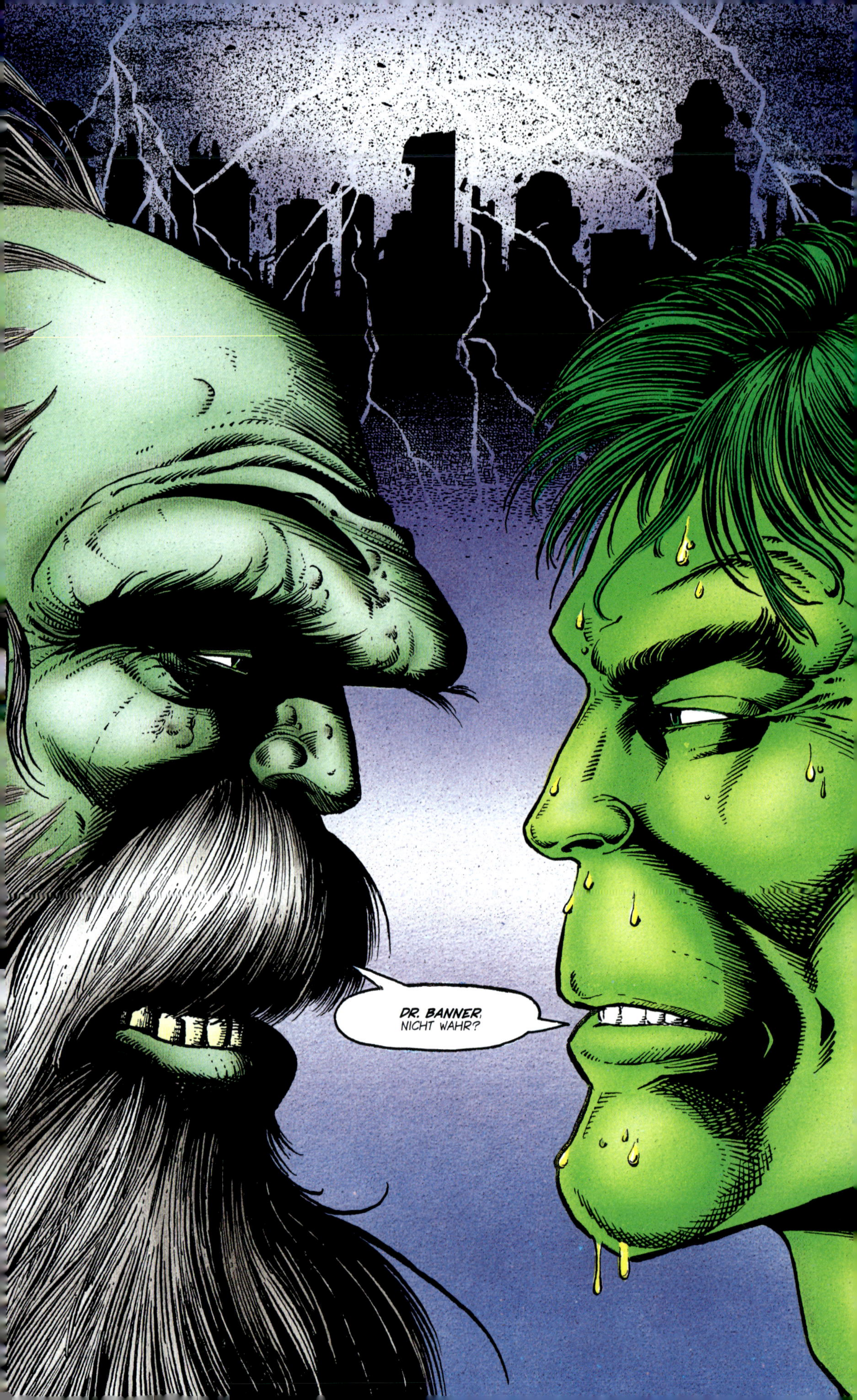
DR. BANNER,
NICHT WAHR?

HULK: DYSTOPIA, TEIL 2

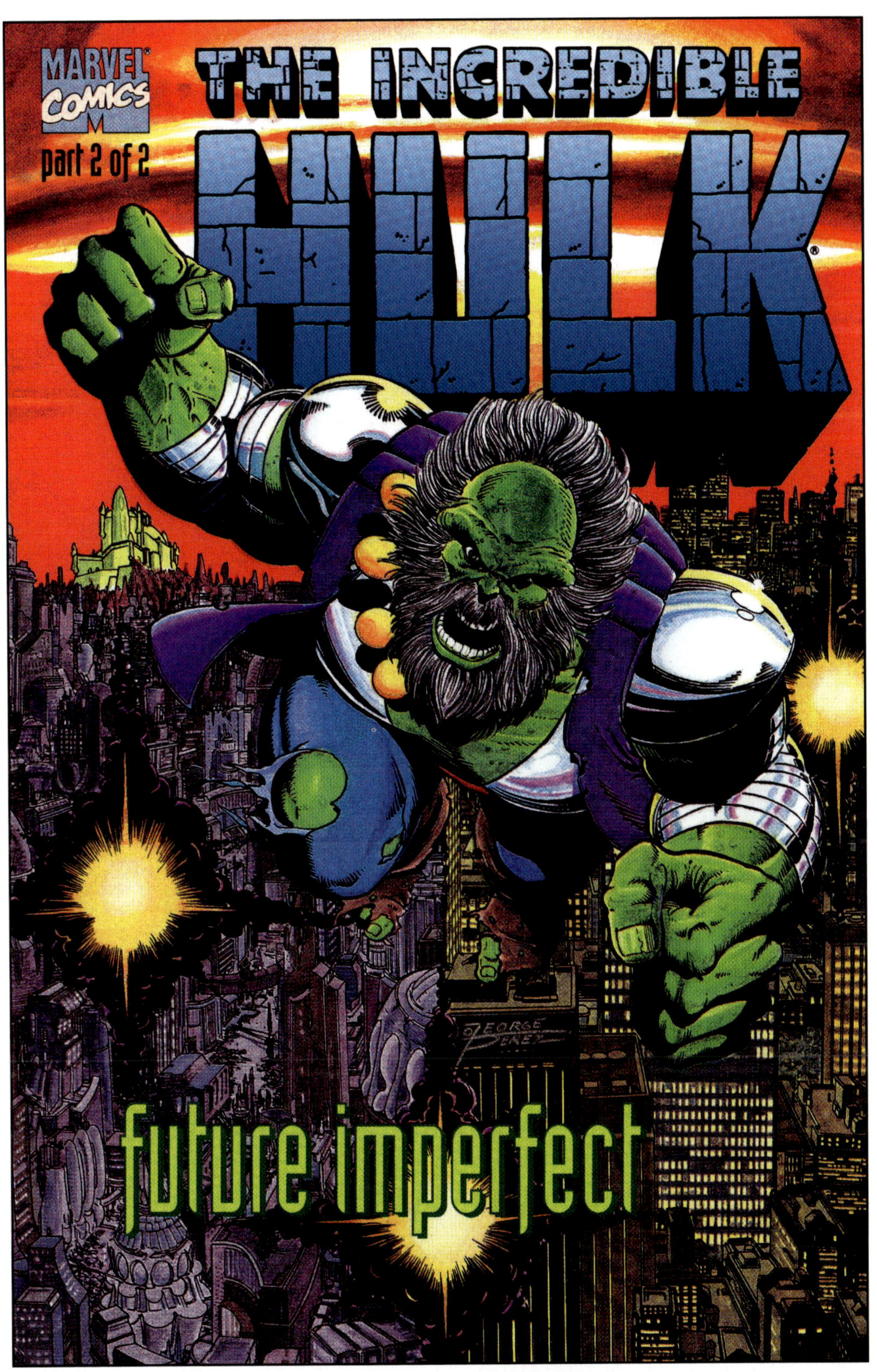

Hulk: Future Imperfect (1992) 2
Cover von **GEORGE PÉREZ**

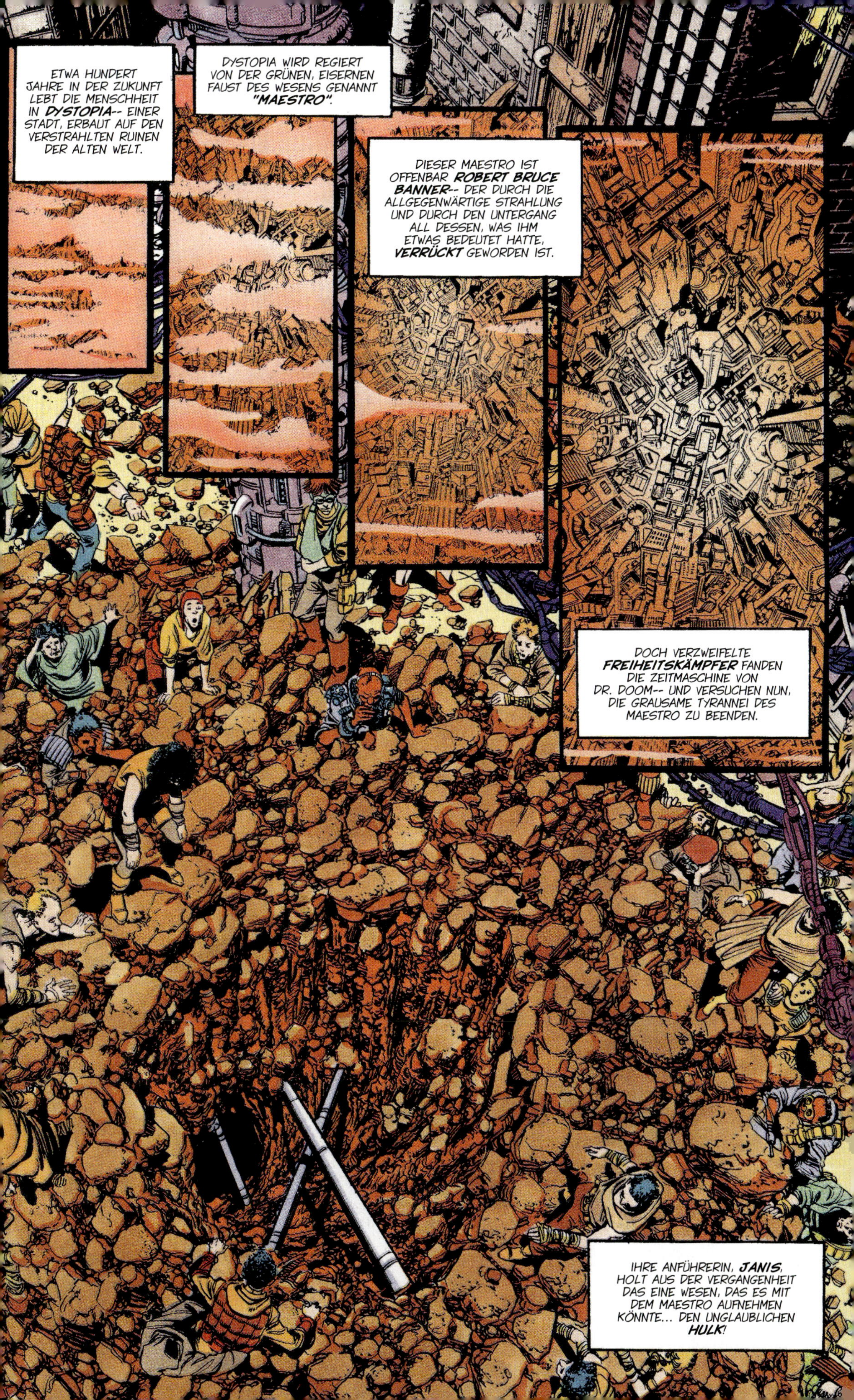
ETWA HUNDERT JAHRE IN DER ZUKUNFT LEBT DIE MENSCHHEIT IN **DYSTOPIA**-- EINER STADT, ERBAUT AUF DEN VERSTRAHLTEN RUINEN DER ALTEN WELT.
DYSTOPIA WIRD REGIERT VON DER GRÜNEN, EISERNEN FAUST DES WESENS GENANNT **"MAESTRO"**.
DIESER MAESTRO IST OFFENBAR **ROBERT BRUCE BANNER**-- DER DURCH DIE ALLGEGENWÄRTIGE STRAHLUNG UND DURCH DEN UNTERGANG ALL DESSEN, WAS IHM ETWAS BEDEUTET HATTE, **VERRÜCKT** GEWORDEN IST.
DOCH VERZWEIFELTE **FREIHEITSKÄMPFER** FANDEN DIE ZEITMASCHINE VON DR. DOOM-- UND VERSUCHEN NUN, DIE GRAUSAME TYRANNEI DES MAESTRO ZU BEENDEN.
IHRE ANFÜHRERIN, **JANIS**, HOLT AUS DER VERGANGENHEIT DAS EINE WESEN, DAS ES MIT DEM MAESTRO AUFNEHMEN KÖNNTE... DEN UNGLAUBLICHEN **HULK**!

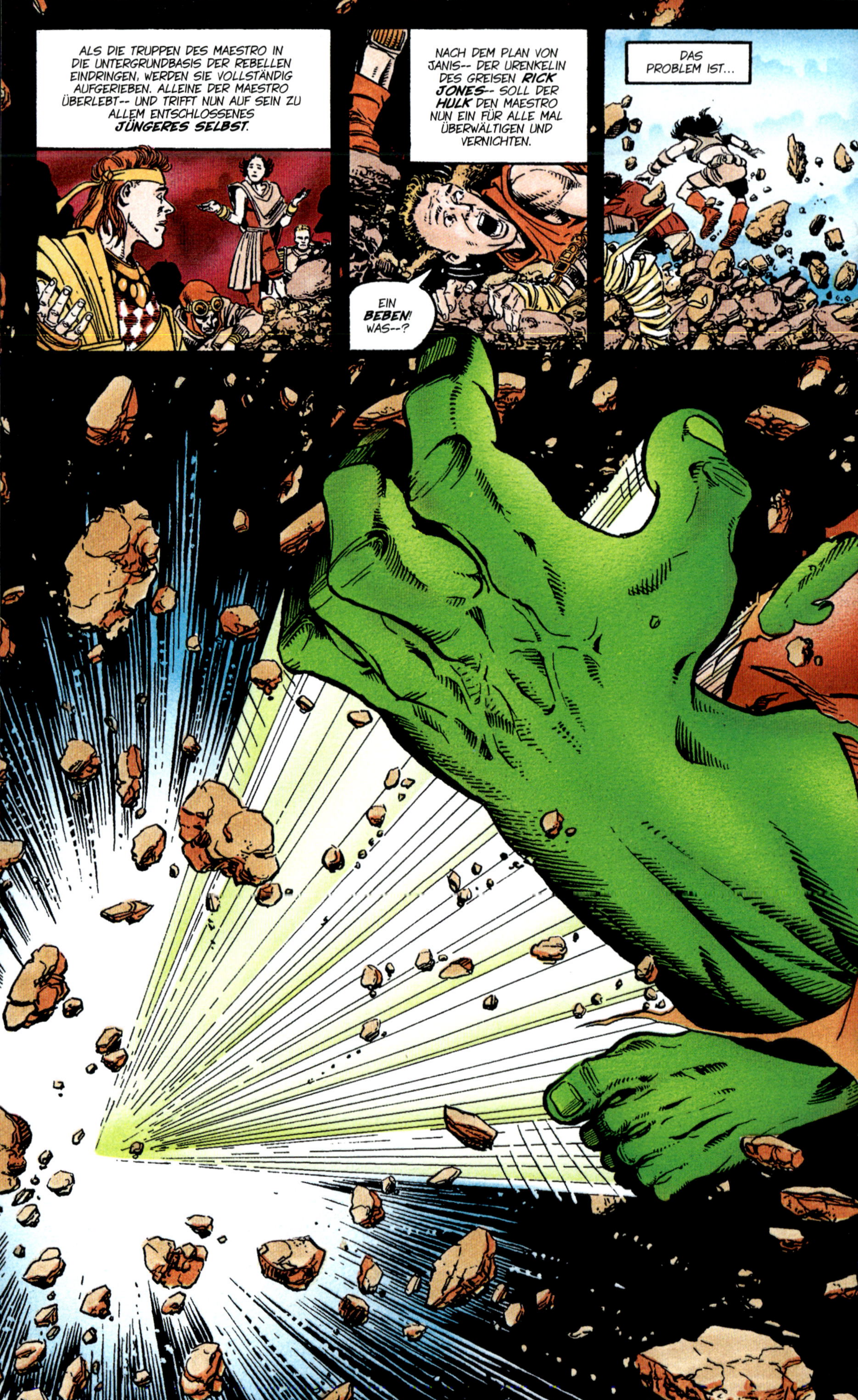
ALS DIE TRUPPEN DES MAESTRO IN DIE UNTERGRUNDBASIS DER REBELLEN EINDRINGEN, WERDEN SIE VOLLSTÄNDIG AUFGERIEBEN. ALLEINE DER MAESTRO ÜBERLEBT-- UND TRIFFT NUN AUF SEIN ZU ALLEM ENTSCHLOSSENES JÜNGERES SELBST.
NACH DEM PLAN VON JANIS-- DER URENKELIN DES GREISEN RICK JONES-- SOLL DER HULK DEN MAESTRO NUN EIN FÜR ALLE MAL ÜBERWÄLTIGEN UND VERNICHTEN.
EIN BEBEN! WAS--?
DAS PROBLEM IST...

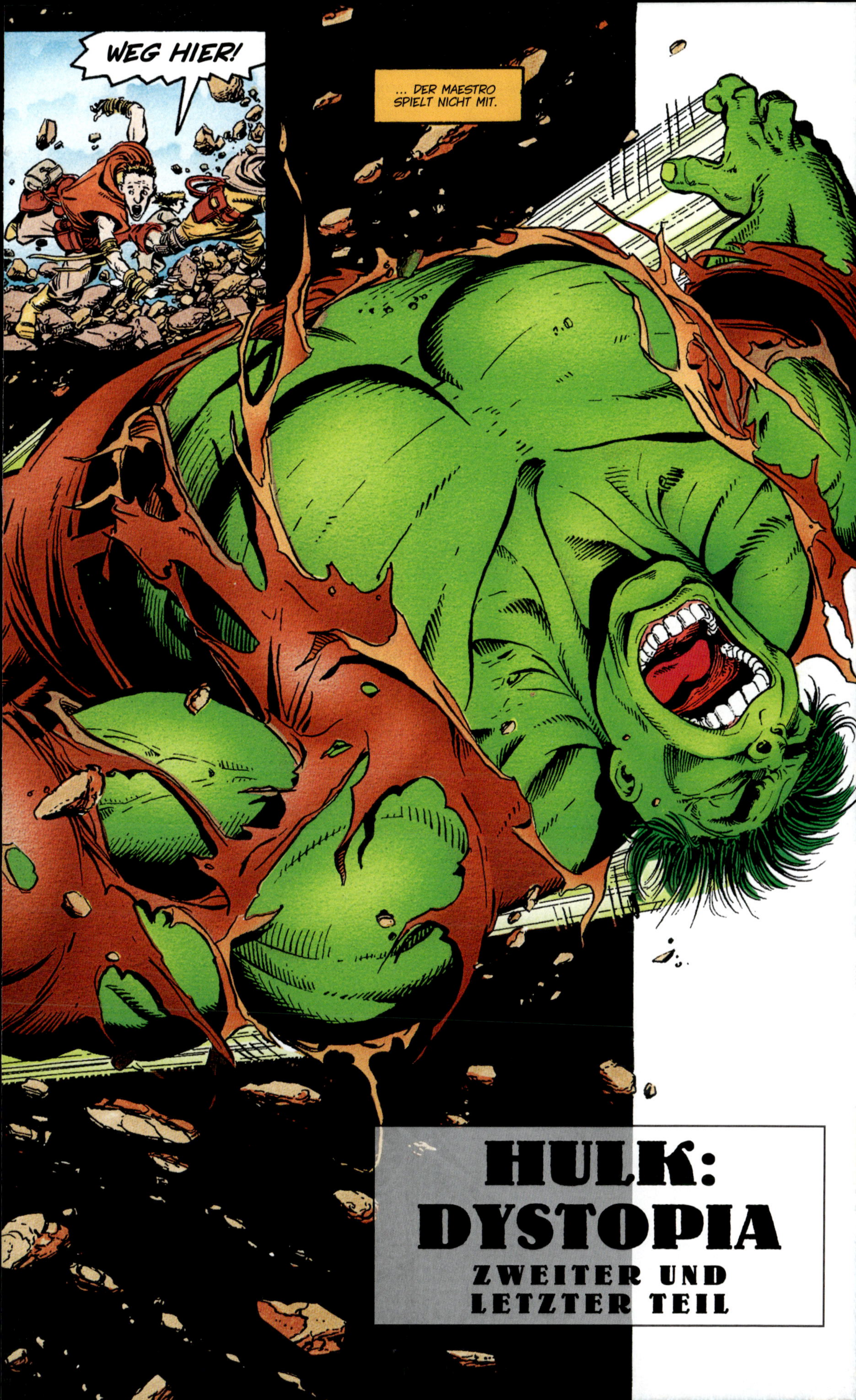
WEG HIER!
... DER MAESTRO SPIELT NICHT MIT.
HULK: DYSTOPIA
ZWEITER UND LETZTER TEIL

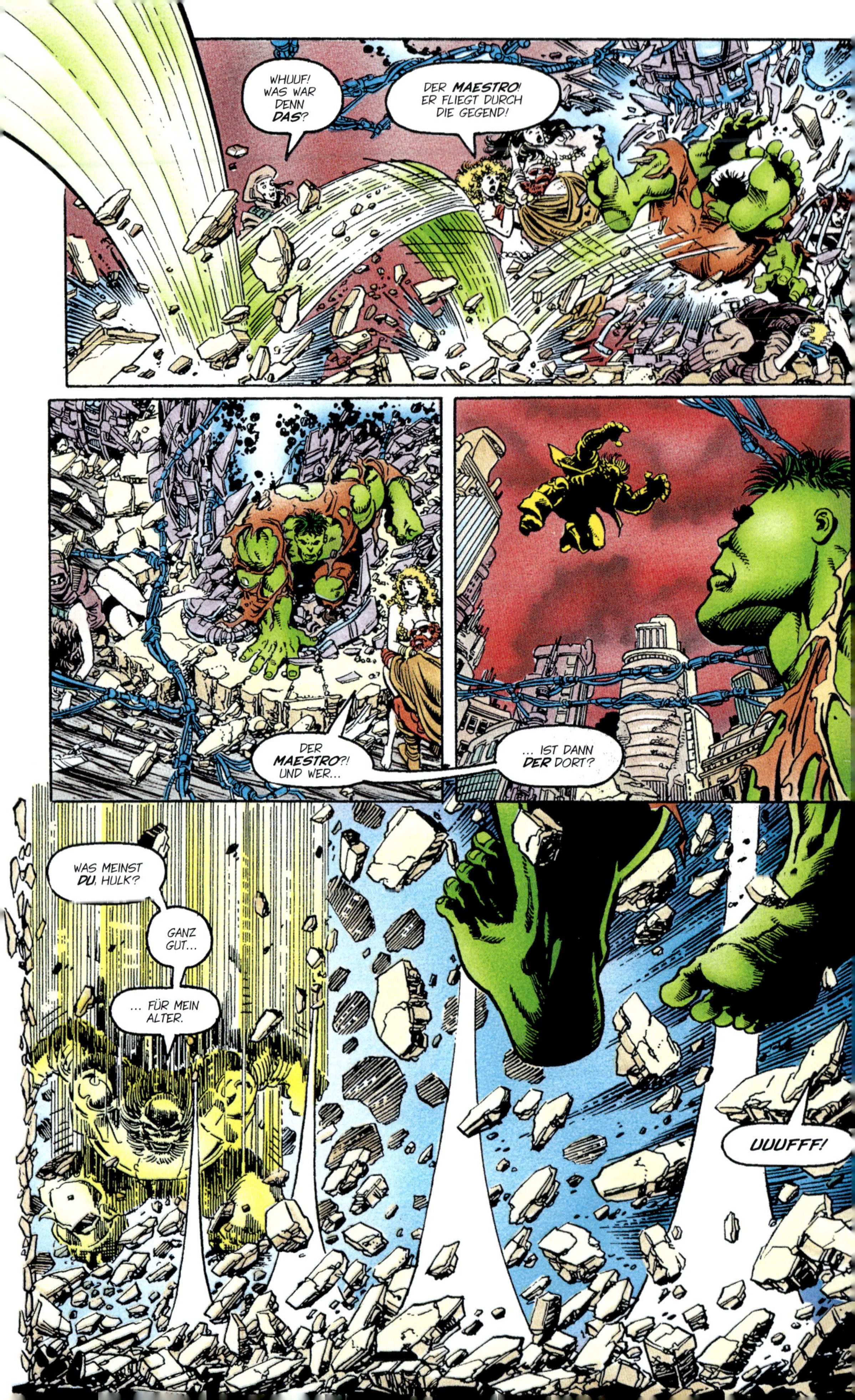
WHUUF! WAS WAR DENN DAS?
DER MAESTRO! ER FLIEGT DURCH DIE GEGEND!
DER MAESTRO?! UND WER...
... IST DANN DER DORT?
WAS MEINST DU, HULK?
GANZ GUT...
... FÜR MEIN ALTER.
UUUFFF!

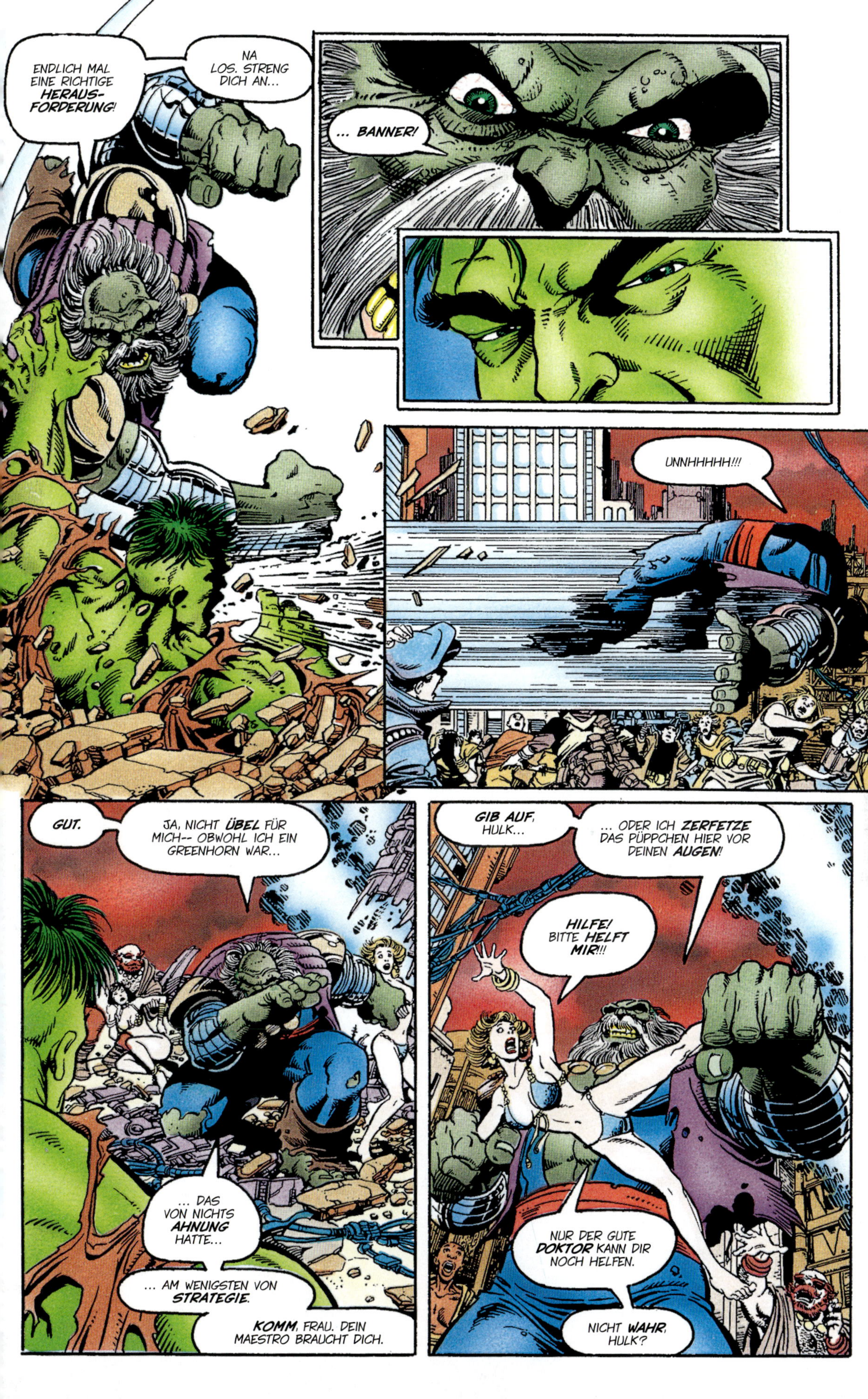
ENDLICH MAL EINE RICHTIGE HERAUS-FORDERUNG!
NA LOS. STRENG DICH AN...
... BANNER!
UNNHHHHH!!!
GUT.
JA, NICHT ÜBEL FÜR MICH-- OBWOHL ICH EIN GREENHORN WAR...
... DAS VON NICHTS AHNUNG HATTE...
... AM WENIGSTEN VON STRATEGIE.
KOMM, FRAU. DEIN MAESTRO BRAUCHT DICH.
GIB AUF, HULK...
... ODER ICH ZERFETZE DAS PÜPPCHEN HIER VOR DEINEN AUGEN!
HILFE! BITTE HELFT MIR!!!
NUR DER GUTE DOKTOR KANN DIR NOCH HELFEN.
NICHT WAHR, HULK?

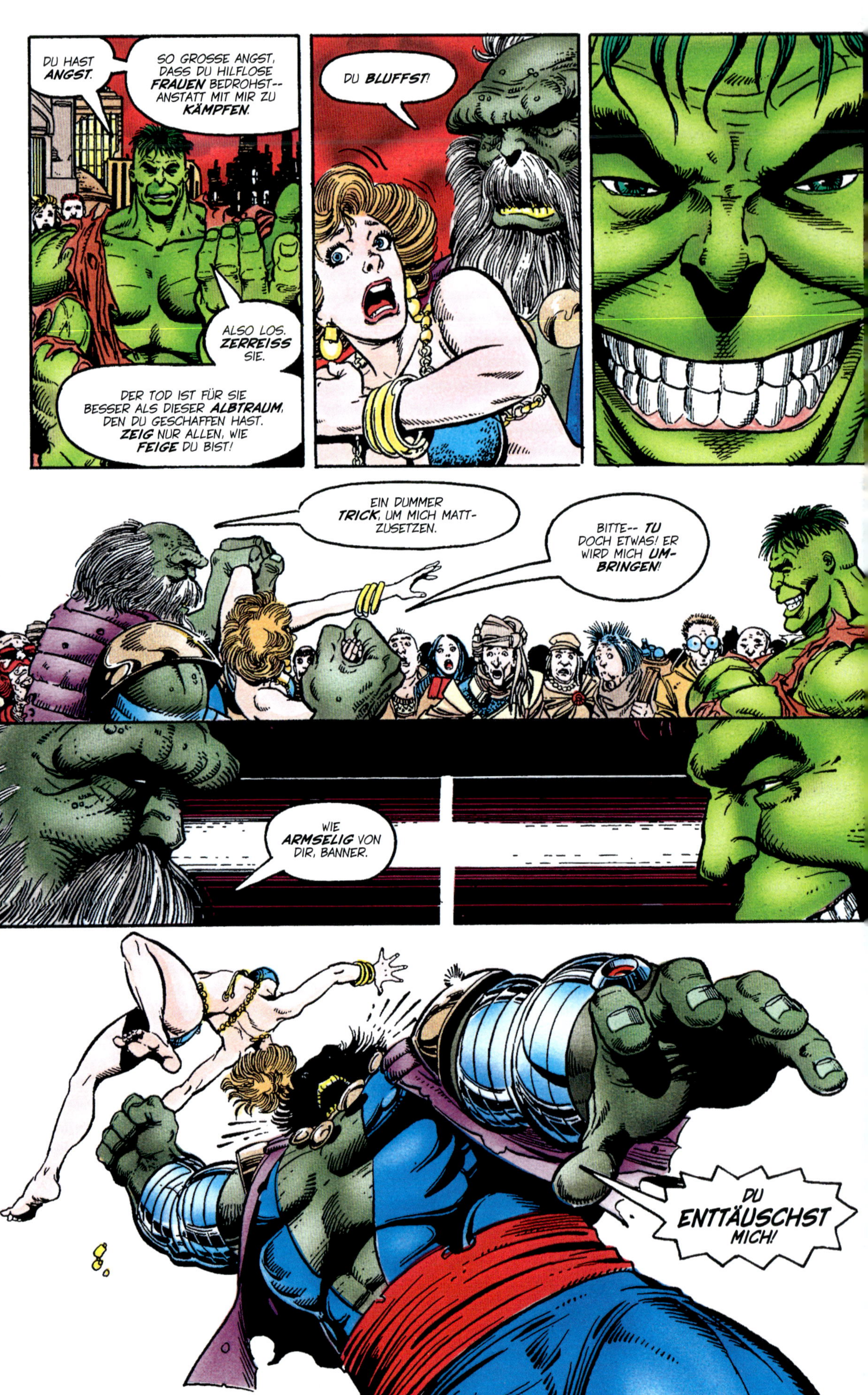
DU HAST ANGST.
SO GROSSE ANGST, DASS DU HILFLOSE FRAUEN BEDROHST-- ANSTATT MIT MIR ZU KÄMPFEN.
ALSO LOS. ZERREISS SIE.
DER TOD IST FÜR SIE BESSER ALS DIESER ALBTRAUM, DEN DU GESCHAFFEN HAST. ZEIG NUR ALLEN, WIE FEIGE DU BIST!
DU BLUFFST!
EIN DUMMER TRICK, UM MICH MATT-ZUSETZEN.
BITTE-- TU DOCH ETWAS! ER WIRD MICH UMBRINGEN!
WIE ARMSELIG VON DIR, BANNER.
DU ENTTÄUSCHST MICH!

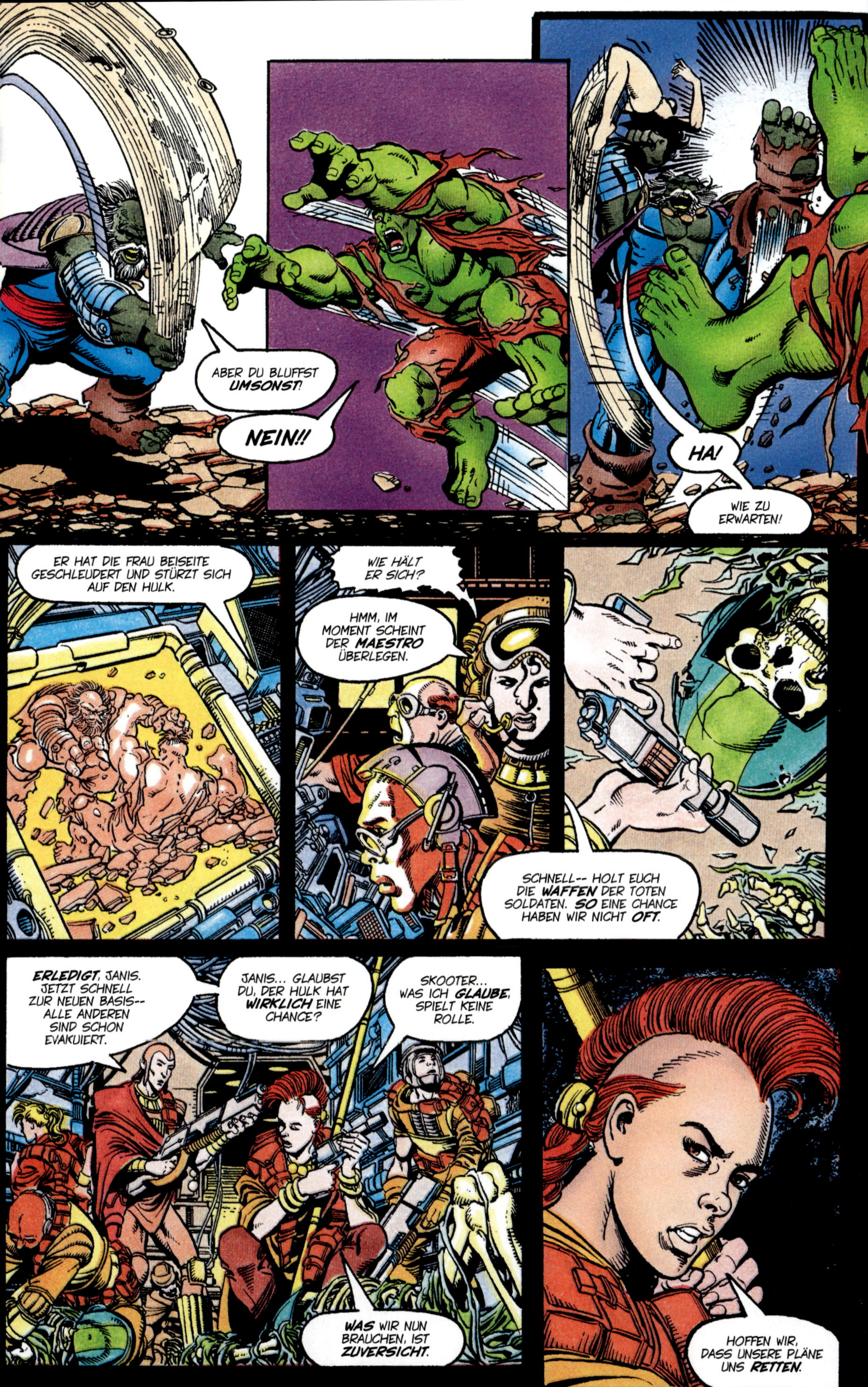
ABER DU BLUFFST **UMSONST**!
NEIN!!
HA!
WIE ZU ERWARTEN!
ER HAT DIE FRAU BEISEITE GESCHLEUDERT UND STÜRZT SICH AUF DEN HULK.
WIE HÄLT ER SICH?
HMM, IM MOMENT SCHEINT DER **MAESTRO** ÜBERLEGEN.
SCHNELL-- HOLT EUCH DIE **WAFFEN** DER TOTEN SOLDATEN. **SO** EINE CHANCE HABEN WIR NICHT **OFT**.
ERLEDIGT, JANIS. JETZT SCHNELL ZUR NEUEN BASIS-- ALLE ANDEREN SIND SCHON EVAKUIERT.
JANIS... GLAUBST DU, DER HULK HAT **WIRKLICH** EINE CHANCE?
SKOOTER... WAS ICH **GLAUBE**, SPIELT KEINE ROLLE.
WAS WIR NUN BRAUCHEN, IST **ZUVERSICHT**.
HOFFEN WIR, DASS UNSERE PLÄNE UNS **RETTEN**.

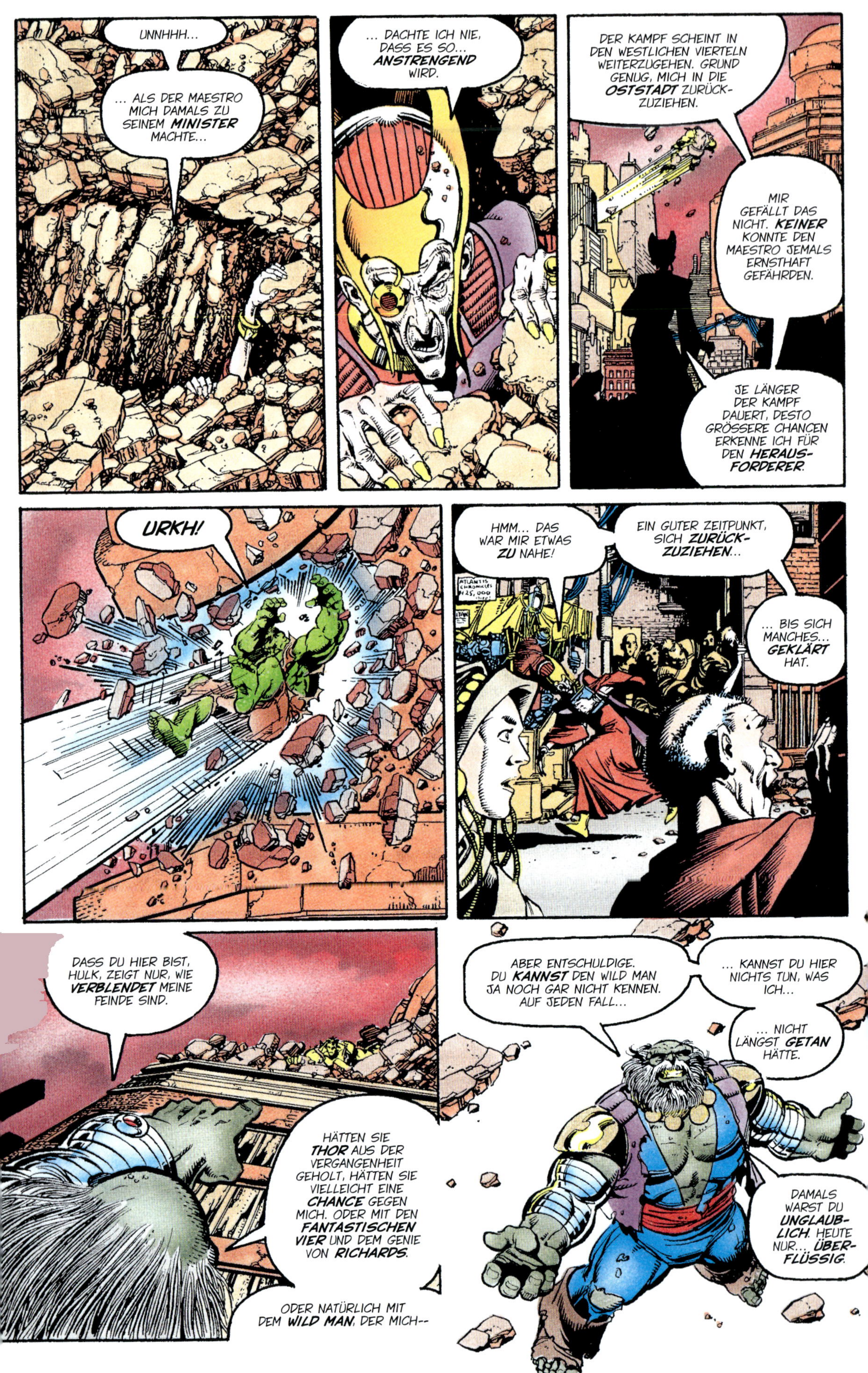
UNNHHH...
... ALS DER MAESTRO MICH DAMALS ZU SEINEM MINISTER MACHTE...
... DACHTE ICH NIE, DASS ES SO... ANSTRENGEND WIRD.
DER KAMPF SCHEINT IN DEN WESTLICHEN VIERTELN WEITERZUGEHEN. GRUND GENUG, MICH IN DIE OSTSTADT ZURÜCKZUZIEHEN.
MIR GEFÄLLT DAS NICHT. KEINER KONNTE DEN MAESTRO JEMALS ERNSTHAFT GEFÄHRDEN.
JE LÄNGER DER KAMPF DAUERT, DESTO GRÖSSERE CHANCEN ERKENNE ICH FÜR DEN HERAUSFORDERER.
URKH!
HMM... DAS WAR MIR ETWAS ZU NAHE!
EIN GUTER ZEITPUNKT, SICH ZURÜCKZUZIEHEN...
... BIS SICH MANCHES... GEKLÄRT HAT.
DASS DU HIER BIST, HULK, ZEIGT NUR, WIE VERBLENDET MEINE FEINDE SIND.
HÄTTEN SIE THOR AUS DER VERGANGENHEIT GEHOLT, HÄTTEN SIE VIELLEICHT EINE CHANCE GEGEN MICH. ODER MIT DEN FANTASTISCHEN VIER UND DEM GENIE VON RICHARDS.
ODER NATÜRLICH MIT DEM WILD MAN, DER MICH--
ABER ENTSCHULDIGE. DU KANNST DEN WILD MAN JA NOCH GAR NICHT KENNEN. AUF JEDEN FALL...
... KANNST DU HIER NICHTS TUN, WAS ICH...
... NICHT LÄNGST GETAN HÄTTE.
DAMALS WARST DU UNGLAUBLICH. HEUTE NUR... ÜBERFLÜSSIG.

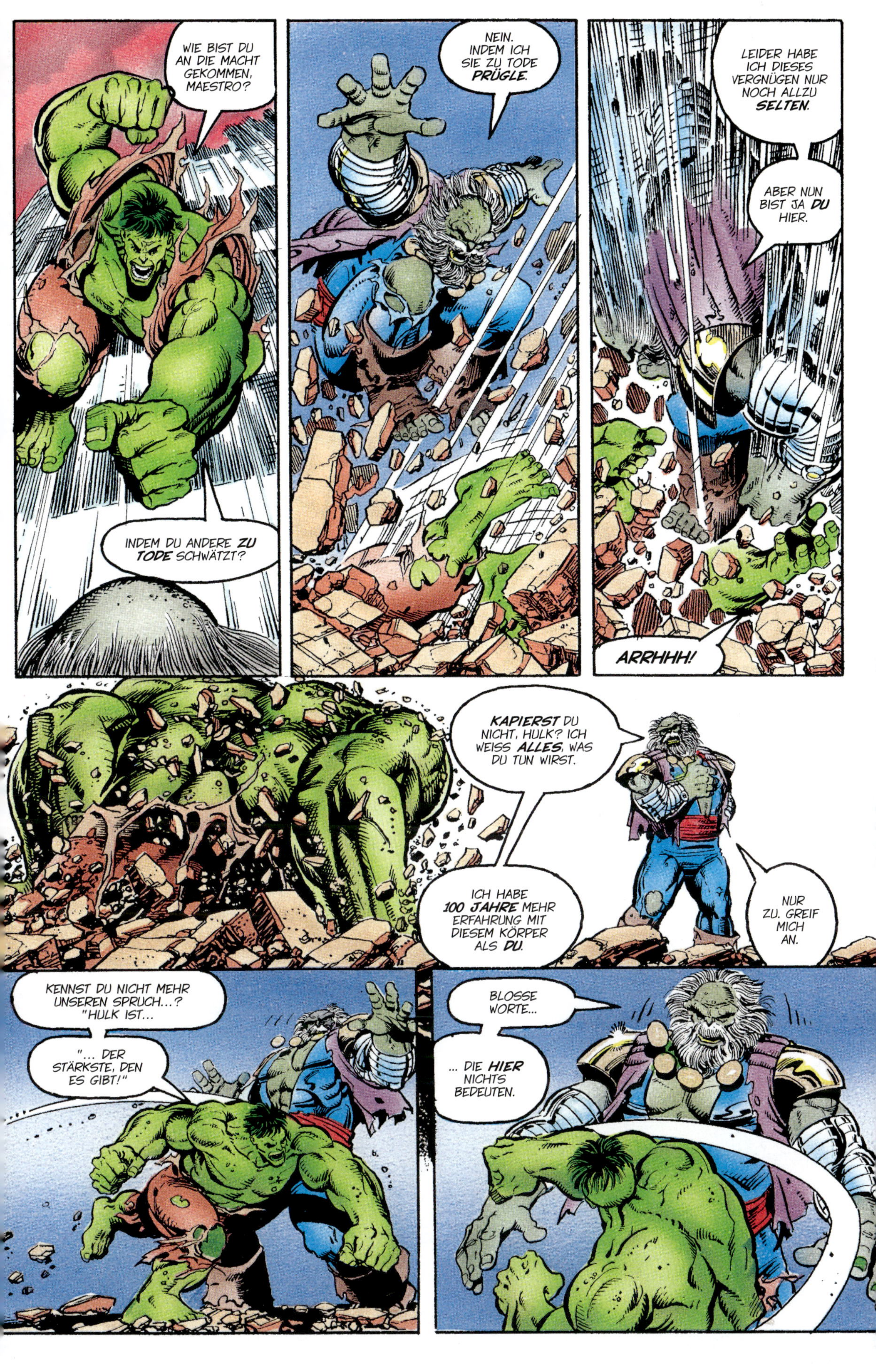
WIE BIST DU AN DIE MACHT GEKOMMEN, MAESTRO?
INDEM DU ANDERE ZU TODE SCHWÄTZT?
NEIN. INDEM ICH SIE ZU TODE PRÜGLE.
LEIDER HABE ICH DIESES VERGNÜGEN NUR NOCH ALLZU SELTEN.
ABER NUN BIST JA DU HIER.
ARRHHH!
KAPIERST DU NICHT, HULK? ICH WEISS ALLES, WAS DU TUN WIRST.
ICH HABE 100 JAHRE MEHR ERFAHRUNG MIT DIESEM KÖRPER ALS DU.
NUR ZU. GREIF MICH AN.
KENNST DU NICHT MEHR UNSEREN SPRUCH...? "HULK IST...
"... DER STÄRKSTE, DEN ES GIBT!"
BLOSSE WORTE...
... DIE HIER NICHTS BEDEUTEN.

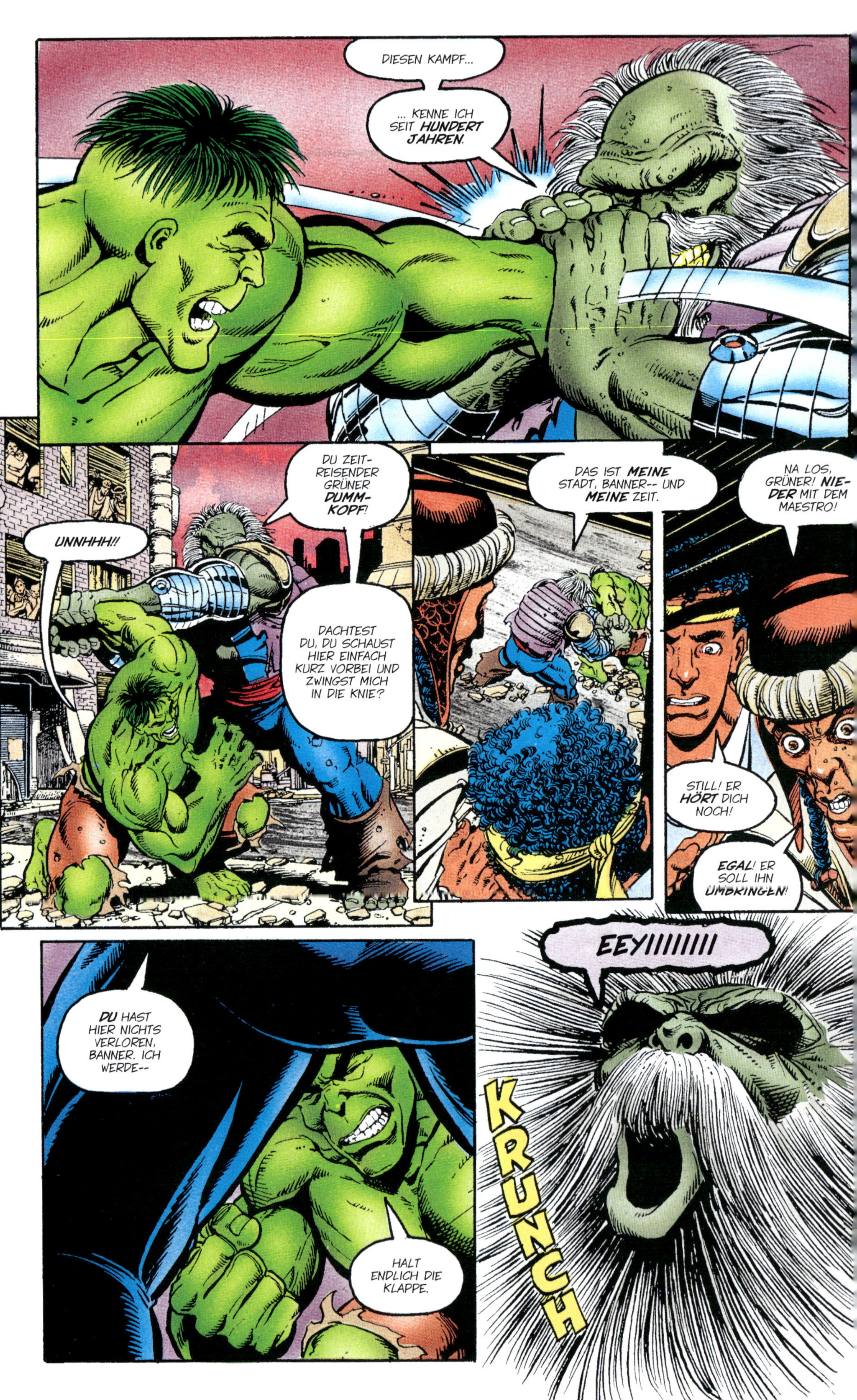
DIESEN KAMPF...
... KENNE ICH SEIT HUNDERT JAHREN.
UNNHHH!!
DU ZEIT-REISENDER GRÜNER DUMMKOPF!
DACHTEST DU, DU SCHAUST HIER EINFACH KURZ VORBEI UND ZWINGST MICH IN DIE KNIE?
DAS IST MEINE STADT, BANNER-- UND MEINE ZEIT.
NA LOS, GRÜNER! NIEDER MIT DEM MAESTRO!
STILL! ER HÖRT DICH NOCH!
EGAL! ER SOLL IHN UMBRINGEN!
DU HAST HIER NICHTS VERLOREN, BANNER. ICH WERDE--
HALT ENDLICH DIE KLAPPE.
EEYIIIIIIIII
KRUNCH

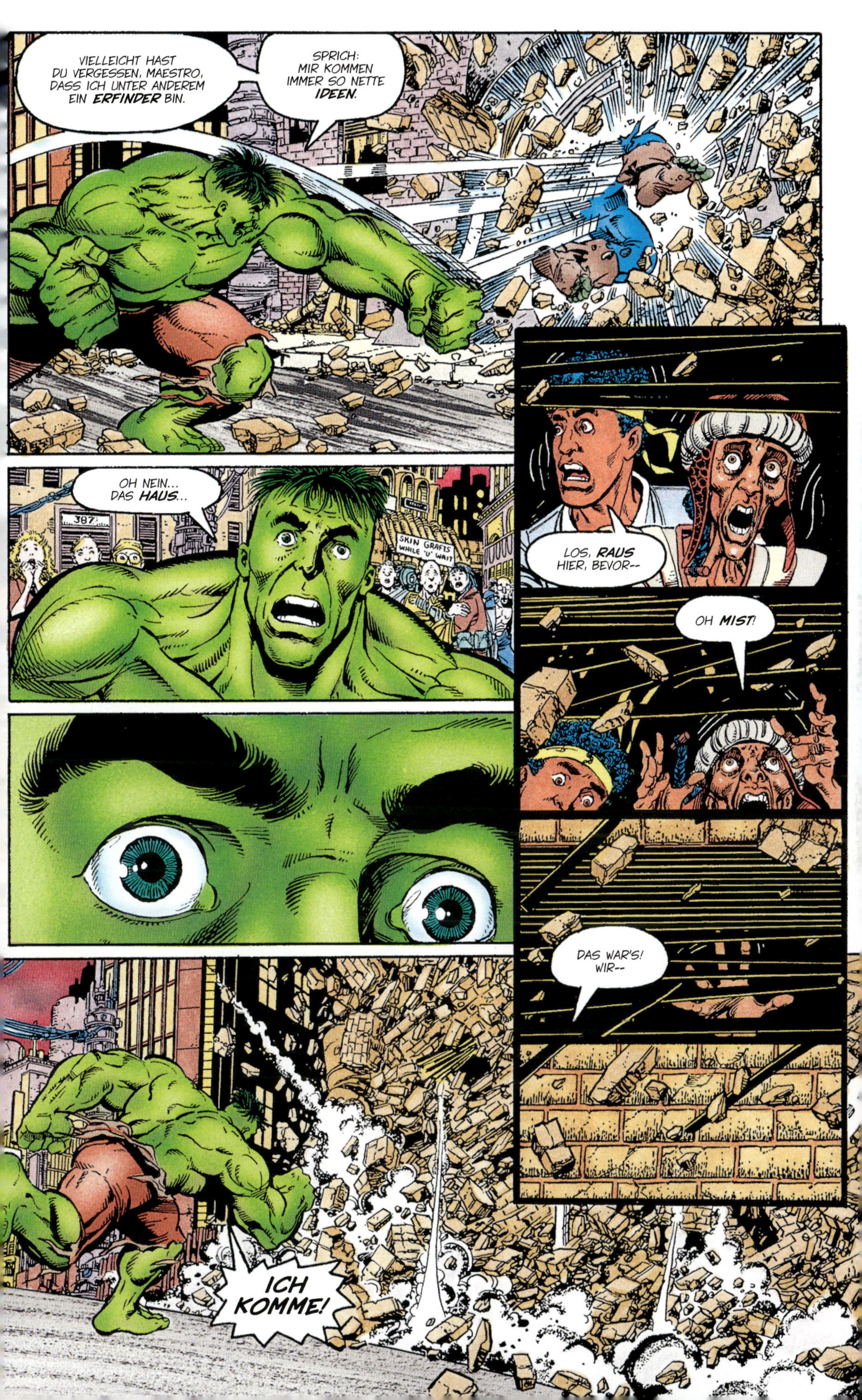
VIELLEICHT HAST DU VERGESSEN, MAESTRO, DASS ICH UNTER ANDEREM EIN **ERFINDER** BIN.
SPRICH: MIR KOMMEN IMMER SO NETTE **IDEEN**.
OH NEIN... DAS **HAUS**...
387
SKIN GRAFTS WHILE 'U' WAIT
LOS, **RAUS** HIER, BEVOR--
OH **MIST**!
DAS WAR'S! WIR--
ICH KOMME!

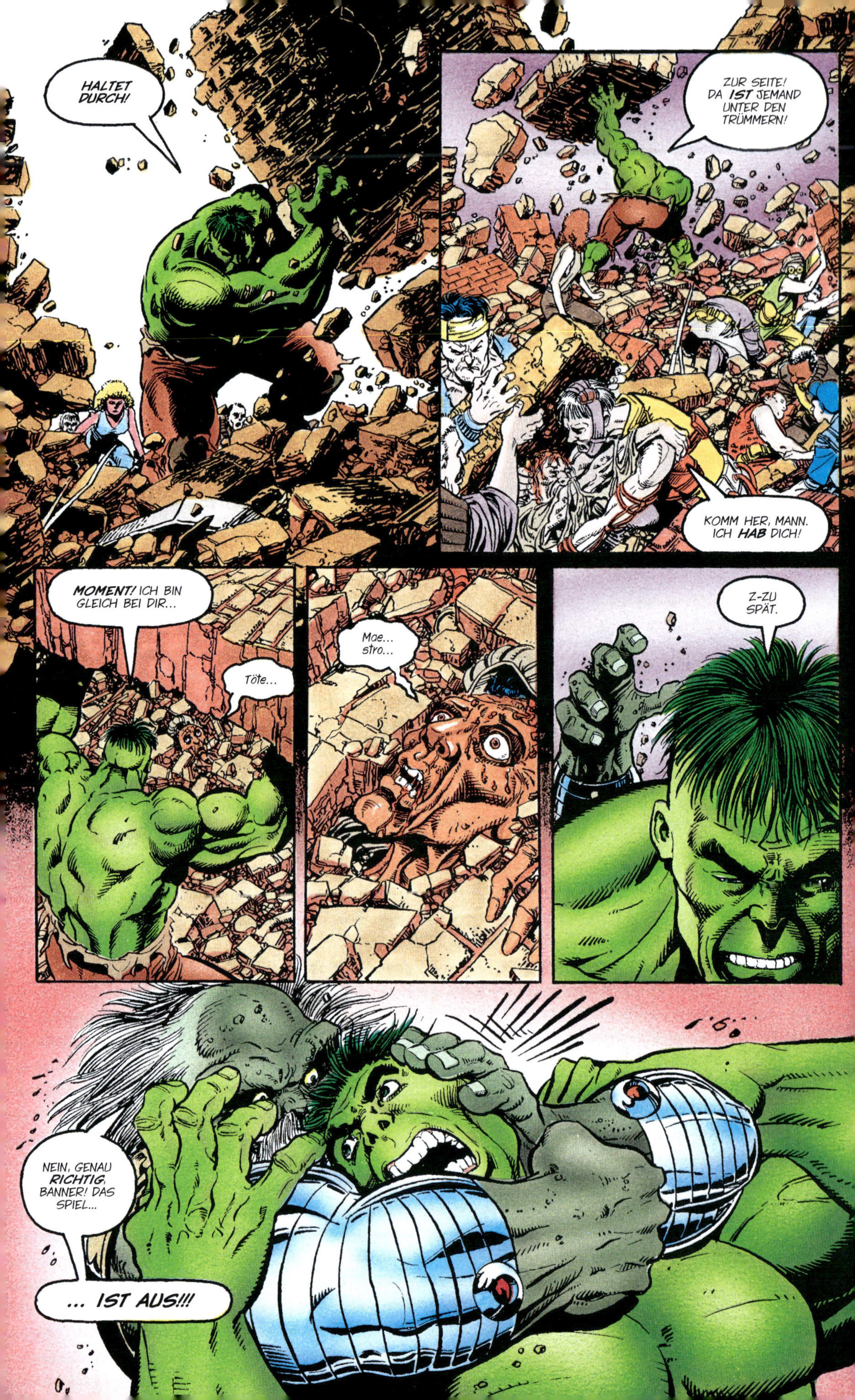
HALTET DURCH!
ZUR SEITE! DA IST JEMAND UNTER DEN TRÜMMERN!
KOMM HER, MANN. ICH HAB DICH!
MOMENT! ICH BIN GLEICH BEI DIR...
Töte...
Mae... stro...
Z-ZU SPÄT.
NEIN, GENAU RICHTIG, BANNER! DAS SPIEL...
... IST AUS!!!

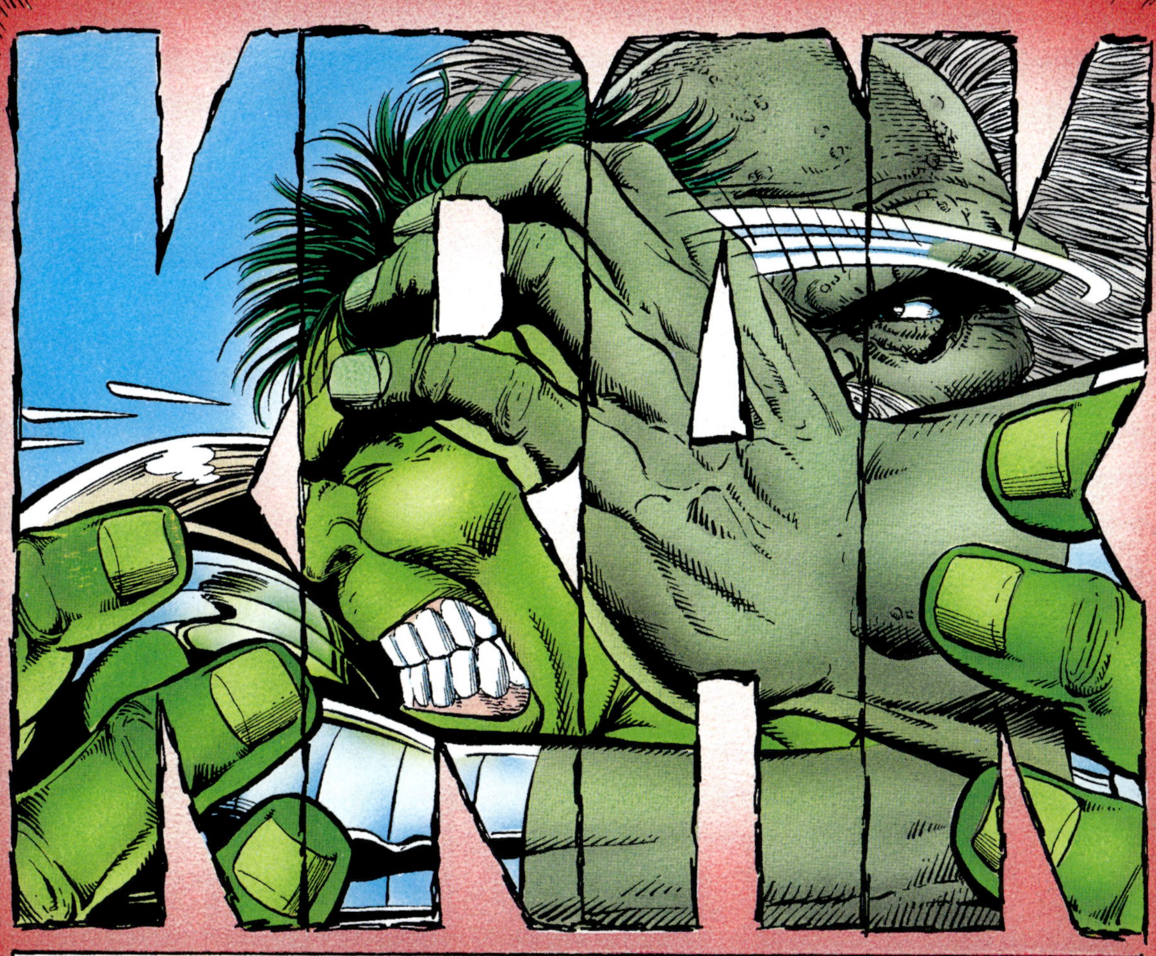

DACHTEST, DU WÜRDEST NUN STERBEN-- HM, HULK?
UND DU DACHTEST... WENN DU STIRBST, WERDE ICH NIE EXISTIEREN.
FALSCH, HULK.
VÖLLIG FALSCH.

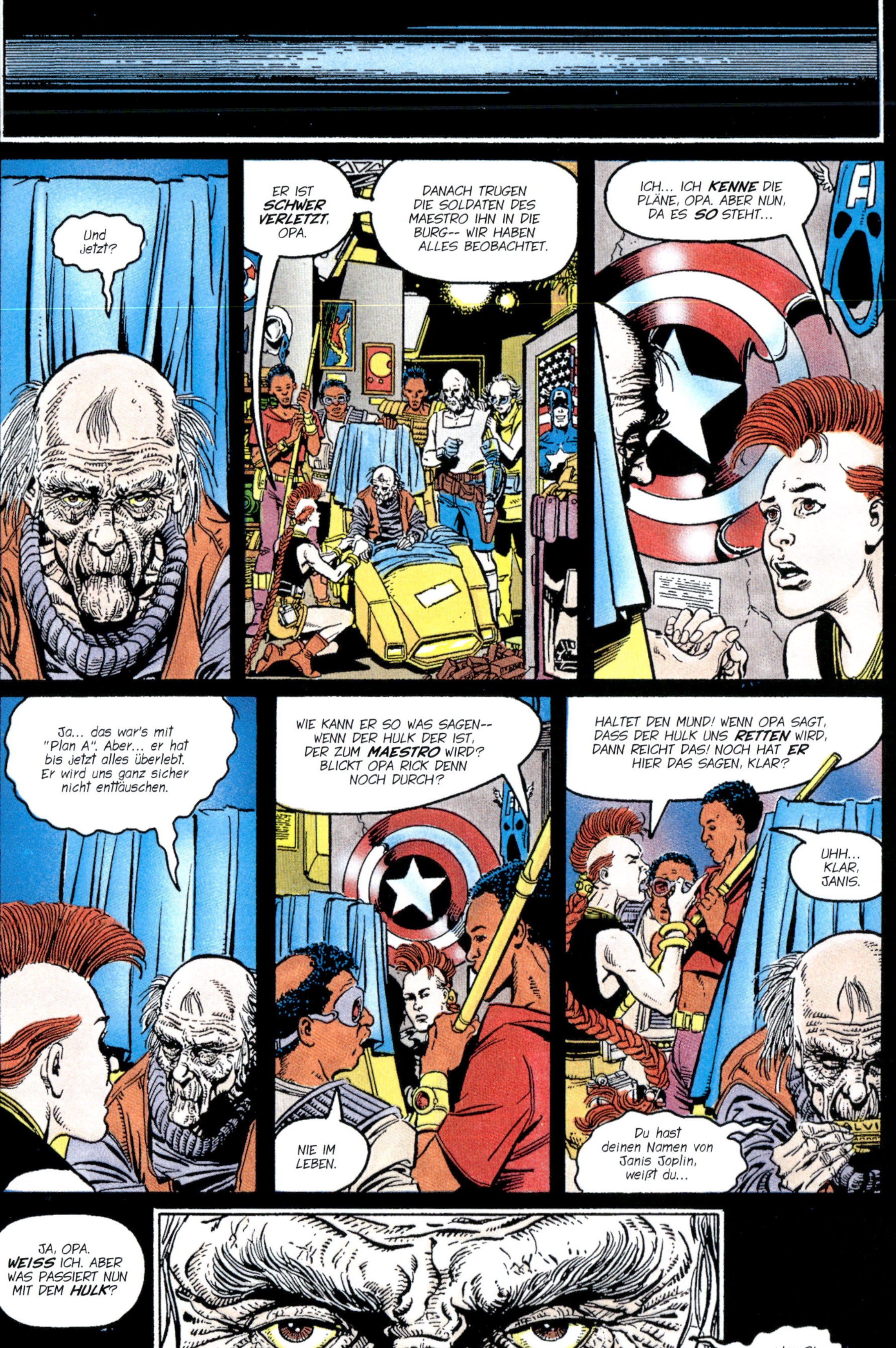
Und jetzt?
ER IST SCHWER VERLETZT, OPA.
DANACH TRUGEN DIE SOLDATEN DES MAESTRO IHN IN DIE BURG-- WIR HABEN ALLES BEOBACHTET.
ICH... ICH KENNE DIE PLÄNE, OPA. ABER NUN, DA ES SO STEHT...
Ja... das war's mit "Plan A". Aber... er hat bis jetzt alles überlebt. Er wird uns ganz sicher nicht enttäuschen.
WIE KANN ER SO WAS SAGEN-- WENN DER HULK DER IST, DER ZUM MAESTRO WIRD? BLICKT OPA RICK DENN NOCH DURCH?
NIE IM LEBEN.
HALTET DEN MUND! WENN OPA SAGT, DASS DER HULK UNS RETTEN WIRD, DANN REICHT DAS! NOCH HAT ER HIER DAS SAGEN, KLAR?
UHH... KLAR, JANIS.
Du hast deinen Namen von Janis Joplin, weißt du...
JA, OPA. WEISS ICH. ABER WAS PASSIERT NUN MIT DEM HULK?
Wem?!

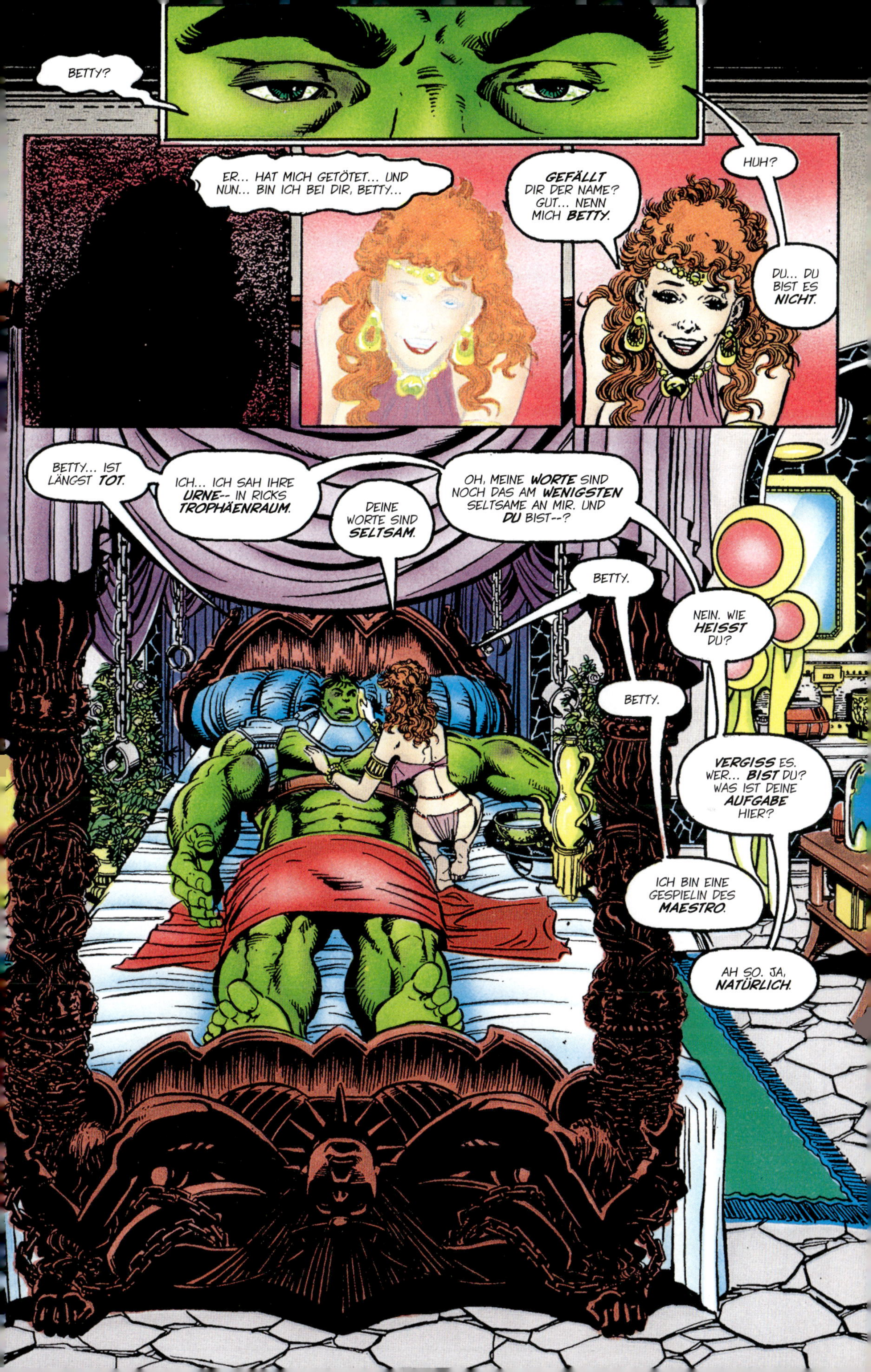
BETTY?
HUH?
ER... HAT MICH GETÖTET... UND NUN... BIN ICH BEI DIR, BETTY...
GEFÄLLT DIR DER NAME? GUT... NENN MICH BETTY.
DU... DU BIST ES NICHT.
BETTY... IST LÄNGST TOT.
ICH... ICH SAH IHRE URNE-- IN RICKS TROPHÄENRAUM.
DEINE WORTE SIND SELTSAM.
OH, MEINE WORTE SIND NOCH DAS AM WENIGSTEN SELTSAME AN MIR. UND DU BIST--?
BETTY.
NEIN. WIE HEISST DU?
BETTY.
VERGISS ES. WER... BIST DU? WAS IST DEINE AUFGABE HIER?
ICH BIN EINE GESPIELIN DES MAESTRO.
AH SO. JA, NATÜRLICH.

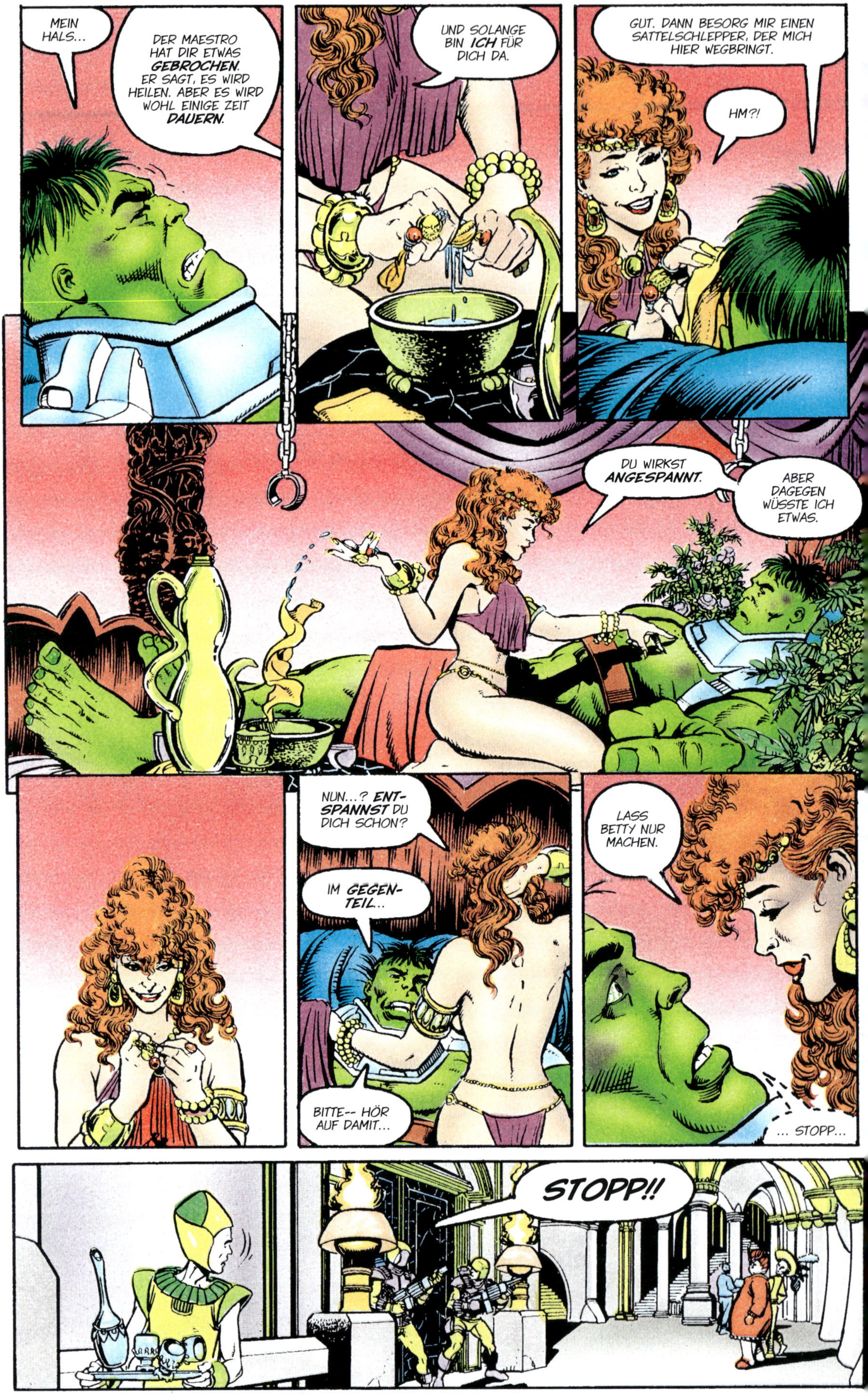

MEIN HALS...
DER MAESTRO HAT DIR ETWAS **GEBROCHEN**. ER SAGT, ES WIRD HEILEN. ABER ES WIRD WOHL EINIGE ZEIT **DAUERN**.
UND SOLANGE BIN **ICH** FÜR DICH DA.
GUT. DANN BESORG MIR EINEN SATTELSCHLEPPER, DER MICH HIER WEGBRINGT.
HM?!
DU WIRKST **ANGESPANNT**.
ABER DAGEGEN WÜSSTE ICH ETWAS.
NUN...? **ENTSPANNST** DU DICH SCHON?
IM **GEGENTEIL**...
BITTE-- HÖR AUF DAMIT...
LASS BETTY NUR MACHEN.
... STOPP...

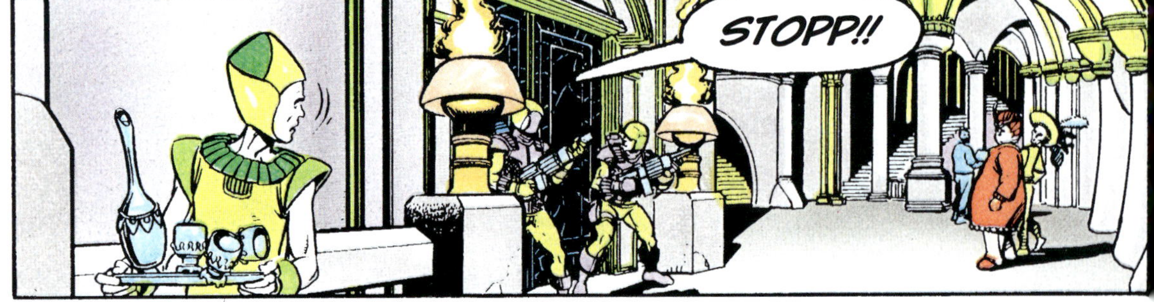
STOPP!!

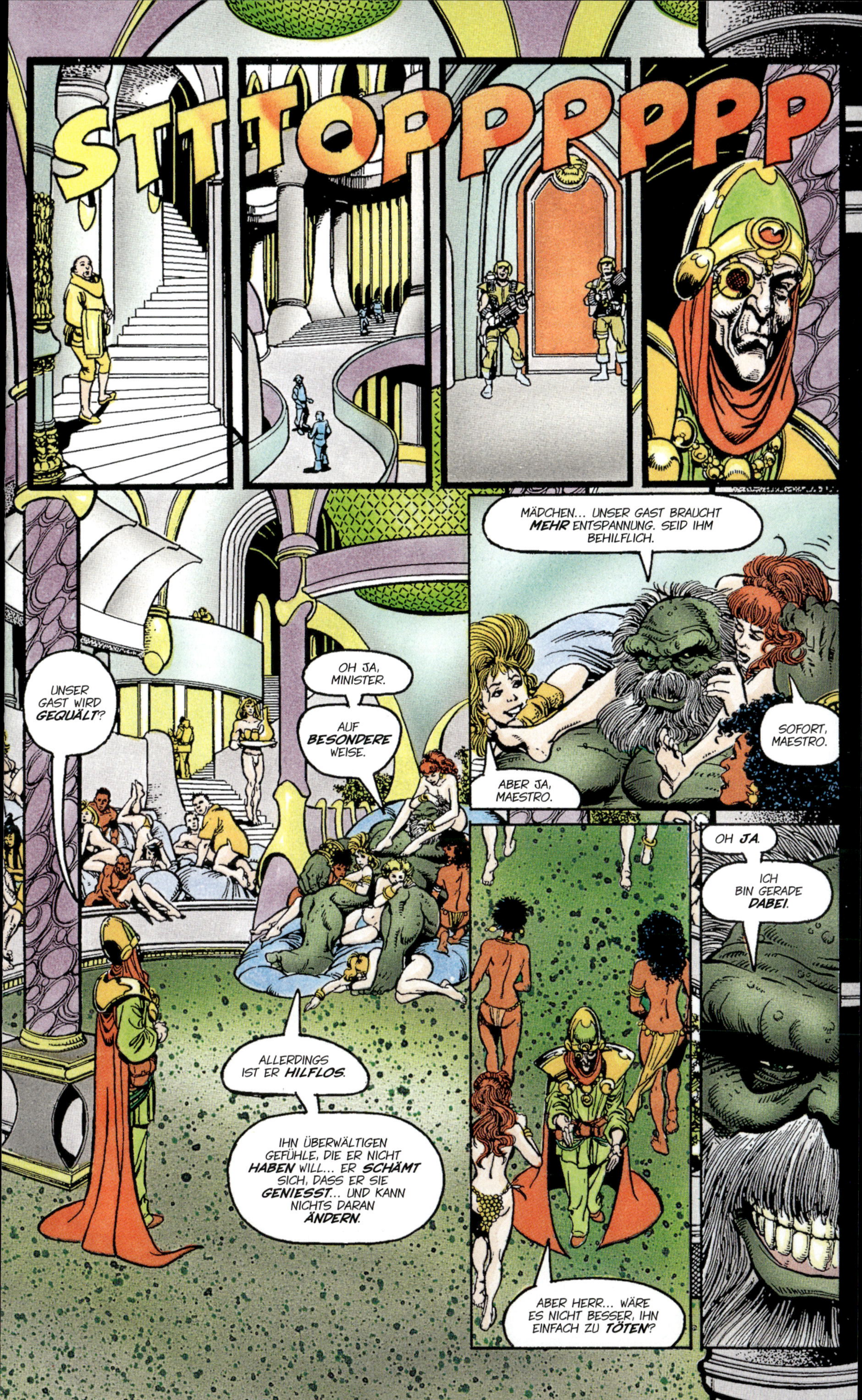
STTTOPPPPPP
MÄDCHEN... UNSER GAST BRAUCHT MEHR ENTSPANNUNG. SEID IHM BEHILFLICH.
ABER JA, MAESTRO.
SOFORT, MAESTRO.
UNSER GAST WIRD GEQUÄLT?
OH JA, MINISTER.
AUF BESONDERE WEISE.
ALLERDINGS IST ER HILFLOS.
IHN ÜBERWÄLTIGEN GEFÜHLE, DIE ER NICHT HABEN WILL... ER SCHÄMT SICH, DASS ER SIE GENIESST... UND KANN NICHTS DARAN ÄNDERN.
ABER HERR... WÄRE ES NICHT BESSER, IHN EINFACH ZU TÖTEN?
OH JA.
ICH BIN GERADE DABEI.

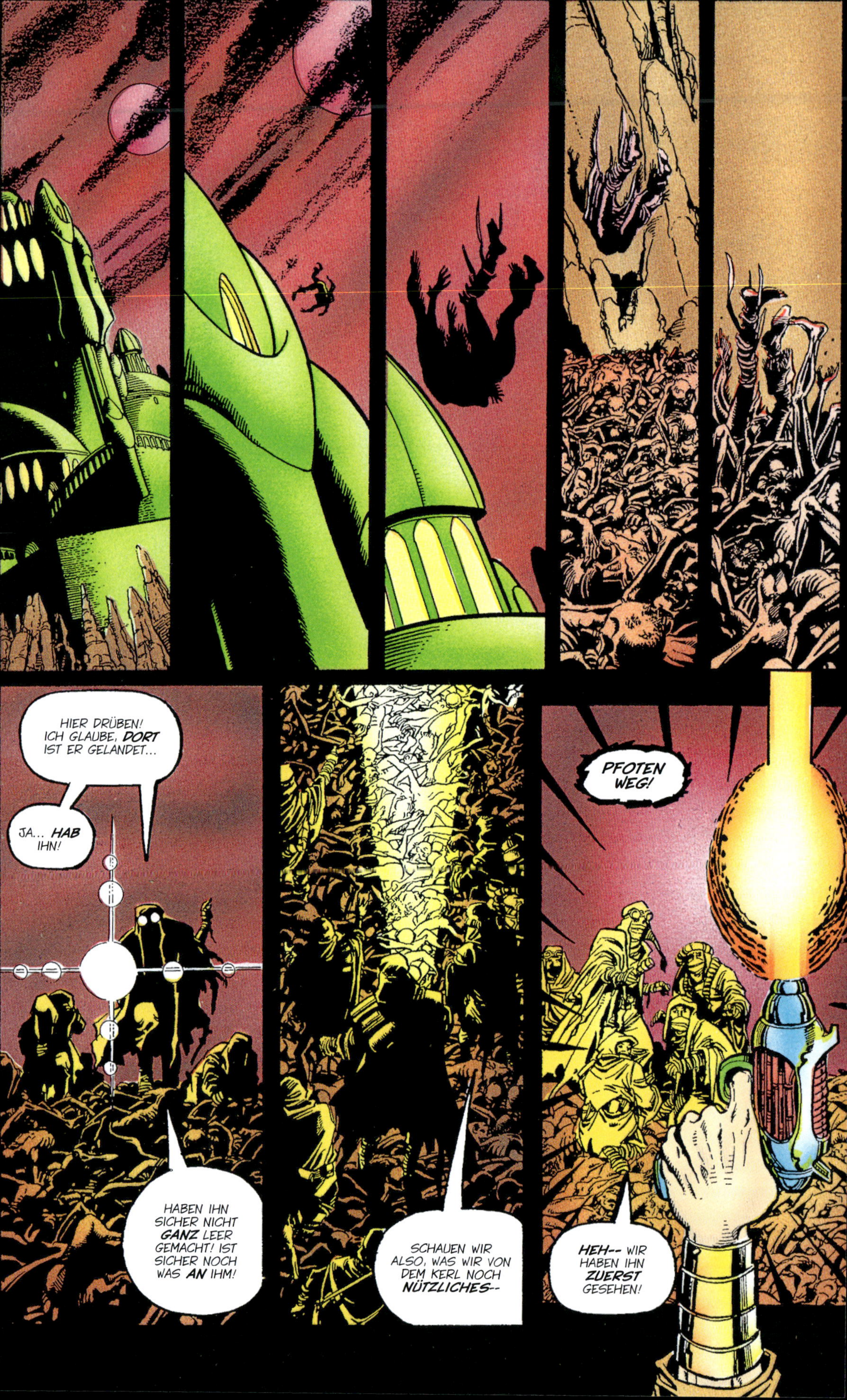

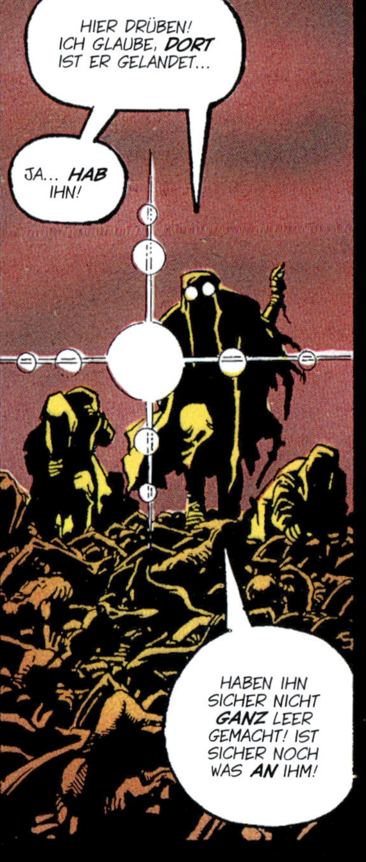

HIER DRÜBEN! ICH GLAUBE, **DORT** IST ER GELANDET...
JA... **HAB** IHN!
HABEN IHN SICHER NICHT **GANZ** LEER GEMACHT! IST SICHER NOCH WAS **AN** IHM!

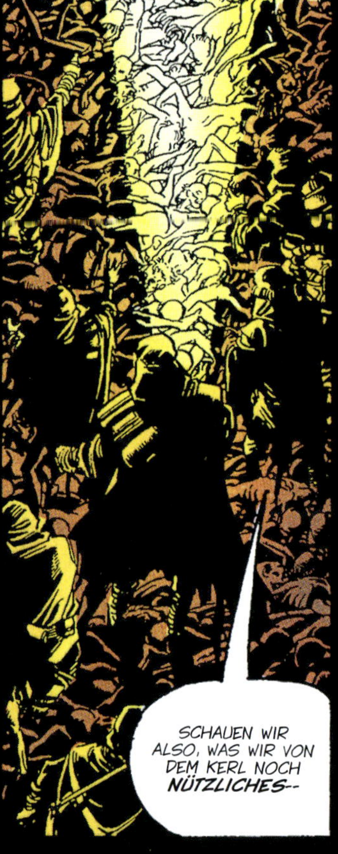

SCHAUEN WIR ALSO, WAS WIR VON DEM KERL NOCH **NÜTZLICHES**--

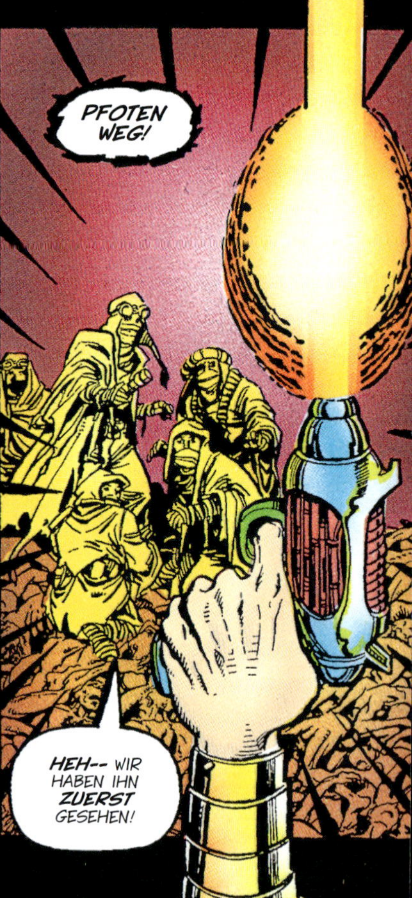

HEH-- WIR HABEN IHN **ZUERST** GESEHEN!
PFOTEN WEG!

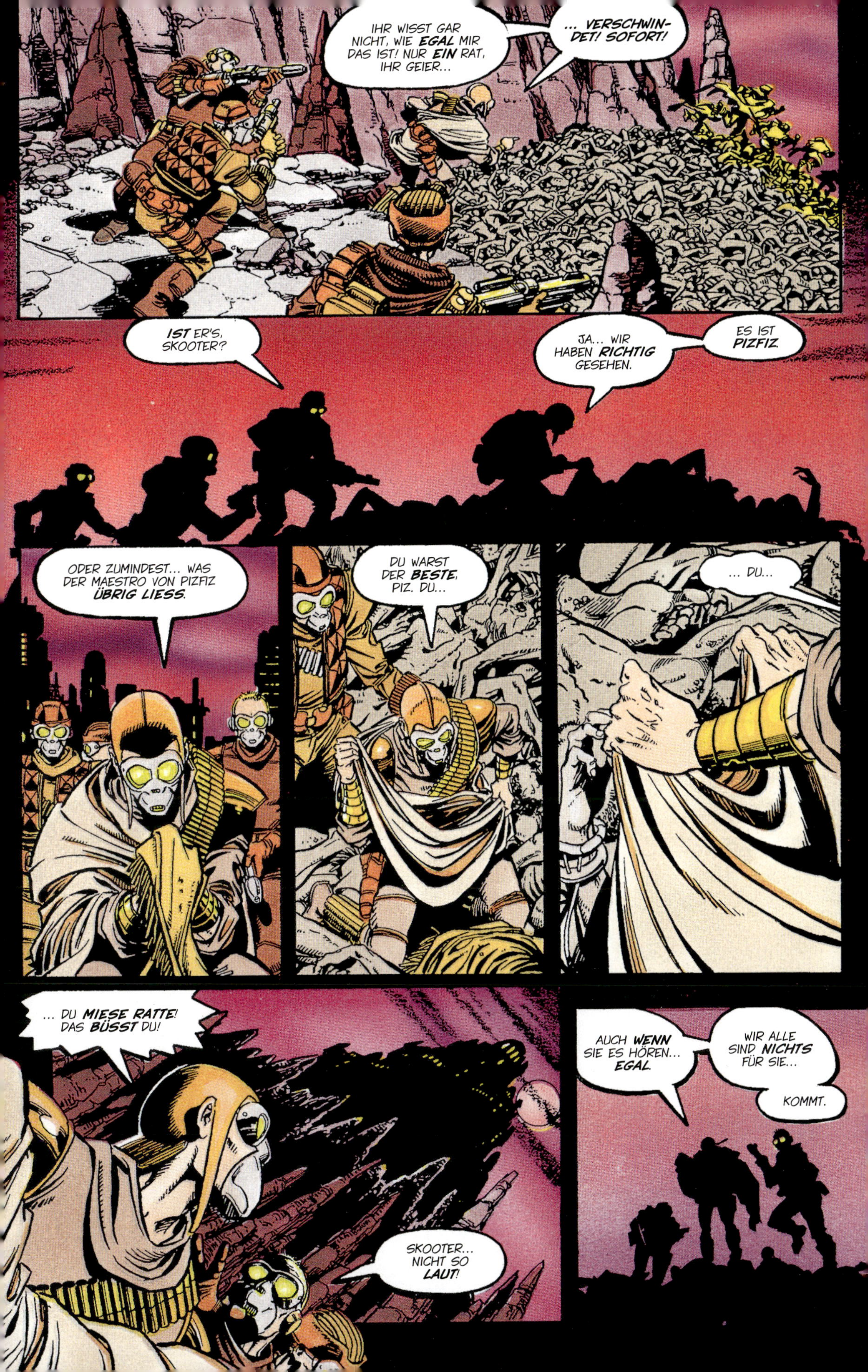
IHR WISST GAR NICHT, WIE EGAL MIR DAS IST! NUR EIN RAT, IHR GEIER...
... VERSCHWIN-DET! SOFORT!
IST ER'S, SKOOTER?
JA... WIR HABEN RICHTIG GESEHEN.
ES IST PIZFIZ.
ODER ZUMINDEST... WAS DER MAESTRO VON PIZFIZ ÜBRIG LIESS.
DU WARST DER BESTE, PIZ. DU...
... DU...
... DU MIESE RATTE! DAS BÜSST DU!
SKOOTER... NICHT SO LAUT!
AUCH WENN SIE ES HÖREN... EGAL.
WIR ALLE SIND NICHTS FÜR SIE...
KOMMT.

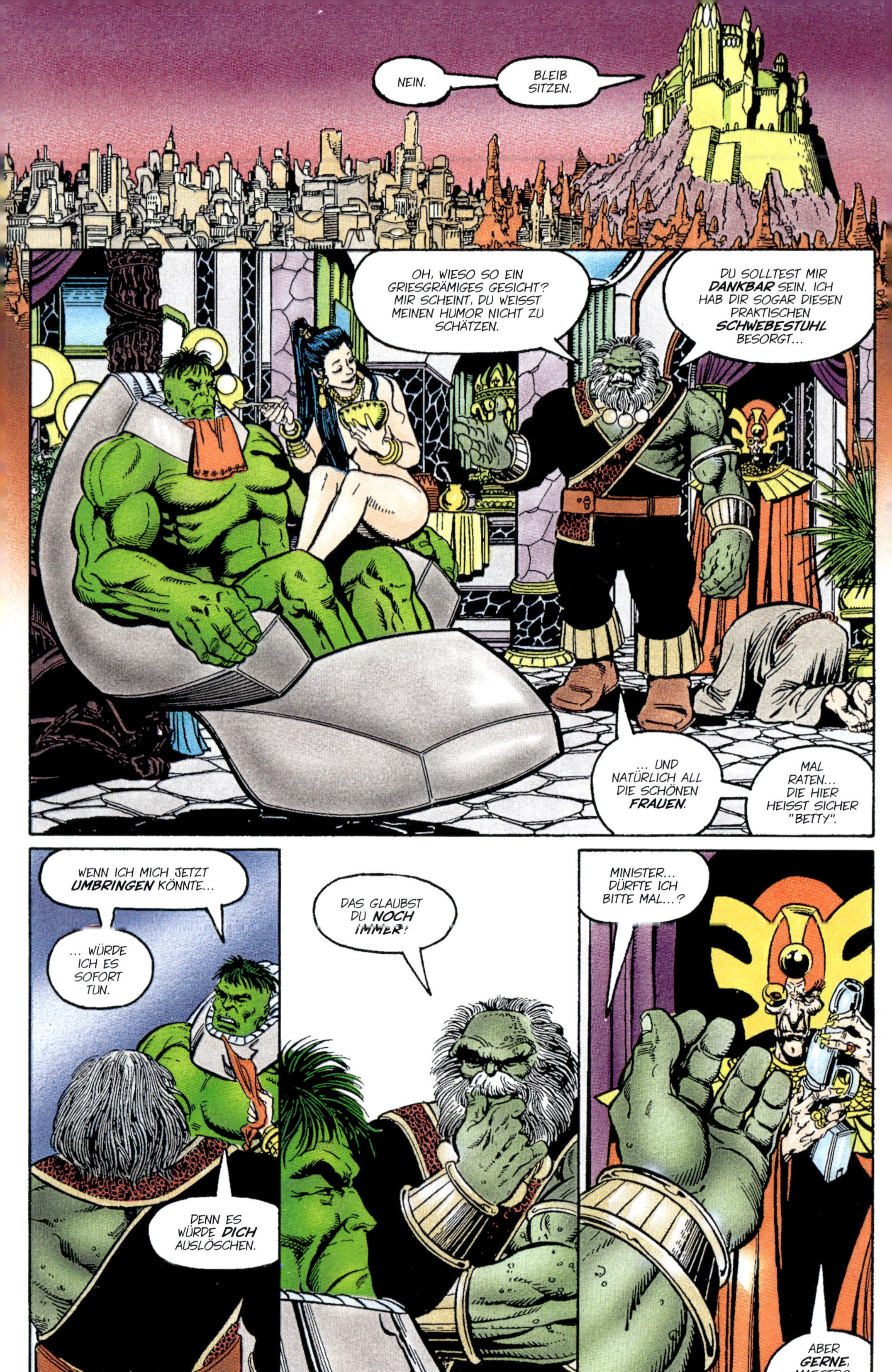
NEIN.
BLEIB SITZEN.
OH, WIESO SO EIN GRIESGRÄMIGES GESICHT? MIR SCHEINT, DU WEISST MEINEN HUMOR NICHT ZU SCHÄTZEN.
DU SOLLTEST MIR DANKBAR SEIN. ICH HAB DIR SOGAR DIESEN PRAKTISCHEN SCHWEBESTUHL BESORGT...
... UND NATÜRLICH ALL DIE SCHÖNEN FRAUEN.
MAL RATEN... DIE HIER HEISST SICHER "BETTY".
WENN ICH MICH JETZT UMBRINGEN KÖNNTE...
... WÜRDE ICH ES SOFORT TUN.
DENN ES WÜRDE DICH AUSLÖSCHEN.
DAS GLAUBST DU NOCH IMMER?
MINISTER... DÜRFTE ICH BITTE MAL...?
ABER GERNE, MAESTRO.

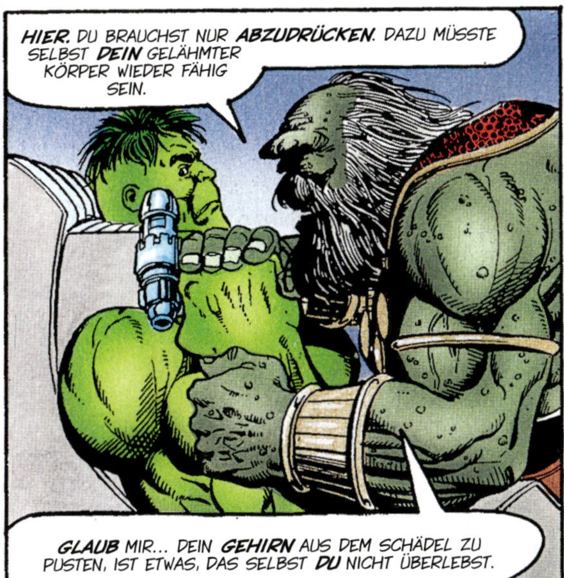

HIER. DU BRAUCHST NUR ABZUDRÜCKEN. DAZU MÜSSTE SELBST DEIN GELÄHMTER KÖRPER WIEDER FÄHIG SEIN.
GLAUB MIR... DEIN GEHIRN AUS DEM SCHÄDEL ZU PUSTEN, IST ETWAS, DAS SELBST DU NICHT ÜBERLEBST.

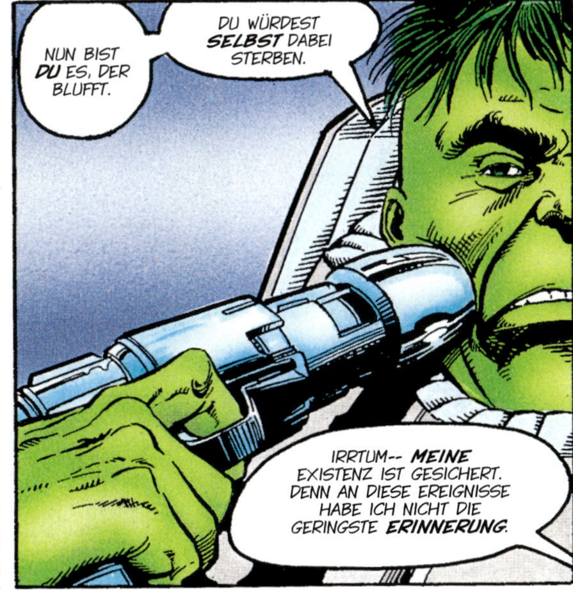

NUN BIST DU ES, DER BLUFFT.
DU WÜRDEST SELBST DABEI STERBEN.
IRRTUM-- MEINE EXISTENZ IST GESICHERT. DENN AN DIESE EREIGNISSE HABE ICH NICHT DIE GERINGSTE ERINNERUNG.

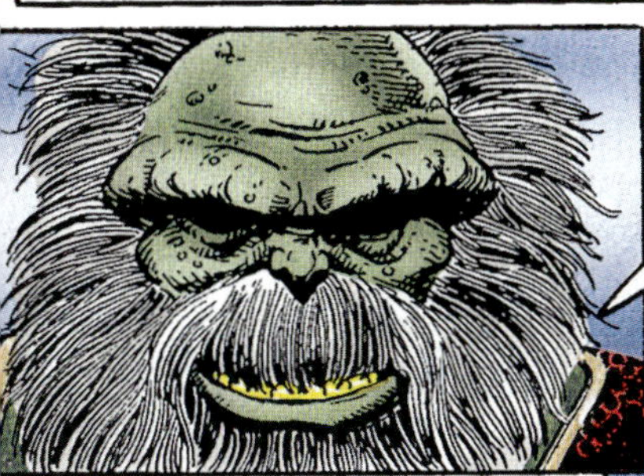

WEISST DU, WIESO? ALS DEINE REBELLENFREUNDE IN DIE ZEIT ZURÜCKREISTEN UND DICH MITBRACHTEN, ENTSTAND EINE ALTERNATIVE ZEITLINIE.
EINE ZEITLINIE ENTHÄLT DIE EREIGNISSE, DIE ZU MIR UND DYSTOPIA FÜHREN. EINE ANDERE LINIE ENTHÄLT DAS, WAS MIT DIR NUN PASSIERT... SOZUSAGEN DEINE "WIRKLICHE ZUKUNFT". DANK DEINER FREUNDE BIN ICH NUN EINE MÖGLICHE ZUKUNFT VON BANNER, DIE DU NICHT MEHR VEREITELN WIRST. DENN DEINE ZUKUNFT IST VON MEINER GETRENNT.

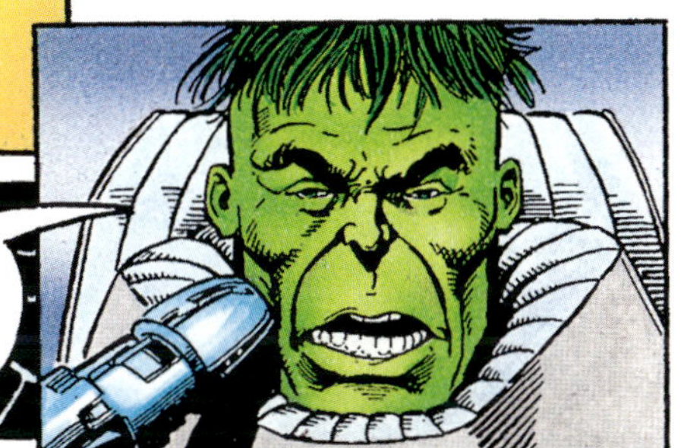

VIELLEICHT LÜGST DU JA. VIELLEICHT HAST DU DAS ALLES SCHON ERLEBT. VIELLEICHT HAST DU ALL DIE DINGE, DIE DU NUN SAGST, SCHON EINMAL GEHÖRT-- ALS DU IN MEINER POSITION WARST. UND DU HOFFST, DASS DAS, WAS EINMAL FUNKTIONIERT HAT, WIEDER FUNKTIONIEREN WIRD.
ODER VIELLEICHT HAST DU MICH IN MEINE ZEIT ZURÜCKGEBRACHT-- UND DABEI NUR MEINE ERINNERUNG GELÖSCHT.

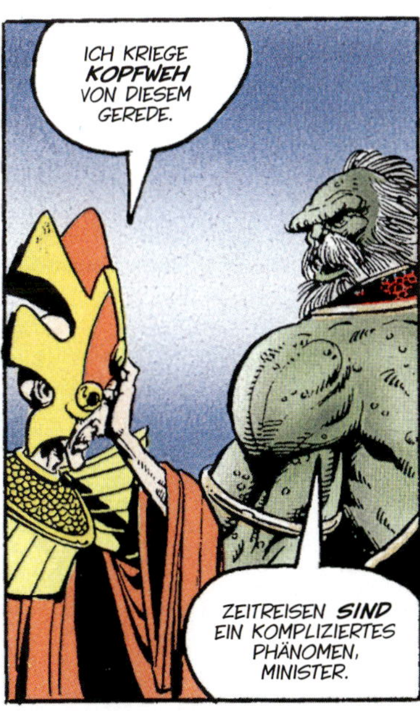

ICH KRIEGE KOPFWEH VON DIESEM GEREDE.
ZEITREISEN SIND EIN KOMPLIZIERTES PHÄNOMEN, MINISTER.

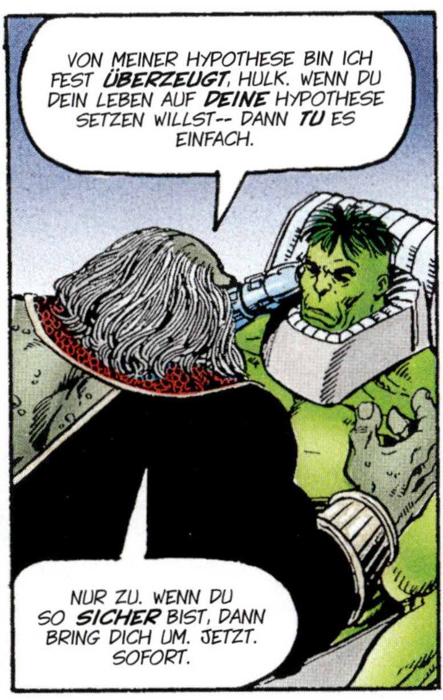

VON MEINER HYPOTHESE BIN ICH FEST ÜBERZEUGT, HULK. WENN DU DEIN LEBEN AUF DEINE HYPOTHESE SETZEN WILLST-- DANN TU ES EINFACH.
NUR ZU. WENN DU SO SICHER BIST, DANN BRING DICH UM. JETZT. SOFORT.

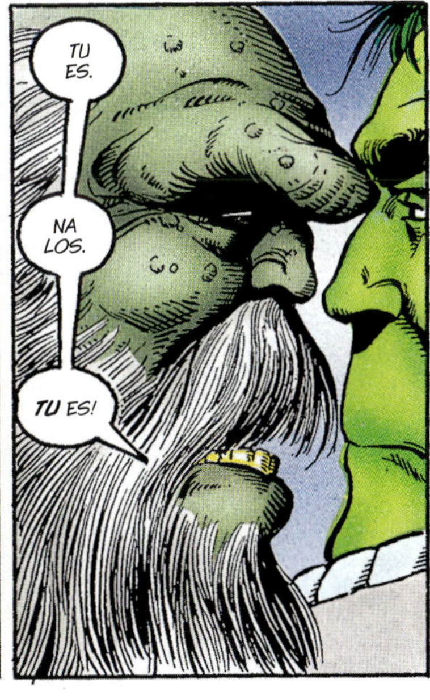

TU ES.
NA LOS.
TU ES!

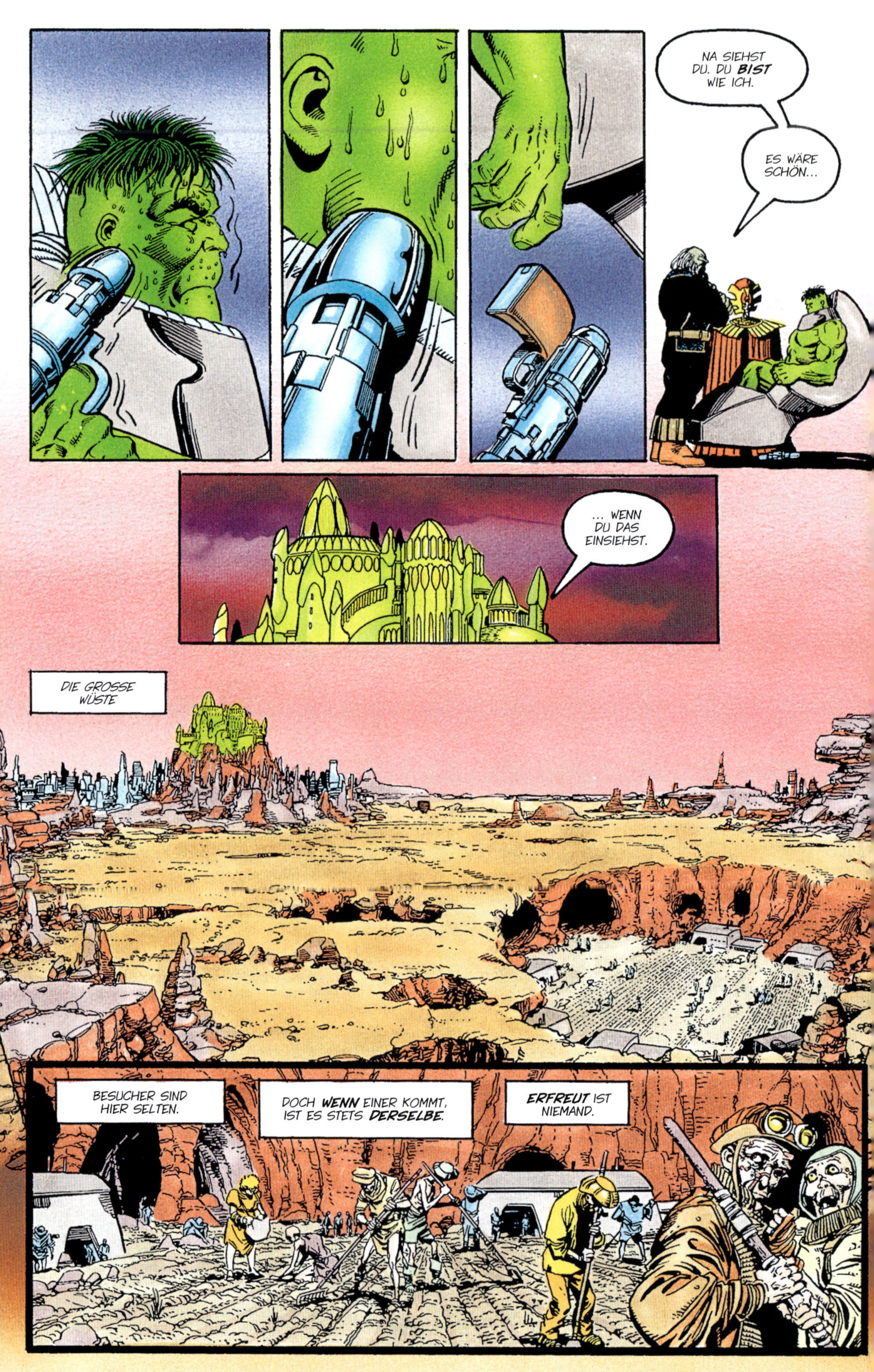
NA SIEHST DU. DU BIST WIE ICH.
ES WÄRE SCHÖN...
... WENN DU DAS EINSIEHST.
DIE GROSSE WÜSTE
BESUCHER SIND HIER SELTEN.
DOCH WENN EINER KOMMT, IST ES STETS DERSELBE.
ERFREUT IST NIEMAND.

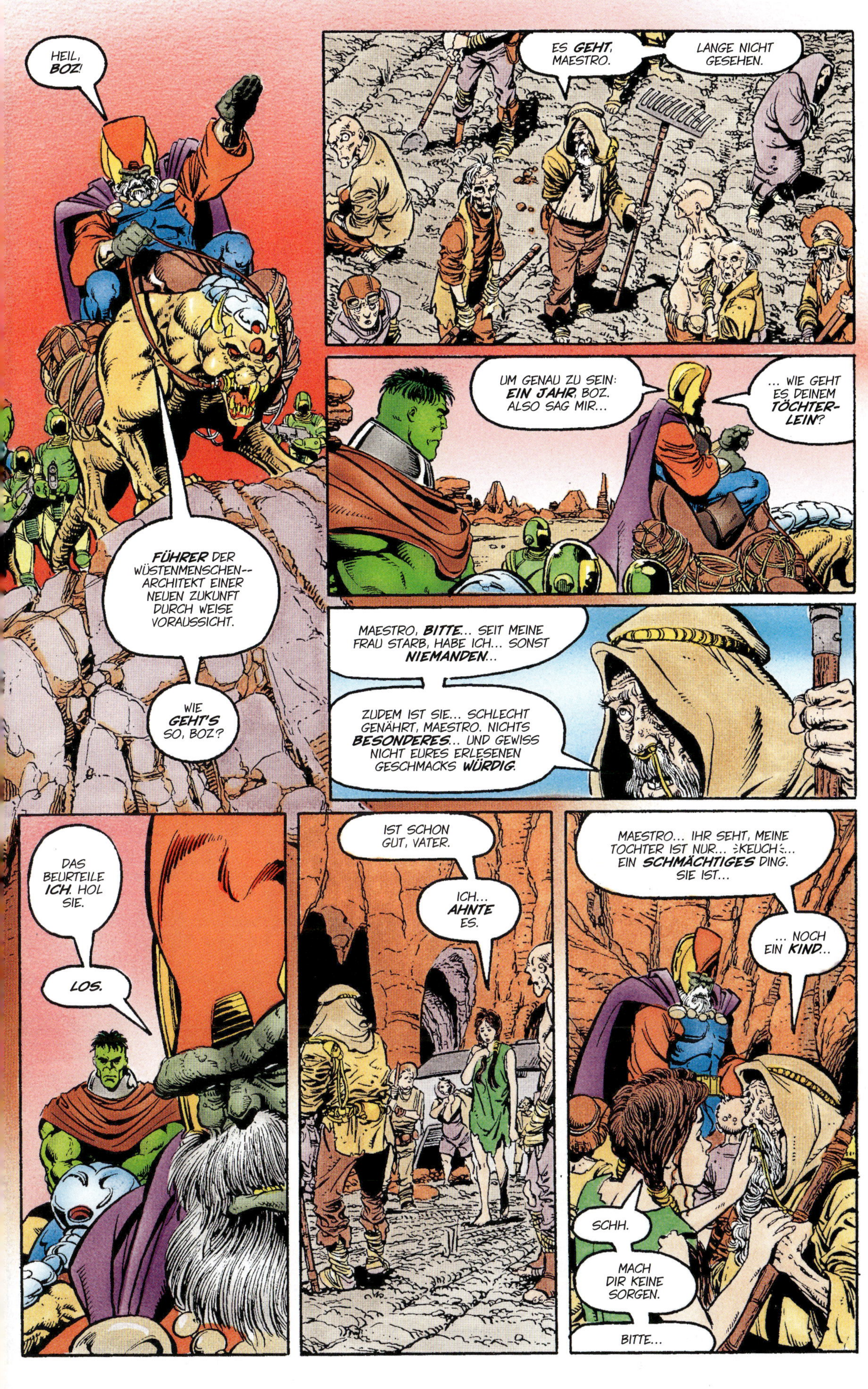
HEIL, BOZ!
FÜHRER DER WÜSTENMENSCHEN-- ARCHITEKT EINER NEUEN ZUKUNFT DURCH WEISE VORAUSSICHT.
WIE GEHT'S SO, BOZ?
ES GEHT, MAESTRO.
LANGE NICHT GESEHEN.
UM GENAU ZU SEIN: EIN JAHR, BOZ. ALSO SAG MIR...
... WIE GEHT ES DEINEM TÖCHTERLEIN?
MAESTRO, BITTE... SEIT MEINE FRAU STARB, HABE ICH... SONST NIEMANDEN...
ZUDEM IST SIE... SCHLECHT GENÄHRT, MAESTRO. NICHTS BESONDERES... UND GEWISS NICHT EURES ERLESENEN GESCHMACKS WÜRDIG.
DAS BEURTEILE ICH. HOL SIE.
LOS.
IST SCHON GUT, VATER.
ICH... AHNTE ES.
MAESTRO... IHR SEHT, MEINE TOCHTER IST NUR... *KEUCH*... EIN SCHMÄCHTIGES DING. SIE IST...
... NOCH EIN KIND...
SCHH.
MACH DIR KEINE SORGEN.
BITTE...

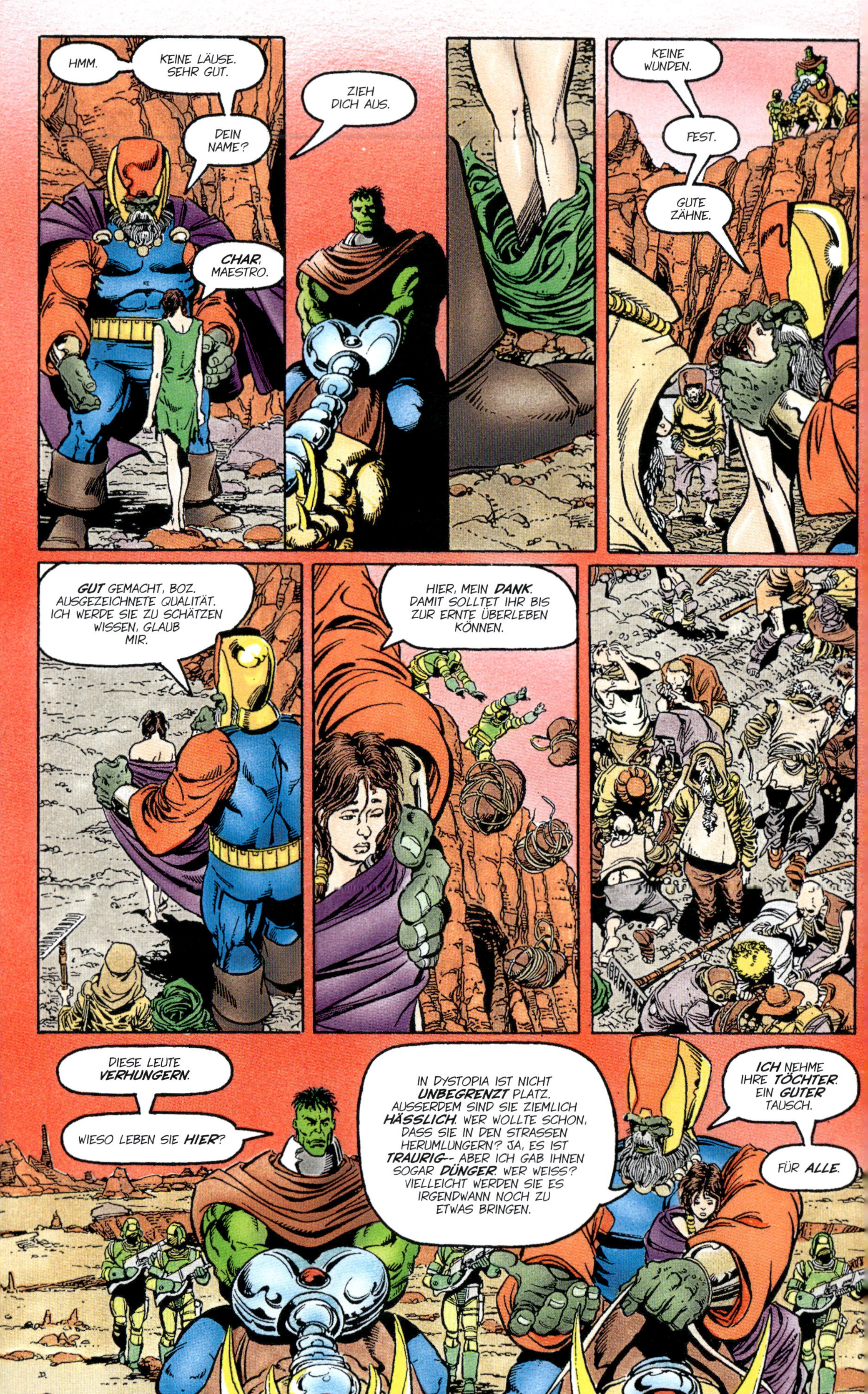
HMM.
KEINE LÄUSE. SEHR GUT.
DEIN NAME?
CHAR, MAESTRO.
ZIEH DICH AUS.
KEINE WUNDEN.
FEST.
GUTE ZÄHNE.
GUT GEMACHT, BOZ. AUSGEZEICHNETE QUALITÄT. ICH WERDE SIE ZU SCHÄTZEN WISSEN, GLAUB MIR.
HIER, MEIN DANK. DAMIT SOLLTET IHR BIS ZUR ERNTE ÜBERLEBEN KÖNNEN.
DIESE LEUTE VERHUNGERN.
WIESO LEBEN SIE HIER?
IN DYSTOPIA IST NICHT UNBEGRENZT PLATZ. AUSSERDEM SIND SIE ZIEMLICH HÄSSLICH. WER WOLLTE SCHON, DASS SIE IN DEN STRASSEN HERUMLUNGERN? JA, ES IST TRAURIG-- ABER ICH GAB IHNEN SOGAR DÜNGER. WER WEISS? VIELLEICHT WERDEN SIE ES IRGENDWANN NOCH ZU ETWAS BRINGEN.
ICH NEHME IHRE TÖCHTER. EIN GUTER TAUSCH.
FÜR ALLE.

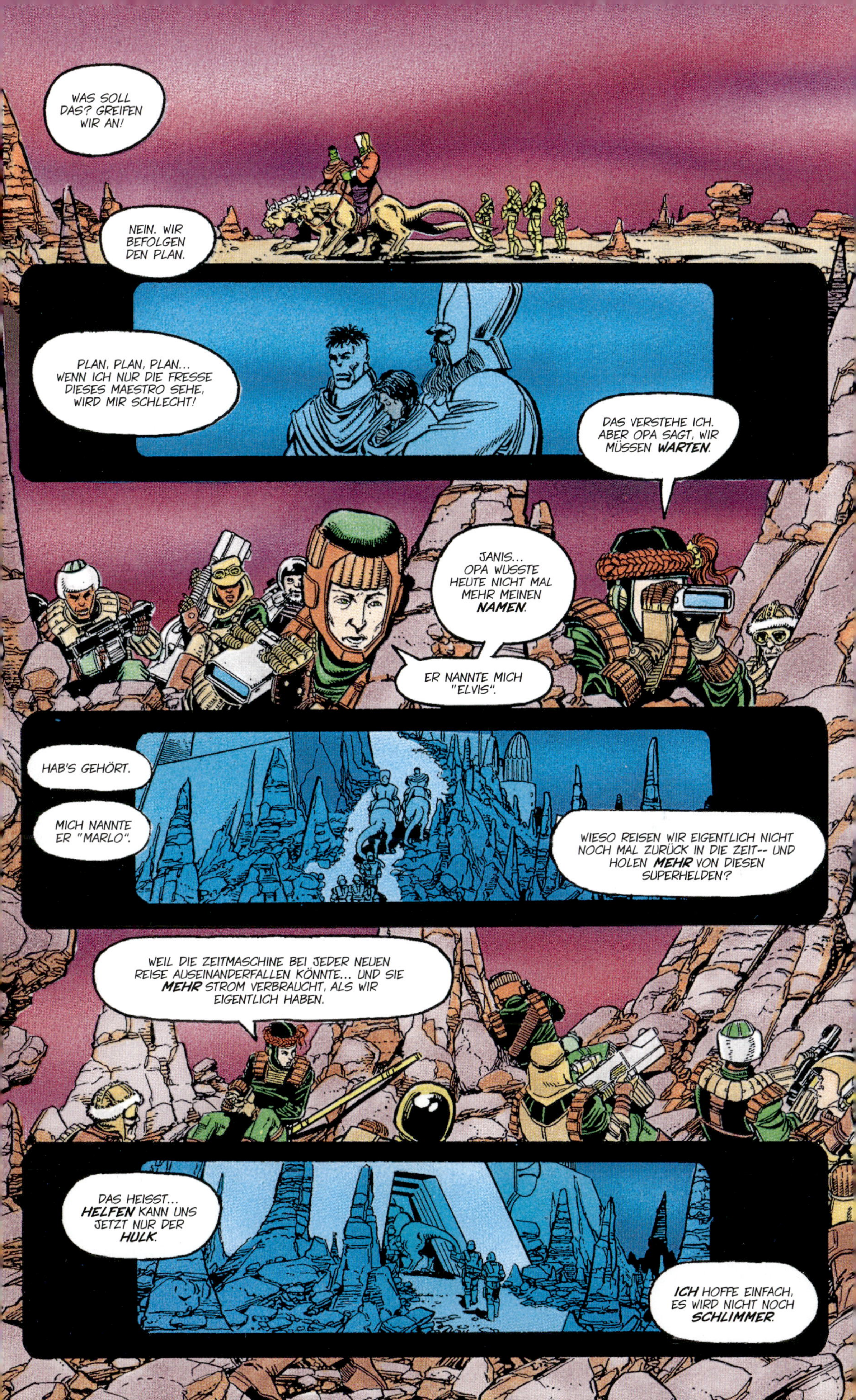
WAS SOLL DAS? GREIFEN WIR AN!
NEIN. WIR BEFOLGEN DEN PLAN.
PLAN, PLAN, PLAN... WENN ICH NUR DIE FRESSE DIESES MAESTRO SEHE, WIRD MIR SCHLECHT!
DAS VERSTEHE ICH. ABER OPA SAGT, WIR MÜSSEN **WARTEN**.
JANIS... OPA WUSSTE HEUTE NICHT MAL MEHR MEINEN **NAMEN**.
ER NANNTE MICH "ELVIS".
HAB'S GEHÖRT.
MICH NANNTE ER "MARLO".
WIESO REISEN WIR EIGENTLICH NICHT NOCH MAL ZURÜCK IN DIE ZEIT-- UND HOLEN **MEHR** VON DIESEN SUPERHELDEN?
WEIL DIE ZEITMASCHINE BEI JEDER NEUEN REISE AUSEINANDERFALLEN KÖNNTE... UND SIE **MEHR** STROM VERBRAUCHT, ALS WIR EIGENTLICH HABEN.
DAS HEISST... **HELFEN** KANN UNS JETZT NUR DER **HULK**.
ICH HOFFE EINFACH, ES WIRD NICHT NOCH **SCHLIMMER**.

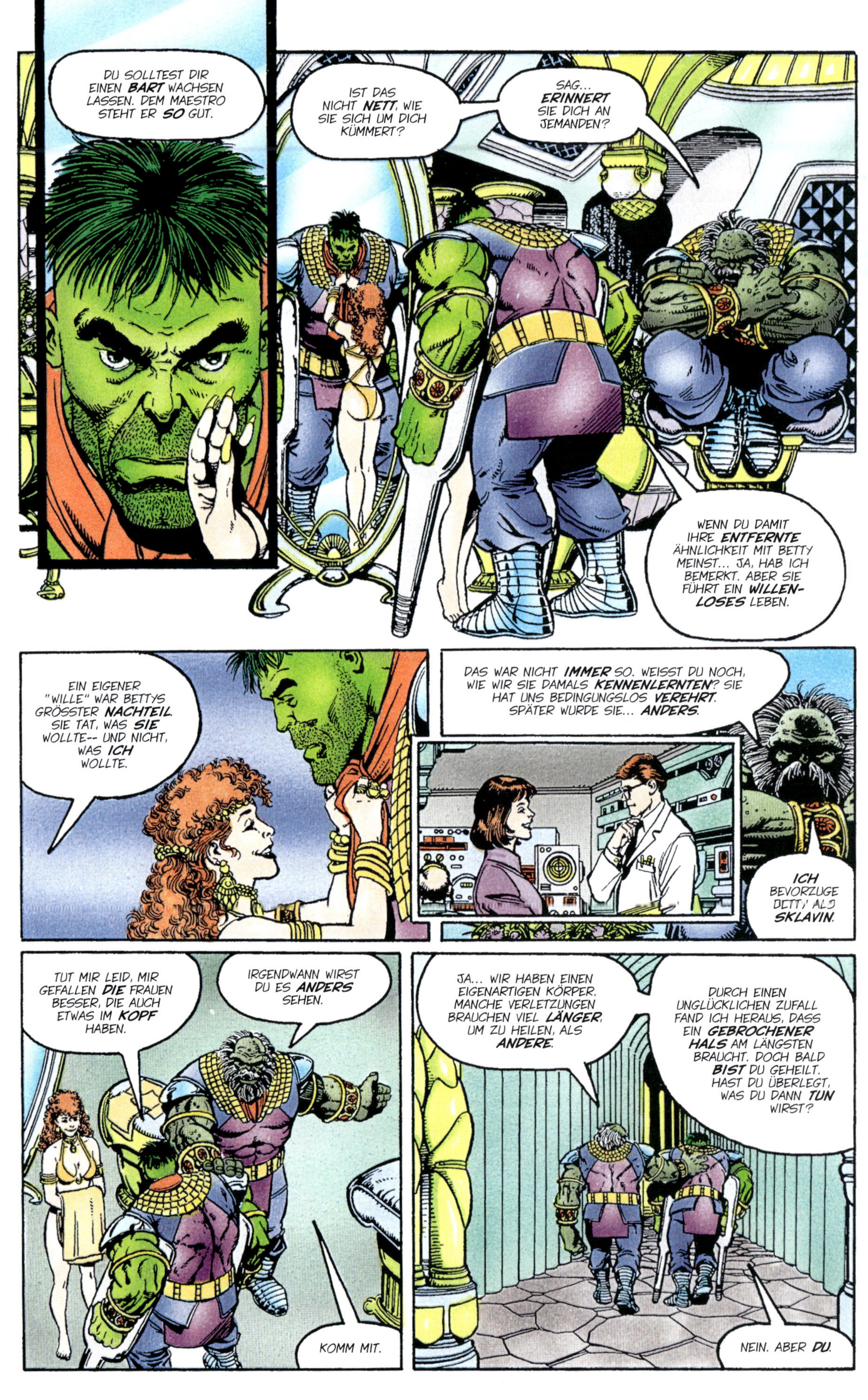
DU SOLLTEST DIR EINEN **BART** WACHSEN LASSEN. DEM MAESTRO STEHT ER **SO** GUT.
IST DAS NICHT **NETT**, WIE SIE SICH UM DICH KÜMMERT?
SAG... **ERINNERT** SIE DICH AN JEMANDEN?
WENN DU DAMIT IHRE **ENTFERNTE** ÄHNLICHKEIT MIT BETTY MEINST... JA, HAB ICH BEMERKT. ABER SIE FÜHRT EIN **WILLENLOSES** LEBEN.
EIN EIGENER "WILLE" WAR BETTYS GRÖSSTER **NACHTEIL**. SIE TAT, WAS **SIE** WOLLTE-- UND NICHT, WAS **ICH** WOLLTE.
DAS WAR NICHT **IMMER** SO. WEISST DU NOCH, WIE WIR SIE DAMALS **KENNENLERNTEN**? SIE HAT UNS BEDINGUNGSLOS **VEREHRT**. SPÄTER WURDE SIE... **ANDERS**.
ICH BEVORZUGE BETTY ALS **SKLAVIN**.
TUT MIR LEID, MIR GEFALLEN **DIE** FRAUEN BESSER, DIE AUCH ETWAS IM **KOPF** HABEN.
IRGENDWANN WIRST DU ES **ANDERS** SEHEN.
KOMM MIT.
JA... WIR HABEN EINEN EIGENARTIGEN KÖRPER. MANCHE VERLETZUNGEN BRAUCHEN VIEL **LÄNGER**, UM ZU HEILEN, ALS **ANDERE**.
DURCH EINEN UNGLÜCKLICHEN ZUFALL FAND ICH HERAUS, DASS EIN **GEBROCHENER HALS** AM LÄNGSTEN BRAUCHT. DOCH BALD **BIST** DU GEHEILT. HAST DU ÜBERLEGT, WAS DU DANN **TUN** WIRST?
NEIN. ABER **DU**.

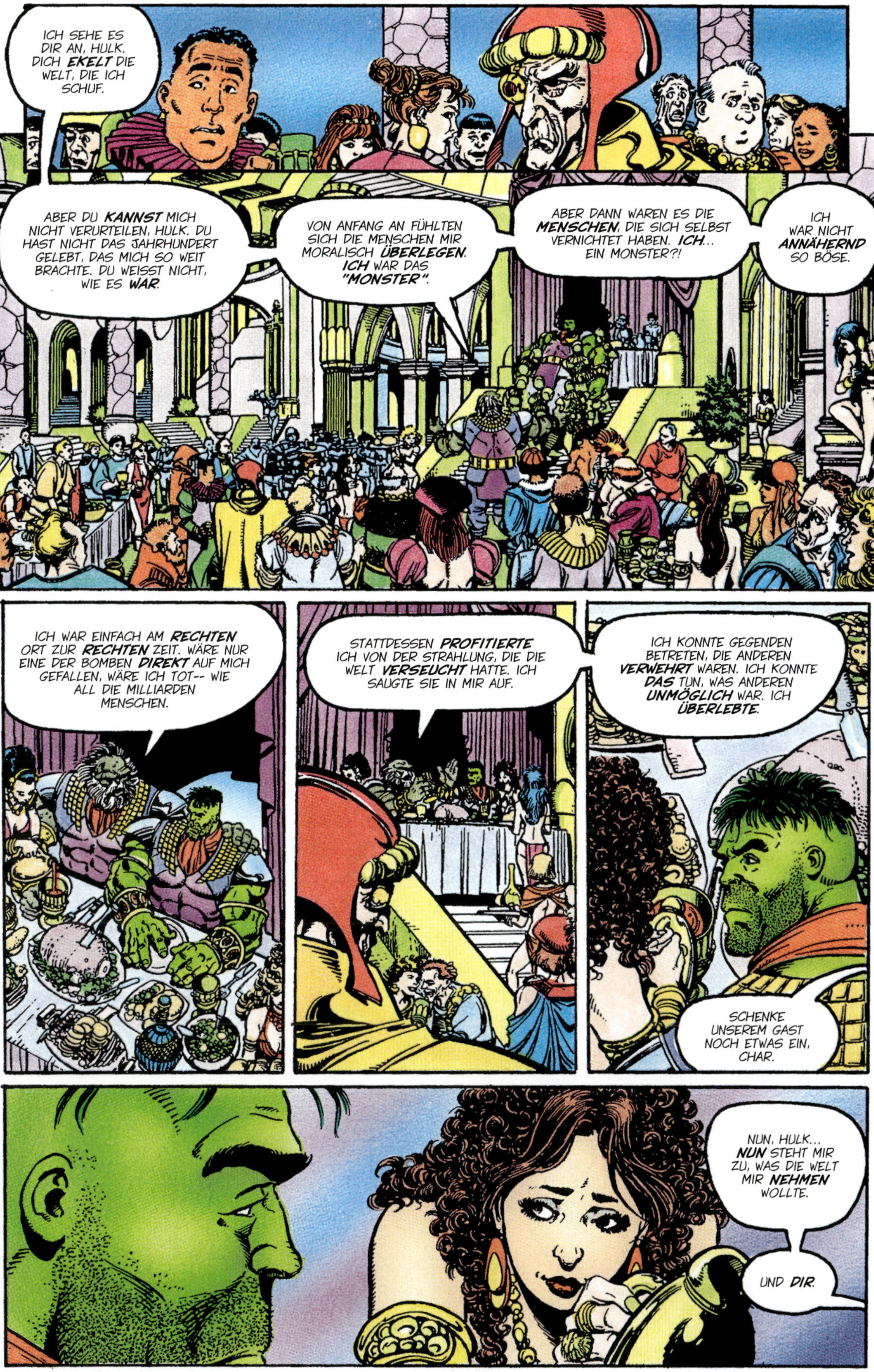

ICH SEHE ES DIR AN, HULK. DICH **EKELT** DIE WELT, DIE ICH SCHUF.

ABER DU **KANNST** MICH NICHT VERURTEILEN, HULK. DU HAST NICHT DAS JAHRHUNDERT GELEBT, DAS MICH SO WEIT BRACHTE. DU WEISST NICHT, WIE ES **WAR**.

VON ANFANG AN FÜHLTEN SICH DIE MENSCHEN MIR MORALISCH **ÜBERLEGEN**. **ICH** WAR DAS **"MONSTER"**.

ABER DANN WAREN ES DIE **MENSCHEN**, DIE SICH SELBST VERNICHTET HABEN. **ICH**... EIN MONSTER?!

ICH WAR NICHT **ANNÄHERND** SO BÖSE.

ICH WAR EINFACH AM **RECHTEN** ORT ZUR **RECHTEN** ZEIT. WÄRE NUR EINE DER BOMBEN **DIREKT** AUF MICH GEFALLEN, WÄRE ICH TOT-- WIE ALL DIE MILLIARDEN MENSCHEN.

STATTDESSEN **PROFITIERTE** ICH VON DER STRAHLUNG, DIE DIE WELT **VERSEUCHT** HATTE. ICH SAUGTE SIE IN MIR AUF.

ICH KONNTE GEGENDEN BETRETEN, DIE ANDEREN **VERWEHRT** WAREN. ICH KONNTE **DAS** TUN, WAS ANDEREN **UNMÖGLICH** WAR. ICH **ÜBERLEBTE**.

SCHENKE UNSEREM GAST NOCH ETWAS EIN, CHAR.

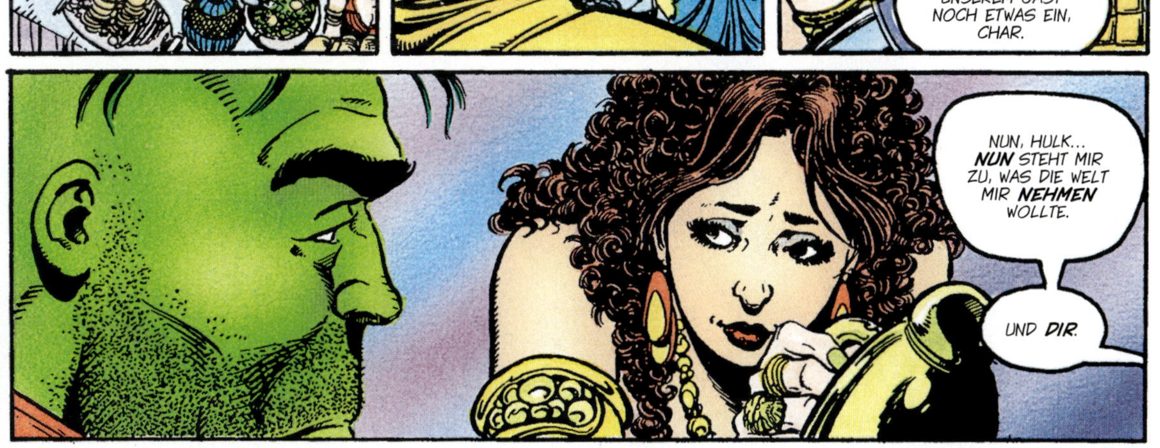

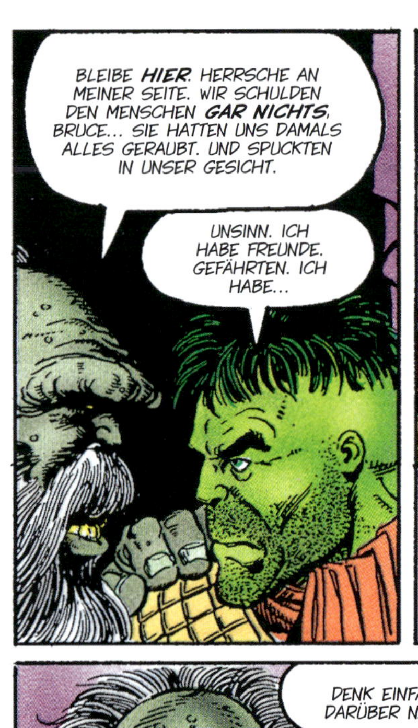
BLEIBE HIER. HERRSCHE AN MEINER SEITE. WIR SCHULDEN DEN MENSCHEN GAR NICHTS, BRUCE... SIE HATTEN UNS DAMALS ALLES GERAUBT. UND SPUCKTEN IN UNSER GESICHT.
UNSINN. ICH HABE FREUNDE. GEFÄHRTEN. ICH HABE...
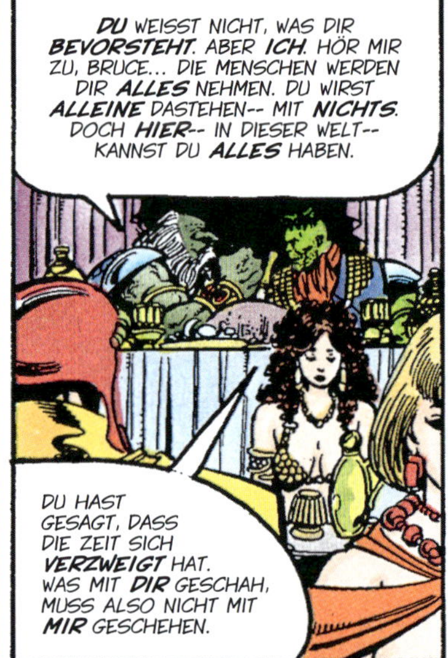
DU WEISST NICHT, WAS DIR BEVORSTEHT. ABER ICH. HÖR MIR ZU, BRUCE... DIE MENSCHEN WERDEN DIR ALLES NEHMEN. DU WIRST ALLEINE DASTEHEN-- MIT NICHTS. DOCH HIER-- IN DIESER WELT-- KANNST DU ALLES HABEN.
DU HAST GESAGT, DASS DIE ZEIT SICH VERZWEIGT HAT. WAS MIT DIR GESCHAH, MUSS ALSO NICHT MIT MIR GESCHEHEN.
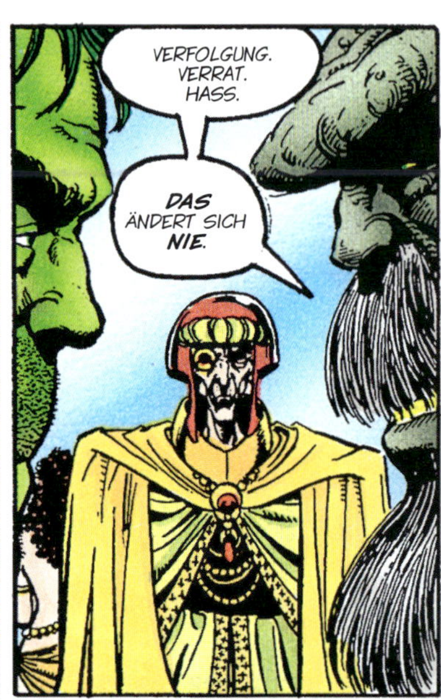
VERFOLGUNG. VERRAT. HASS.
DAS ÄNDERT SICH NIE.
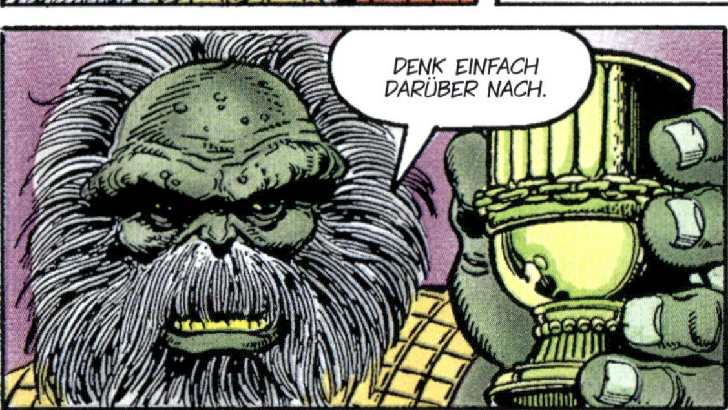
DENK EINFACH DARÜBER NACH.
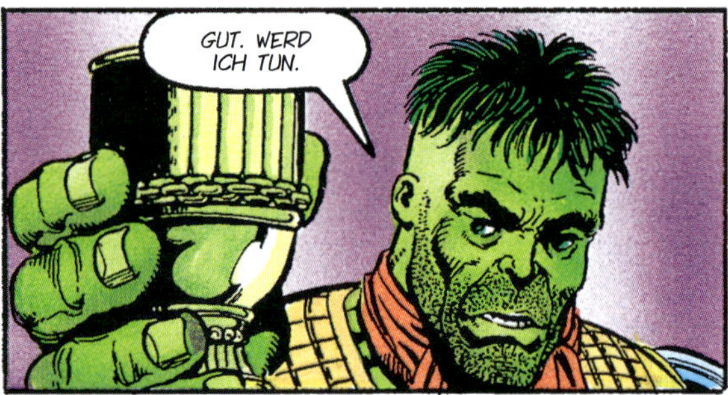
GUT. WERD ICH TUN.
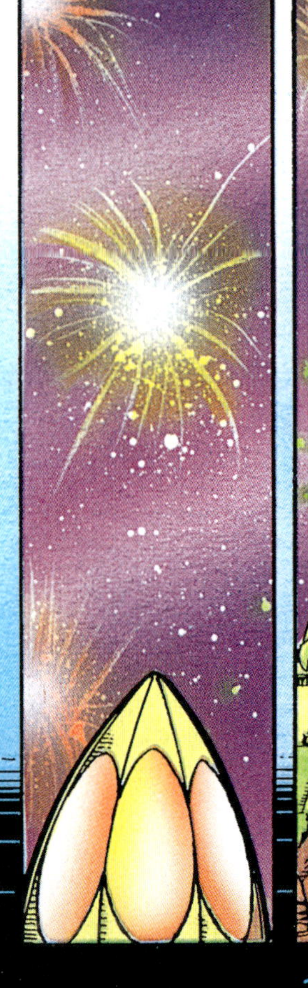
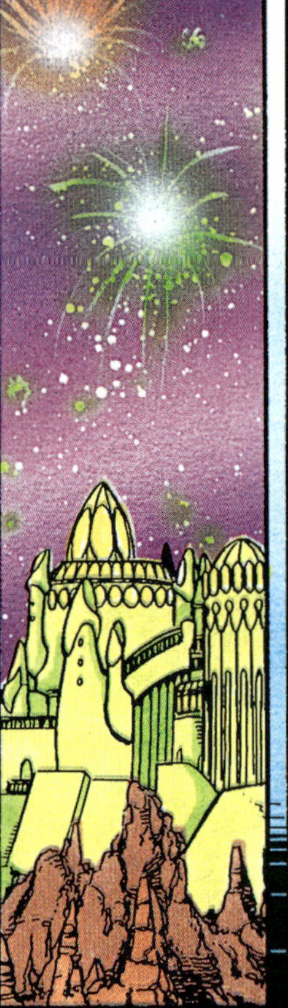
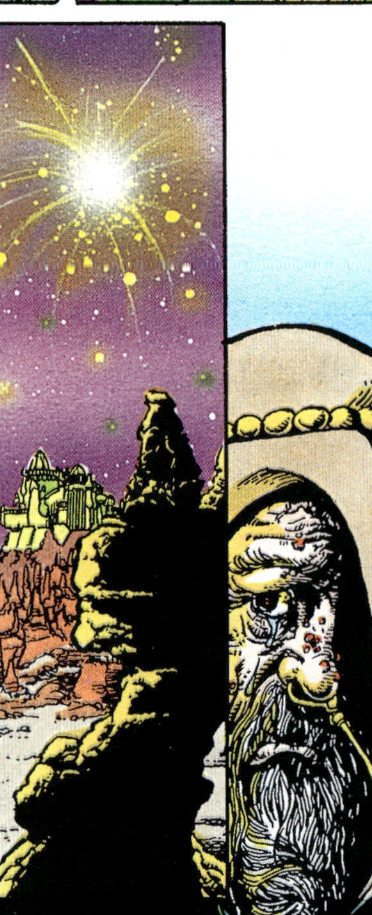
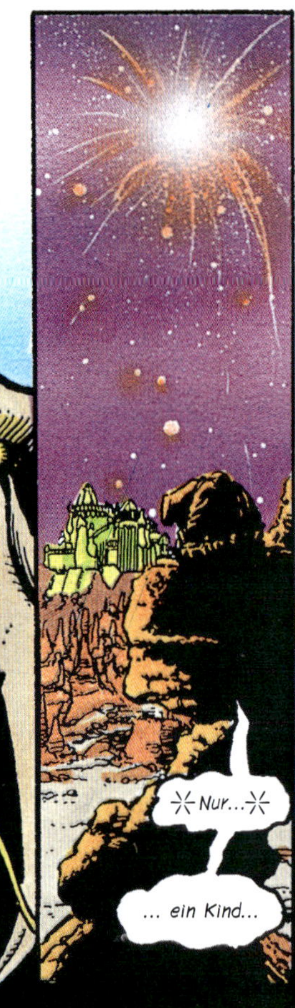
Nur...
... ein Kind...

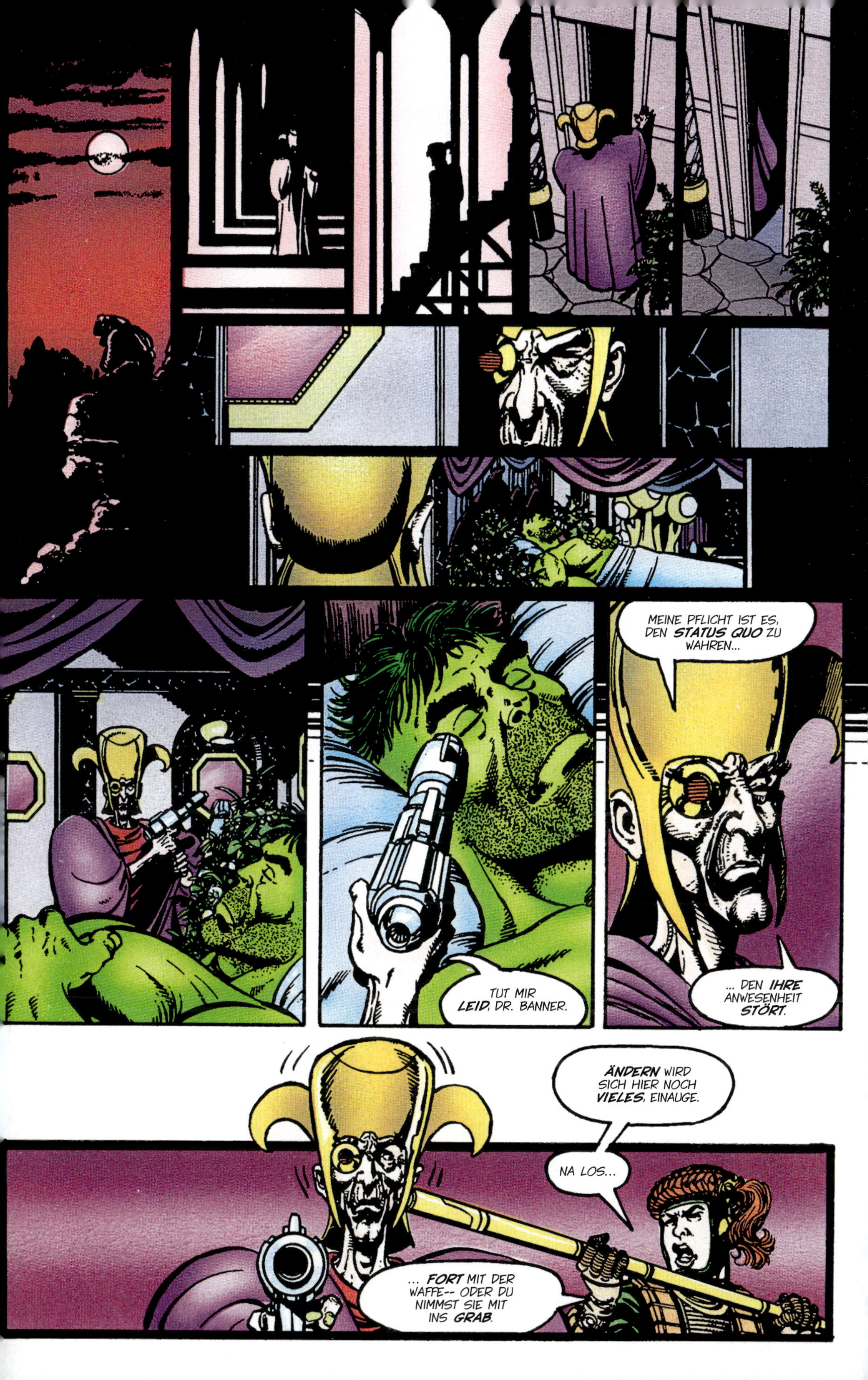
MEINE PFLICHT IST ES, DEN STATUS QUO ZU WAHREN...
TUT MIR LEID, DR. BANNER.
... DEN IHRE ANWESENHEIT STÖRT.
ÄNDERN WIRD SICH HIER NOCH VIELES, EINAUGE.
NA LOS...
... FORT MIT DER WAFFE-- ODER DU NIMMST SIE MIT INS GRAB.

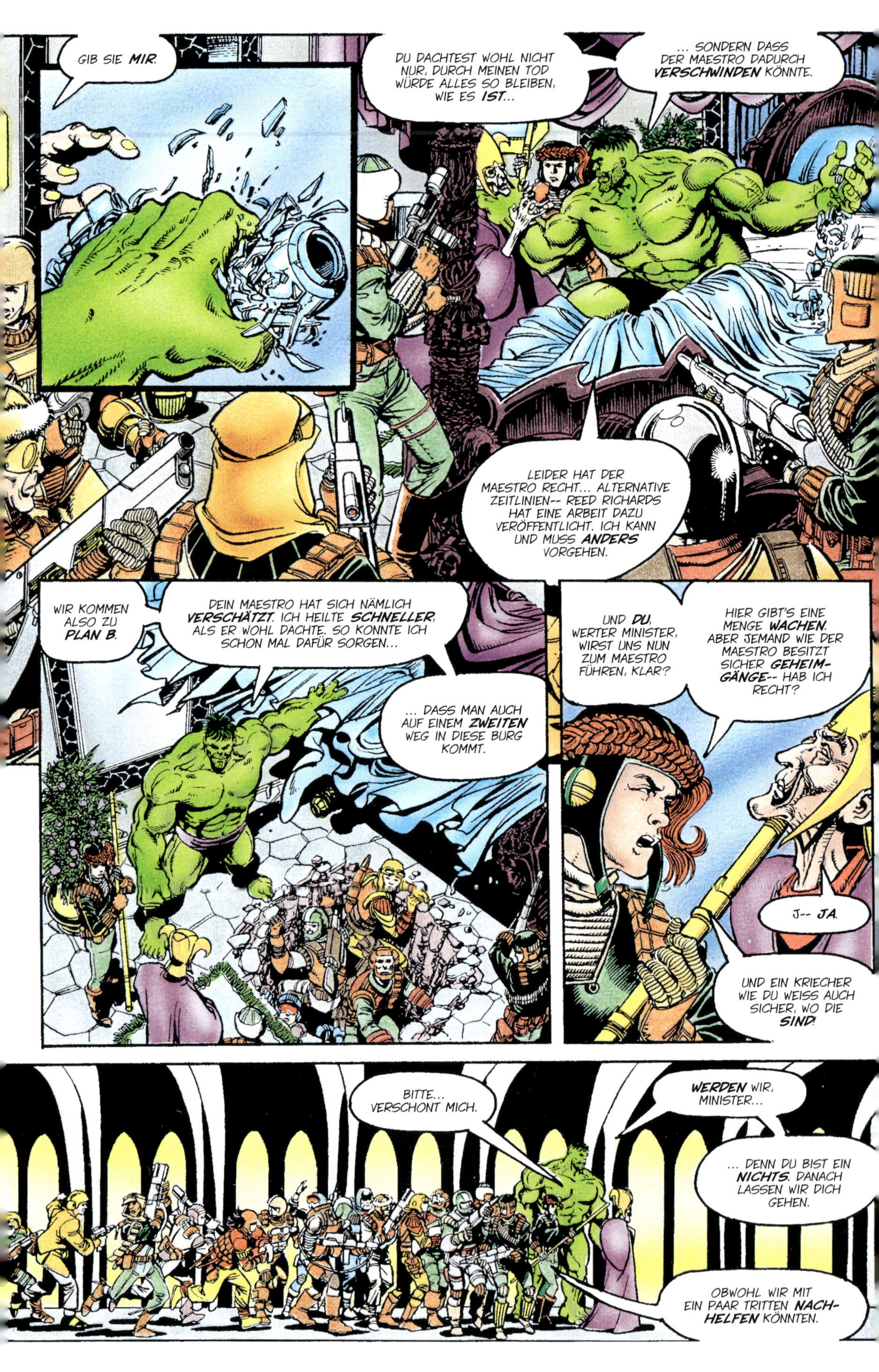
GIB SIE MIR.
DU DACHTEST WOHL NICHT NUR, DURCH MEINEN TOD WÜRDE ALLES SO BLEIBEN, WIE ES IST...
... SONDERN DASS DER MAESTRO DADURCH VERSCHWINDEN KÖNNTE.
LEIDER HAT DER MAESTRO RECHT... ALTERNATIVE ZEITLINIEN-- REED RICHARDS HAT EINE ARBEIT DAZU VERÖFFENTLICHT. ICH KANN UND MUSS ANDERS VORGEHEN.
WIR KOMMEN ALSO ZU PLAN B.
DEIN MAESTRO HAT SICH NÄMLICH VERSCHÄTZT. ICH HEILTE SCHNELLER, ALS ER WOHL DACHTE. SO KONNTE ICH SCHON MAL DAFÜR SORGEN...
... DASS MAN AUCH AUF EINEM ZWEITEN WEG IN DIESE BURG KOMMT.
UND DU, WERTER MINISTER, WIRST UNS NUN ZUM MAESTRO FÜHREN, KLAR?
HIER GIBT'S EINE MENGE WACHEN. ABER JEMAND WIE DER MAESTRO BESITZT SICHER GEHEIM-GÄNGE-- HAB ICH RECHT?
J-- JA.
UND EIN KRIECHER WIE DU WEISS AUCH SICHER, WO DIE SIND!
BITTE... VERSCHONT MICH.
WERDEN WIR, MINISTER...
... DENN DU BIST EIN NICHTS. DANACH LASSEN WIR DICH GEHEN.
OBWOHL WIR MIT EIN PAAR TRITTEN NACH-HELFEN KÖNNTEN.

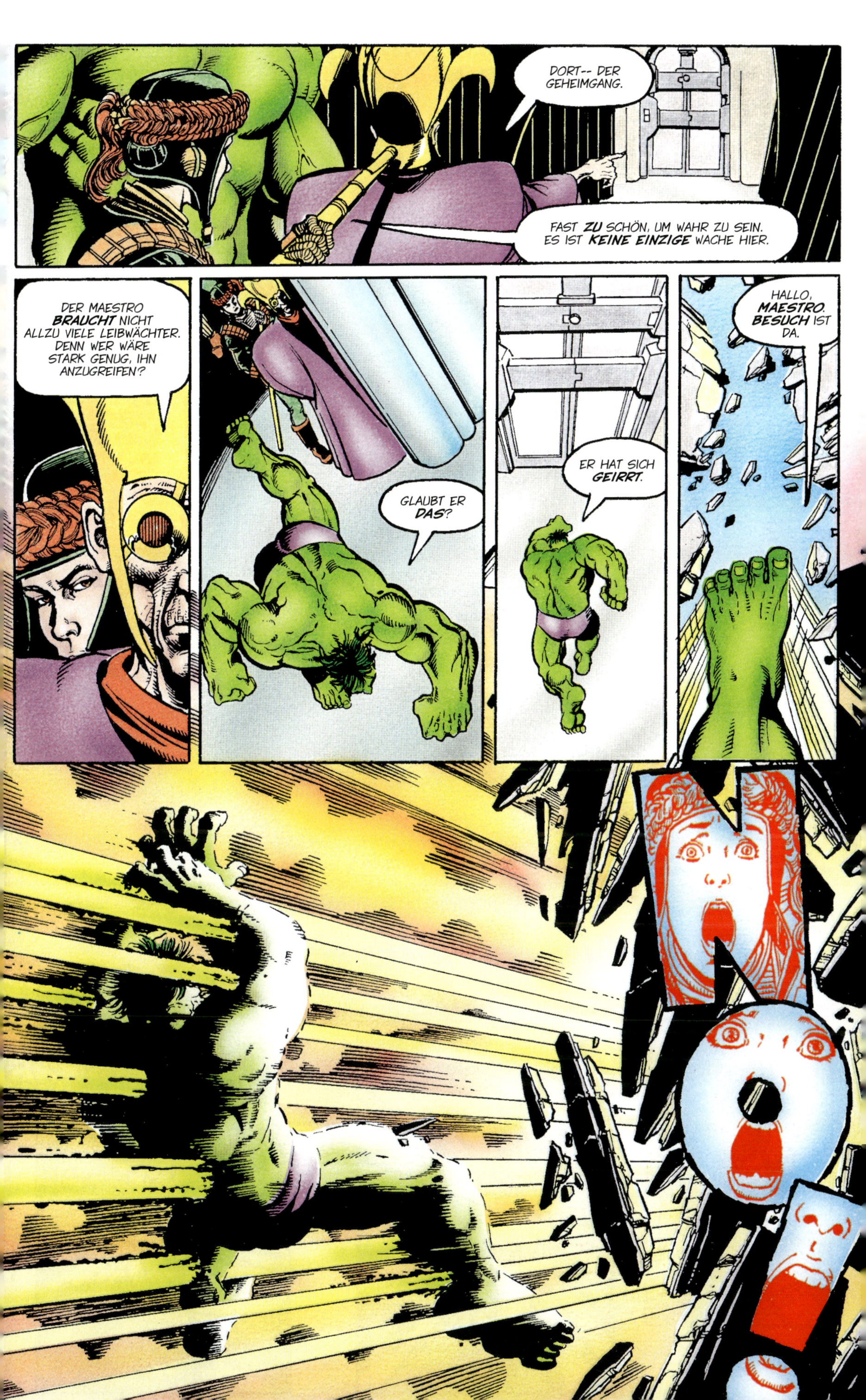
DORT-- DER GEHEIMGANG.
FAST ZU SCHÖN, UM WAHR ZU SEIN. ES IST KEINE EINZIGE WACHE HIER.
DER MAESTRO BRAUCHT NICHT ALLZU VIELE LEIBWÄCHTER. DENN WER WÄRE STARK GENUG, IHN ANZUGREIFEN?
GLAUBT ER DAS?
ER HAT SICH GEIRRT.
HALLO, MAESTRO. BESUCH IST DA.

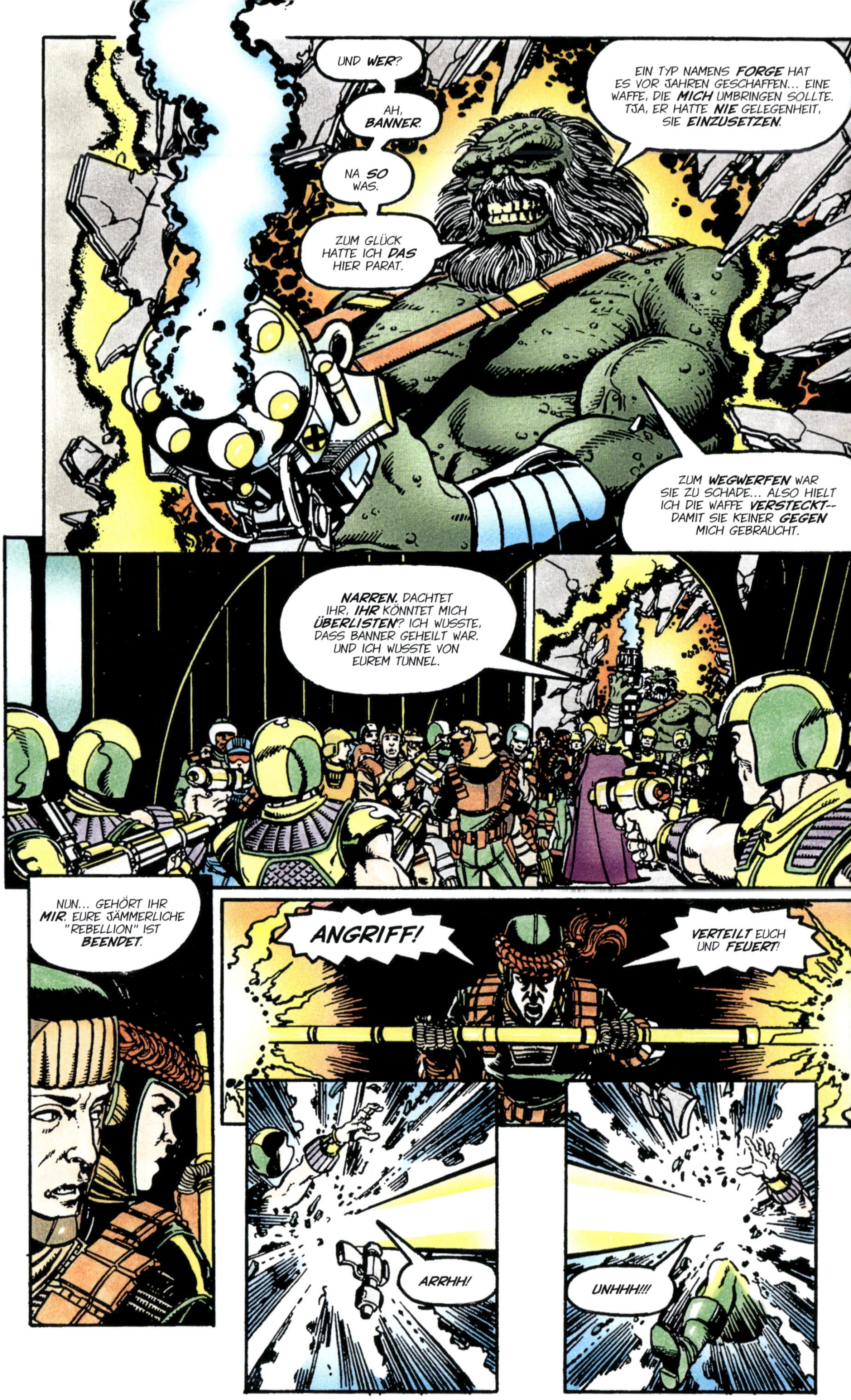

UND WER?
AH, BANNER.
NA SO WAS.
ZUM GLÜCK HATTE ICH DAS HIER PARAT.
EIN TYP NAMENS FORGE HAT ES VOR JAHREN GESCHAFFEN... EINE WAFFE, DIE MICH UMBRINGEN SOLLTE. TJA, ER HATTE NIE GELEGENHEIT, SIE EINZUSETZEN.
ZUM WEGWERFEN WAR SIE ZU SCHADE... ALSO HIELT ICH DIE WAFFE VERSTECKT-- DAMIT SIE KEINER GEGEN MICH GEBRAUCHT.
NARREN. DACHTET IHR, IHR KÖNNTET MICH ÜBERLISTEN? ICH WUSSTE, DASS BANNER GEHEILT WAR. UND ICH WUSSTE VON EUREM TUNNEL.
NUN... GEHÖRT IHR MIR. EURE JÄMMERLICHE "REBELLION" IST BEENDET.
ANGRIFF!
VERTEILT EUCH UND FEUERT!
ARRHH!
UNHHH!!!

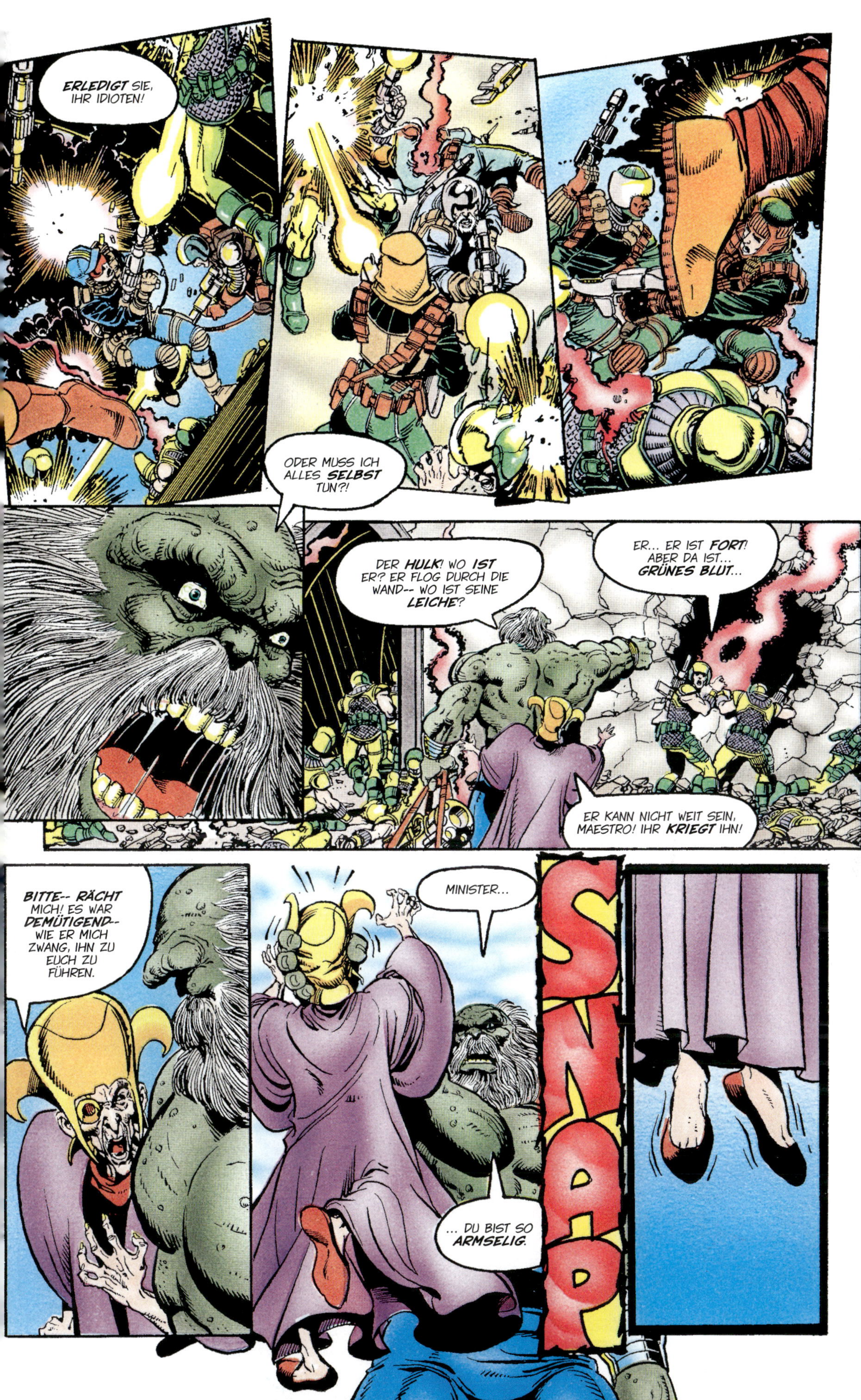
ERLEDIGT SIE, IHR IDIOTEN!
ODER MUSS ICH ALLES SELBST TUN?!
DER HULK! WO IST ER? ER FLOG DURCH DIE WAND-- WO IST SEINE LEICHE?
ER... ER IST FORT! ABER DA IST... GRÜNES BLUT...
ER KANN NICHT WEIT SEIN, MAESTRO! IHR KRIEGT IHN!
BITTE-- RÄCHT MICH! ES WAR DEMÜTIGEND-- WIE ER MICH ZWANG, IHN ZU EUCH ZU FÜHREN.
MINISTER...
... DU BIST SO ARMSELIG.
SNAP

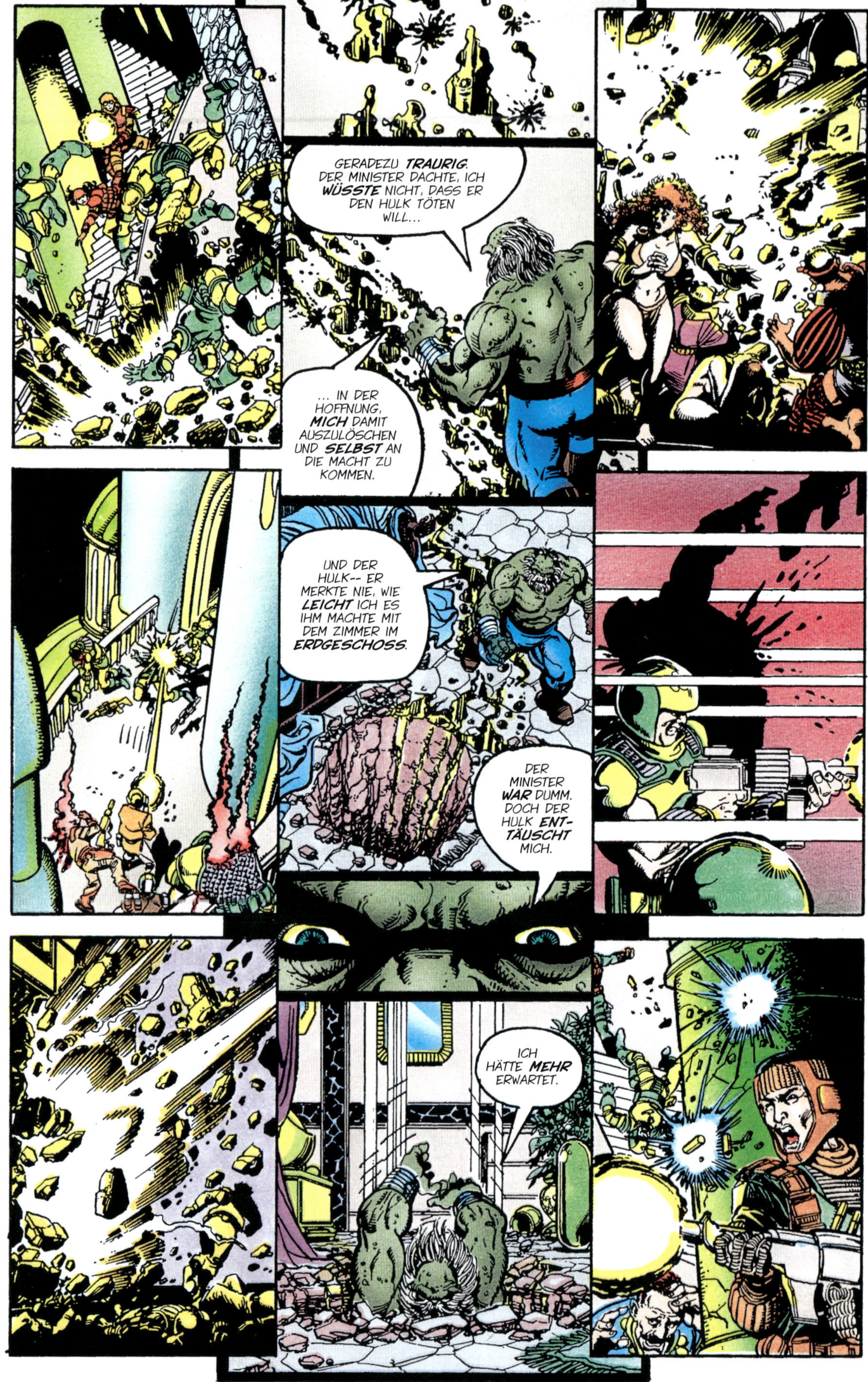
GERADEZU TRAURIG. DER MINISTER DACHTE, ICH WÜSSTE NICHT, DASS ER DEN HULK TÖTEN WILL...
... IN DER HOFFNUNG, MICH DAMIT AUSZULÖSCHEN UND SELBST AN DIE MACHT ZU KOMMEN.
UND DER HULK-- ER MERKTE NIE, WIE LEICHT ICH ES IHM MACHTE MIT DEM ZIMMER IM ERDGESCHOSS.
DER MINISTER WAR DUMM. DOCH DER HULK ENTTÄUSCHT MICH.
ICH HÄTTE MEHR ERWARTET.

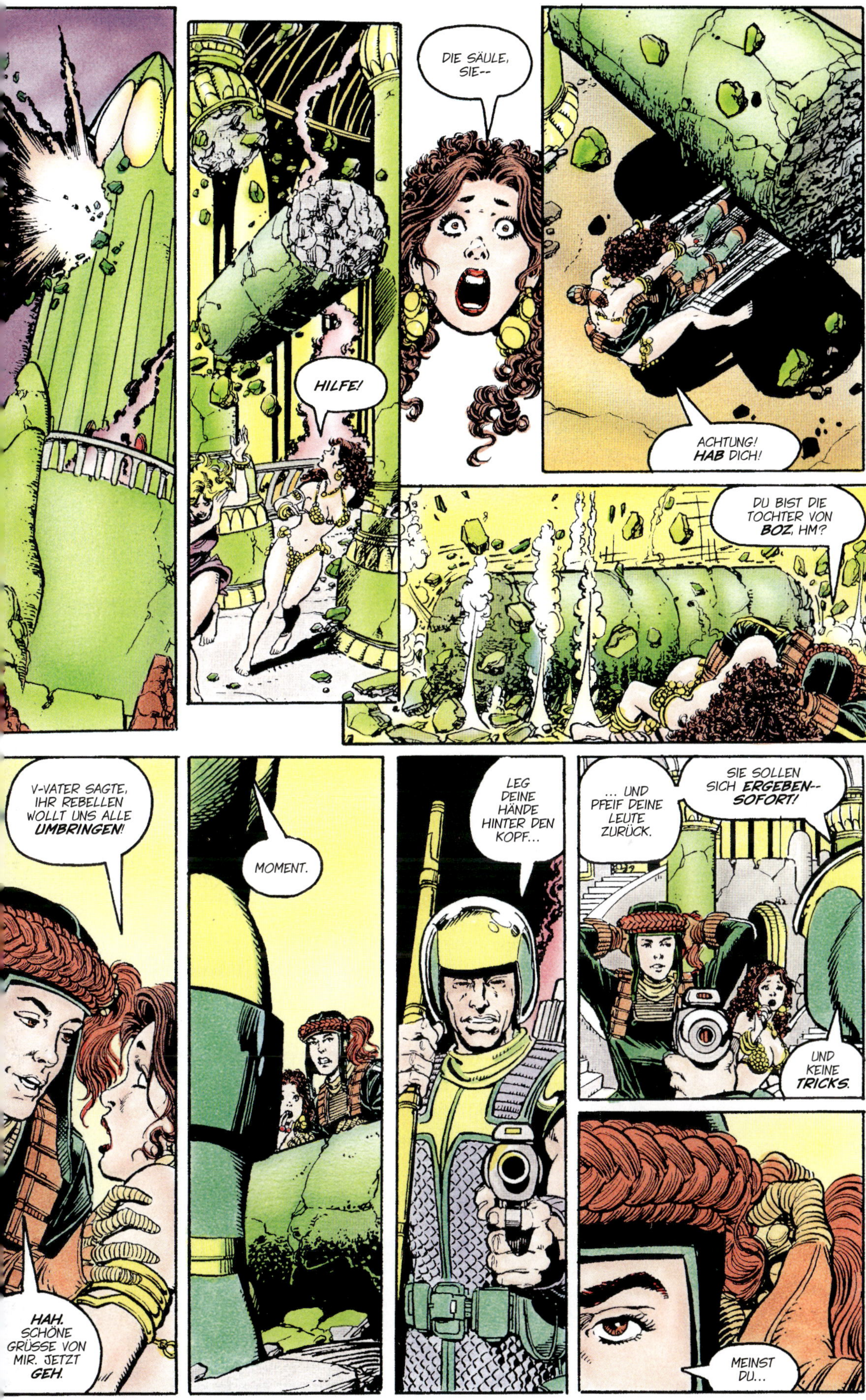

HILFE!

DIE SÄULE, SIE--

ACHTUNG! **HAB** DICH!

DU BIST DIE TOCHTER VON **BOZ**, HM?

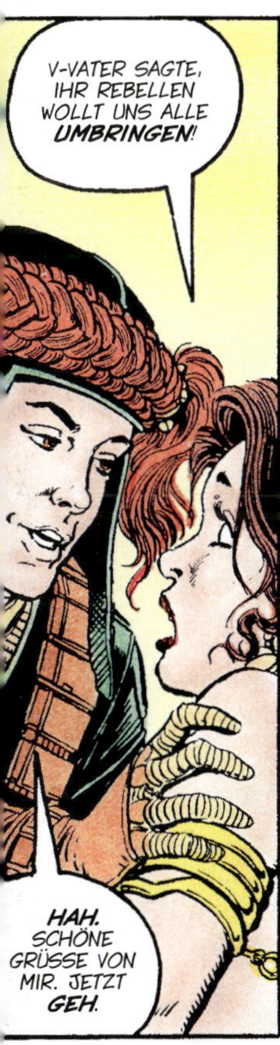

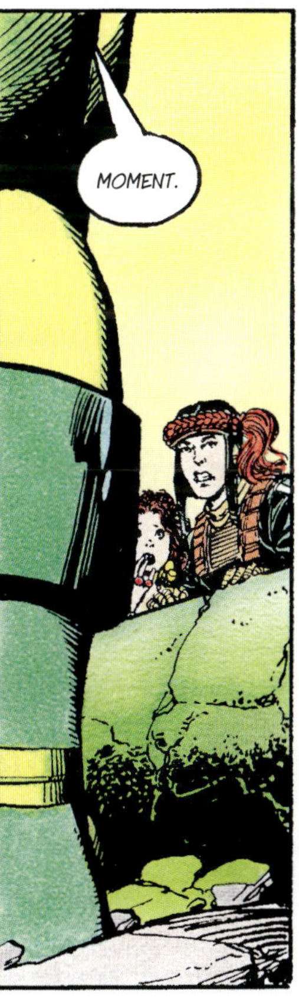

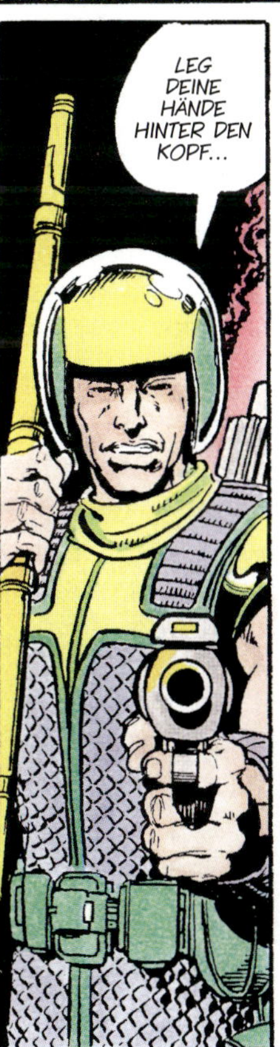

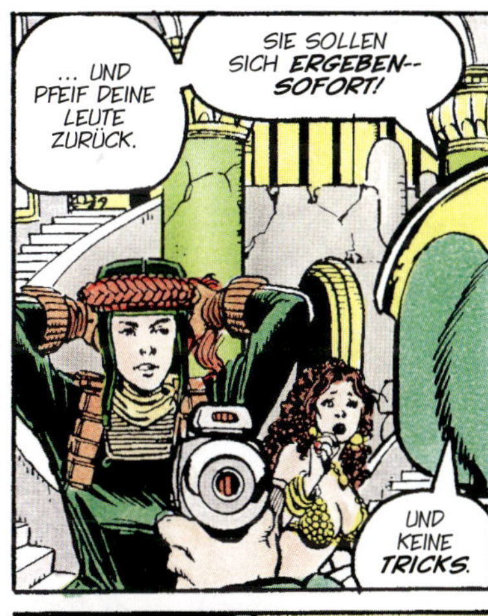

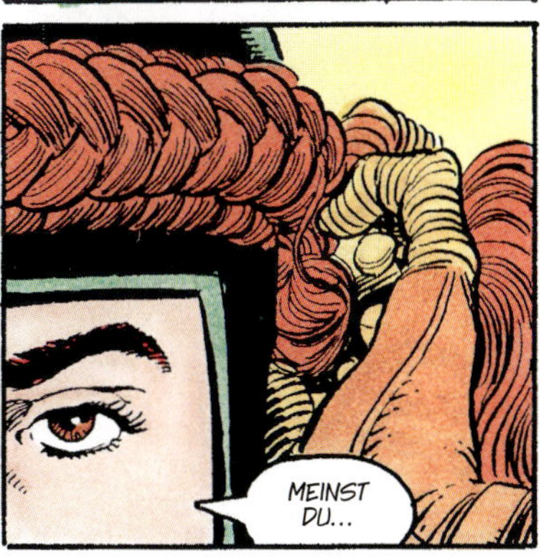

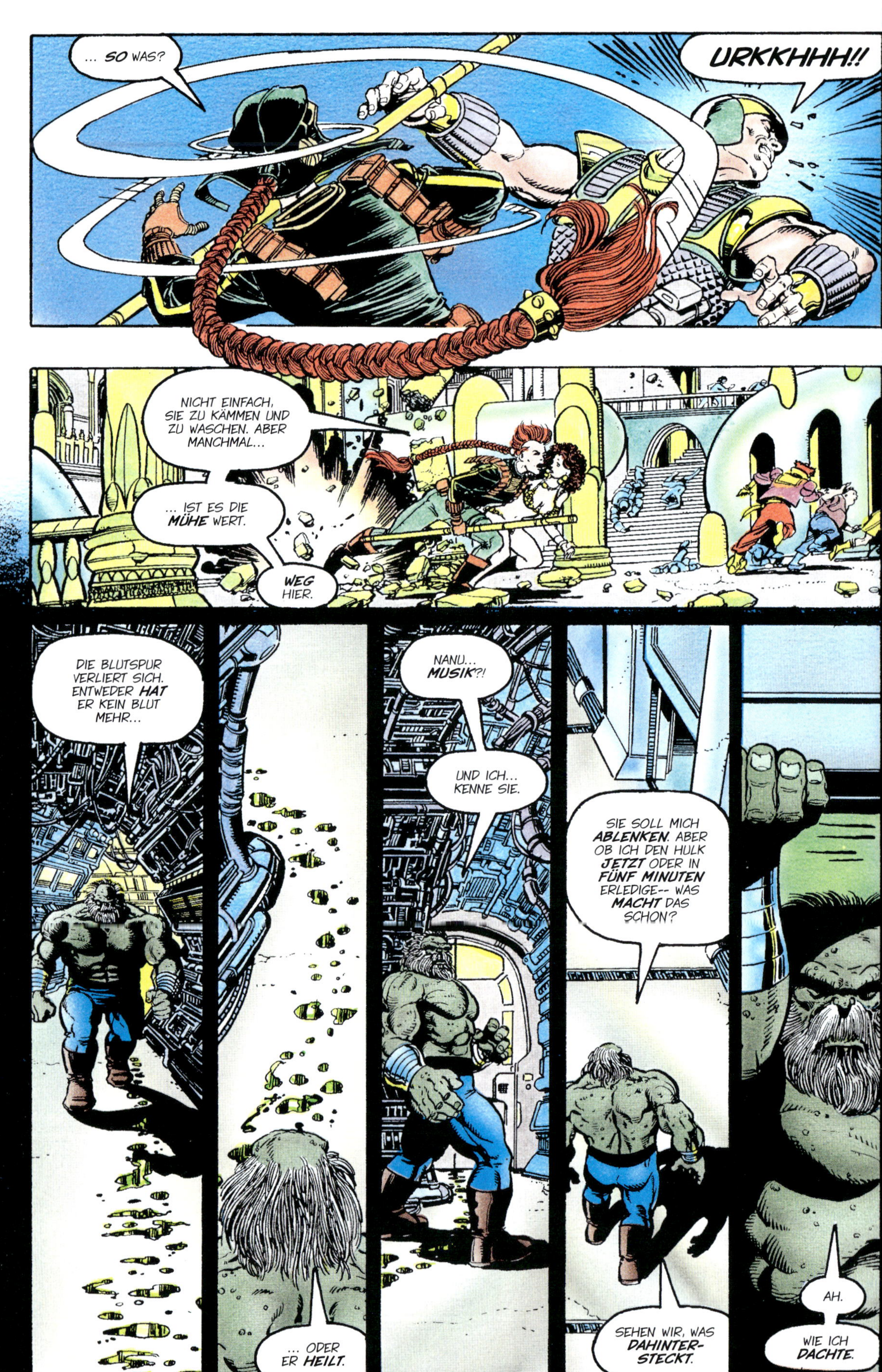
... SO WAS?
URKKHHH!!
NICHT EINFACH, SIE ZU KÄMMEN UND ZU WASCHEN. ABER MANCHMAL...
... IST ES DIE MÜHE WERT.
WEG HIER.
DIE BLUTSPUR VERLIERT SICH. ENTWEDER HAT ER KEIN BLUT MEHR...
... ODER ER HEILT.
NANU... MUSIK?!
UND ICH... KENNE SIE.
SIE SOLL MICH ABLENKEN. ABER OB ICH DEN HULK JETZT ODER IN FÜNF MINUTEN ERLEDIGE-- WAS MACHT DAS SCHON?
SEHEN WIR, WAS DAHINTER-STECKT.
AH.
WIE ICH DACHTE.

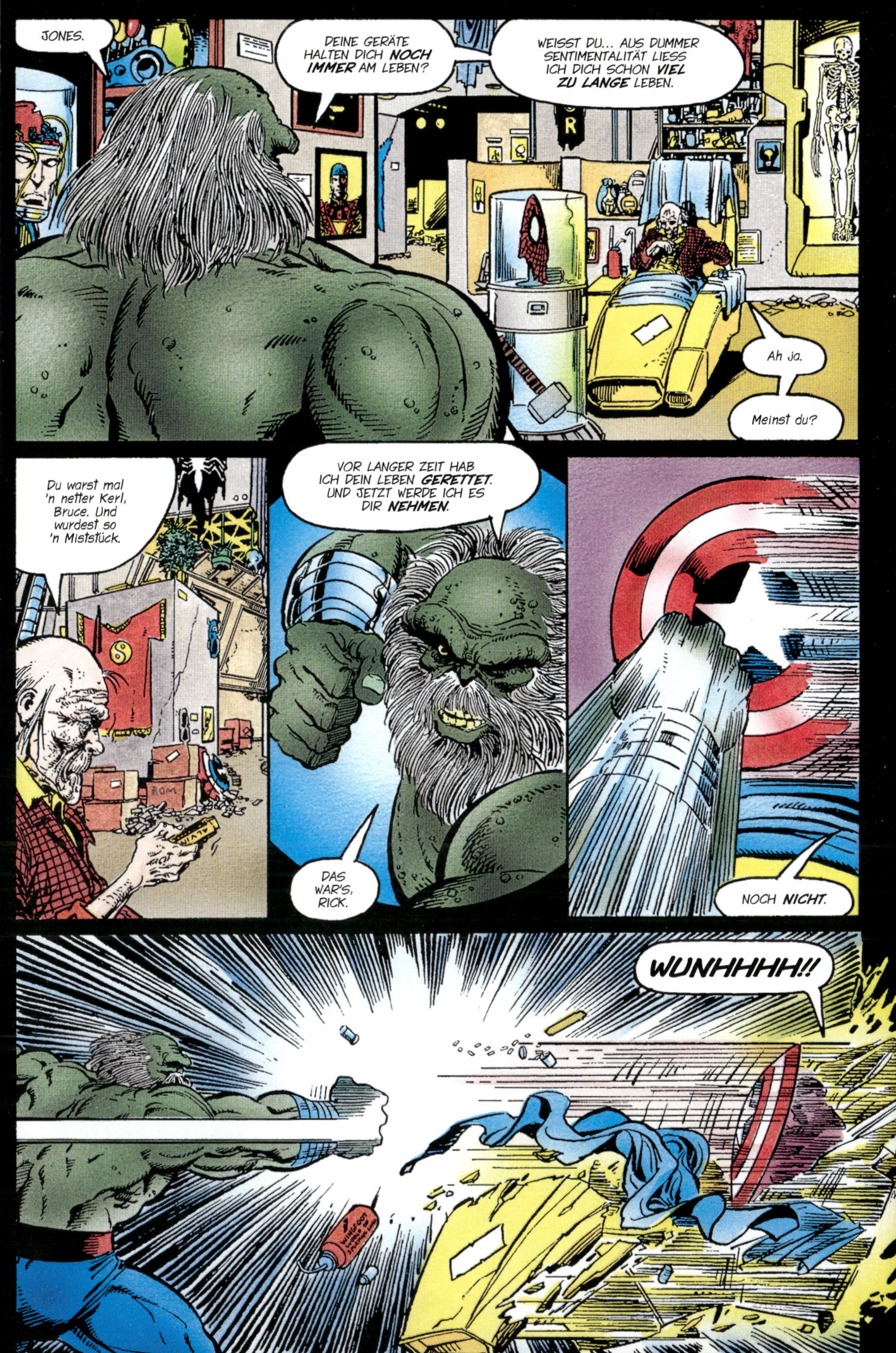
JONES.
DEINE GERÄTE HALTEN DICH **NOCH IMMER** AM LEBEN?
WEISST DU… AUS DUMMER SENTIMENTALITÄT LIESS ICH DICH SCHON **VIEL ZU LANGE** LEBEN.
Ah ja.
Meinst du?
Du warst mal 'n netter Kerl, Bruce. Und wurdest so 'n Miststück.
VOR LANGER ZEIT HAB ICH DEIN LEBEN **GERETTET**. UND JETZT WERDE ICH ES DIR **NEHMEN**.
DAS WAR'S, RICK.
NOCH **NICHT**.
WUNHHHH!!

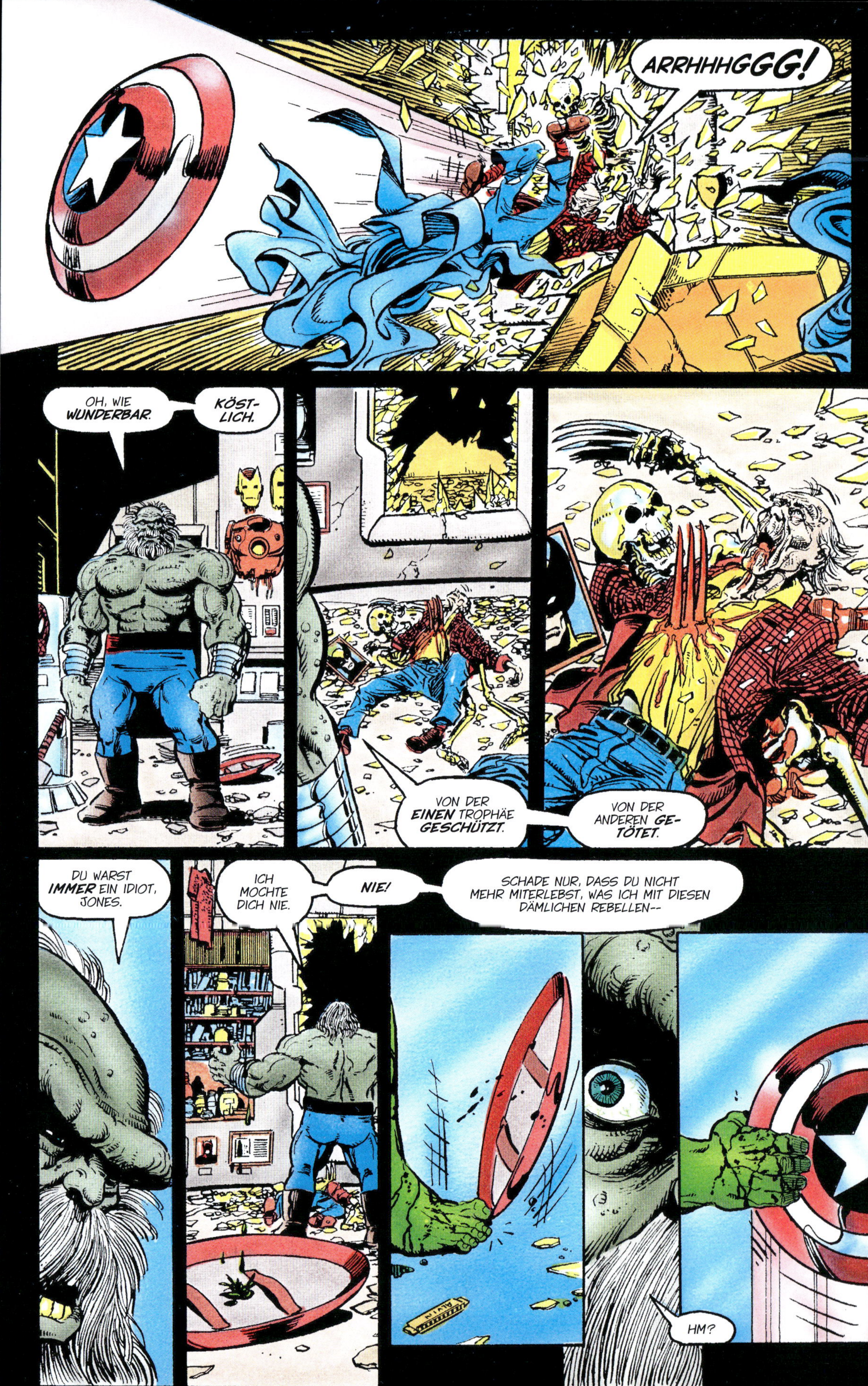
ARRHHHGGG!
OH, WIE WUNDERBAR.
KÖST-LICH.
VON DER EINEN TROPHÄE GESCHÜTZT.
VON DER ANDEREN GE-TÖTET.
DU WARST IMMER EIN IDIOT, JONES.
ICH MOCHTE DICH NIE.
NIE!
SCHADE NUR, DASS DU NICHT MEHR MITERLEBST, WAS ICH MIT DIESEN DÄMLICHEN REBELLEN--
HM?

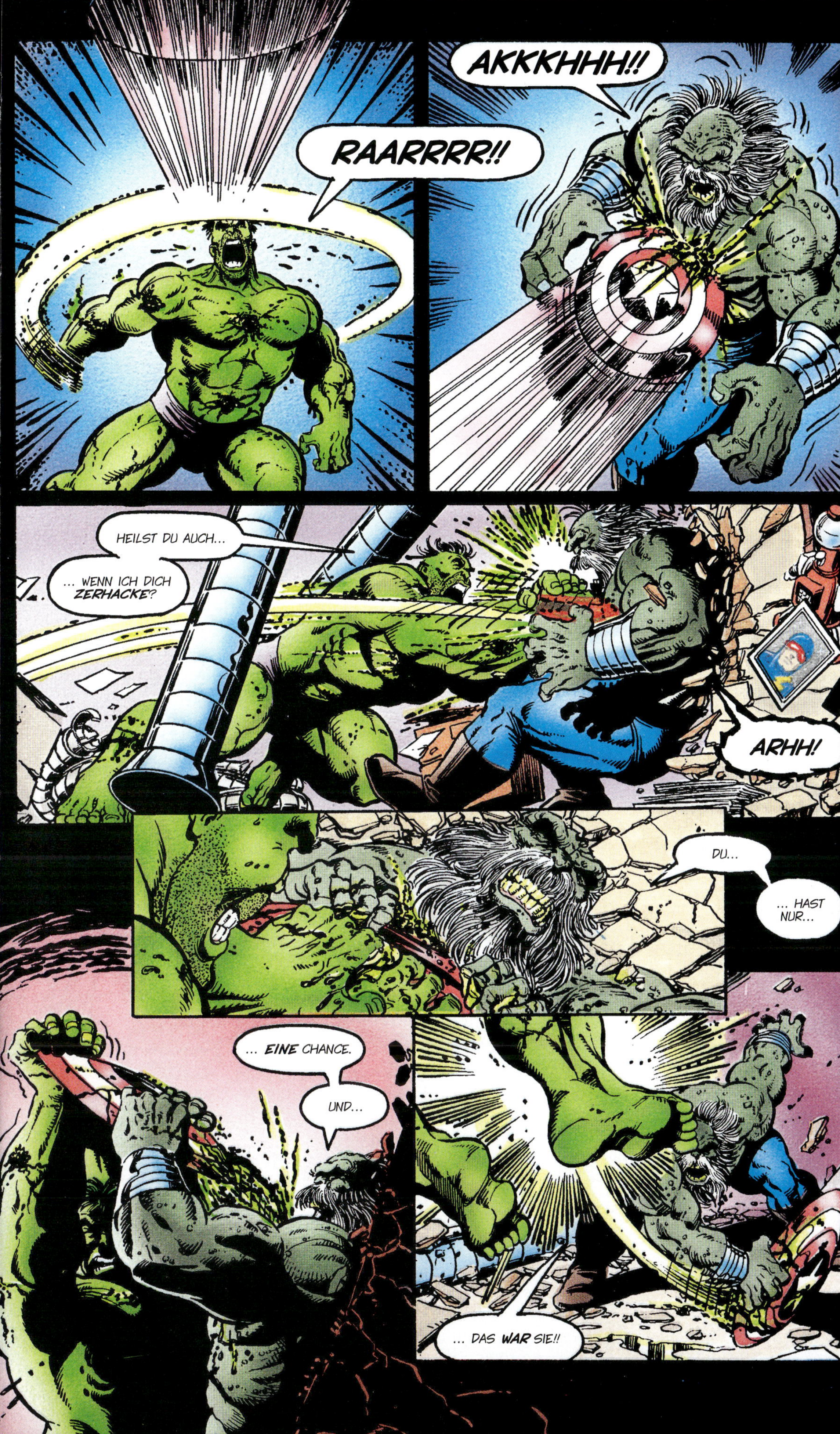
RAARRRR!!
AKKKHHH!!
HEILST DU AUCH…
… WENN ICH DICH ZERHACKE?
ARHH!
DU…
… HAST NUR…
… EINE CHANCE.
UND…
… DAS WAR SIE!!

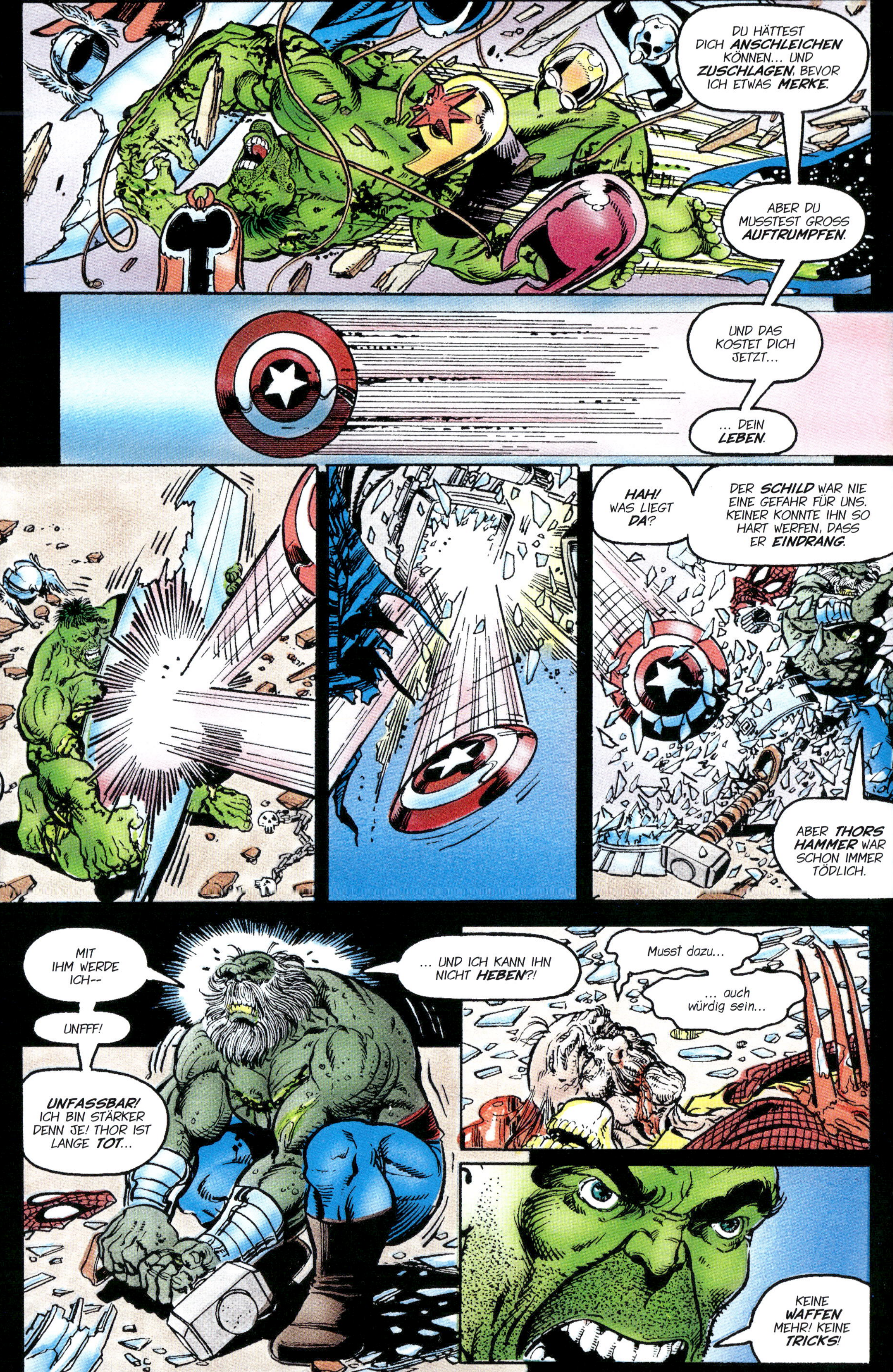
DU HÄTTEST DICH ANSCHLEICHEN KÖNNEN... UND ZUSCHLAGEN, BEVOR ICH ETWAS MERKE.
ABER DU MUSSTEST GROSS AUFTRUMPFEN.
UND DAS KOSTET DICH JETZT...
... DEIN LEBEN.
HAH! WAS LIEGT DA?
DER SCHILD WAR NIE EINE GEFAHR FÜR UNS. KEINER KONNTE IHN SO HART WERFEN, DASS ER EINDRANG.
ABER THORS HAMMER WAR SCHON IMMER TÖDLICH.
MIT IHM WERDE ICH--
UNFFF!
UNFASSBAR! ICH BIN STÄRKER DENN JE! THOR IST LANGE TOT...
... UND ICH KANN IHN NICHT HEBEN?!
Musst dazu...
... auch würdig sein...
KEINE WAFFEN MEHR! KEINE TRICKS!

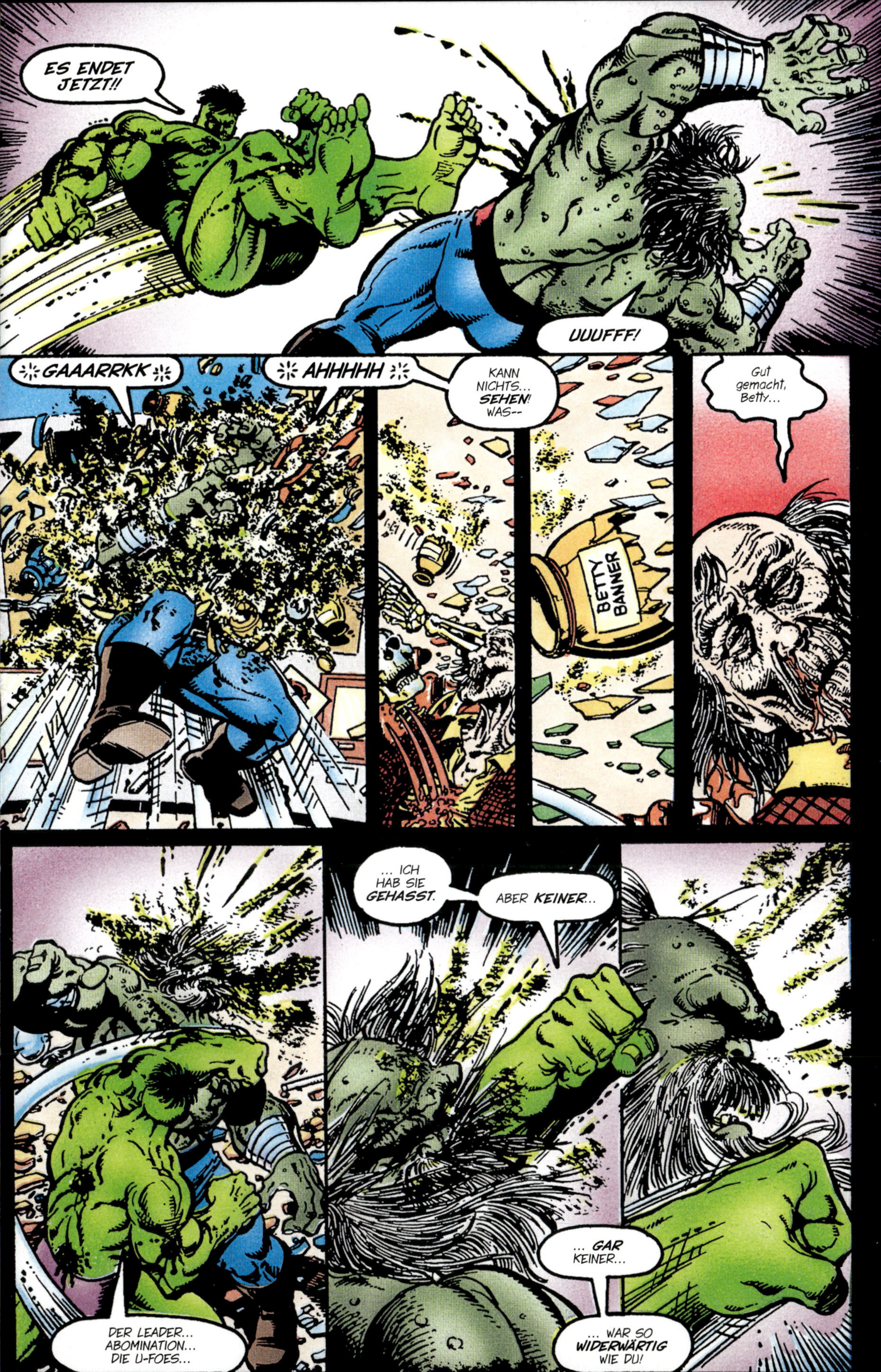

ES ENDET JETZT!!
UUUFFF!
GAAARRKK
AHHHHH
KANN NICHTS... SEHEN! WAS--
BETTY BANNER
Gut gemacht, Betty...
DER LEADER... ABOMINATION... DIE U-FOES...
... ICH HAB SIE GEHASST.
ABER KEINER...
... GAR KEINER...
... WAR SO WIDERWÄRTIG WIE DU!

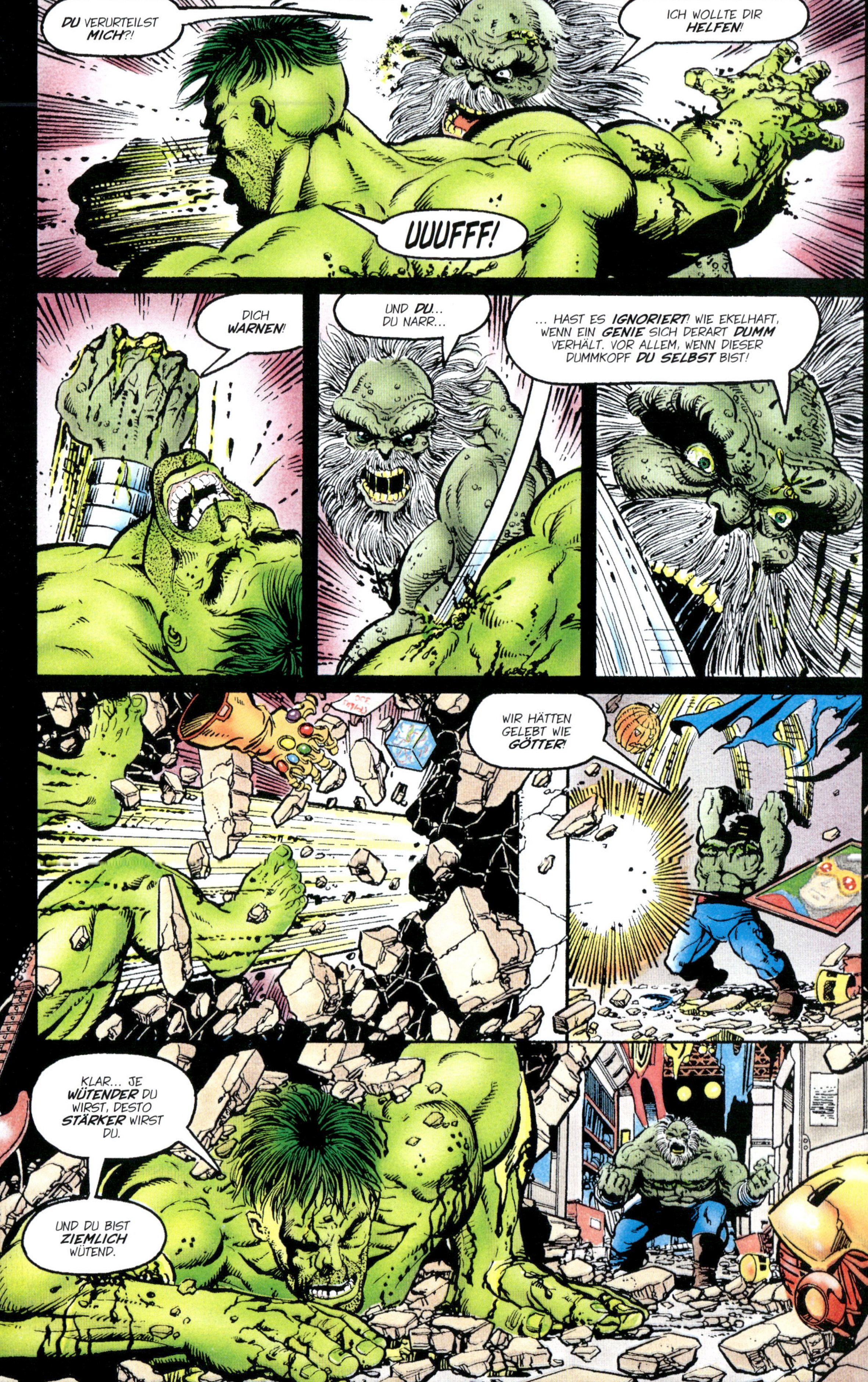
DU VERURTEILST MICH?!
ICH WOLLTE DIR HELFEN!
UUUFFF!
DICH WARNEN!
UND DU... DU NARR...
... HAST ES IGNORIERT! WIE EKELHAFT, WENN EIN GENIE SICH DERART DUMM VERHÄLT. VOR ALLEM, WENN DIESER DUMMKOPF DU SELBST BIST!
WIR HÄTTEN GELEBT WIE GÖTTER!
KLAR... JE WÜTENDER DU WIRST, DESTO STÄRKER WIRST DU.
UND DU BIST ZIEMLICH WÜTEND.

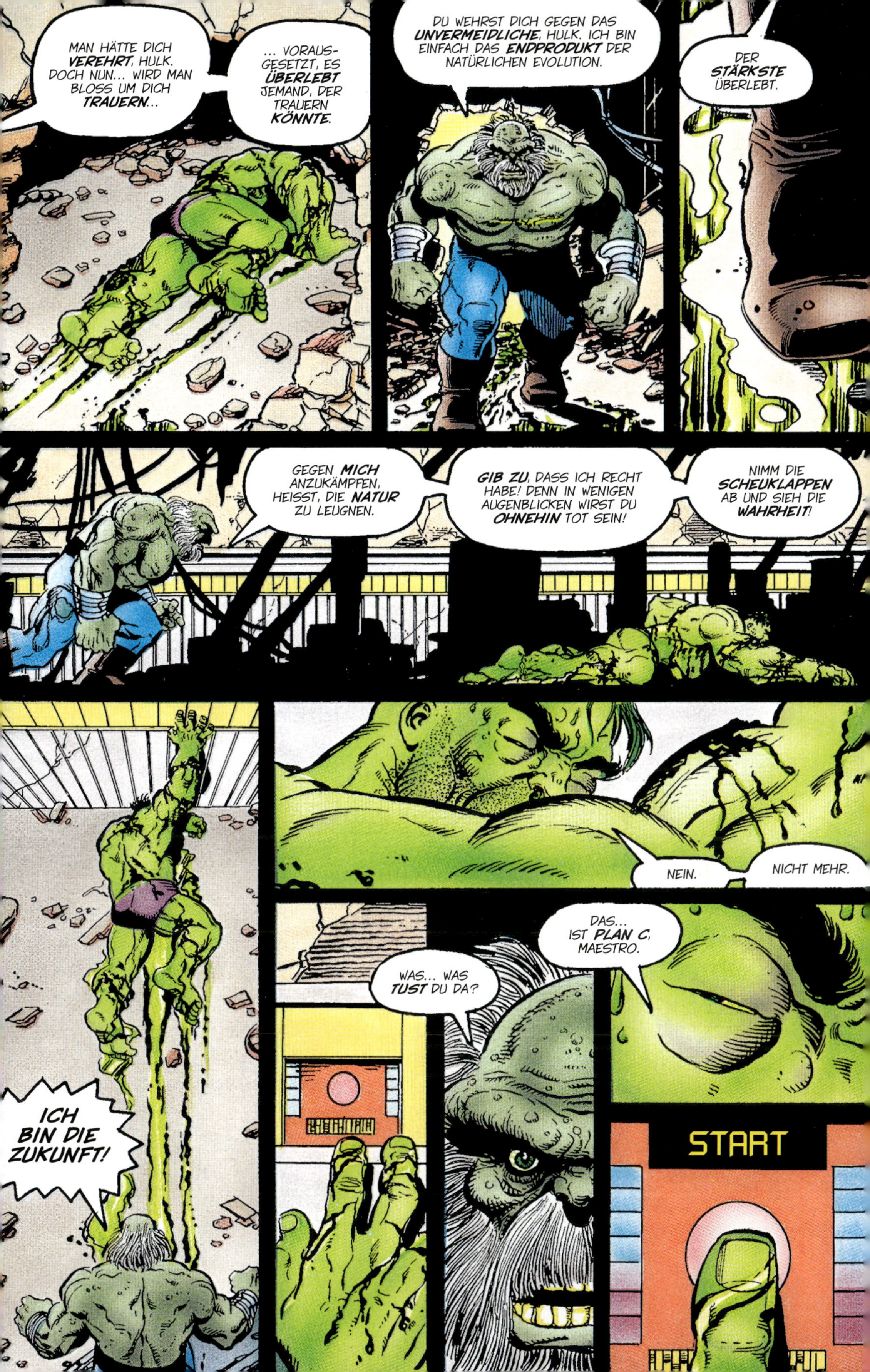
MAN HÄTTE DICH VEREHRT, HULK. DOCH NUN... WIRD MAN BLOSS UM DICH TRAUERN...
... VORAUS-GESETZT, ES ÜBERLEBT JEMAND, DER TRAUERN KÖNNTE.
DU WEHRST DICH GEGEN DAS UNVERMEIDLICHE, HULK. ICH BIN EINFACH DAS ENDPRODUKT DER NATÜRLICHEN EVOLUTION.
DER STÄRKSTE ÜBERLEBT.
GEGEN MICH ANZUKÄMPFEN, HEISST, DIE NATUR ZU LEUGNEN.
GIB ZU, DASS ICH RECHT HABE! DENN IN WENIGEN AUGENBLICKEN WIRST DU OHNEHIN TOT SEIN!
NIMM DIE SCHEUKLAPPEN AB UND SIEH DIE WAHRHEIT!
NEIN.
NICHT MEHR.
ICH BIN DIE ZUKUNFT!
WAS... WAS TUST DU DA?
DAS... IST PLAN C, MAESTRO.
START

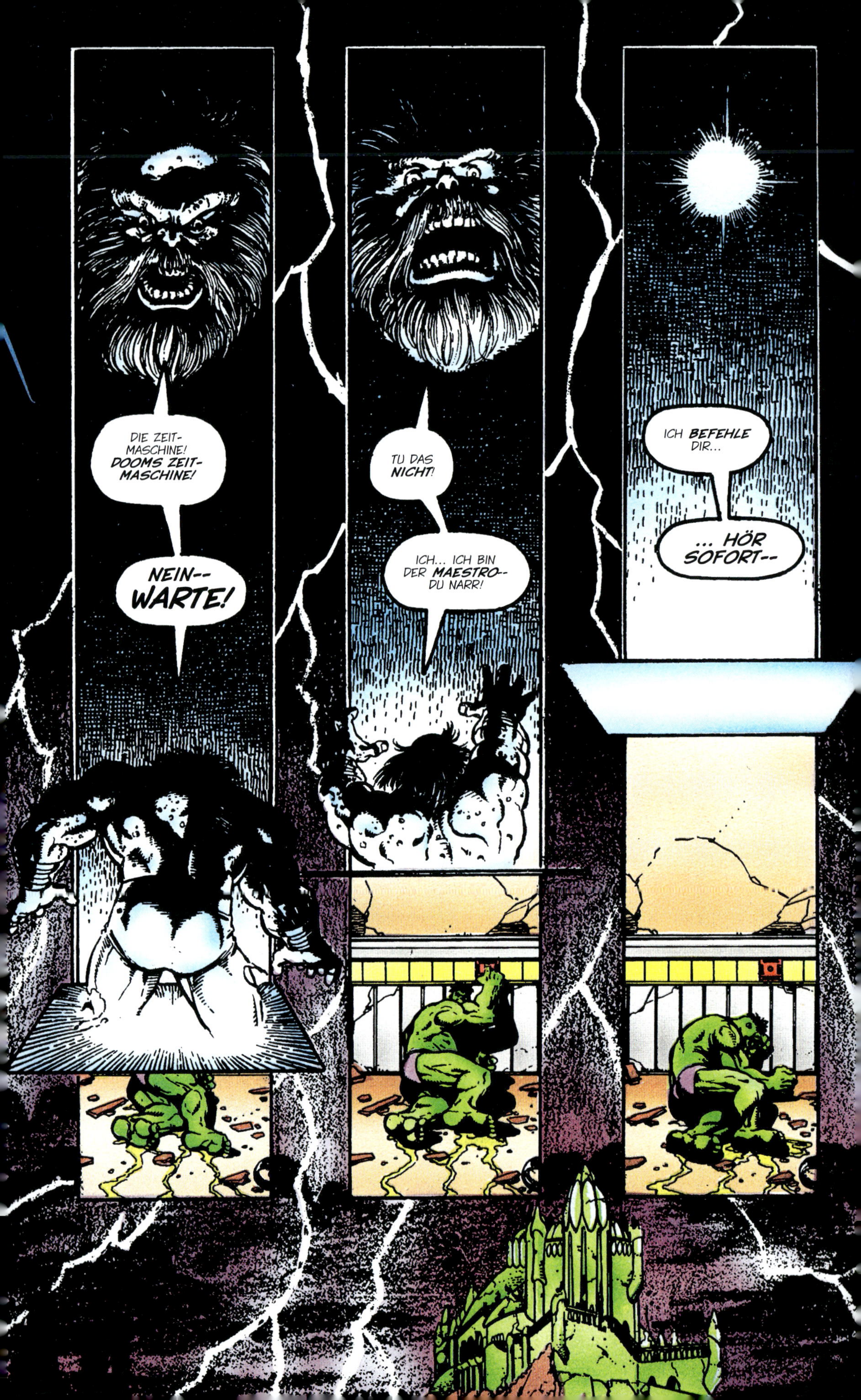
DIE ZEIT-MASCHINE! DOOMS ZEIT-MASCHINE!
NEIN-- WARTE!
TU DAS NICHT!
ICH... ICH BIN DER MAESTRO-- DU NARR!
ICH BEFEHLE DIR...
... HÖR SOFORT--

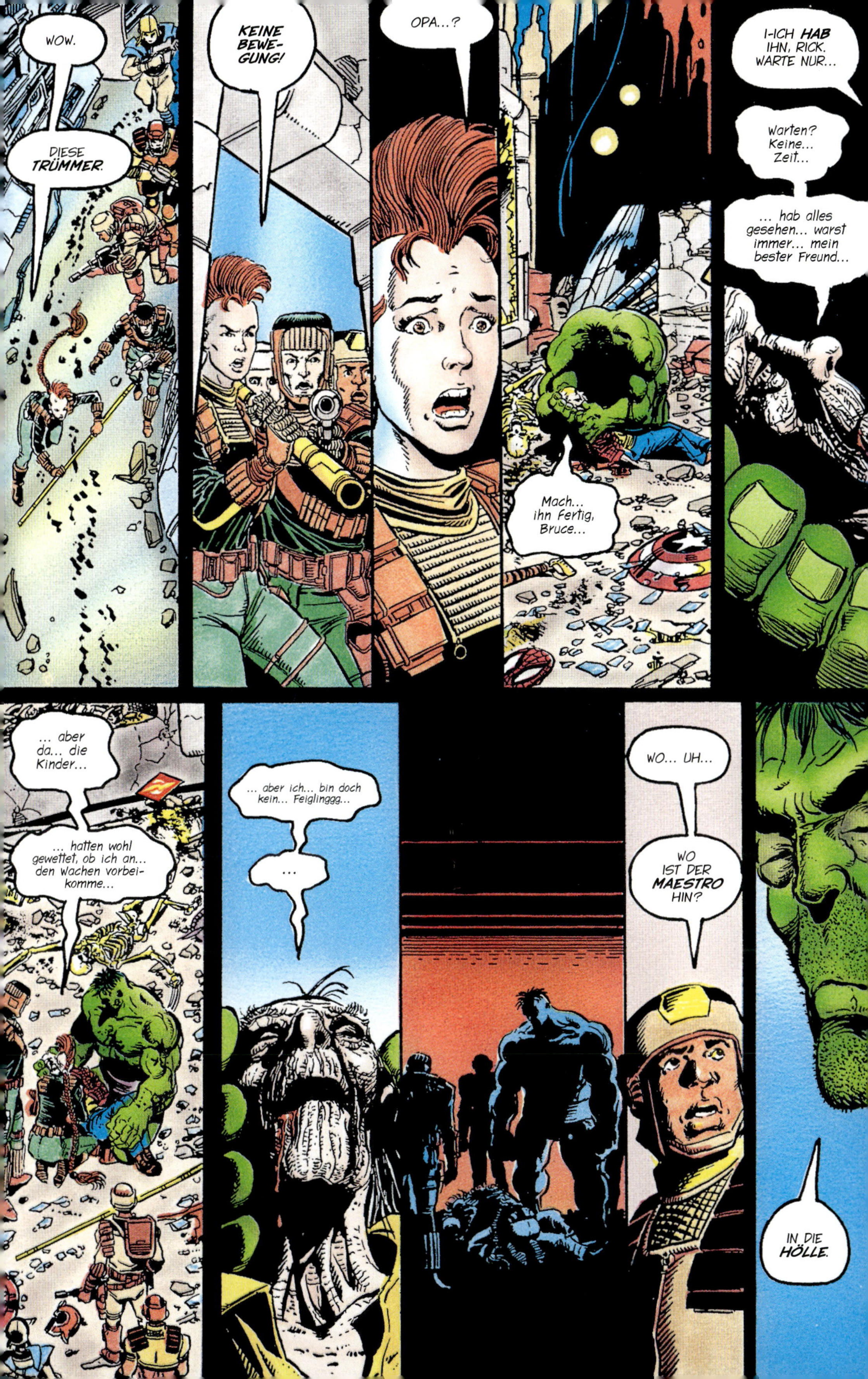
WOW.
DIESE TRÜMMER.
KEINE BEWE-GUNG!
OPA...?
Mach... ihn Fertig, Bruce...
I-ICH HAB IHN, RICK. WARTE NUR...
Warten? Keine... Zeit...
... hab alles gesehen... warst immer... mein bester Freund...
... aber da... die Kinder...
... hatten wohl gewettet, ob ich an... den Wachen vorbei-komme...
... aber ich... bin doch kein... Feiglinggg...
...
WO... UH...
WO IST DER MAESTRO HIN?
IN DIE HÖLLE.

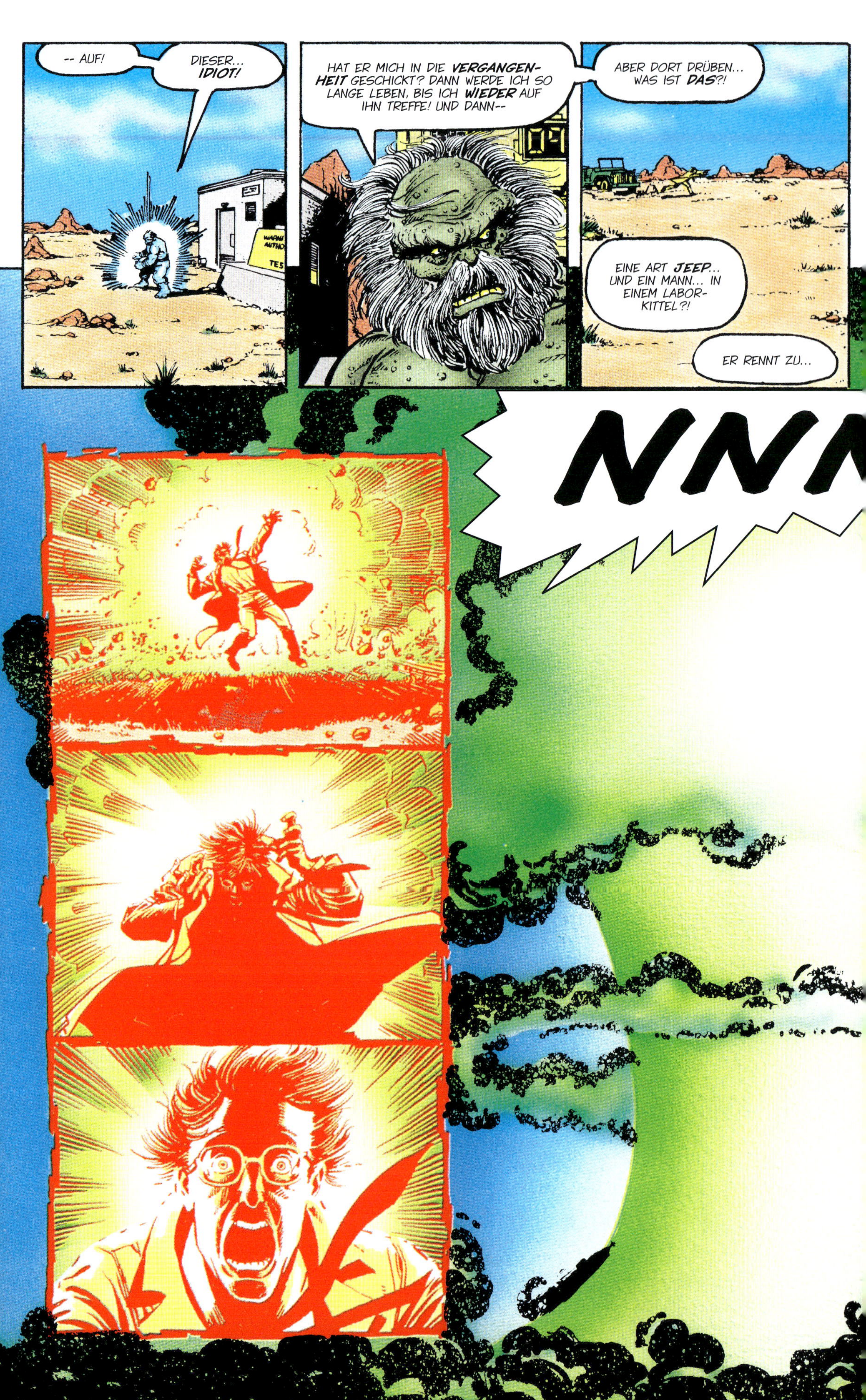
-- AUF!
DIESER... IDIOT!
HAT ER MICH IN DIE VERGANGENHEIT GESCHICKT? DANN WERDE ICH SO LANGE LEBEN, BIS ICH WIEDER AUF IHN TREFFE! UND DANN--
ABER DORT DRÜBEN... WAS IST DAS?!
EINE ART JEEP... UND EIN MANN... IN EINEM LABORKITTEL?!
ER RENNT ZU...
NNN

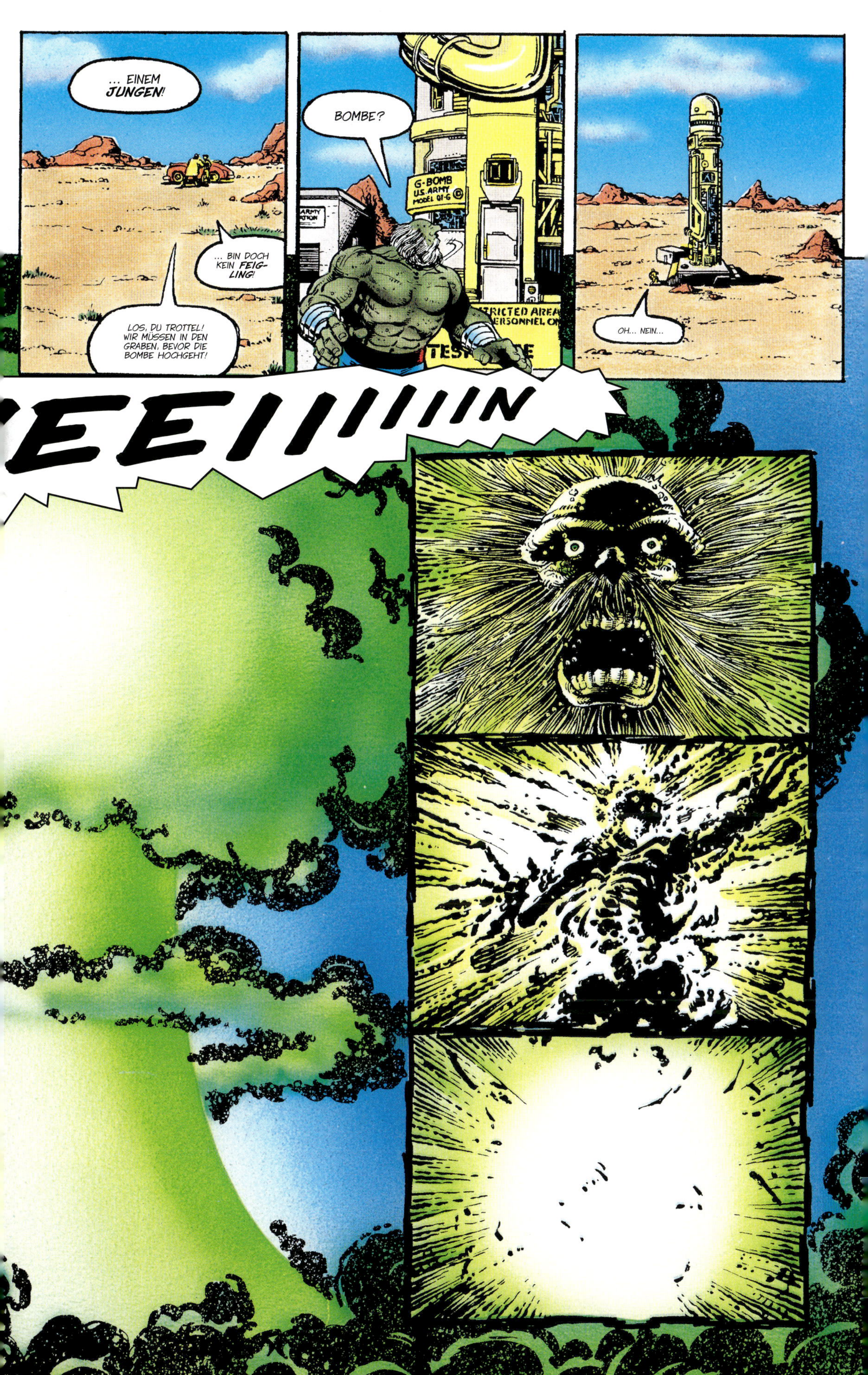

... EINEM JUNGEN!
... BIN DOCH KEIN FEIG-LING!
LOS, DU TROTTEL! WIR MÜSSEN IN DEN GRABEN, BEVOR DIE BOMBE HOCHGEHT!
BOMBE?
G-BOMB U.S. ARMY MODEL QI-G ©
OH... NEIN...
EEIIIIIIN

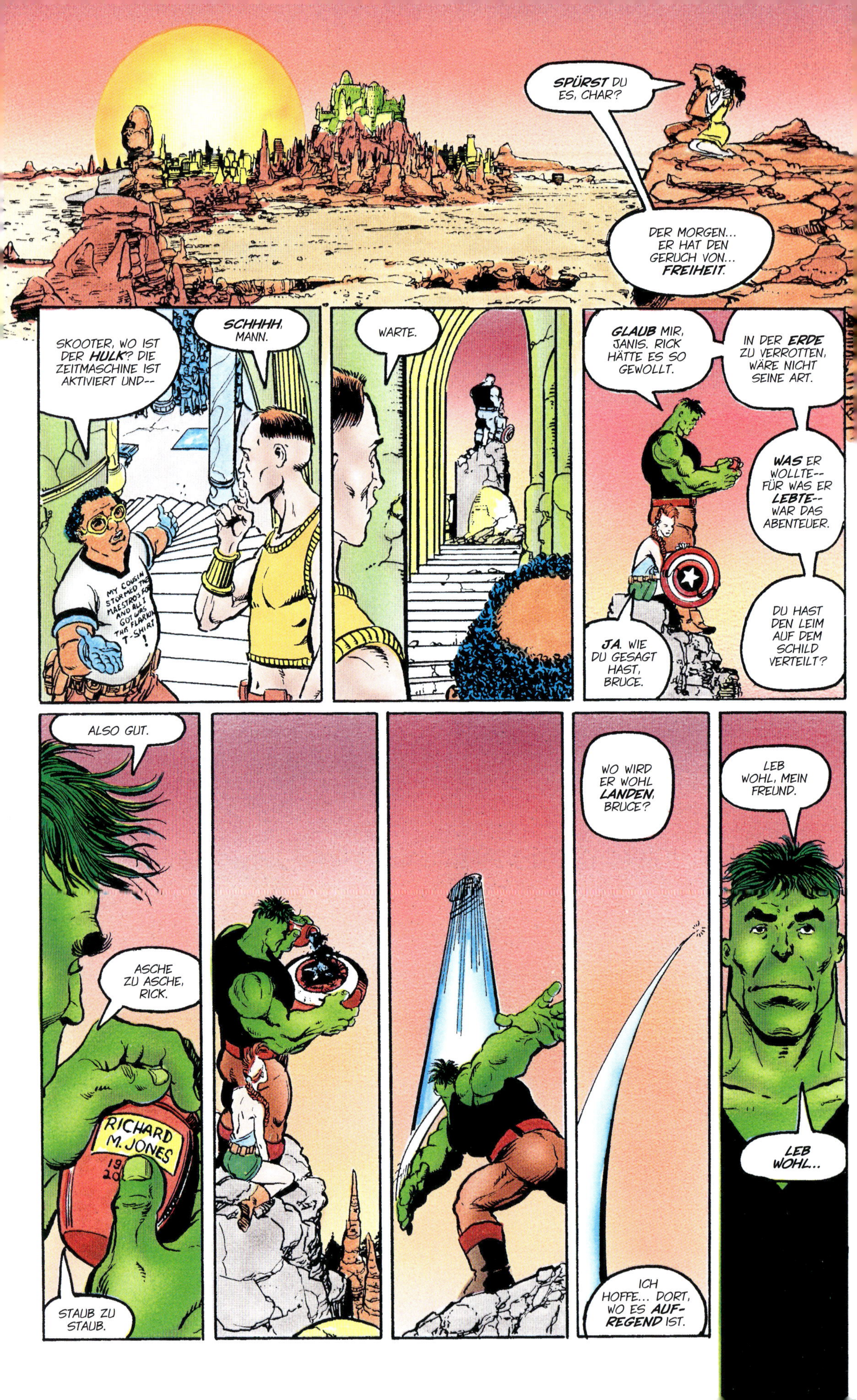

SPÜRST DU ES, CHAR?

DER MORGEN... ER HAT DEN GERUCH VON... **FREIHEIT**.

SKOOTER, WO IST DER **HULK**? DIE ZEITMASCHINE IST AKTIVIERT UND--

SCHHHH, MANN.

WARTE.

GLAUB MIR, JANIS. RICK HÄTTE ES SO GEWOLLT.

IN DER **ERDE** ZU VERROTTEN, WÄRE NICHT SEINE ART.

WAS ER WOLLTE-- FÜR WAS ER **LEBTE**-- WAR DAS ABENTEUER.

DU HAST DEN LEIM AUF DEM SCHILD VERTEILT?

JA. WIE DU GESAGT HAST, BRUCE.

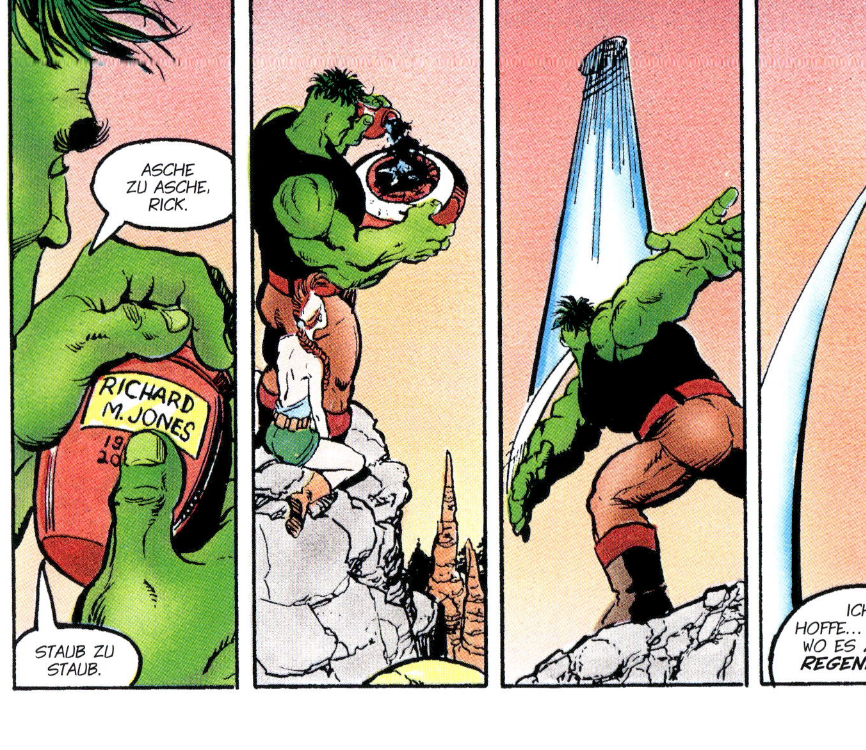

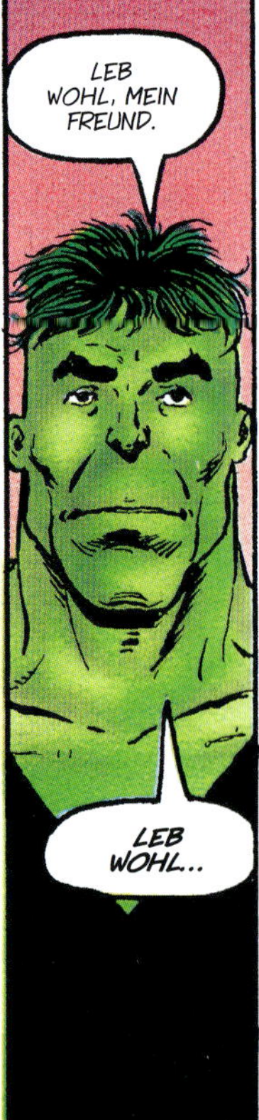

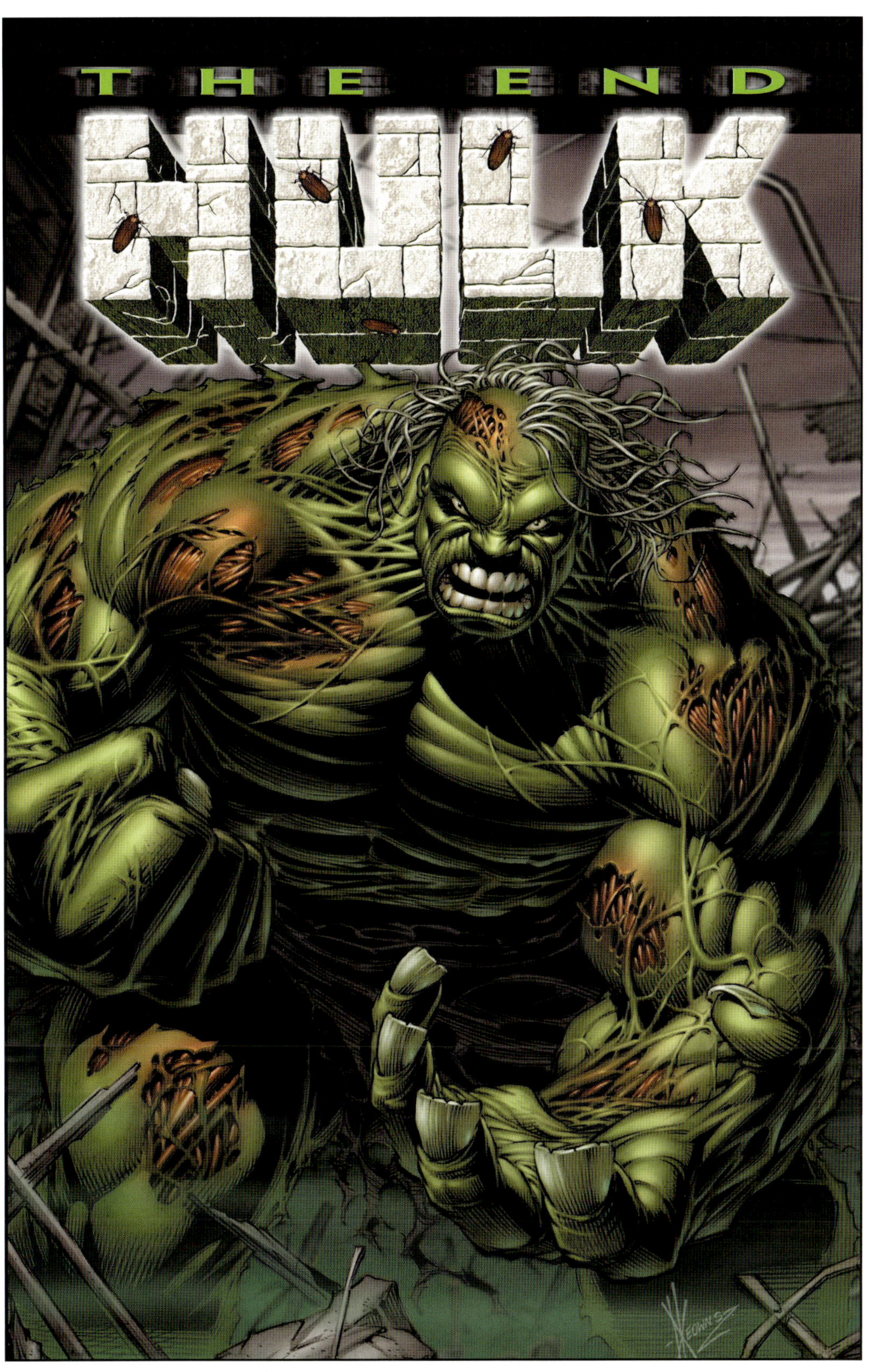

Incredible Hulk: The End (2002) 1
Cover von **DALE KEOWN**

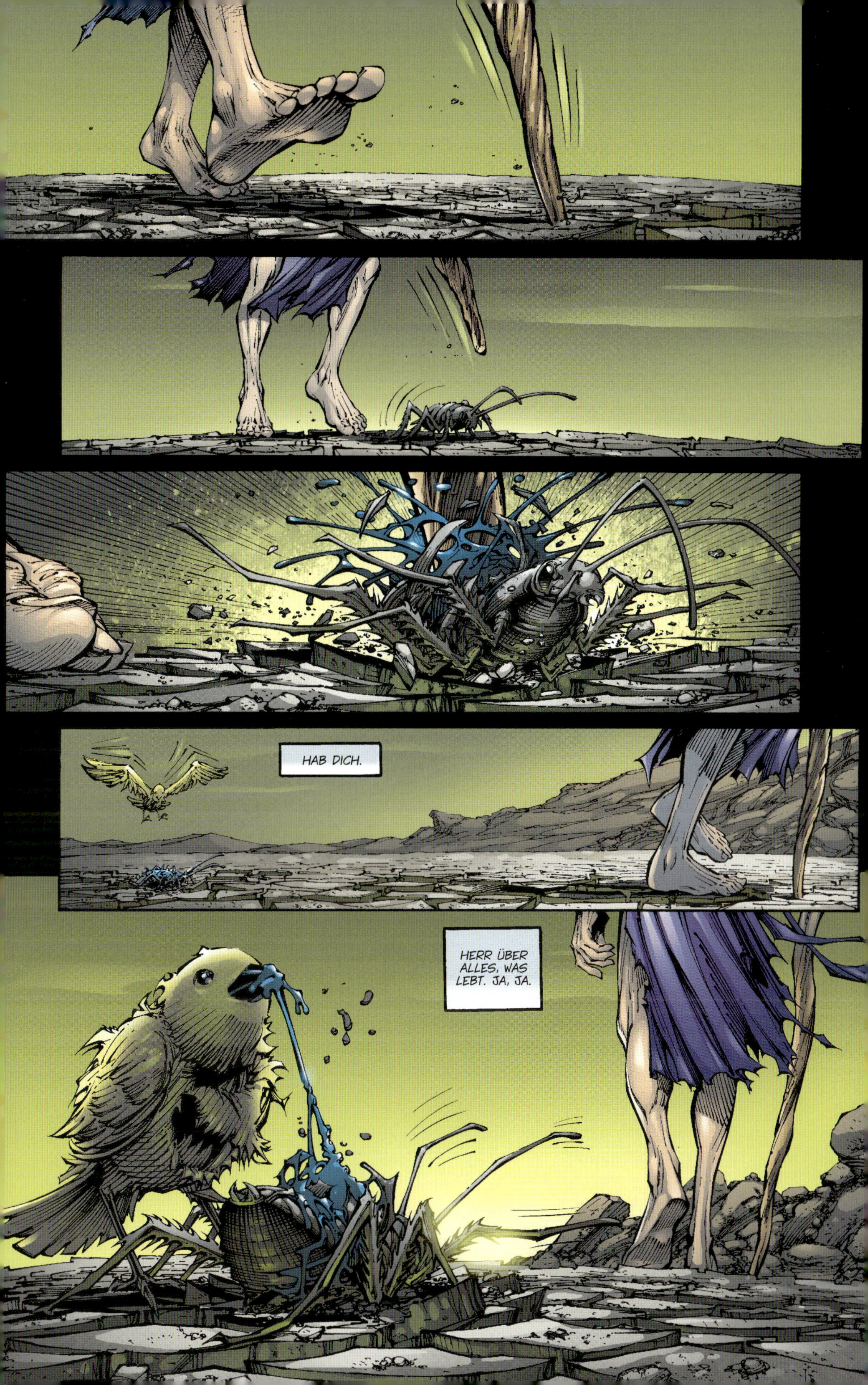
HAB DICH.
HERR ÜBER ALLES, WAS LEBT. JA, JA.

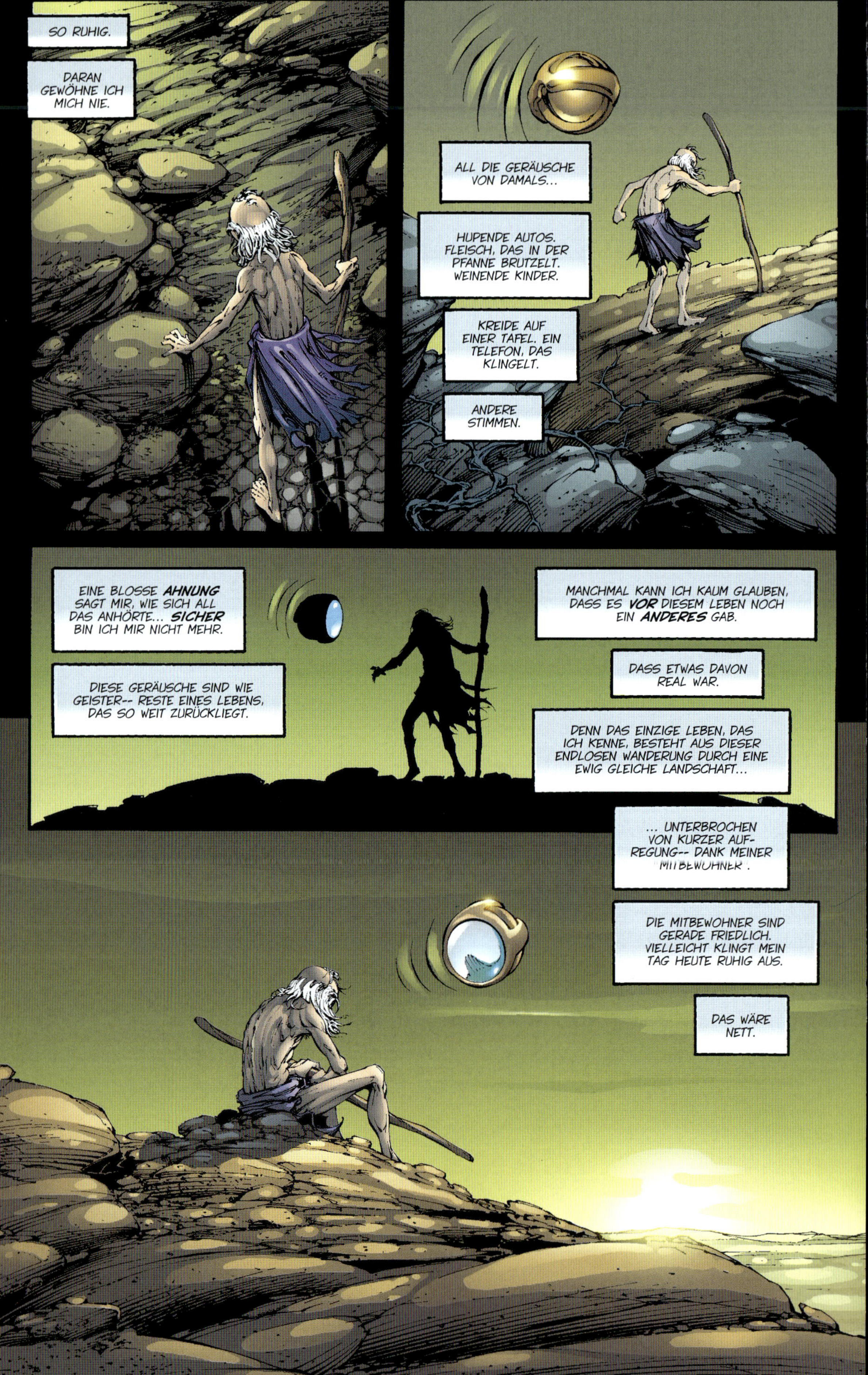
SO RUHIG.
DARAN GEWÖHNE ICH MICH NIE.
ALL DIE GERÄUSCHE VON DAMALS...
HUPENDE AUTOS. FLEISCH, DAS IN DER PFANNE BRUTZELT. WEINENDE KINDER.
KREIDE AUF EINER TAFEL. EIN TELEFON, DAS KLINGELT.
ANDERE STIMMEN.
EINE BLOSSE AHNUNG SAGT MIR, WIE SICH ALL DAS ANHÖRTE... SICHER BIN ICH MIR NICHT MEHR.
DIESE GERÄUSCHE SIND WIE GEISTER-- RESTE EINES LEBENS, DAS SO WEIT ZURÜCKLIEGT.
MANCHMAL KANN ICH KAUM GLAUBEN, DASS ES VOR DIESEM LEBEN NOCH EIN ANDERES GAB.
DASS ETWAS DAVON REAL WAR.
DENN DAS EINZIGE LEBEN, DAS ICH KENNE, BESTEHT AUS DIESER ENDLOSEN WANDERUNG DURCH EINE EWIG GLEICHE LANDSCHAFT...
... UNTERBROCHEN VON KURZER AUFREGUNG-- DANK MEINER MITBEWOHNER.
DIE MITBEWOHNER SIND GERADE FRIEDLICH. VIELLEICHT KLINGT MEIN TAG HEUTE RUHIG AUS.
DAS WÄRE NETT.

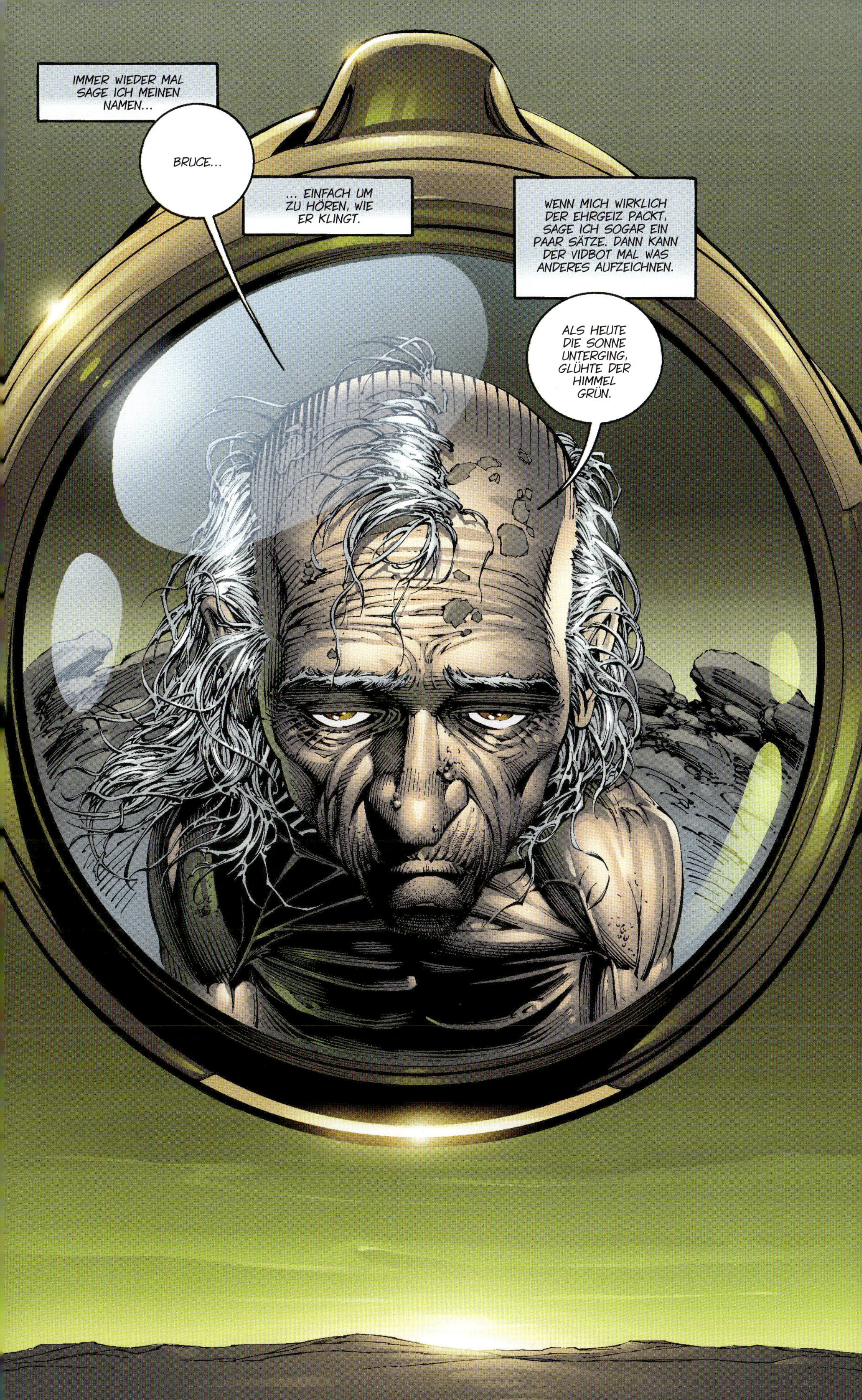
IMMER WIEDER MAL SAGE ICH MEINEN NAMEN...
BRUCE...
... EINFACH UM ZU HÖREN, WIE ER KLINGT.
WENN MICH WIRKLICH DER EHRGEIZ PACKT, SAGE ICH SOGAR EIN PAAR SÄTZE. DANN KANN DER VIDBOT MAL WAS ANDERES AUFZEICHNEN.
ALS HEUTE DIE SONNE UNTERGING, GLÜHTE DER HIMMEL GRÜN.

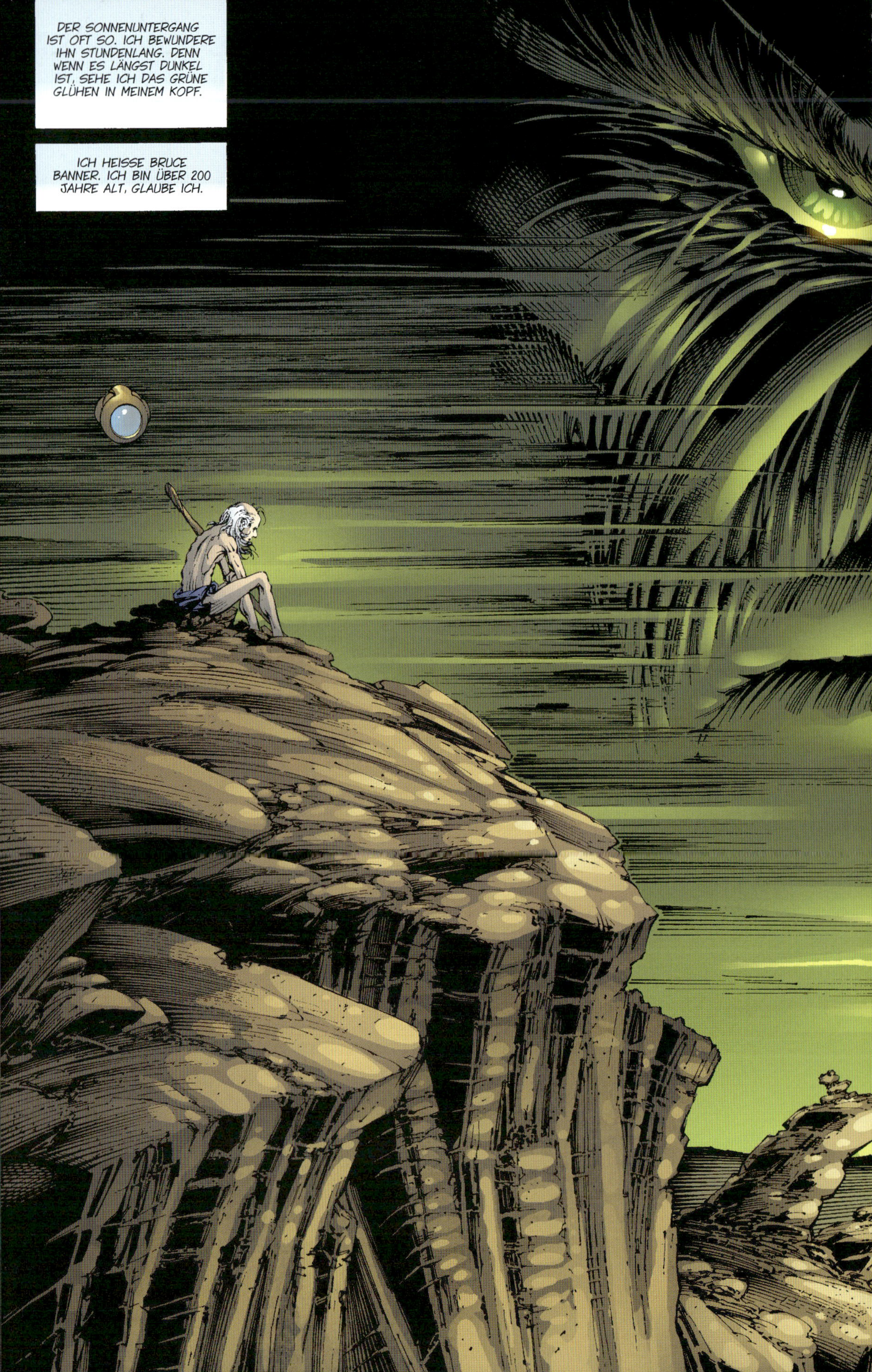
DER SONNENUNTERGANG IST OFT SO. ICH BEWUNDERE IHN STUNDENLANG. DENN WENN ES LÄNGST DUNKEL IST, SEHE ICH DAS GRÜNE GLÜHEN IN MEINEM KOPF.
ICH HEISSE BRUCE BANNER. ICH BIN ÜBER 200 JAHRE ALT, GLAUBE ICH.

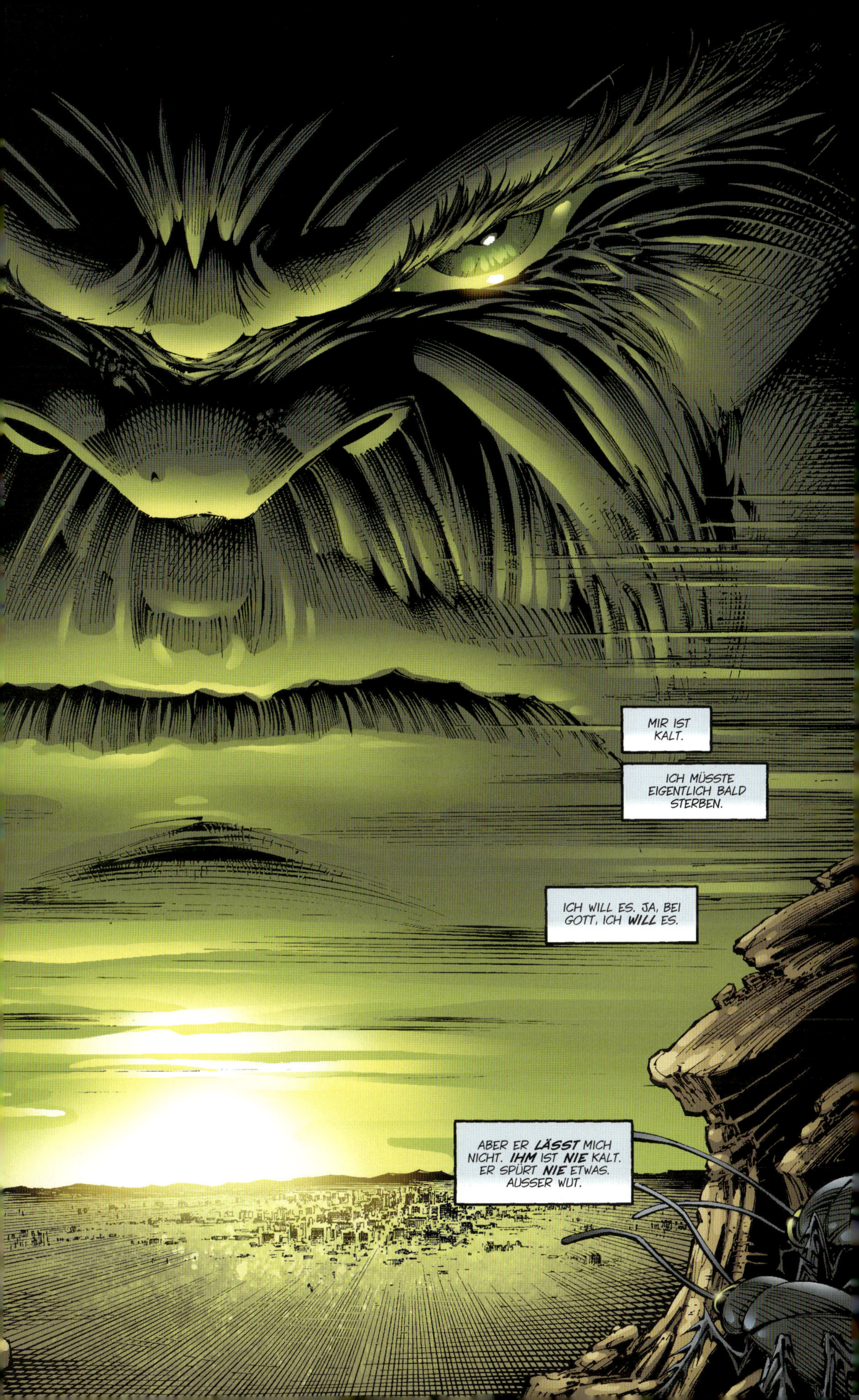

MIR IST KALT.
ICH MÜSSTE EIGENTLICH BALD STERBEN.
ICH WILL ES. JA, BEI GOTT, ICH **WILL** ES.
ABER ER **LÄSST** MICH NICHT. **IHM** IST **NIE** KALT. ER SPÜRT **NIE** ETWAS. AUSSER WUT.

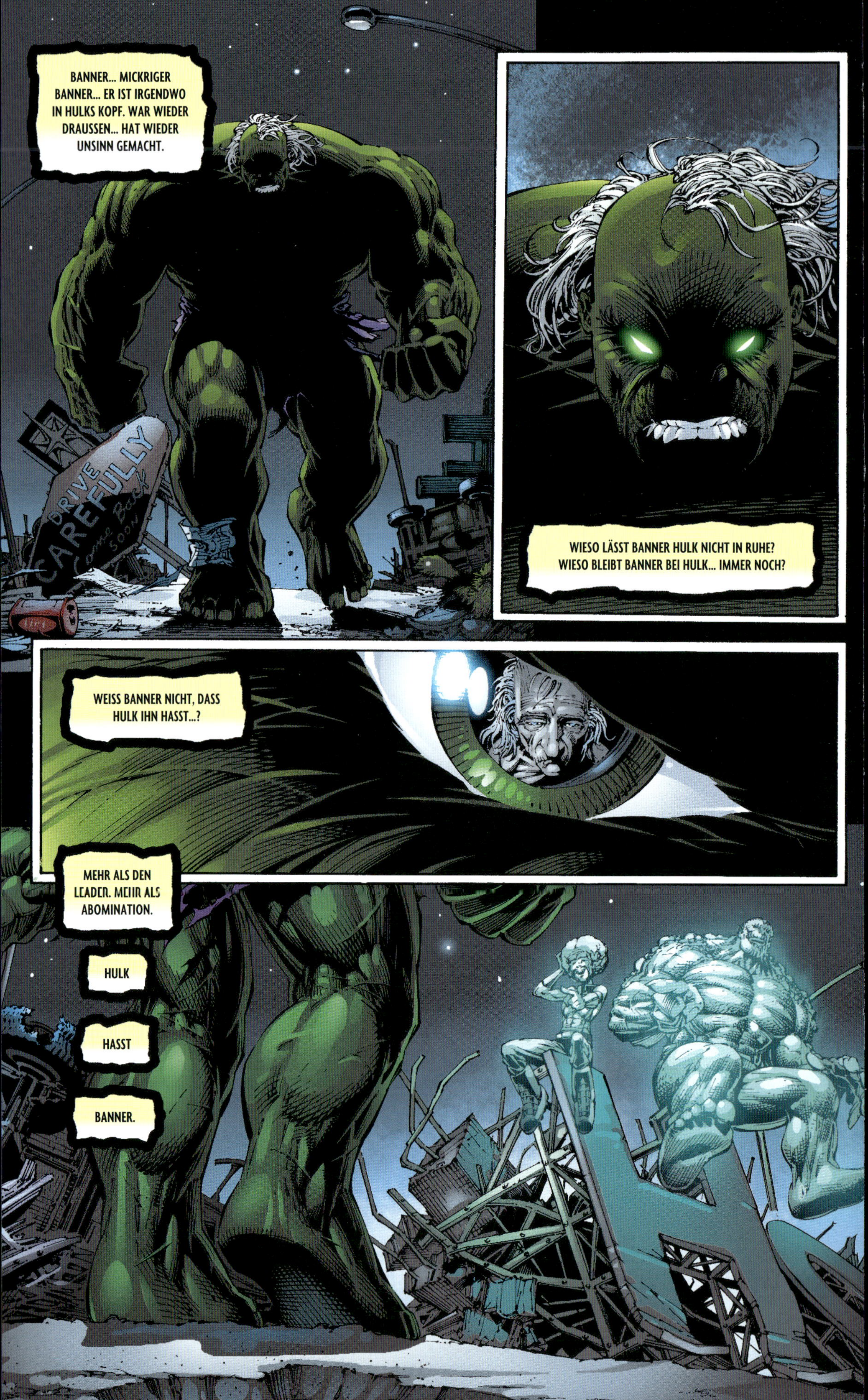
BANNER... MICKRIGER BANNER... ER IST IRGENDWO IN HULKS KOPF. WAR WIEDER DRAUSSEN... HAT WIEDER UNSINN GEMACHT.
DRIVE CAREFULLY
Come Back SOON
WIESO LÄSST BANNER HULK NICHT IN RUHE? WIESO BLEIBT BANNER BEI HULK... IMMER NOCH?
WEISS BANNER NICHT, DASS HULK IHN HASST...?
MEHR ALS DEN LEADER. MEHR ALS ABOMINATION.
HULK
HASST
BANNER.

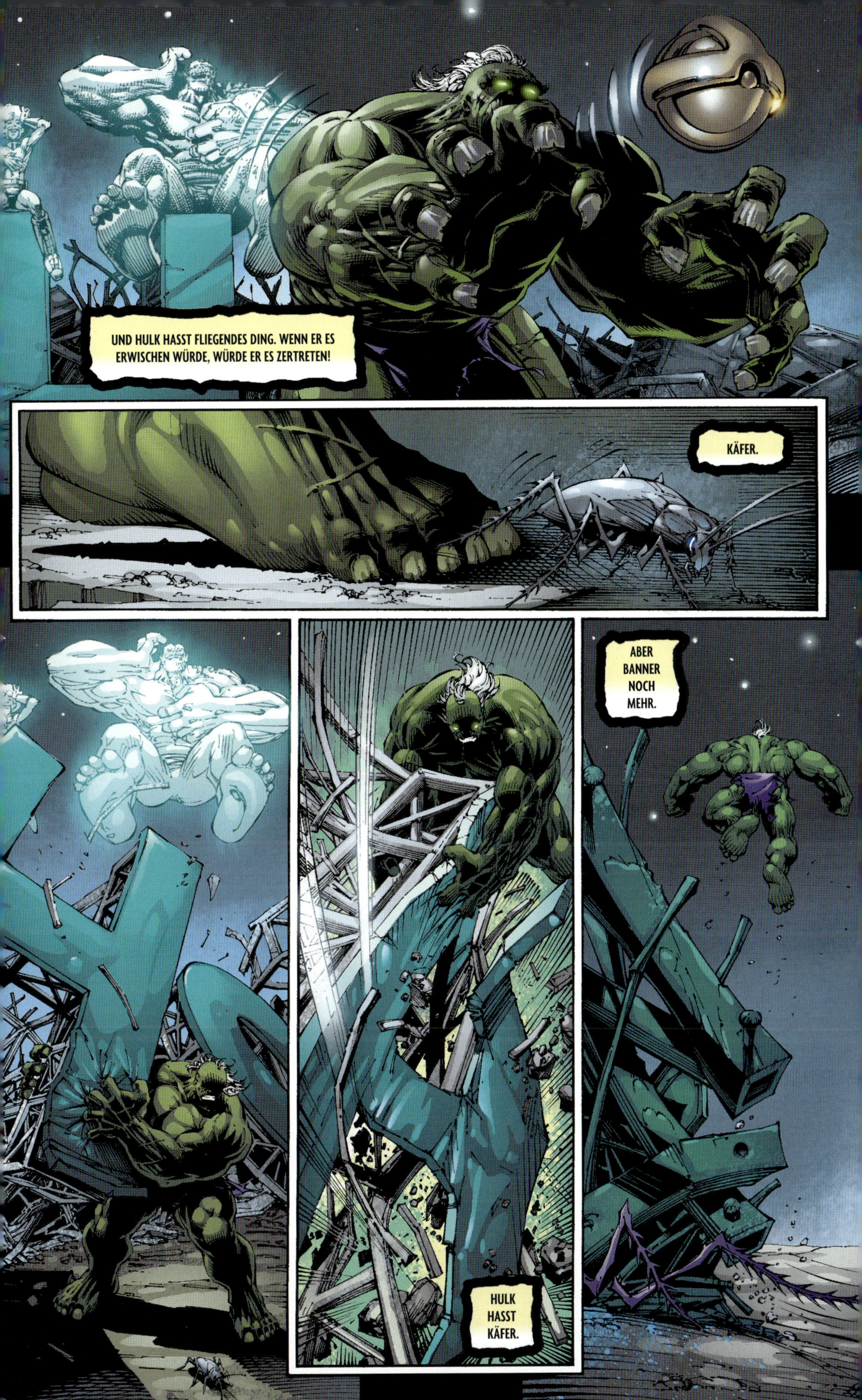
UND HULK HASST FLIEGENDES DING. WENN ER ES ERWISCHEN WÜRDE, WÜRDE ER ES ZERTRETEN!
KÄFER.
HULK HASST KÄFER.
ABER BANNER NOCH MEHR.

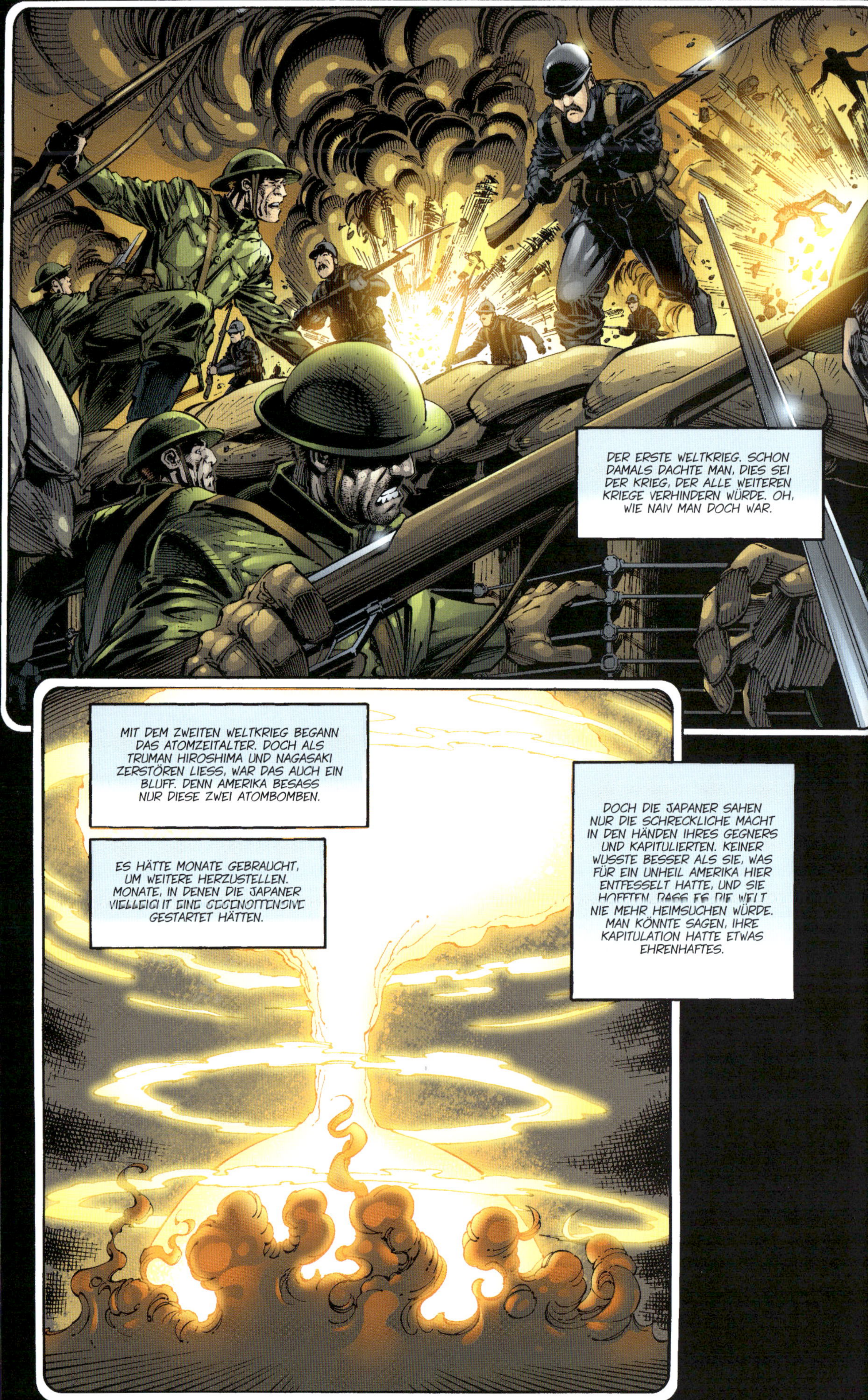
DER ERSTE WELTKRIEG. SCHON DAMALS DACHTE MAN, DIES SEI DER KRIEG, DER ALLE WEITEREN KRIEGE VERHINDERN WÜRDE. OH, WIE NAIV MAN DOCH WAR.
MIT DEM ZWEITEN WELTKRIEG BEGANN DAS ATOMZEITALTER. DOCH ALS TRUMAN HIROSHIMA UND NAGASAKI ZERSTÖREN LIESS, WAR DAS AUCH EIN BLUFF. DENN AMERIKA BESASS NUR DIESE ZWEI ATOMBOMBEN.
ES HÄTTE MONATE GEBRAUCHT, UM WEITERE HERZUSTELLEN. MONATE, IN DENEN DIE JAPANER VIELLEICHT EINE GEGENOFFENSIVE GESTARTET HÄTTEN.
DOCH DIE JAPANER SAHEN NUR DIE SCHRECKLICHE MACHT IN DEN HÄNDEN IHRES GEGNERS UND KAPITULIERTEN. KEINER WUSSTE BESSER ALS SIE, WAS FÜR EIN UNHEIL AMERIKA HIER ENTFESSELT HATTE, UND SIE HOFFTEN, DASS ES DIE WELT NIE MEHR HEIMSUCHEN WÜRDE. MAN KÖNNTE SAGEN, IHRE KAPITULATION HATTE ETWAS EHRENHAFTES.

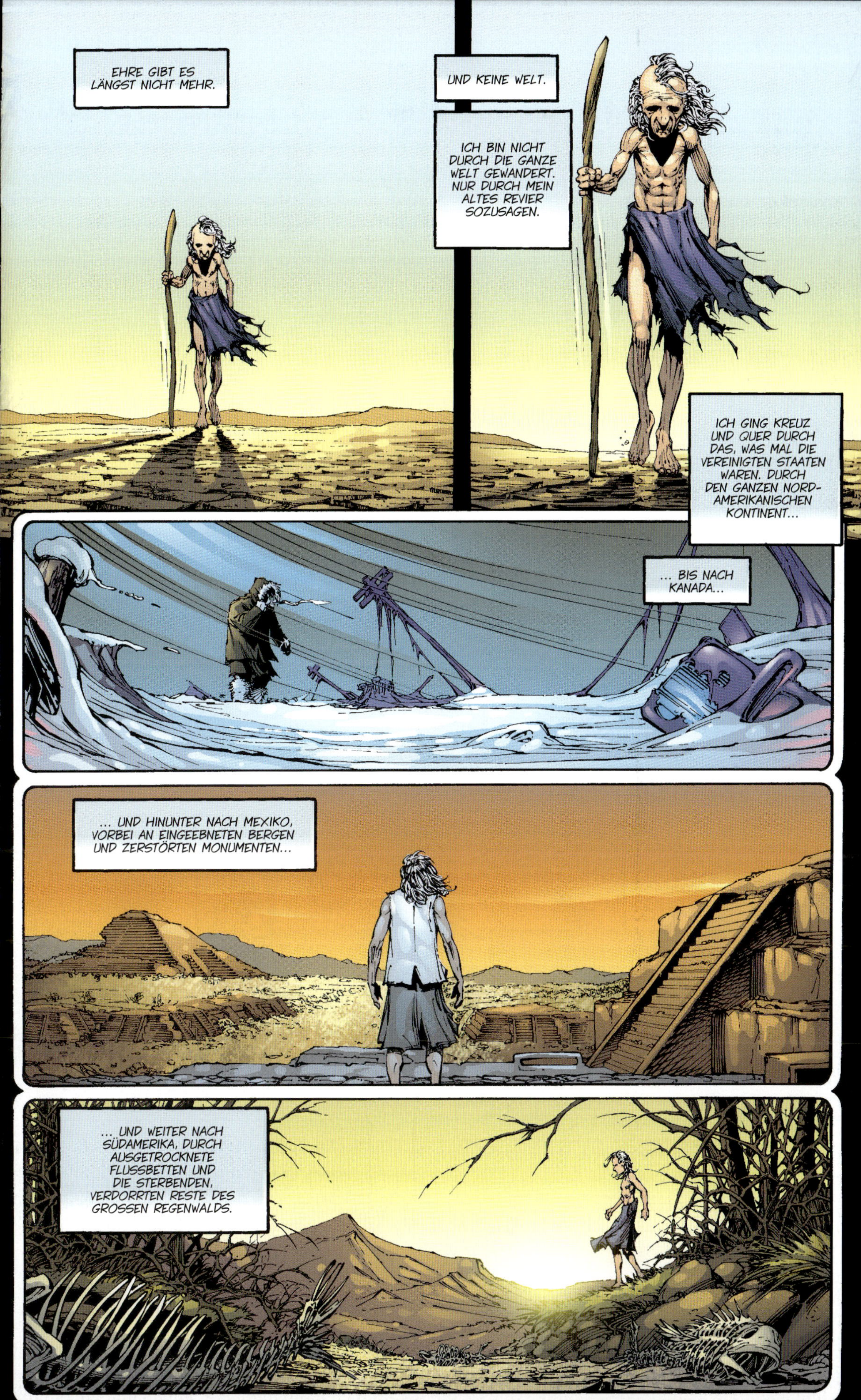
EHRE GIBT ES LÄNGST NICHT MEHR.
UND KEINE WELT.
ICH BIN NICHT DURCH DIE GANZE WELT GEWANDERT. NUR DURCH MEIN ALTES REVIER SOZUSAGEN.
ICH GING KREUZ UND QUER DURCH DAS, WAS MAL DIE VEREINIGTEN STAATEN WAREN. DURCH DEN GANZEN NORD-AMERIKANISCHEN KONTINENT...
... BIS NACH KANADA...
... UND HINUNTER NACH MEXIKO, VORBEI AN EINGEEBNETEN BERGEN UND ZERSTÖRTEN MONUMENTEN...
... UND WEITER NACH SÜDAMERIKA, DURCH AUSGETROCKNETE FLUSSBETTEN UND DIE STERBENDEN, VERDORRTEN RESTE DES GROSSEN REGENWALDS.

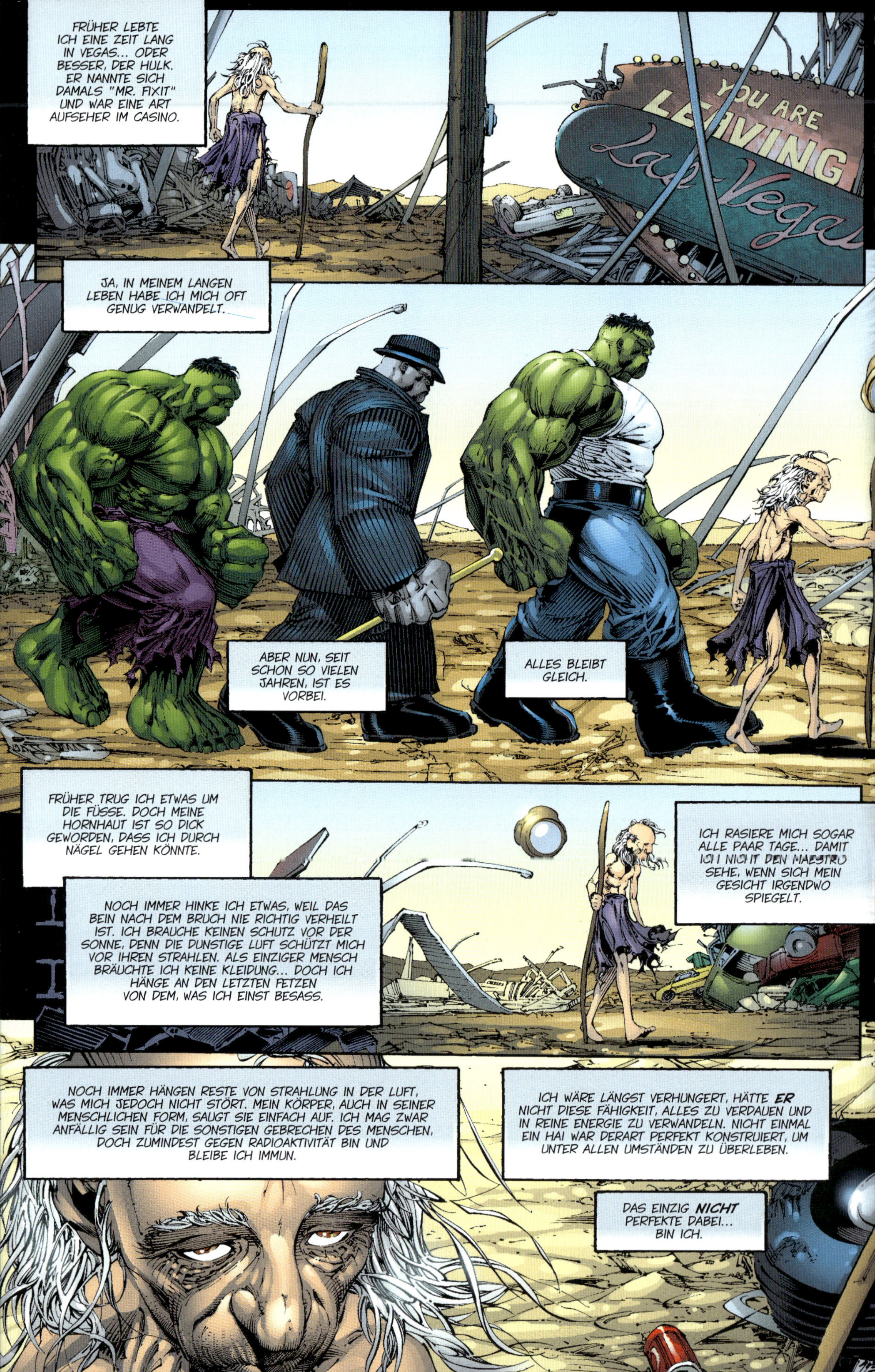

FRÜHER LEBTE ICH EINE ZEIT LANG IN VEGAS... ODER BESSER, DER HULK. ER NANNTE SICH DAMALS "MR. FIXIT" UND WAR EINE ART AUFSEHER IM CASINO.
YOU ARE LEAVING Las Vegas
JA, IN MEINEM LANGEN LEBEN HABE ICH MICH OFT GENUG VERWANDELT.
ABER NUN, SEIT SCHON SO VIELEN JAHREN, IST ES VORBEI.
ALLES BLEIBT GLEICH.
FRÜHER TRUG ICH ETWAS UM DIE FÜSSE. DOCH MEINE HORNHAUT IST SO DICK GEWORDEN, DASS ICH DURCH NÄGEL GEHEN KÖNNTE.
NOCH IMMER HINKE ICH ETWAS, WEIL DAS BEIN NACH DEM BRUCH NIE RICHTIG VERHEILT IST. ICH BRAUCHE KEINEN SCHUTZ VOR DER SONNE, DENN DIE DUNSTIGE LUFT SCHÜTZT MICH VOR IHREN STRAHLEN. ALS EINZIGER MENSCH BRÄUCHTE ICH KEINE KLEIDUNG... DOCH ICH HÄNGE AN DEN LETZTEN FETZEN VON DEM, WAS ICH EINST BESASS.
ICH RASIERE MICH SOGAR ALLE PAAR TAGE... DAMIT ICH NICHT DEN MAESTRO SEHE, WENN SICH MEIN GESICHT IRGENDWO SPIEGELT.
NOCH IMMER HÄNGEN RESTE VON STRAHLUNG IN DER LUFT, WAS MICH JEDOCH NICHT STÖRT. MEIN KÖRPER, AUCH IN SEINER MENSCHLICHEN FORM, SAUGT SIE EINFACH AUF. ICH MAG ZWAR ANFÄLLIG SEIN FÜR DIE SONSTIGEN GEBRECHEN DES MENSCHEN, DOCH ZUMINDEST GEGEN RADIOAKTIVITÄT BIN UND BLEIBE ICH IMMUN.
ICH WÄRE LÄNGST VERHUNGERT, HÄTTE **ER** NICHT DIESE FÄHIGKEIT, ALLES ZU VERDAUEN UND IN REINE ENERGIE ZU VERWANDELN. NICHT EINMAL EIN HAI WAR DERART PERFEKT KONSTRUIERT, UM UNTER ALLEN UMSTÄNDEN ZU ÜBERLEBEN.
DAS EINZIG **NICHT** PERFEKTE DABEI... BIN ICH.

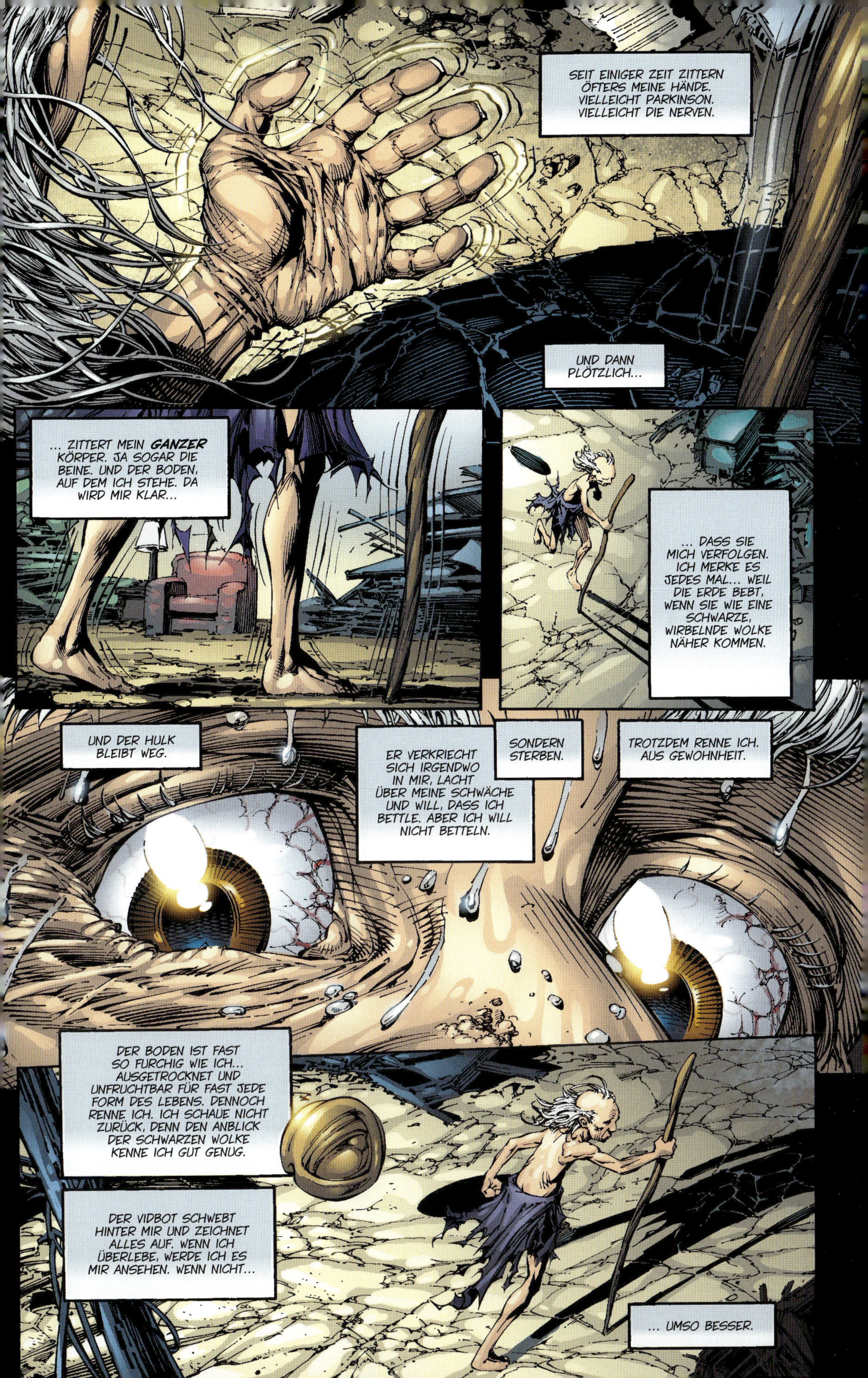
SEIT EINIGER ZEIT ZITTERN ÖFTERS MEINE HÄNDE. VIELLEICHT PARKINSON. VIELLEICHT DIE NERVEN.
UND DANN PLÖTZLICH...
... ZITTERT MEIN GANZER KÖRPER. JA SOGAR DIE BEINE. UND DER BODEN, AUF DEM ICH STEHE. DA WIRD MIR KLAR...
... DASS SIE MICH VERFOLGEN. ICH MERKE ES JEDES MAL... WEIL DIE ERDE BEBT, WENN SIE WIE EINE SCHWARZE, WIRBELNDE WOLKE NÄHER KOMMEN.
UND DER HULK BLEIBT WEG.
ER VERKRIECHT SICH IRGENDWO IN MIR, LACHT ÜBER MEINE SCHWÄCHE UND WILL, DASS ICH BETTLE. ABER ICH WILL NICHT BETTELN.
SONDERN STERBEN.
TROTZDEM RENNE ICH. AUS GEWOHNHEIT.
DER BODEN IST FAST SO FURCHIG WIE ICH... AUSGETROCKNET UND UNFRUCHTBAR FÜR FAST JEDE FORM DES LEBENS. DENNOCH RENNE ICH. ICH SCHAUE NICHT ZURÜCK, DENN DEN ANBLICK DER SCHWARZEN WOLKE KENNE ICH GUT GENUG.
DER VIDBOT SCHWEBT HINTER MIR UND ZEICHNET ALLES AUF. WENN ICH ÜBERLEBE, WERDE ICH ES MIR ANSEHEN. WENN NICHT...
... UMSO BESSER.

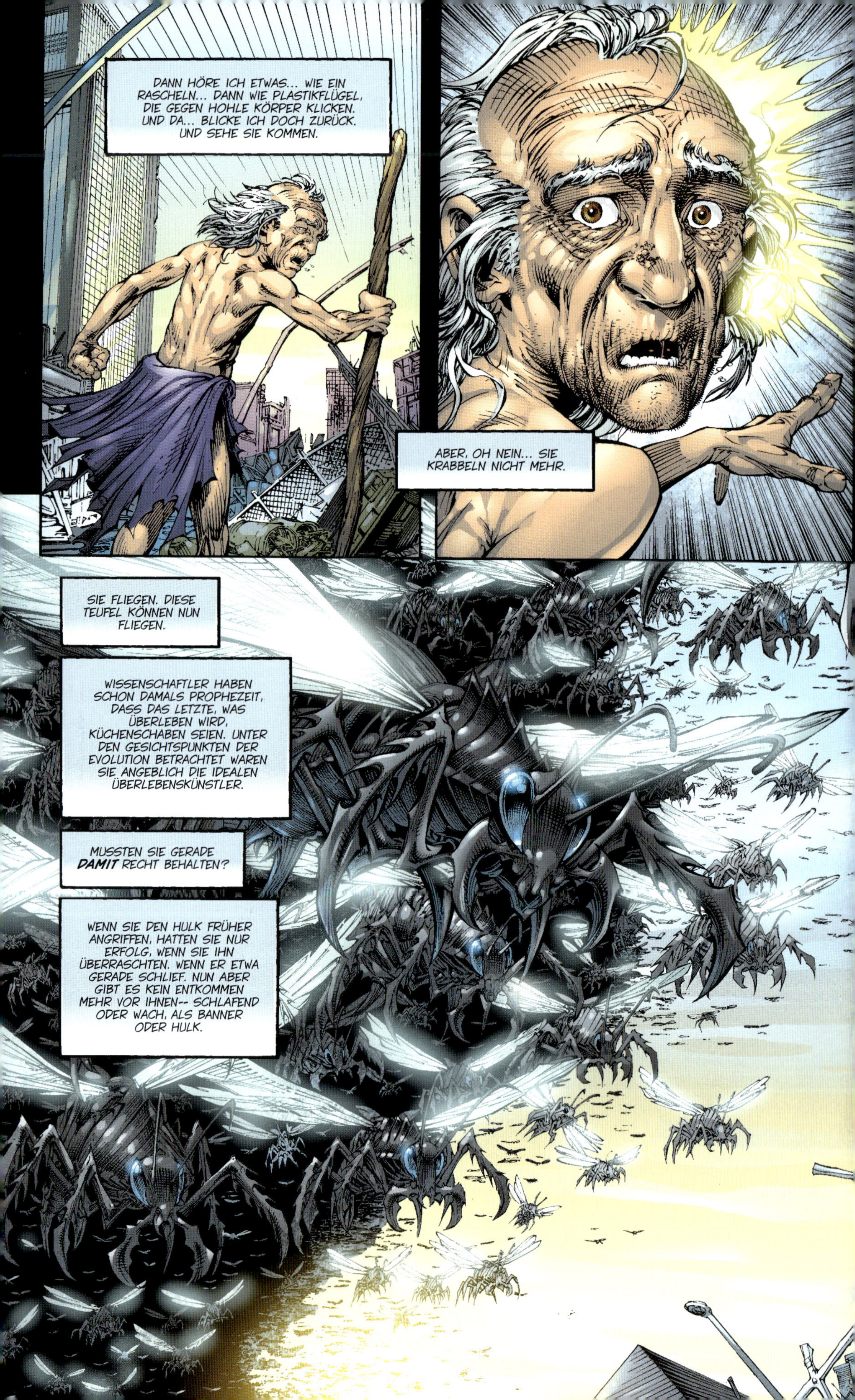
DANN HÖRE ICH ETWAS... WIE EIN RASCHELN... DANN WIE PLASTIKFLÜGEL, DIE GEGEN HOHLE KÖRPER KLICKEN. UND DA... BLICKE ICH DOCH ZURÜCK. UND SEHE SIE KOMMEN.
ABER, OH NEIN... SIE KRABBELN NICHT MEHR.
SIE FLIEGEN. DIESE TEUFEL KÖNNEN NUN FLIEGEN.
WISSENSCHAFTLER HABEN SCHON DAMALS PROPHEZEIT, DASS DAS LETZTE, WAS ÜBERLEBEN WIRD, KÜCHENSCHABEN SEIEN. UNTER DEN GESICHTSPUNKTEN DER EVOLUTION BETRACHTET WAREN SIE ANGEBLICH DIE IDEALEN ÜBERLEBENSKÜNSTLER.
MUSSTEN SIE GERADE **DAMIT** RECHT BEHALTEN?
WENN SIE DEN HULK FRÜHER ANGRIFFEN, HATTEN SIE NUR ERFOLG, WENN SIE IHN ÜBERRASCHTEN. WENN ER ETWA GERADE SCHLIEF. NUN ABER GIBT ES KEIN ENTKOMMEN MEHR VOR IHNEN-- SCHLAFEND ODER WACH, ALS BANNER ODER HULK.

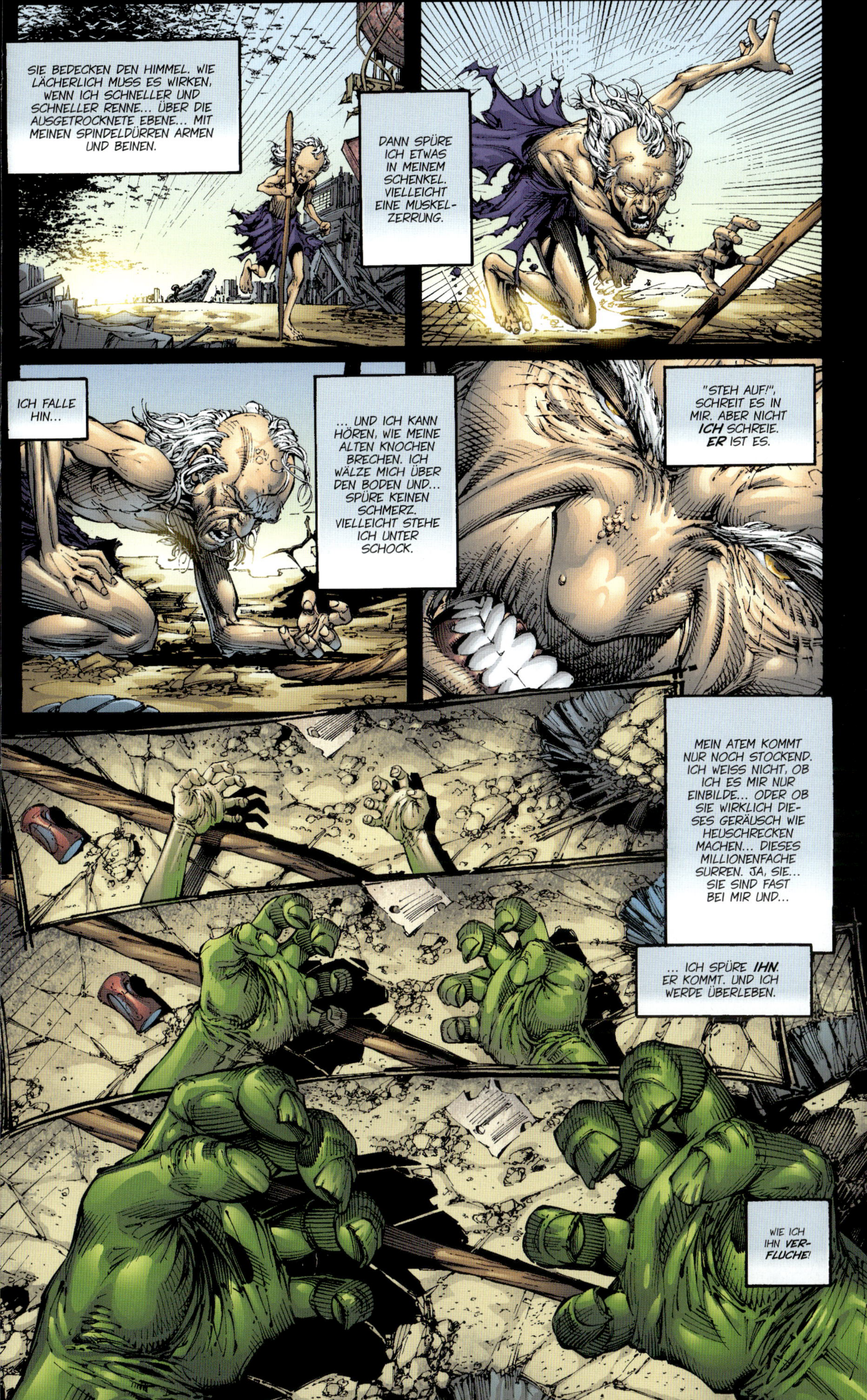
SIE BEDECKEN DEN HIMMEL. WIE LÄCHERLICH MUSS ES WIRKEN, WENN ICH SCHNELLER UND SCHNELLER RENNE... ÜBER DIE AUSGETROCKNETE EBENE... MIT MEINEN SPINDELDÜRREN ARMEN UND BEINEN.
DANN SPÜRE ICH ETWAS IN MEINEM SCHENKEL. VIELLEICHT EINE MUSKEL-ZERRUNG.
ICH FALLE HIN...
... UND ICH KANN HÖREN, WIE MEINE ALTEN KNOCHEN BRECHEN. ICH WÄLZE MICH ÜBER DEN BODEN UND... SPÜRE KEINEN SCHMERZ. VIELLEICHT STEHE ICH UNTER SCHOCK.
"STEH AUF!", SCHREIT ES IN MIR. ABER NICHT ***ICH*** SCHREIE. ***ER*** IST ES.
MEIN ATEM KOMMT NUR NOCH STOCKEND. ICH WEISS NICHT, OB ICH ES MIR NUR EINBILDE... ODER OB SIE WIRKLICH DIESES GERÄUSCH WIE HEUSCHRECKEN MACHEN... DIESES MILLIONENFACHE SURREN. JA, SIE... SIE SIND FAST BEI MIR UND...
... ICH SPÜRE ***IHN***. ER KOMMT. UND ICH WERDE ÜBERLEBEN.
WIE ICH IHN ***VERFLUCHE***!

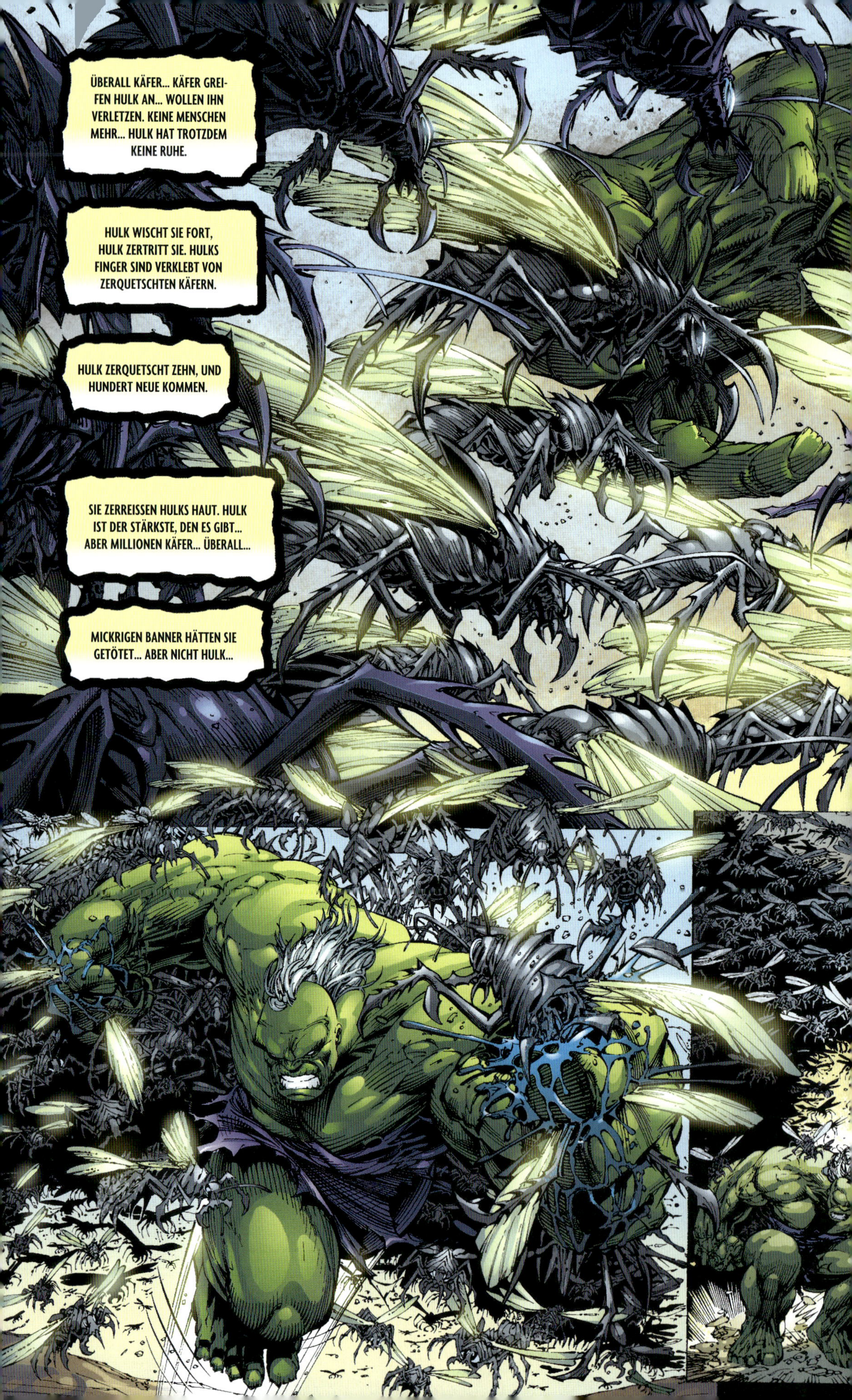
ÜBERALL KÄFER... KÄFER GREI-
FEN HULK AN... WOLLEN IHN
VERLETZEN. KEINE MENSCHEN
MEHR... HULK HAT TROTZDEM
KEINE RUHE.
HULK WISCHT SIE FORT,
HULK ZERTRITT SIE. HULKS
FINGER SIND VERKLEBT VON
ZERQUETSCHTEN KÄFERN.
HULK ZERQUETSCHT ZEHN, UND
HUNDERT NEUE KOMMEN.
SIE ZERREISSEN HULKS HAUT. HULK
IST DER STÄRKSTE, DEN ES GIBT...
ABER MILLIONEN KÄFER... ÜBERALL...
MICKRIGEN BANNER HÄTTEN SIE
GETÖTET... ABER NICHT HULK...

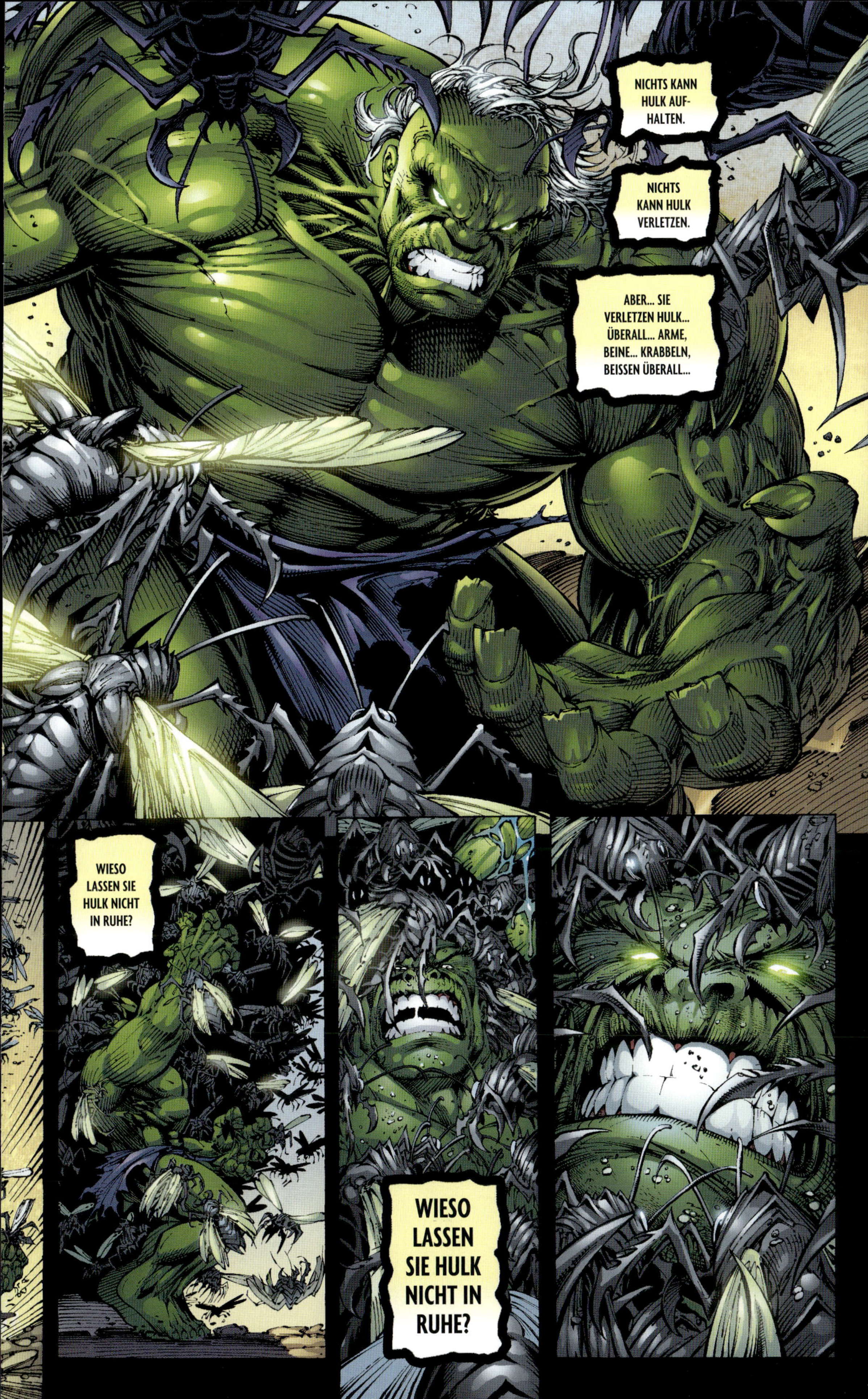
NICHTS KANN HULK AUF-HALTEN.
NICHTS KANN HULK VERLETZEN.
ABER... SIE VERLETZEN HULK... ÜBERALL... ARME, BEINE... KRABBELN, BEISSEN ÜBERALL...
WIESO LASSEN SIE HULK NICHT IN RUHE?
WIESO LASSEN SIE HULK NICHT IN RUHE?

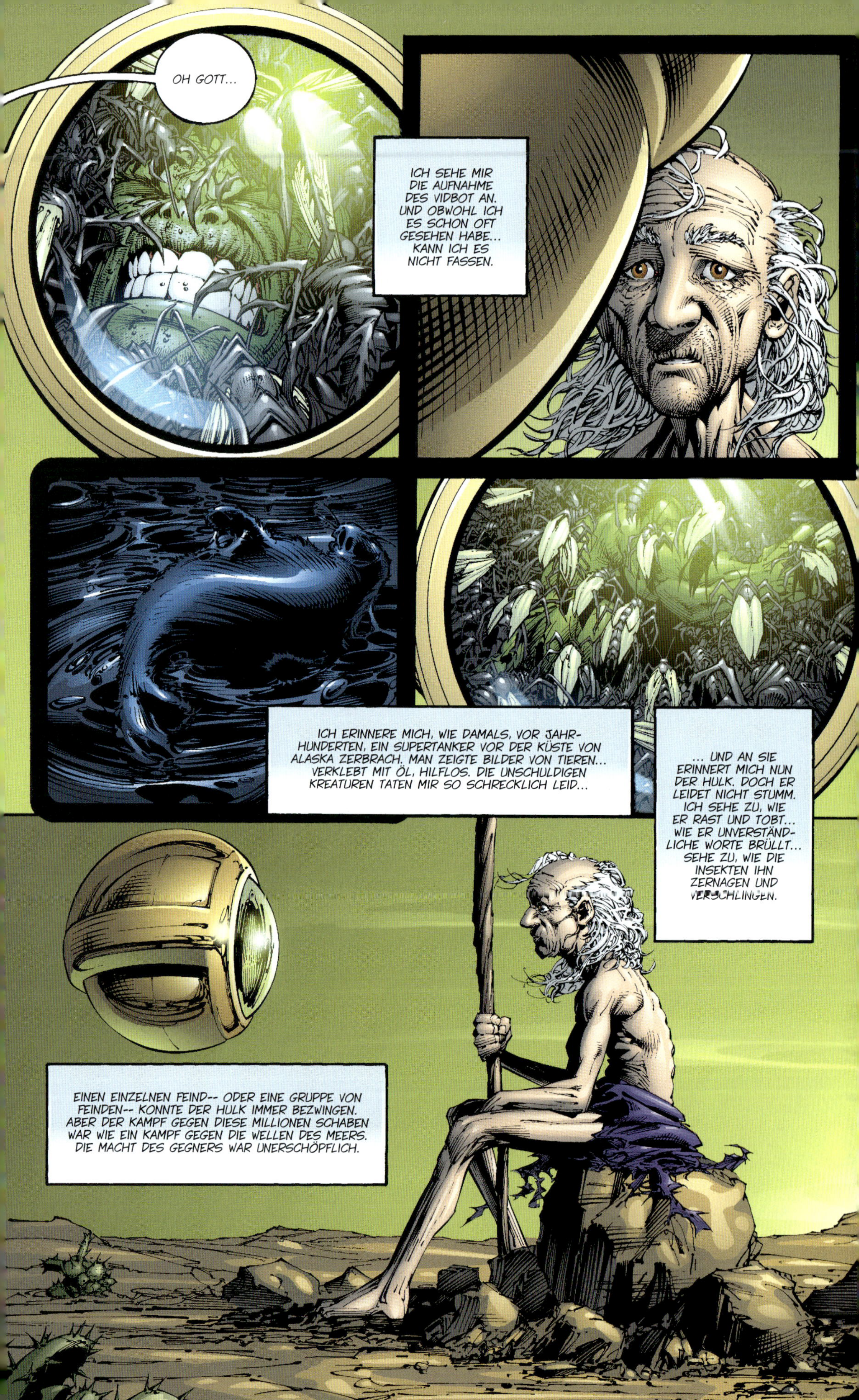
OH GOTT...
ICH SEHE MIR DIE AUFNAHME DES VIDBOT AN. UND OBWOHL ICH ES SCHON OFT GESEHEN HABE... KANN ICH ES NICHT FASSEN.
ICH ERINNERE MICH, WIE DAMALS, VOR JAHRHUNDERTEN, EIN SUPERTANKER VOR DER KÜSTE VON ALASKA ZERBRACH. MAN ZEIGTE BILDER VON TIEREN... VERKLEBT MIT ÖL, HILFLOS. DIE UNSCHULDIGEN KREATUREN TATEN MIR SO SCHRECKLICH LEID...
... UND AN SIE ERINNERT MICH NUN DER HULK. DOCH ER LEIDET NICHT STUMM. ICH SEHE ZU, WIE ER RAST UND TOBT... WIE ER UNVERSTÄNDLICHE WORTE BRÜLLT... SEHE ZU, WIE DIE INSEKTEN IHN ZERNAGEN UND VERSCHLINGEN.
EINEN EINZELNEN FEIND-- ODER EINE GRUPPE VON FEINDEN-- KONNTE DER HULK IMMER BEZWINGEN. ABER DER KAMPF GEGEN DIESE MILLIONEN SCHABEN WAR WIE EIN KAMPF GEGEN DIE WELLEN DES MEERS. DIE MACHT DES GEGNERS WAR UNERSCHÖPFLICH.

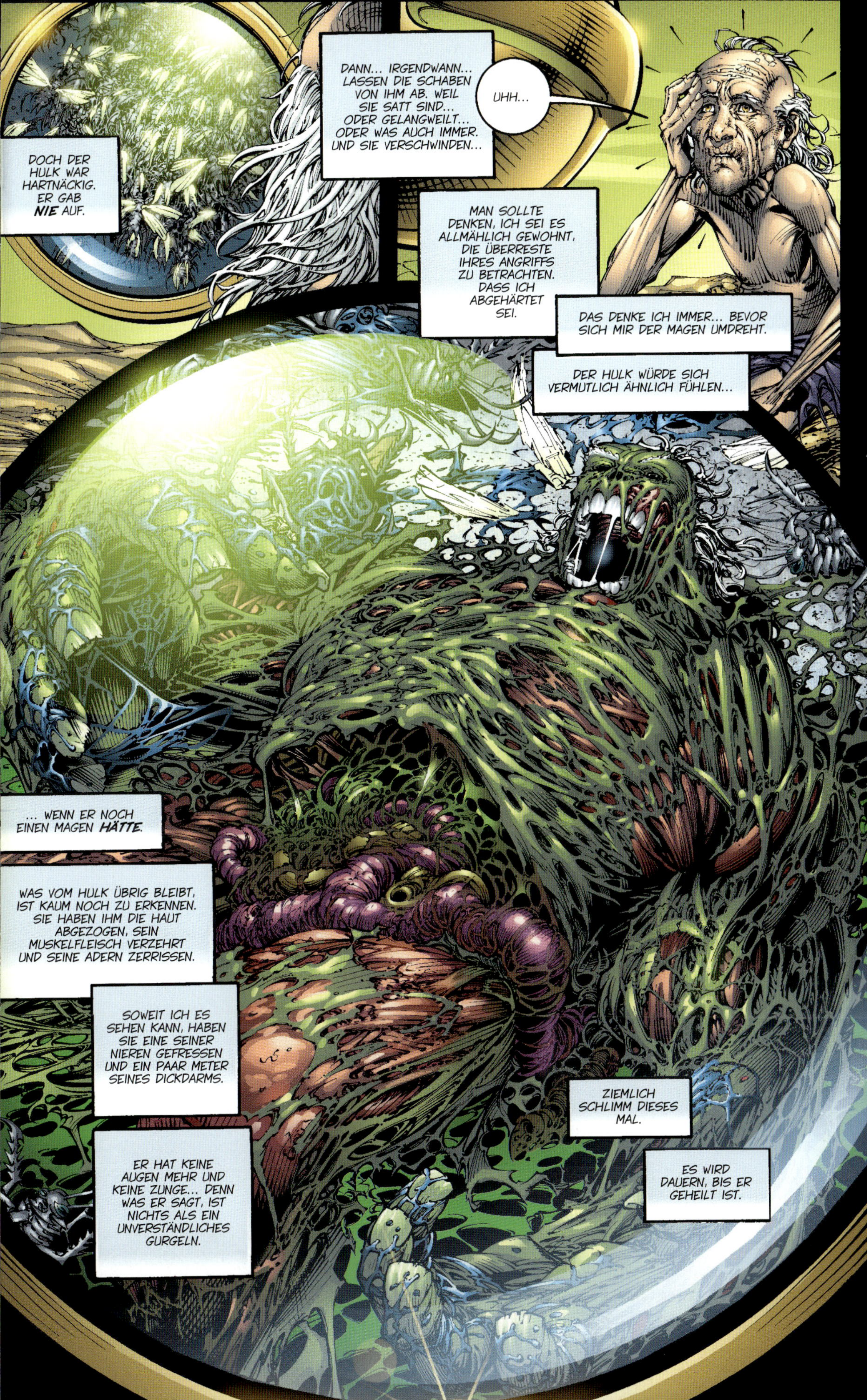
DOCH DER HULK WAR HARTNÄCKIG. ER GAB *NIE* AUF.
DANN... IRGENDWANN... LASSEN DIE SCHABEN VON IHM AB. WEIL SIE SATT SIND... ODER GELANGWEILT... ODER WAS AUCH IMMER. UND SIE VERSCHWINDEN...
UHH...
MAN SOLLTE DENKEN, ICH SEI ES ALLMÄHLICH GEWOHNT, DIE ÜBERRESTE IHRES ANGRIFFS ZU BETRACHTEN. DASS ICH ABGEHÄRTET SEI.
DAS DENKE ICH IMMER... BEVOR SICH MIR DER MAGEN UMDREHT.
DER HULK WÜRDE SICH VERMUTLICH ÄHNLICH FÜHLEN...
... WENN ER NOCH EINEN MAGEN *HÄTTE*.
WAS VOM HULK ÜBRIG BLEIBT, IST KAUM NOCH ZU ERKENNEN. SIE HABEN IHM DIE HAUT ABGEZOGEN, SEIN MUSKELFLEISCH VERZEHRT UND SEINE ADERN ZERRISSEN.
SOWEIT ICH ES SEHEN KANN, HABEN SIE EINE SEINER NIEREN GEFRESSEN UND EIN PAAR METER SEINES DICKDARMS.
ER HAT KEINE AUGEN MEHR UND KEINE ZUNGE... DENN WAS ER SAGT, IST NICHTS ALS EIN UNVERSTÄNDLICHES GURGELN.
ZIEMLICH SCHLIMM DIESES MAL.
ES WIRD DAUERN, BIS ER GEHEILT IST.

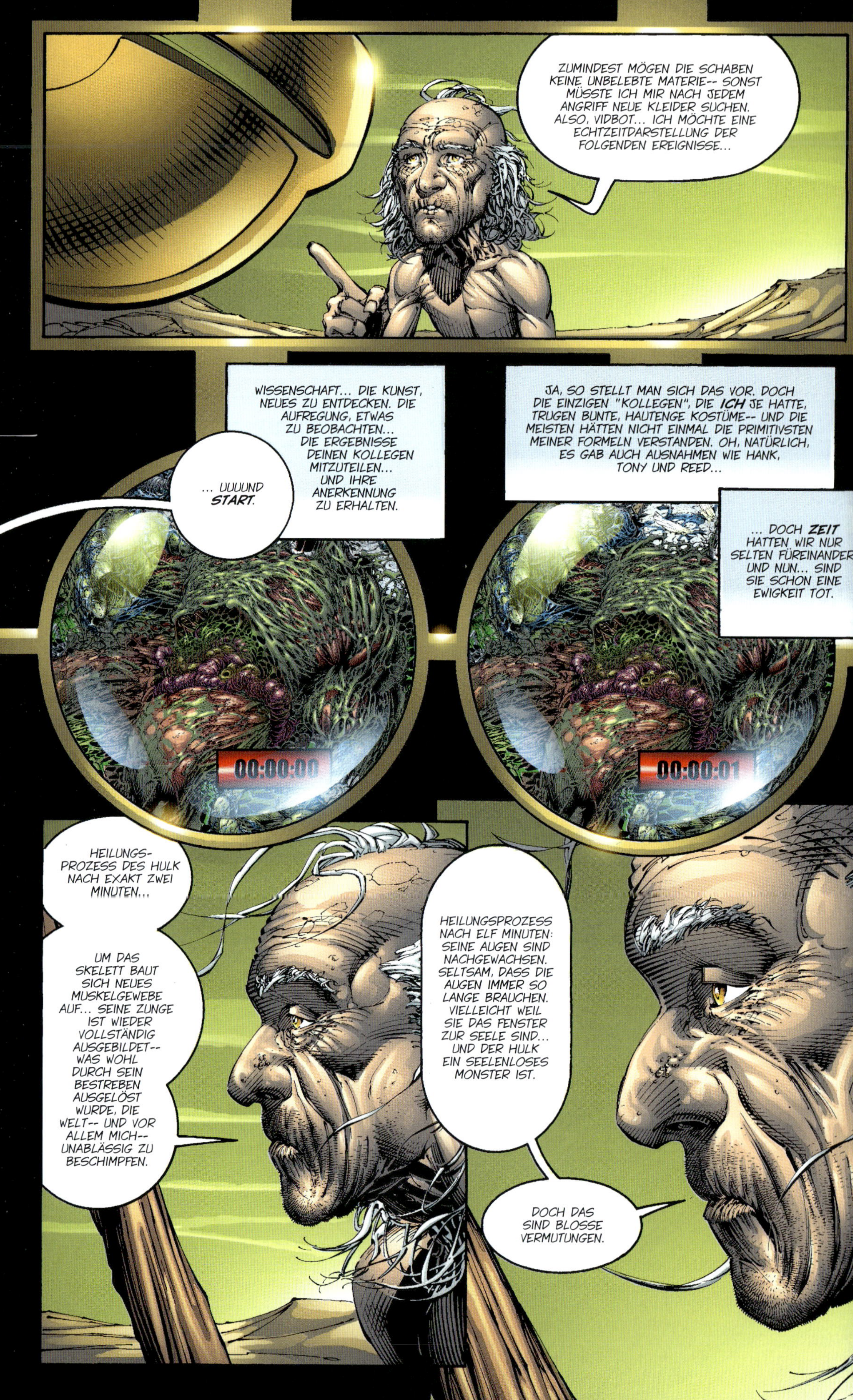

ZUMINDEST MÖGEN DIE SCHABEN KEINE UNBELEBTE MATERIE-- SONST MÜSSTE ICH MIR NACH JEDEM ANGRIFF NEUE KLEIDER SUCHEN. ALSO, VIDBOT... ICH MÖCHTE EINE ECHTZEITDARSTELLUNG DER FOLGENDEN EREIGNISSE...
WISSENSCHAFT... DIE KUNST, NEUES ZU ENTDECKEN. DIE AUFREGUNG, ETWAS ZU BEOBACHTEN... DIE ERGEBNISSE DEINEN KOLLEGEN MITZUTEILEN... UND IHRE ANERKENNUNG ZU ERHALTEN.
... UUUUND START.
JA, SO STELLT MAN SICH DAS VOR. DOCH DIE EINZIGEN "KOLLEGEN", DIE ICH JE HATTE, TRUGEN BUNTE, HAUTENGE KOSTÜME-- UND DIE MEISTEN HÄTTEN NICHT EINMAL DIE PRIMITIVSTEN MEINER FORMELN VERSTANDEN. OH, NATÜRLICH, ES GAB AUCH AUSNAHMEN WIE HANK, TONY UND REED...
... DOCH ZEIT HATTEN WIR NUR SELTEN FÜREINANDER. UND NUN... SIND SIE SCHON EINE EWIGKEIT TOT.
00:00:00
00:00:01
HEILUNGS-PROZESS DES HULK NACH EXAKT ZWEI MINUTEN...
UM DAS SKELETT BAUT SICH NEUES MUSKELGEWEBE AUF... SEINE ZUNGE IST WIEDER VOLLSTÄNDIG AUSGEBILDET-- WAS WOHL DURCH SEIN BESTREBEN AUSGELÖST WURDE, DIE WELT-- UND VOR ALLEM MICH-- UNABLÄSSIG ZU BESCHIMPFEN.
HEILUNGSPROZESS NACH ELF MINUTEN: SEINE AUGEN SIND NACHGEWACHSEN. SELTSAM, DASS DIE AUGEN IMMER SO LANGE BRAUCHEN. VIELLEICHT WEIL SIE DAS FENSTER ZUR SEELE SIND... UND DER HULK EIN SEELENLOSES MONSTER IST.
DOCH DAS SIND BLOSSE VERMUTUNGEN.

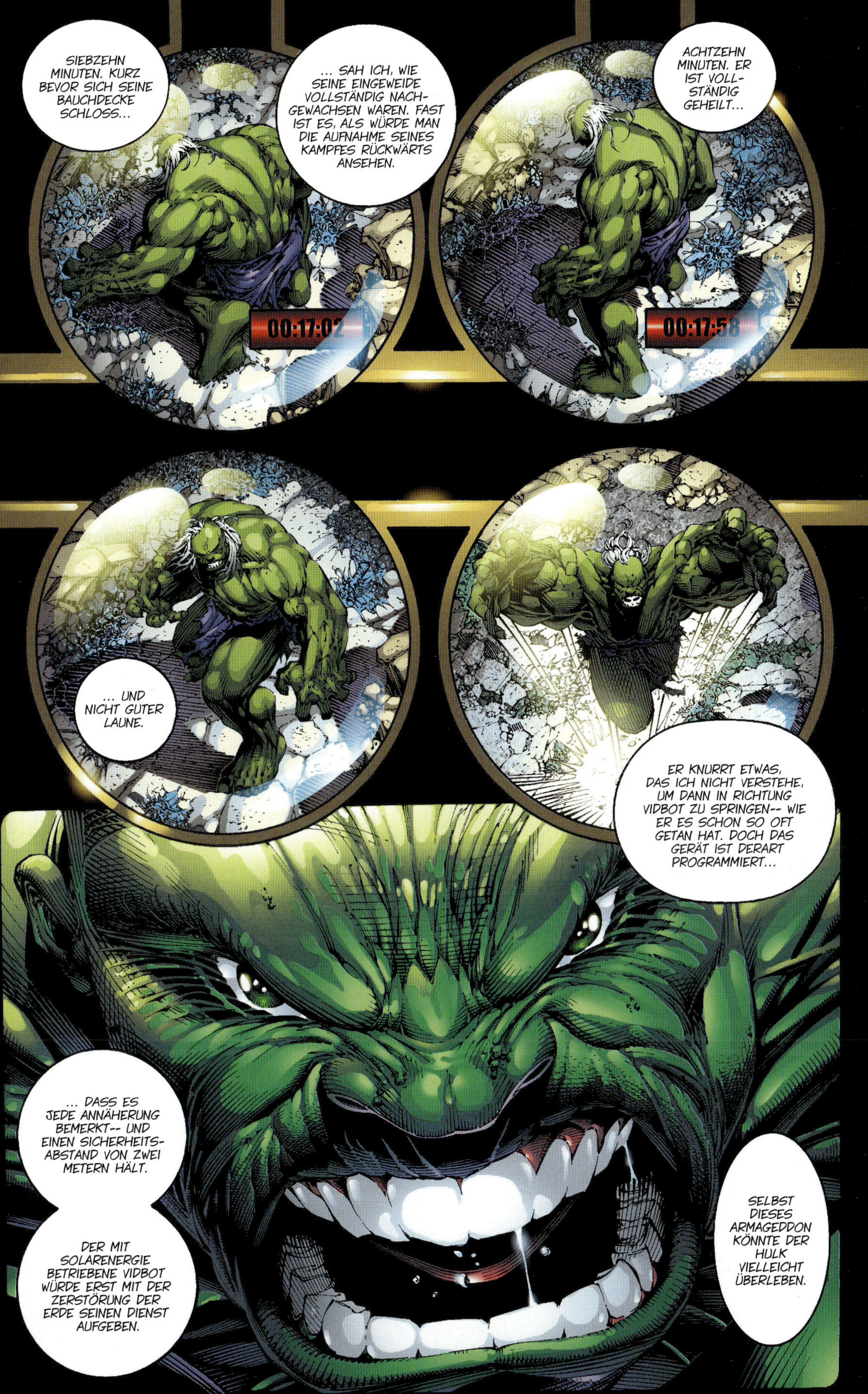
SIEBZEHN MINUTEN. KURZ BEVOR SICH SEINE BAUCHDECKE SCHLOSS...
... SAH ICH, WIE SEINE EINGEWEIDE VOLLSTÄNDIG NACHGEWACHSEN WAREN. FAST IST ES, ALS WÜRDE MAN DIE AUFNAHME SEINES KAMPFES RÜCKWÄRTS ANSEHEN.
00:17:02
ACHTZEHN MINUTEN. ER IST VOLLSTÄNDIG GEHEILT...
... UND NICHT GUTER LAUNE.
ER KNURRT ETWAS, DAS ICH NICHT VERSTEHE, UM DANN IN RICHTUNG VIDBOT ZU SPRINGEN-- WIE ER ES SCHON SO OFT GETAN HAT. DOCH DAS GERÄT IST DERART PROGRAMMIERT...
... DASS ES JEDE ANNÄHERUNG BEMERKT-- UND EINEN SICHERHEITSABSTAND VON ZWEI METERN HÄLT.
DER MIT SOLARENERGIE BETRIEBENE VIDBOT WÜRDE ERST MIT DER ZERSTÖRUNG DER ERDE SEINEN DIENST AUFGEBEN.
SELBST DIESES ARMAGEDDON KÖNNTE DER HULK VIELLEICHT ÜBERLEBEN.

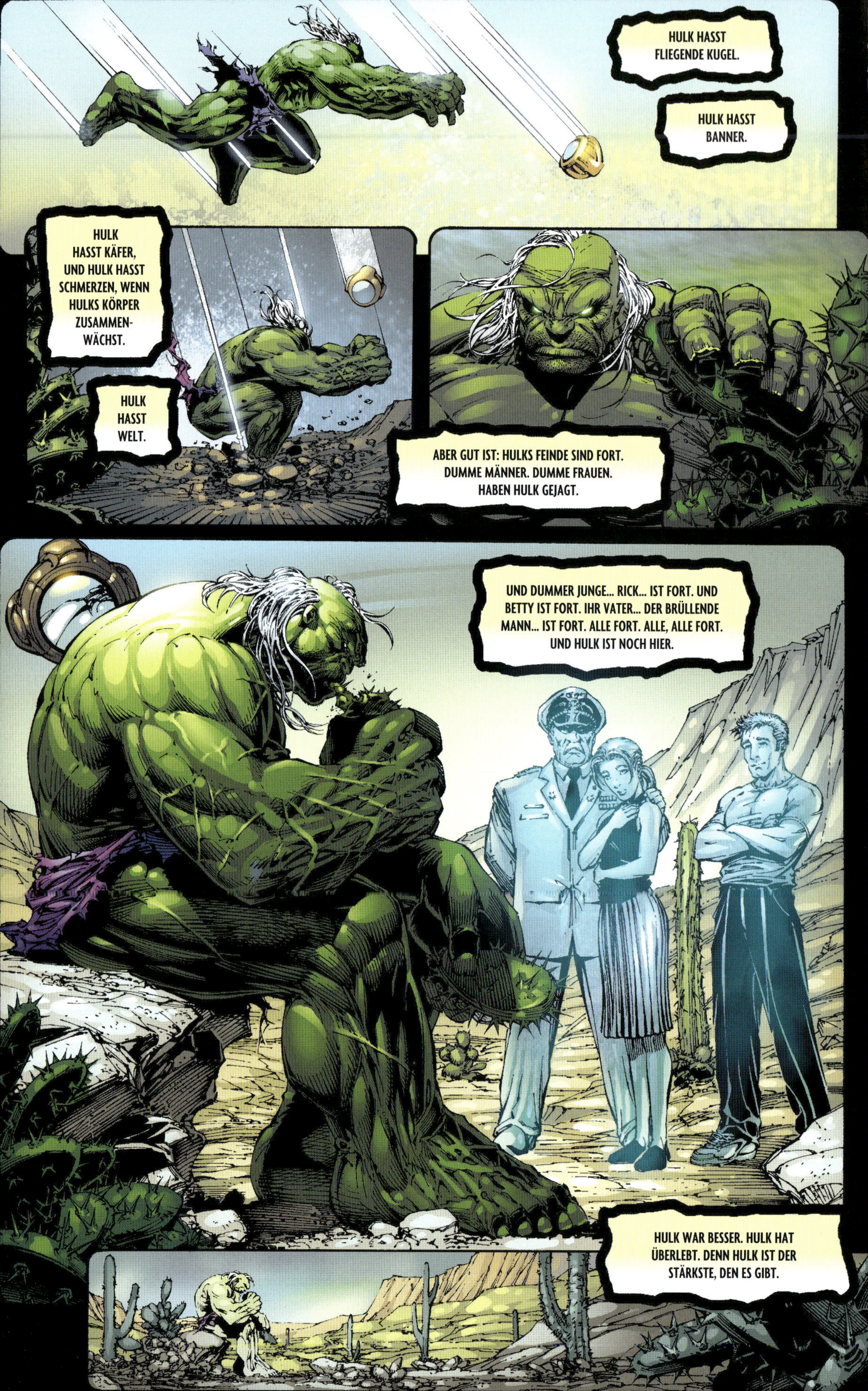
HULK HASST FLIEGENDE KUGEL.
HULK HASST BANNER.
HULK HASST KÄFER, UND HULK HASST SCHMERZEN, WENN HULKS KÖRPER ZUSAMMEN-WÄCHST.
HULK HASST WELT.
ABER GUT IST: HULKS FEINDE SIND FORT. DUMME MÄNNER. DUMME FRAUEN. HABEN HULK GEJAGT.
UND DUMMER JUNGE... RICK... IST FORT. UND BETTY IST FORT. IHR VATER... DER BRÜLLENDE MANN... IST FORT. ALLE FORT. ALLE, ALLE FORT. UND HULK IST NOCH HIER.
HULK WAR BESSER. HULK HAT ÜBERLEBT. DENN HULK IST DER STÄRKSTE, DEN ES GIBT.

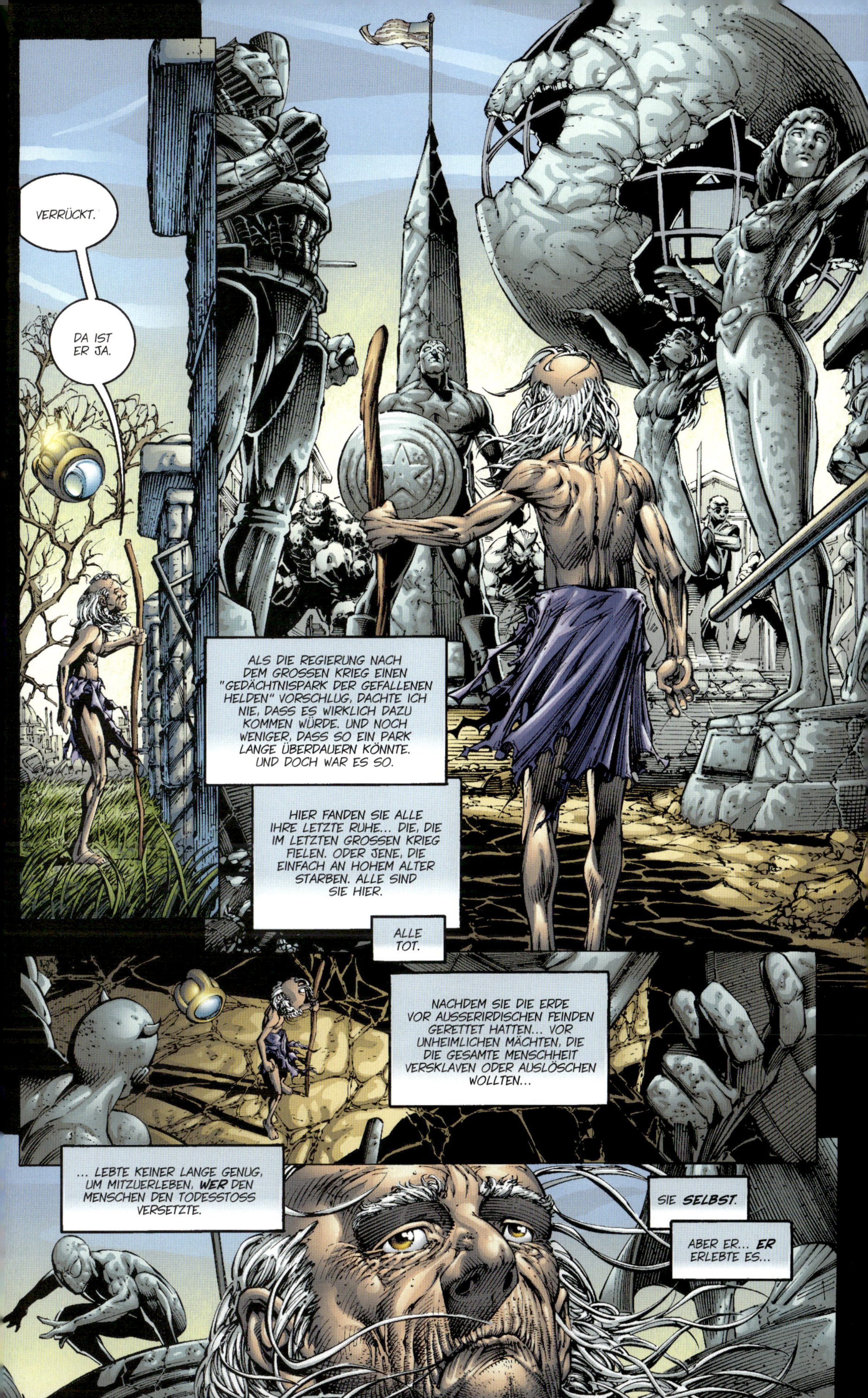
VERRÜCKT.
DA IST ER JA.
ALS DIE REGIERUNG NACH DEM GROSSEN KRIEG EINEN "GEDÄCHTNISPARK DER GEFALLENEN HELDEN" VORSCHLUG, DACHTE ICH NIE, DASS ES WIRKLICH DAZU KOMMEN WÜRDE. UND NOCH WENIGER, DASS SO EIN PARK LANGE ÜBERDAUERN KÖNNTE. UND DOCH WAR ES SO.
HIER FANDEN SIE ALLE IHRE LETZTE RUHE... DIE, DIE IM LETZTEN GROSSEN KRIEG FIELEN. ODER JENE, DIE EINFACH AN HOHEM ALTER STARBEN. ALLE SIND SIE HIER.
ALLE TOT.
NACHDEM SIE DIE ERDE VOR AUSSERIRDISCHEN FEINDEN GERETTET HATTEN... VOR UNHEIMLICHEN MÄCHTEN, DIE DIE GESAMTE MENSCHHEIT VERSKLAVEN ODER AUSLÖSCHEN WOLLTEN...
... LEBTE KEINER LANGE GENUG, UM MITZUERLEBEN, WER DEN MENSCHEN DEN TODESSTOSS VERSETZTE.
SIE SELBST.
ABER ER... ER ERLEBTE ES...

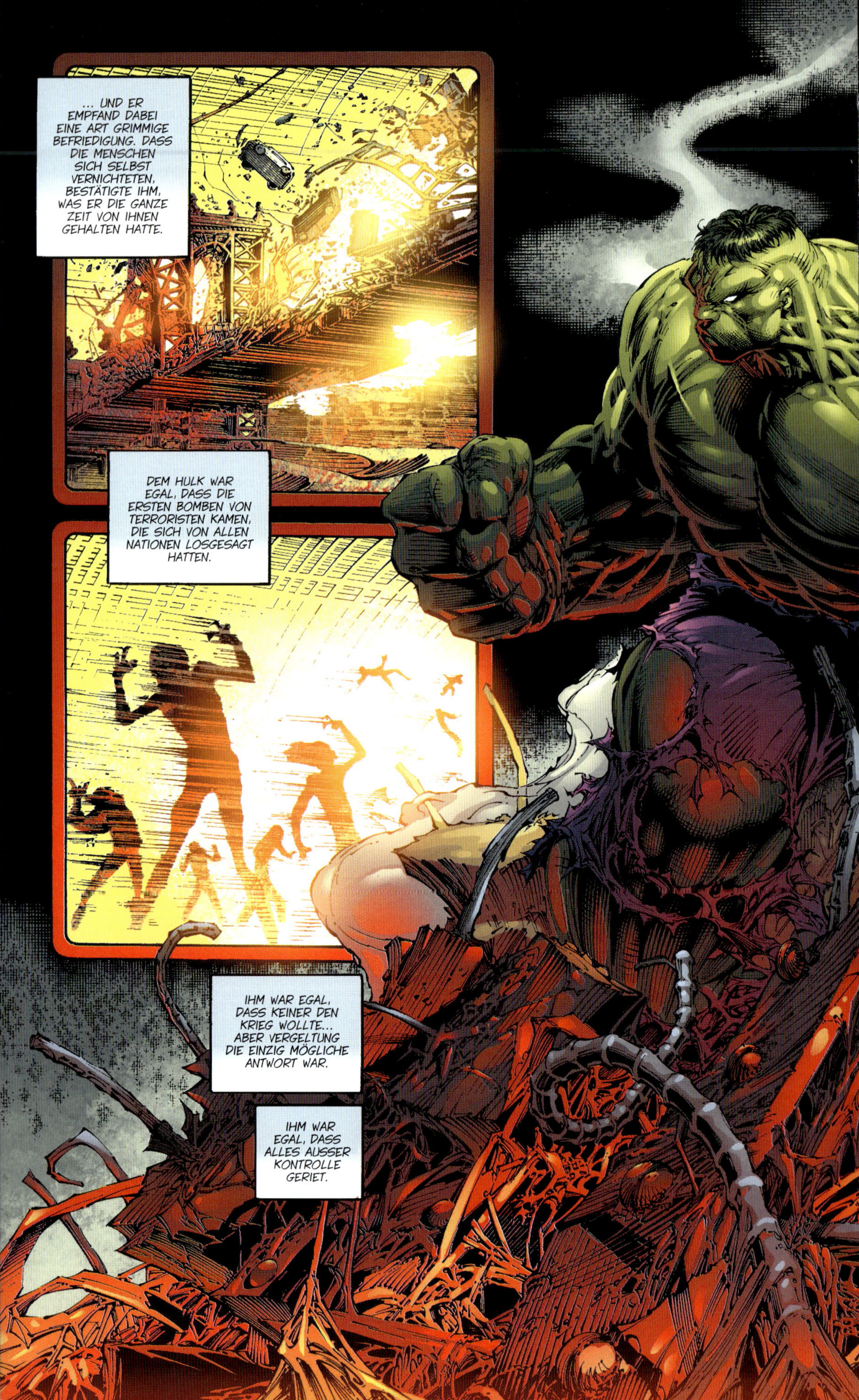
... UND ER EMPFAND DABEI EINE ART GRIMMIGE BEFRIEDIGUNG. DASS DIE MENSCHEN SICH SELBST VERNICHTETEN, BESTÄTIGTE IHM, WAS ER DIE GANZE ZEIT VON IHNEN GEHALTEN HATTE.
DEM HULK WAR EGAL, DASS DIE ERSTEN BOMBEN VON TERRORISTEN KAMEN, DIE SICH VON ALLEN NATIONEN LOSGESAGT HATTEN.
IHM WAR EGAL, DASS KEINER DEN KRIEG WOLLTE... ABER VERGELTUNG DIE EINZIG MÖGLICHE ANTWORT WAR.
IHM WAR EGAL, DASS ALLES AUSSER KONTROLLE GERIET.

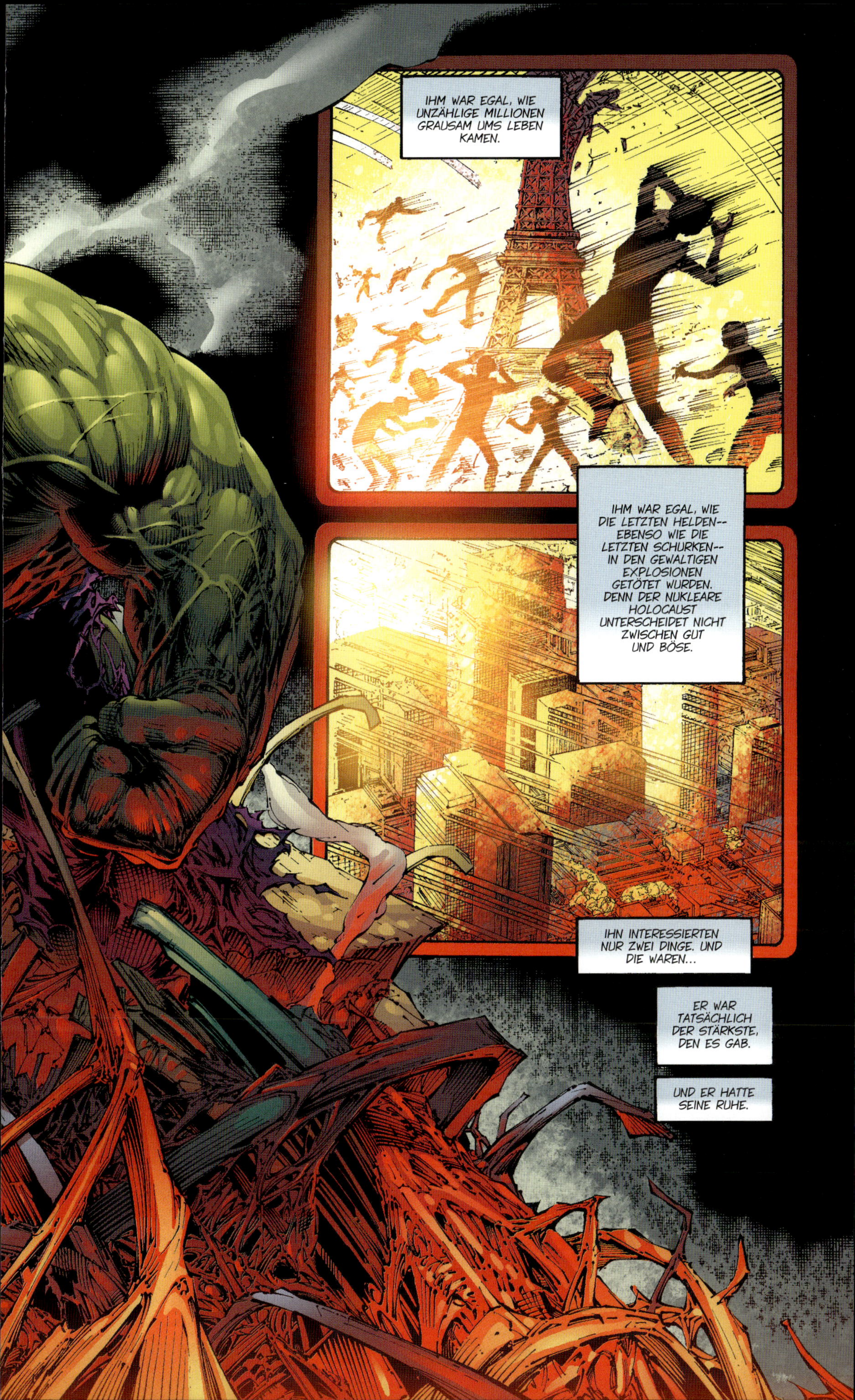
IHM WAR EGAL, WIE UNZÄHLIGE MILLIONEN GRAUSAM UMS LEBEN KAMEN.
IHM WAR EGAL, WIE DIE LETZTEN HELDEN-- EBENSO WIE DIE LETZTEN SCHURKEN-- IN DEN GEWALTIGEN EXPLOSIONEN GETÖTET WURDEN. DENN DER NUKLEARE HOLOCAUST UNTERSCHEIDET NICHT ZWISCHEN GUT UND BÖSE.
IHN INTERESSIERTEN NUR ZWEI DINGE. UND DIE WAREN...
ER WAR TATSÄCHLICH DER STÄRKSTE, DEN ES GAB.
UND ER HATTE SEINE RUHE.

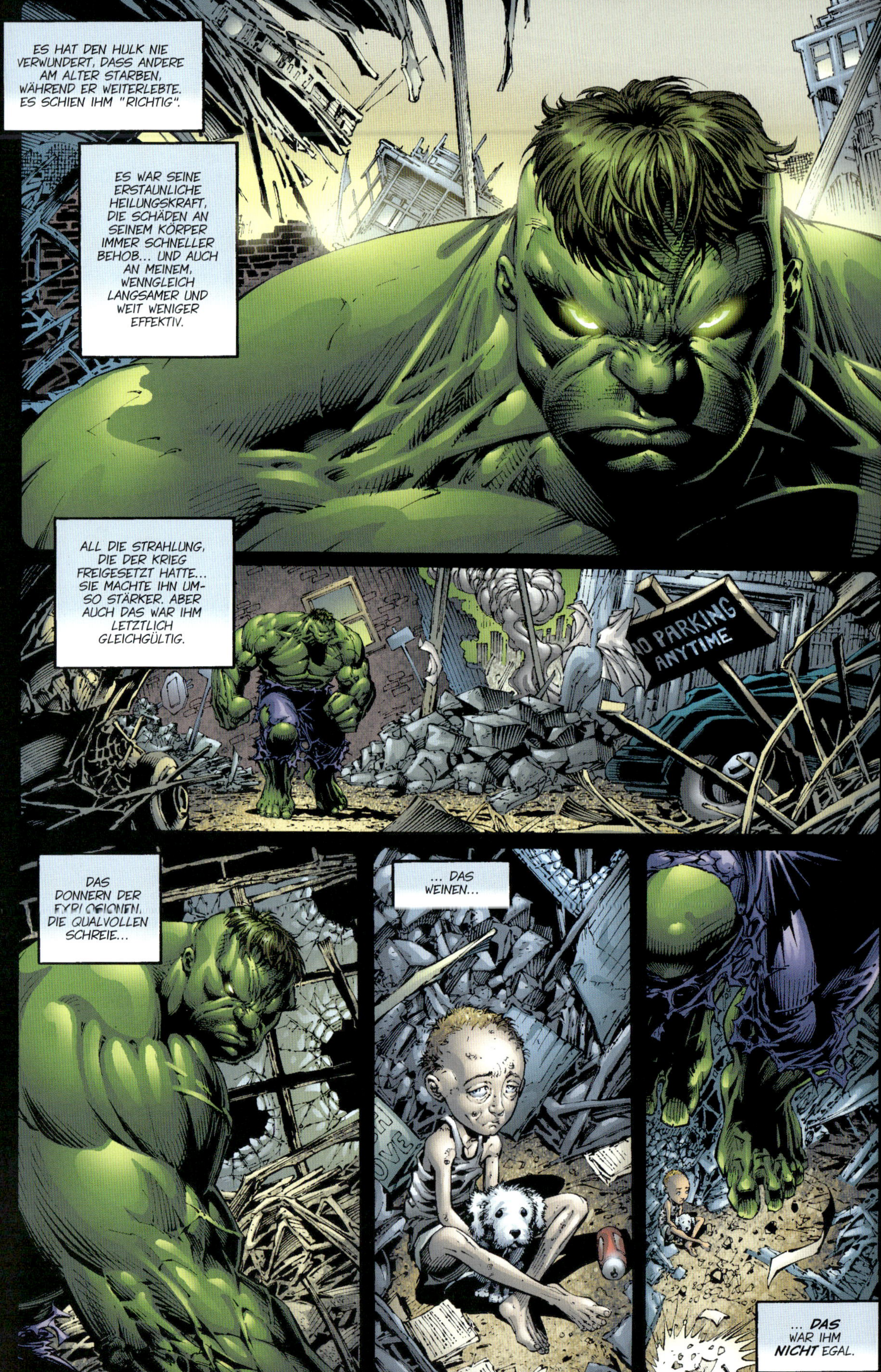

ES HAT DEN HULK NIE VERWUNDERT, DASS ANDERE AM ALTER STARBEN, WÄHREND ER WEITERLEBTE. ES SCHIEN IHM "RICHTIG".
ES WAR SEINE ERSTAUNLICHE HEILUNGSKRAFT, DIE SCHÄDEN AN SEINEM KÖRPER IMMER SCHNELLER BEHOB... UND AUCH AN MEINEM, WENNGLEICH LANGSAMER UND WEIT WENIGER EFFEKTIV.
ALL DIE STRAHLUNG, DIE DER KRIEG FREIGESETZT HATTE... SIE MACHTE IHN UMSO STÄRKER. ABER AUCH DAS WAR IHM LETZTLICH GLEICHGÜLTIG.
NO PARKING ANYTIME
DAS DONNERN DER EXPLOSIONEN, DIE QUALVOLLEN SCHREIE...
... DAS WEINEN...
... **DAS** WAR IHM **NICHT** EGAL.

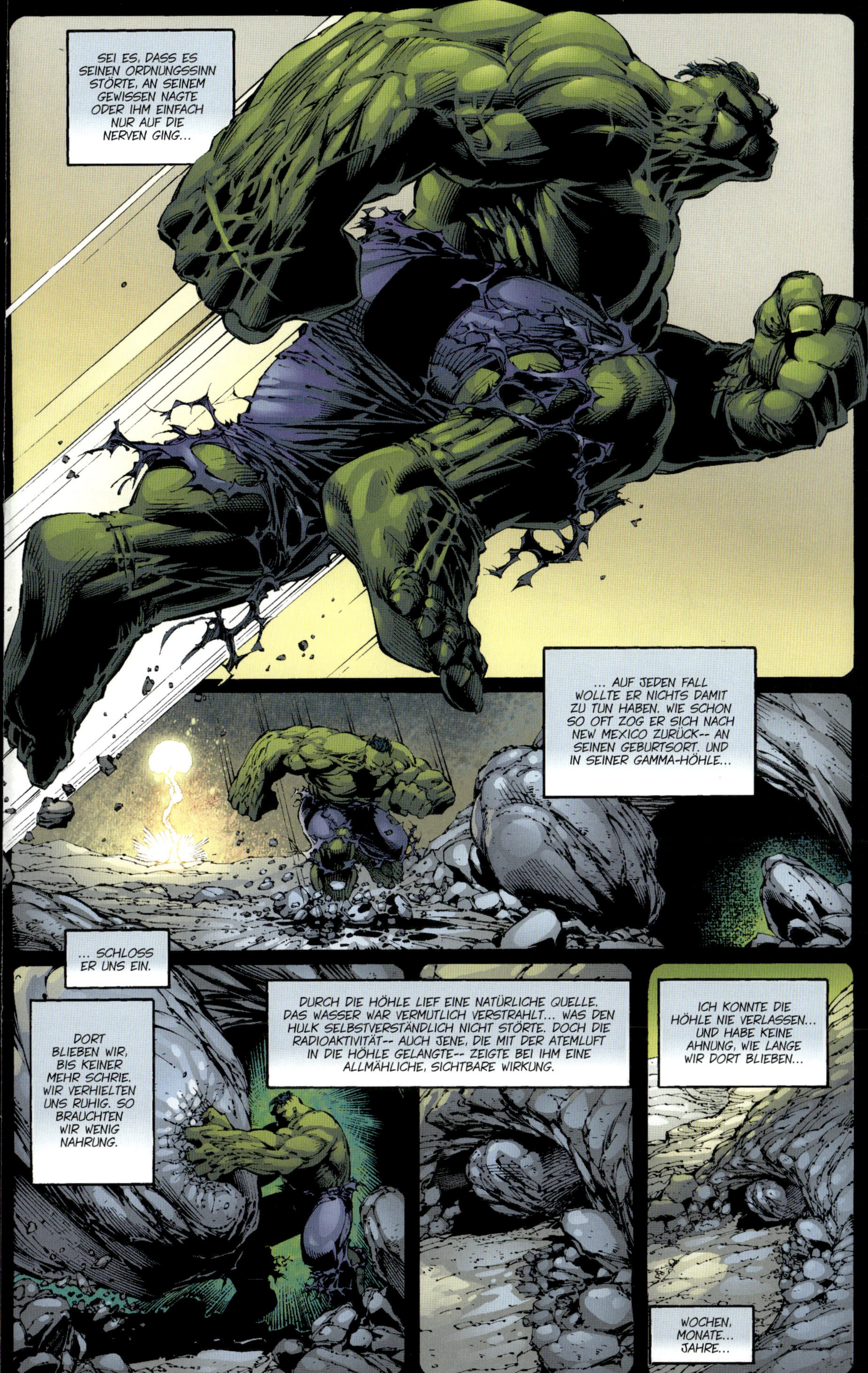
SEI ES, DASS ES SEINEN ORDNUNGSSINN STÖRTE, AN SEINEM GEWISSEN NAGTE ODER IHM EINFACH NUR AUF DIE NERVEN GING...
... AUF JEDEN FALL WOLLTE ER NICHTS DAMIT ZU TUN HABEN. WIE SCHON SO OFT ZOG ER SICH NACH NEW MEXICO ZURÜCK-- AN SEINEN GEBURTSORT. UND IN SEINER GAMMA-HÖHLE...
... SCHLOSS ER UNS EIN.
DORT BLIEBEN WIR, BIS KEINER MEHR SCHRIE. WIR VERHIELTEN UNS RUHIG. SO BRAUCHTEN WIR WENIG NAHRUNG.
DURCH DIE HÖHLE LIEF EINE NATÜRLICHE QUELLE. DAS WASSER WAR VERMUTLICH VERSTRAHLT... WAS DEN HULK SELBSTVERSTÄNDLICH NICHT STÖRTE. DOCH DIE RADIOAKTIVITÄT-- AUCH JENE, DIE MIT DER ATEMLUFT IN DIE HÖHLE GELANGTE-- ZEIGTE BEI IHM EINE ALLMÄHLICHE, SICHTBARE WIRKUNG.
ICH KONNTE DIE HÖHLE NIE VERLASSEN... UND HABE KEINE AHNUNG, WIE LANGE WIR DORT BLIEBEN...
WOCHEN, MONATE... JAHRE...

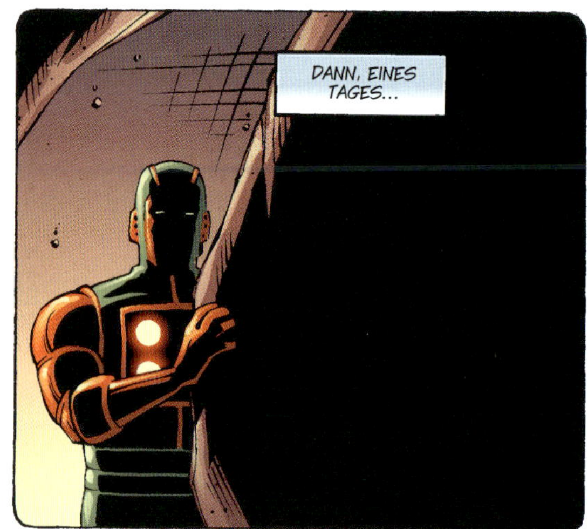
DANN, EINES TAGES...

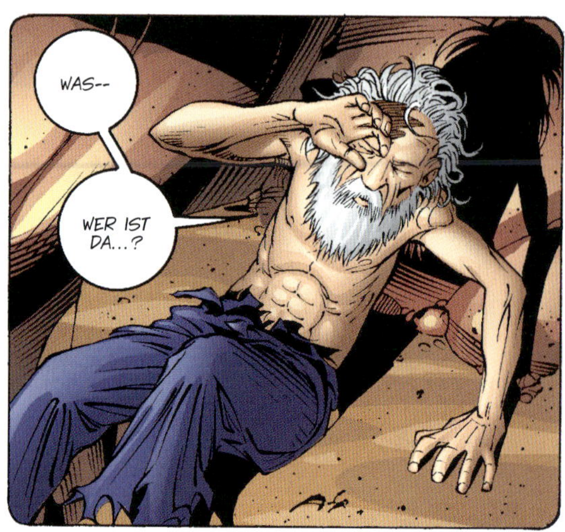
WAS--
WER IST DA...?

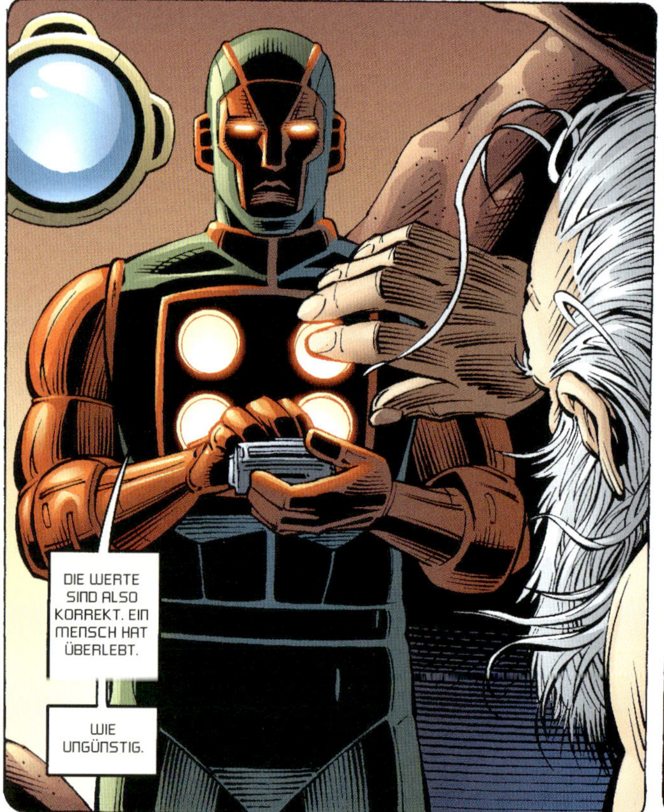
DIE WERTE SIND ALSO KORREKT. EIN MENSCH HAT ÜBERLEBT.
WIE UNGÜNSTIG.

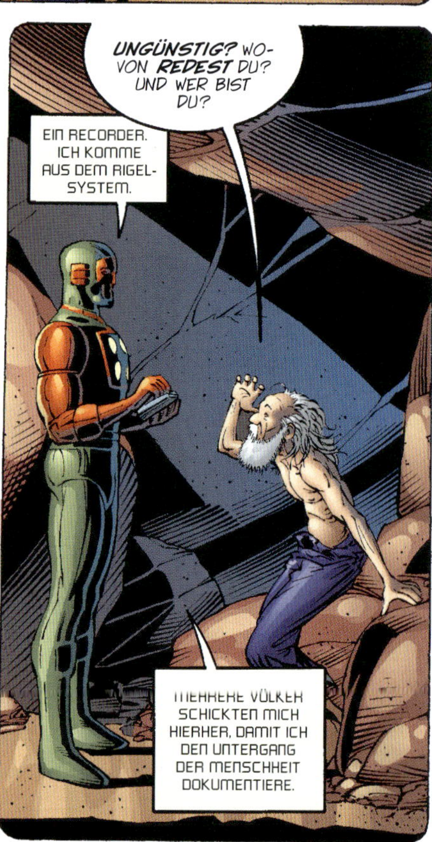
UNGÜNSTIG? WOVON REDEST DU? UND WER BIST DU?
EIN RECORDER. ICH KOMME AUS DEM RIGEL-SYSTEM.
MEHRERE VÖLKER SCHICKTEN MICH HIERHER, DAMIT ICH DEN UNTERGANG DER MENSCHHEIT DOKUMENTIERE.

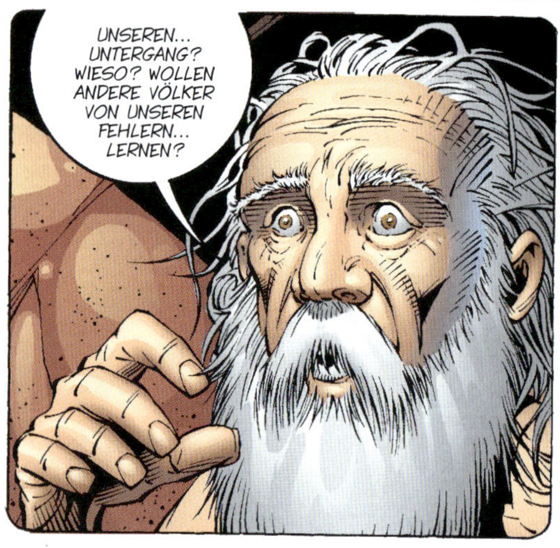
UNSEREN... UNTERGANG? WIESO? WOLLEN ANDERE VÖLKER VON UNSEREN FEHLERN... LERNEN?

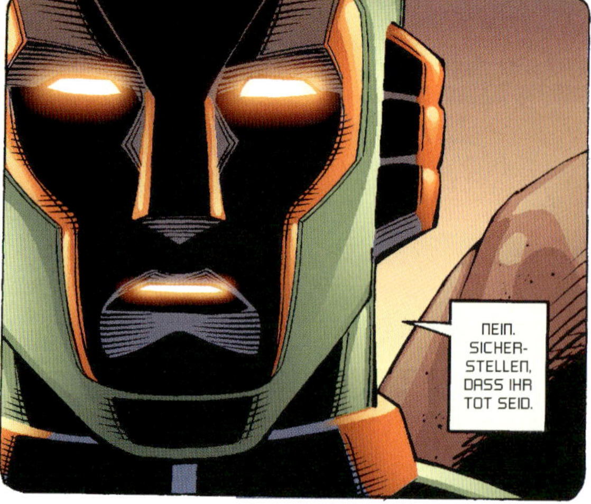
NEIN. SICHERSTELLEN, DASS IHR TOT SEID.

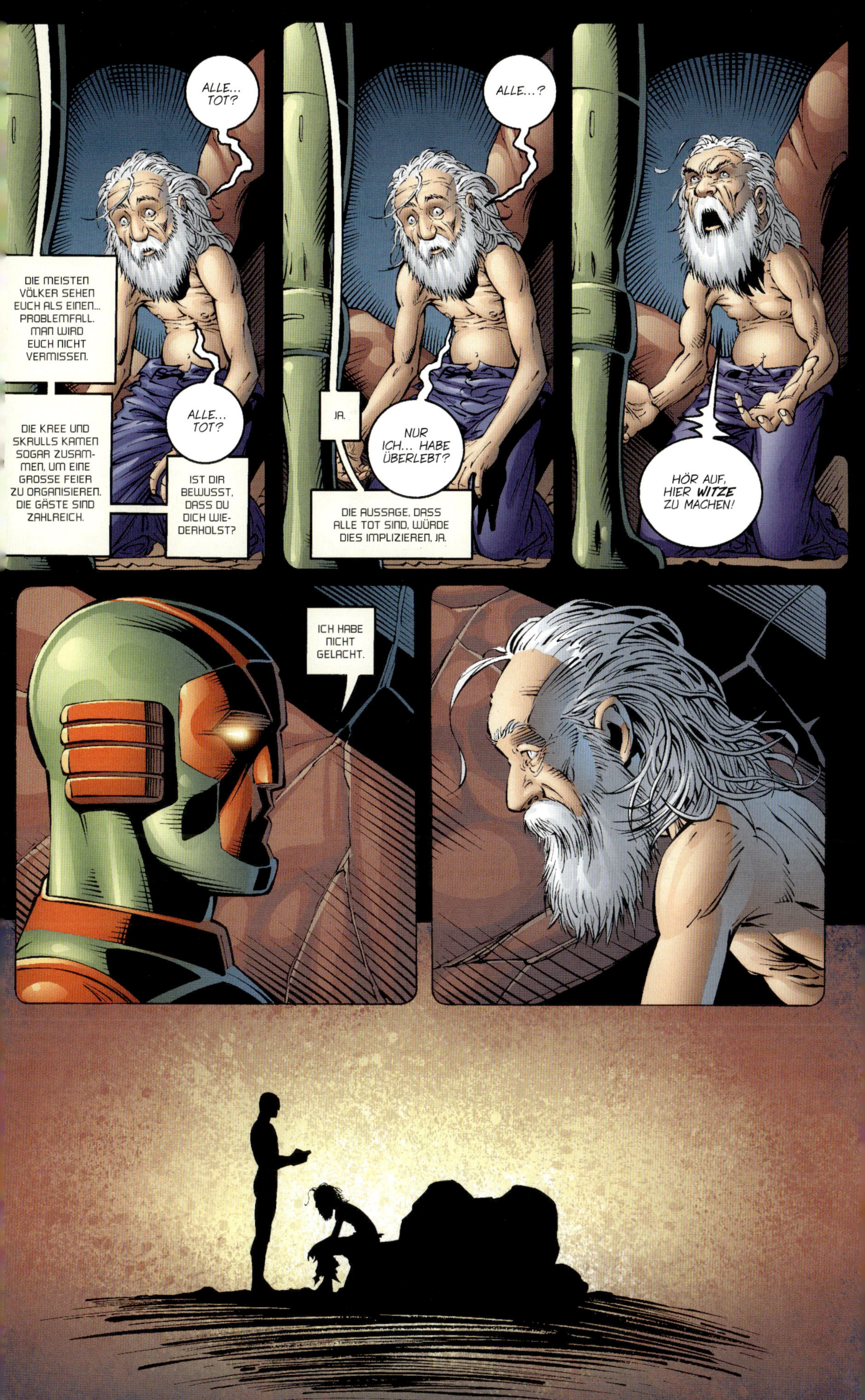
ALLE... TOT?
DIE MEISTEN VÖLKER SEHEN EUCH ALS EINEN... PROBLEMFALL. MAN WIRD EUCH NICHT VERMISSEN.
DIE KREE UND SKRULLS KAMEN SOGAR ZUSAMMEN, UM EINE GROSSE FEIER ZU ORGANISIEREN. DIE GÄSTE SIND ZAHLREICH.
ALLE... TOT?
IST DIR BEWUSST, DASS DU DICH WIEDERHOLST?
ALLE...?
JA.
NUR ICH... HABE ÜBERLEBT?
DIE AUSSAGE, DASS ALLE TOT SIND, WÜRDE DIES IMPLIZIEREN, JA.
HÖR AUF, HIER **WITZE** ZU MACHEN!
ICH HABE NICHT GELACHT.

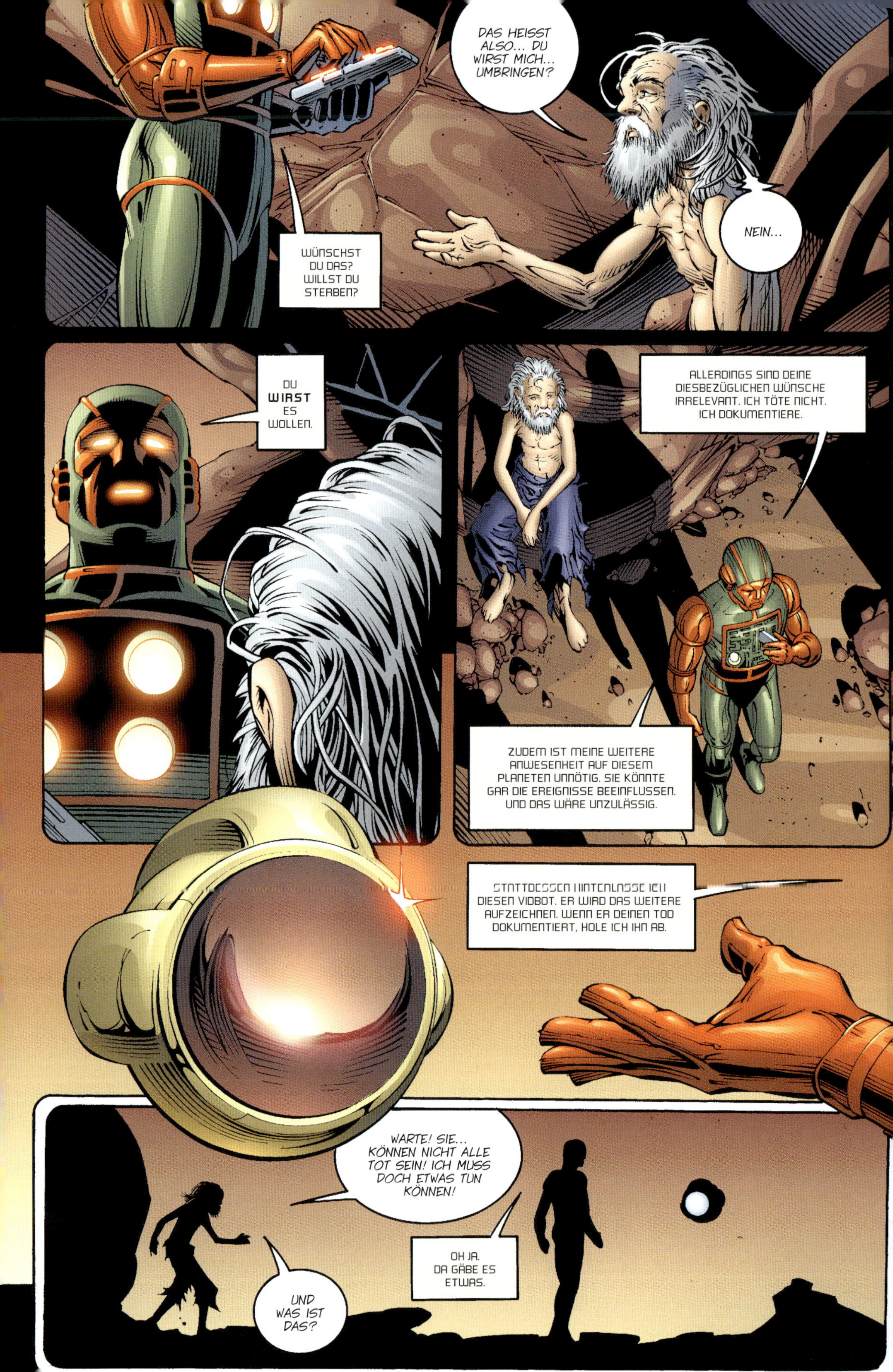
DAS HEISST ALSO... DU WIRST MICH... UMBRINGEN?
WÜNSCHST DU DAS? WILLST DU STERBEN?
NEIN...
DU WIRST ES WOLLEN.
ALLERDINGS SIND DEINE DIESBEZÜGLICHEN WÜNSCHE IRRELEVANT. ICH TÖTE NICHT. ICH DOKUMENTIERE.
ZUDEM IST MEINE WEITERE ANWESENHEIT AUF DIESEM PLANETEN UNNÖTIG. SIE KÖNNTE GAR DIE EREIGNISSE BEEINFLUSSEN. UND DAS WÄRE UNZULÄSSIG.
STATTDESSEN HINTERLASSE ICH DIESEN VIDBOT. ER WIRD DAS WEITERE AUFZEICHNEN. WENN ER DEINEN TOD DOKUMENTIERT, HOLE ICH IHN AB.
WARTE! SIE... KÖNNEN NICHT ALLE TOT SEIN! ICH MUSS DOCH ETWAS TUN KÖNNEN!
OH JA. DA GÄBE ES ETWAS.
UND WAS IST DAS?

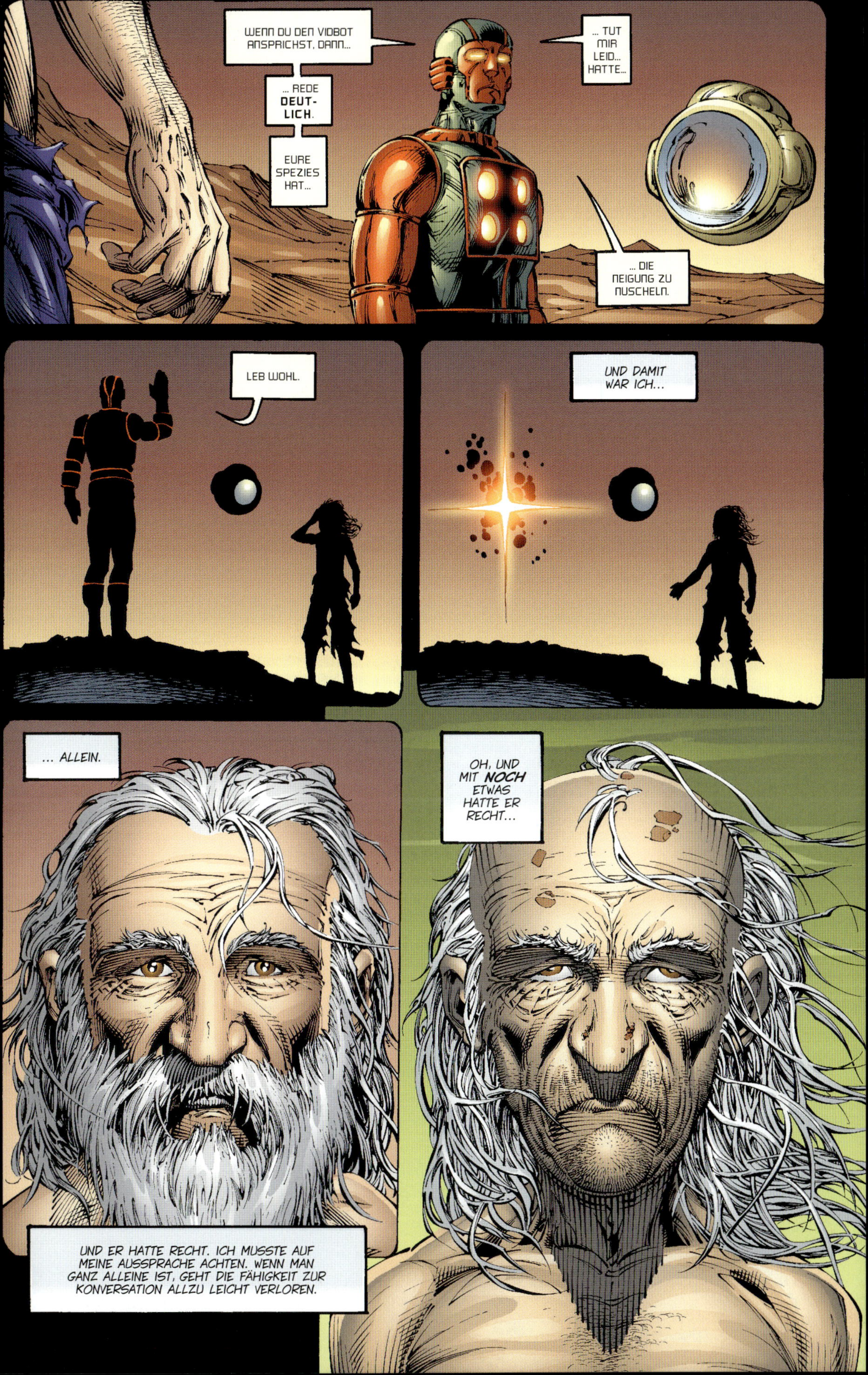

WENN DU DEN VIDBOT ANSPRICHST, DANN...
... REDE **DEUTLICH**.
EURE SPEZIES HAT...
... TUT MIR LEID... HATTE...
... DIE NEIGUNG ZU NUSCHELN.

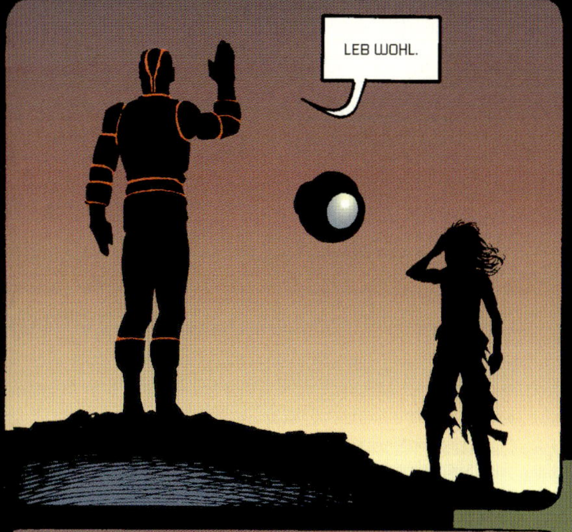

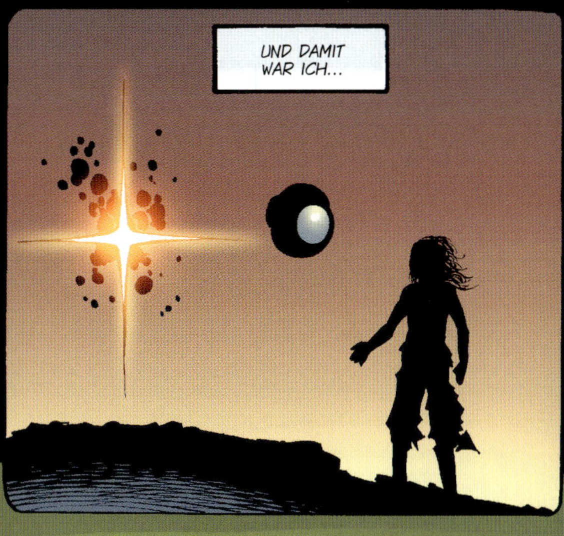

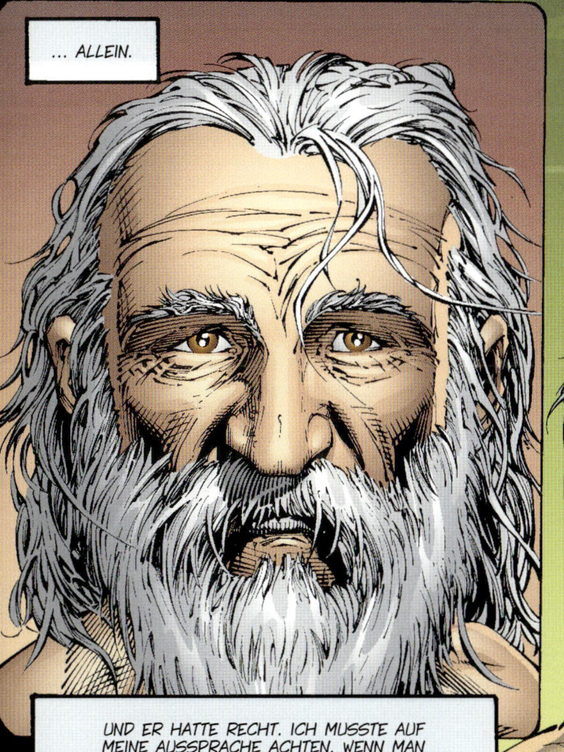

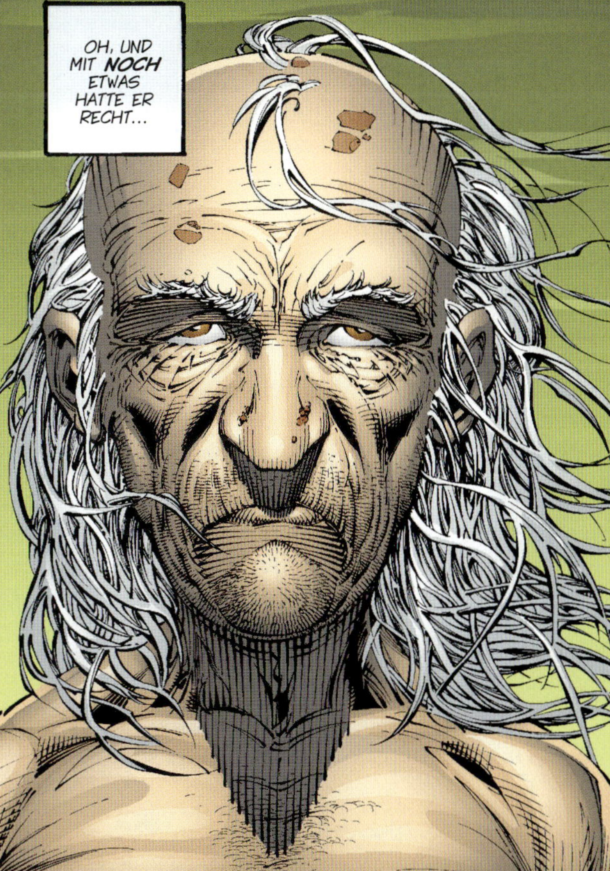

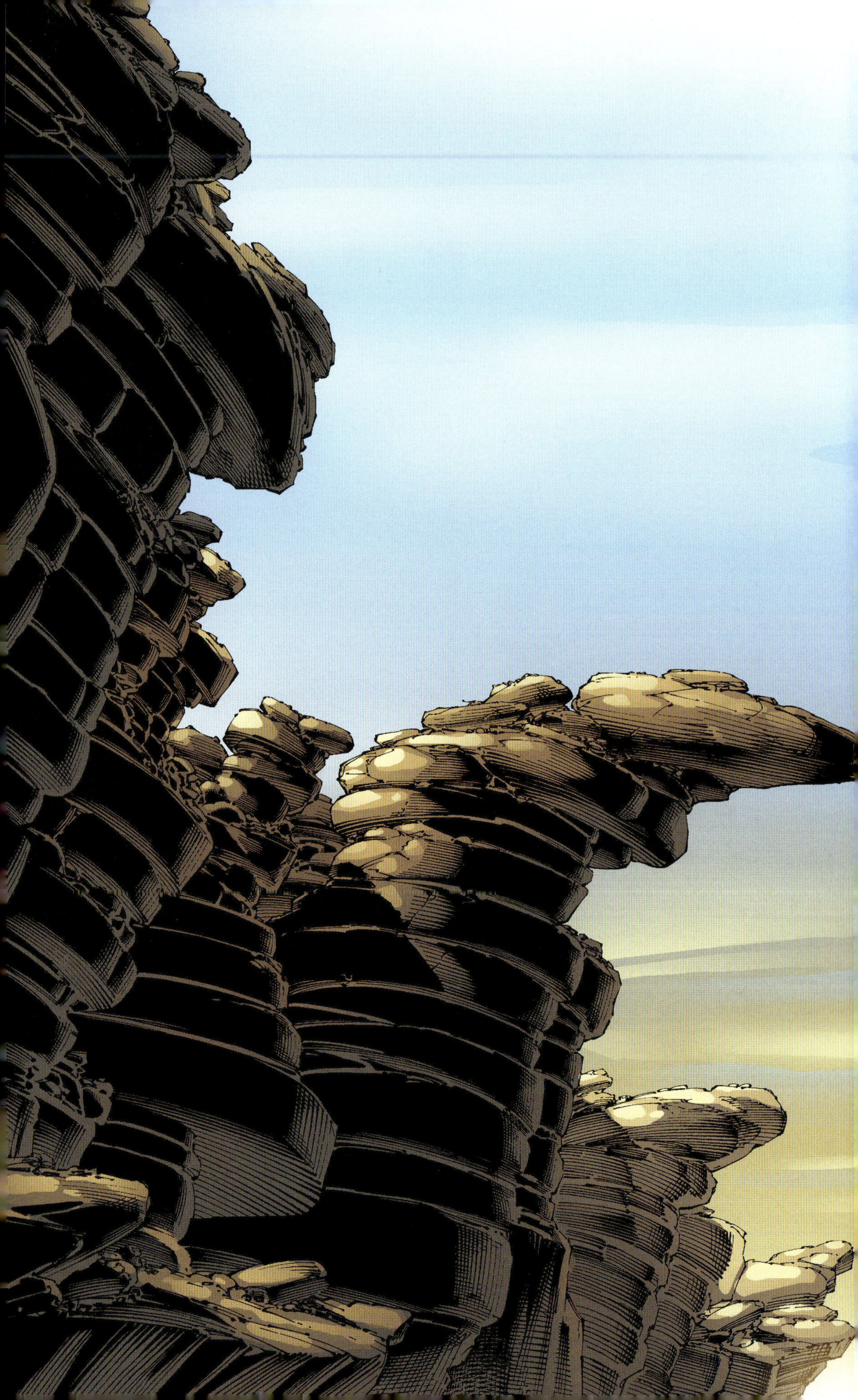

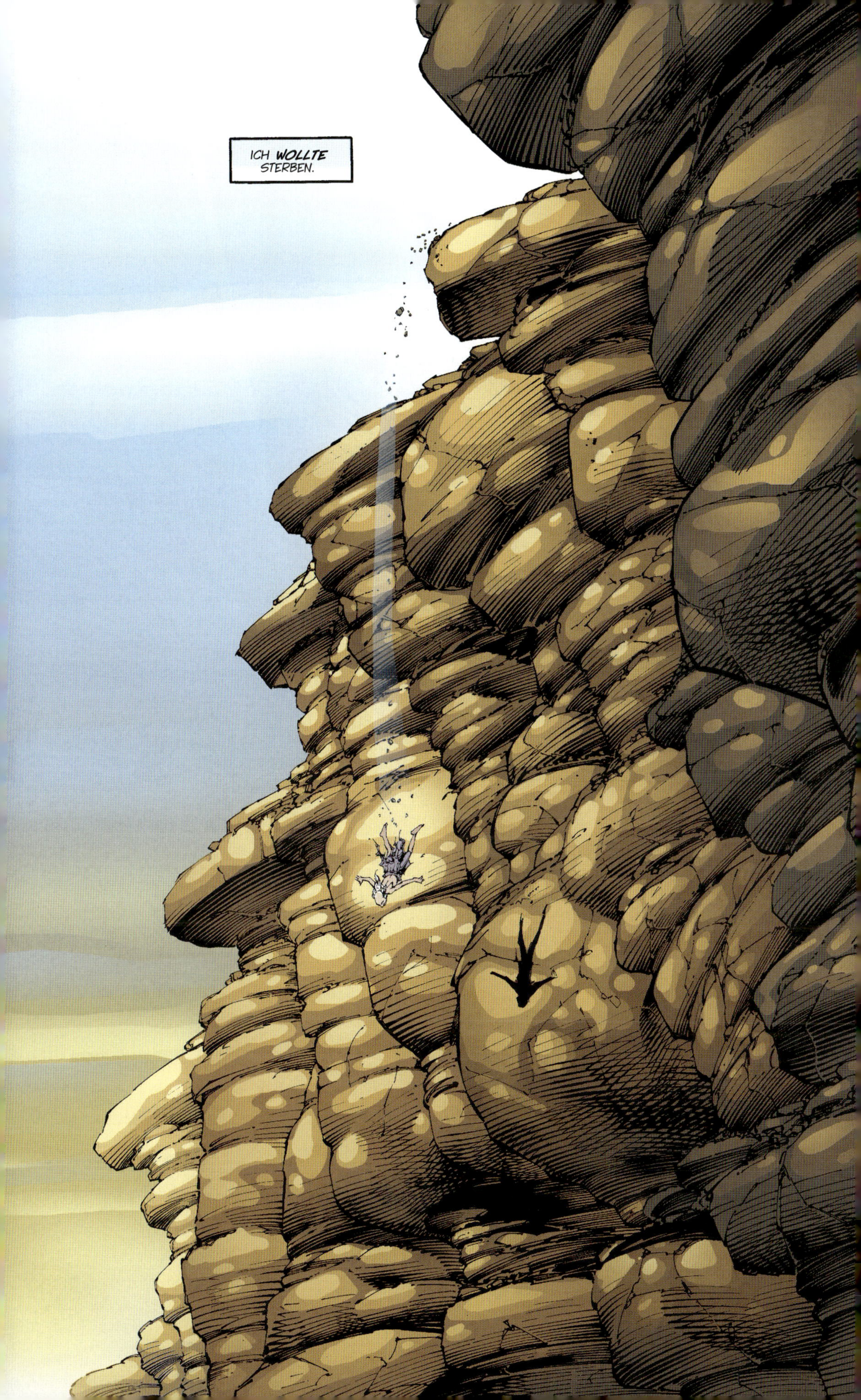
ICH WOLLTE STERBEN.

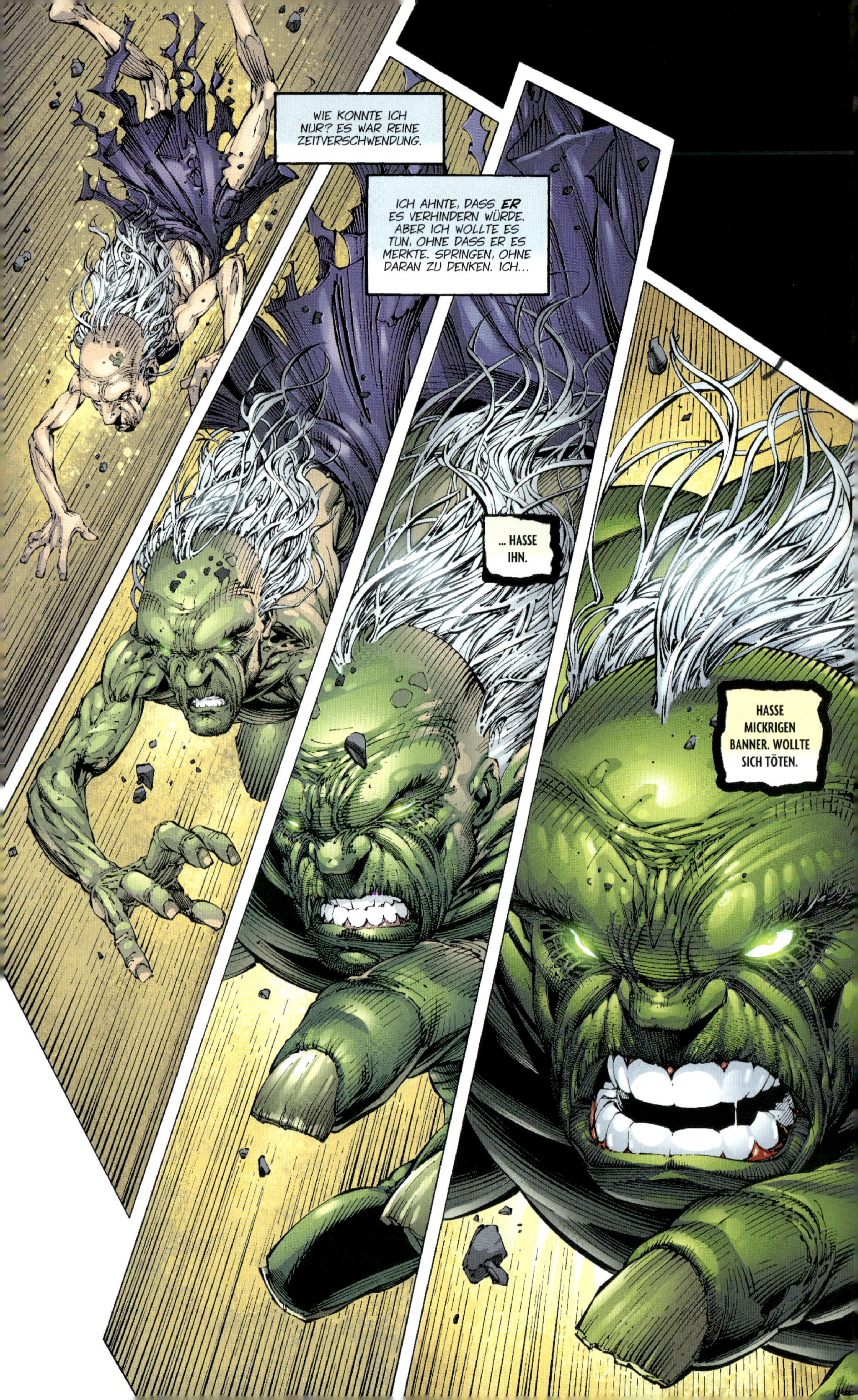
WIE KONNTE ICH NUR? ES WAR REINE ZEITVERSCHWENDUNG.
ICH AHNTE, DASS **ER** ES VERHINDERN WÜRDE. ABER ICH WOLLTE ES TUN, OHNE DASS ER ES MERKTE. SPRINGEN, OHNE DARAN ZU DENKEN. ICH...
... HASSE IHN.
HASSE MICKRIGEN BANNER. WOLLTE SICH TÖTEN.

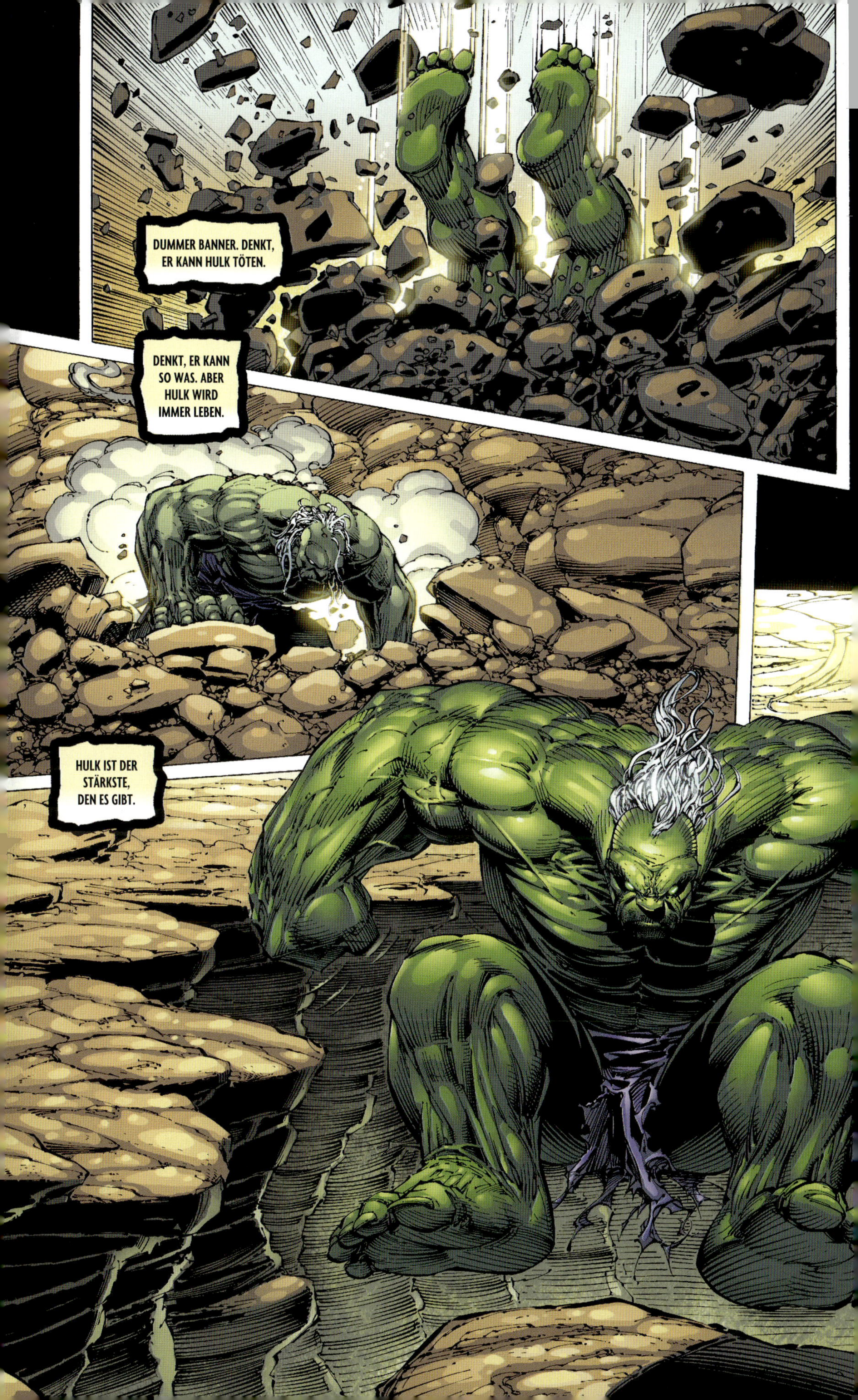
DUMMER BANNER. DENKT, ER KANN HULK TÖTEN.
DENKT, ER KANN SO WAS. ABER HULK WIRD IMMER LEBEN.
HULK IST DER STÄRKSTE, DEN ES GIBT.

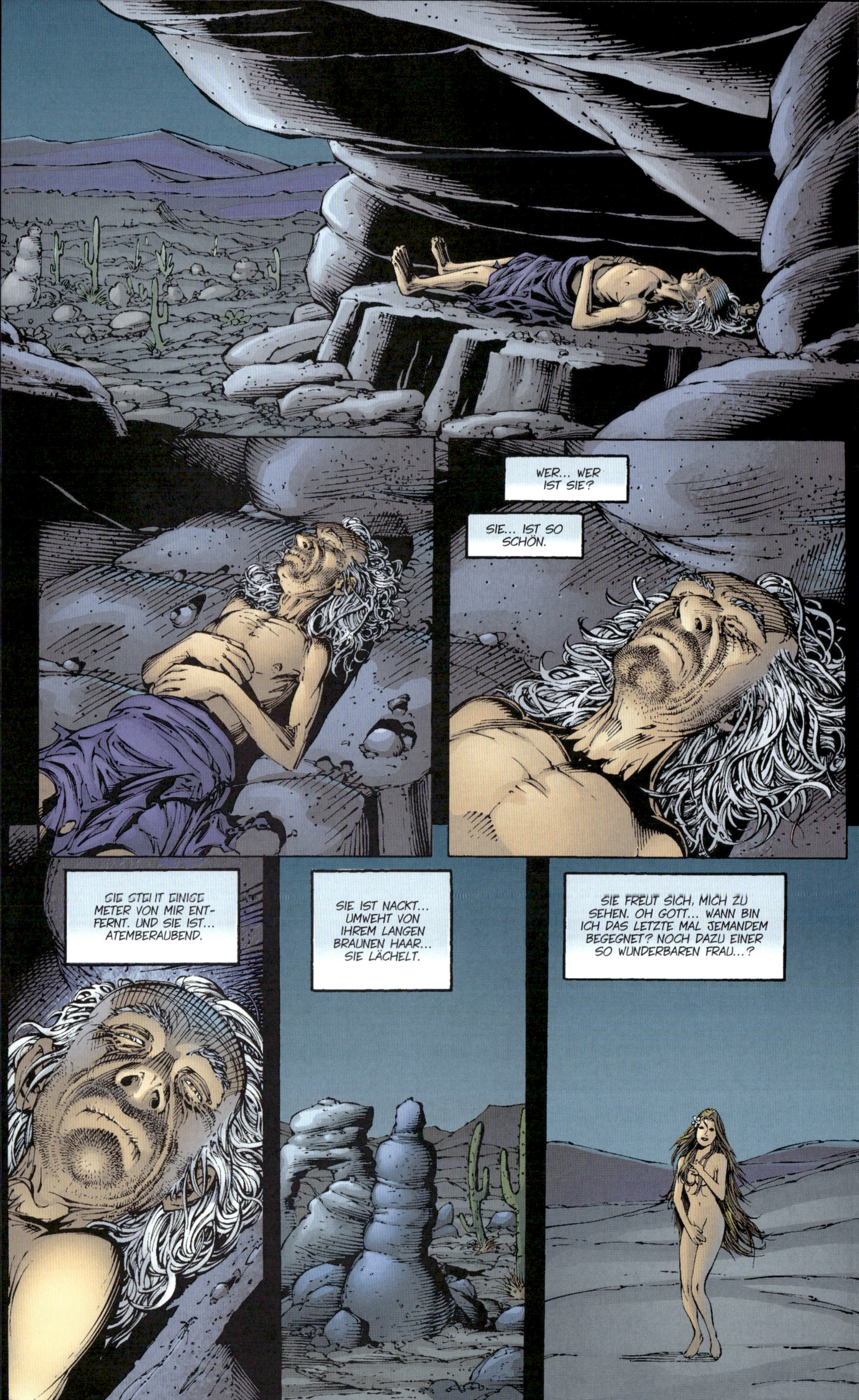
WER... WER IST SIE?
SIE... IST SO SCHÖN.
SIE STEHT EINIGE METER VON MIR ENTFERNT. UND SIE IST... ATEMBERAUBEND.
SIE IST NACKT... UMWEHT VON IHREM LANGEN BRAUNEN HAAR... SIE LÄCHELT.
SIE FREUT SICH, MICH ZU SEHEN. OH GOTT... WANN BIN ICH DAS LETZTE MAL JEMANDEM BEGEGNET? NOCH DAZU EINER SO WUNDERBAREN FRAU...?

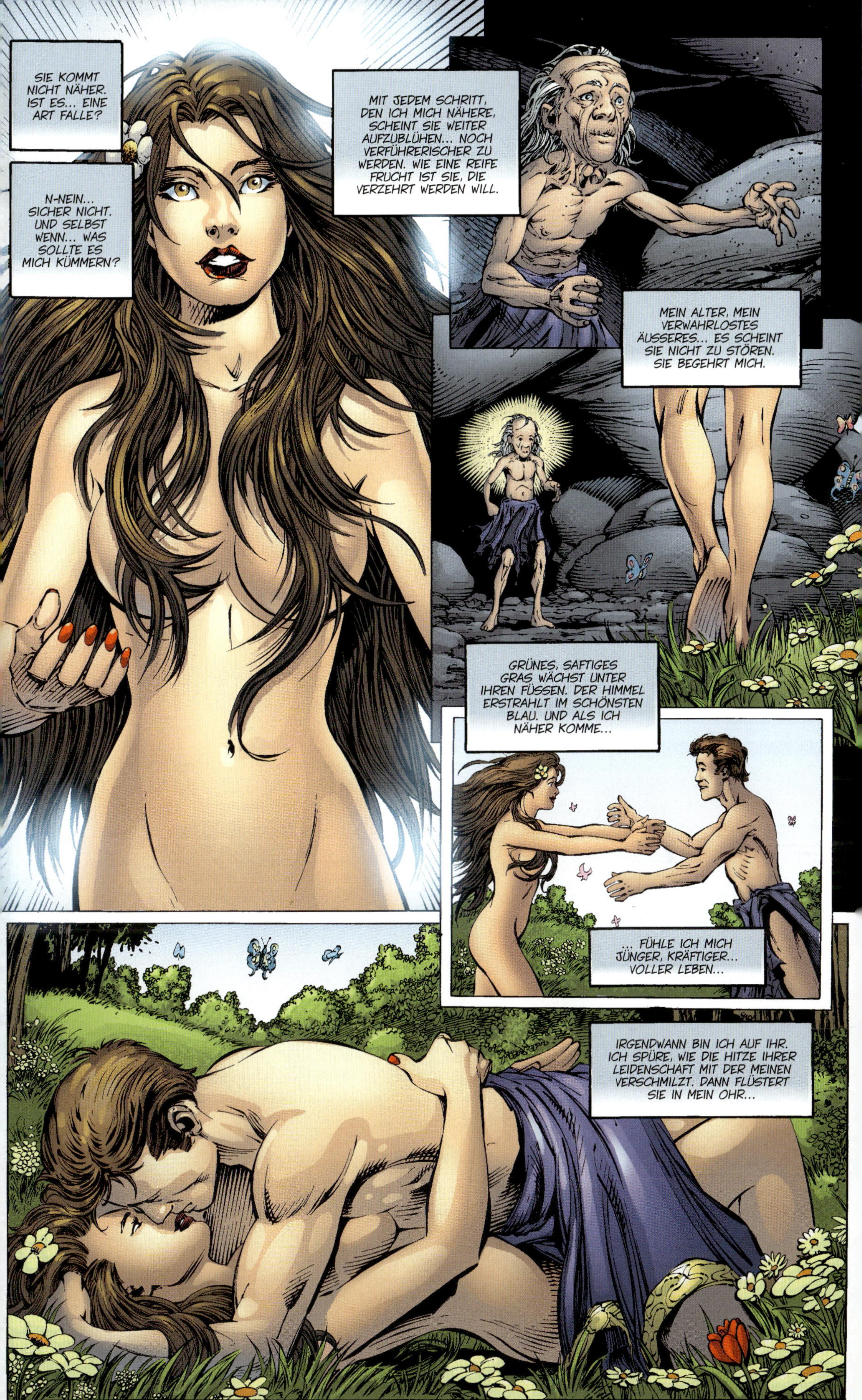
SIE KOMMT NICHT NÄHER. IST ES... EINE ART FALLE?
N-NEIN... SICHER NICHT. UND SELBST WENN... WAS SOLLTE ES MICH KÜMMERN?
MIT JEDEM SCHRITT, DEN ICH MICH NÄHERE, SCHEINT SIE WEITER AUFZUBLÜHEN... NOCH VERFÜHRERISCHER ZU WERDEN. WIE EINE REIFE FRUCHT IST SIE, DIE VERZEHRT WERDEN WILL.
MEIN ALTER, MEIN VERWAHRLOSTES ÄUSSERES... ES SCHEINT SIE NICHT ZU STÖREN. SIE BEGEHRT MICH.
GRÜNES, SAFTIGES GRAS WÄCHST UNTER IHREN FÜSSEN. DER HIMMEL ERSTRAHLT IM SCHÖNSTEN BLAU. UND ALS ICH NÄHER KOMME...
... FÜHLE ICH MICH JÜNGER, KRÄFTIGER... VOLLER LEBEN...
IRGENDWANN BIN ICH AUF IHR. ICH SPÜRE, WIE DIE HITZE IHRER LEIDENSCHAFT MIT DER MEINEN VERSCHMILZT. DANN FLÜSTERT SIE IN MEIN OHR...

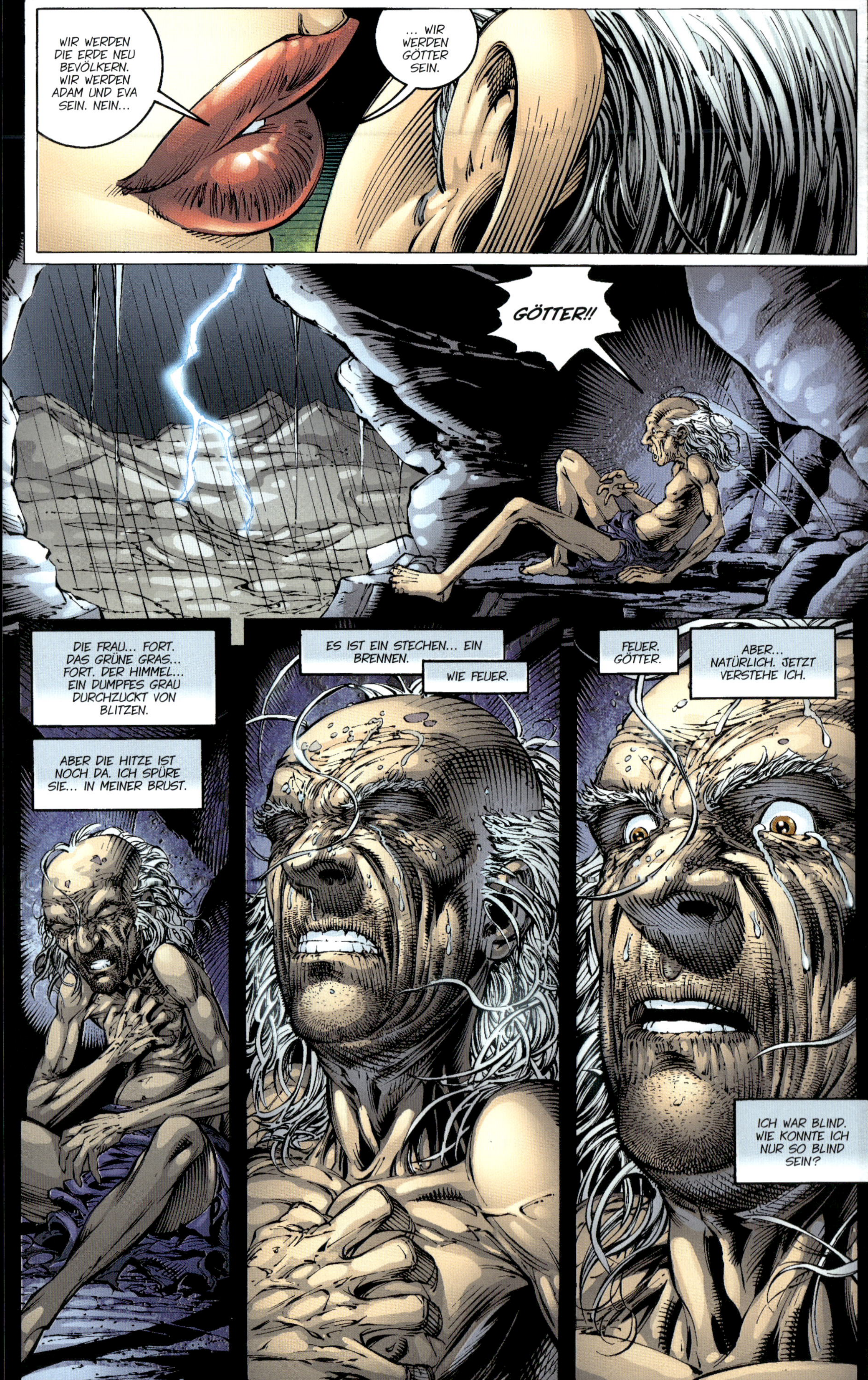
WIR WERDEN DIE ERDE NEU BEVÖLKERN. WIR WERDEN ADAM UND EVA SEIN. NEIN...
... WIR WERDEN GÖTTER SEIN.
GÖTTER!!
DIE FRAU... FORT. DAS GRÜNE GRAS... FORT. DER HIMMEL... EIN DUMPFES GRAU DURCHZUCKT VON BLITZEN.
ABER DIE HITZE IST NOCH DA. ICH SPÜRE SIE... IN MEINER BRUST.
ES IST EIN STECHEN... EIN BRENNEN.
WIE FEUER.
FEUER. GÖTTER.
ABER... NATÜRLICH. JETZT VERSTEHE ICH.
ICH WAR BLIND. WIE KONNTE ICH NUR SO BLIND SEIN?

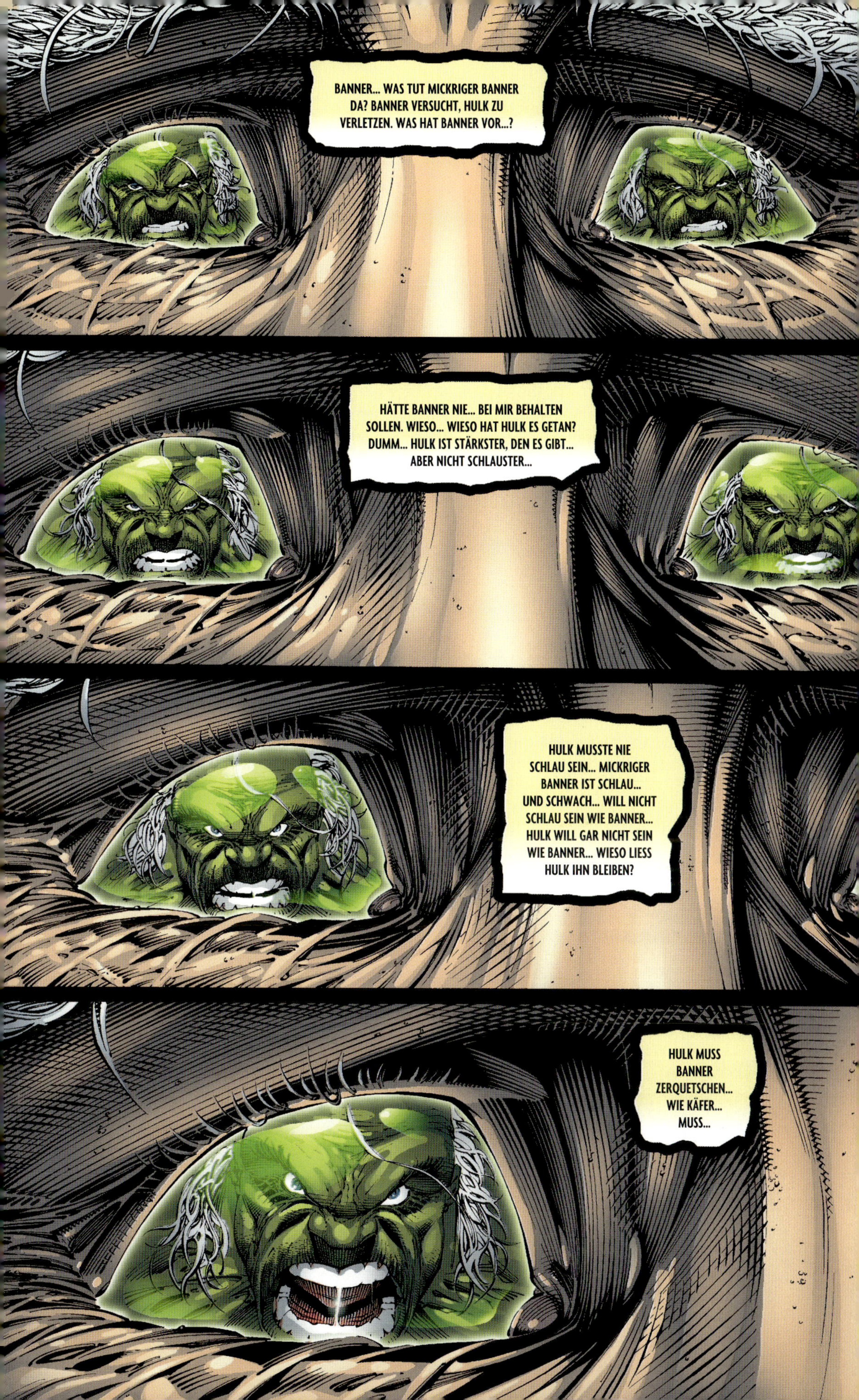
BANNER... WAS TUT MICKRIGER BANNER DA? BANNER VERSUCHT, HULK ZU VERLETZEN. WAS HAT BANNER VOR...?
HÄTTE BANNER NIE... BEI MIR BEHALTEN SOLLEN. WIESO... WIESO HAT HULK ES GETAN? DUMM... HULK IST STÄRKSTER, DEN ES GIBT... ABER NICHT SCHLAUSTER...
HULK MUSSTE NIE SCHLAU SEIN... MICKRIGER BANNER IST SCHLAU... UND SCHWACH... WILL NICHT SCHLAU SEIN WIE BANNER... HULK WILL GAR NICHT SEIN WIE BANNER... WIESO LIESS HULK IHN BLEIBEN?
HULK MUSS BANNER ZERQUETSCHEN... WIE KÄFER... MUSS...

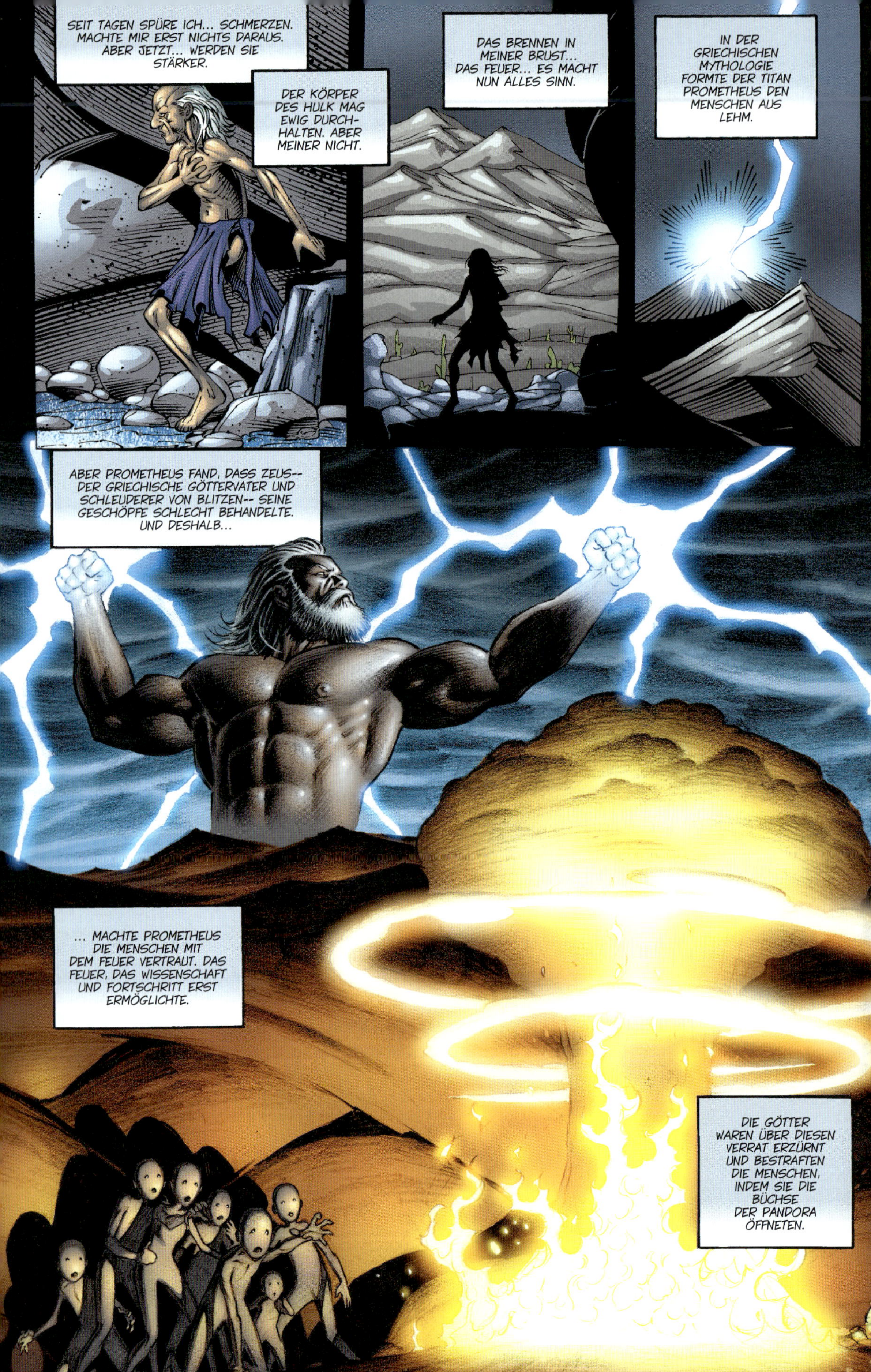
SEIT TAGEN SPÜRE ICH... SCHMERZEN. MACHTE MIR ERST NICHTS DARAUS. ABER JETZT... WERDEN SIE STÄRKER.
DER KÖRPER DES HULK MAG EWIG DURCH-HALTEN. ABER MEINER NICHT.
DAS BRENNEN IN MEINER BRUST... DAS FEUER... ES MACHT NUN ALLES SINN.
IN DER GRIECHISCHEN MYTHOLOGIE FORMTE DER TITAN PROMETHEUS DEN MENSCHEN AUS LEHM.
ABER PROMETHEUS FAND, DASS ZEUS-- DER GRIECHISCHE GÖTTERVATER UND SCHLEUDERER VON BLITZEN-- SEINE GESCHÖPFE SCHLECHT BEHANDELTE. UND DESHALB...
... MACHTE PROMETHEUS DIE MENSCHEN MIT DEM FEUER VERTRAUT. DAS FEUER, DAS WISSENSCHAFT UND FORTSCHRITT ERST ERMÖGLICHTE.
DIE GÖTTER WAREN ÜBER DIESEN VERRAT ERZÜRNT UND BESTRAFTEN DIE MENSCHEN, INDEM SIE DIE BÜCHSE DER PANDORA ÖFFNETEN.

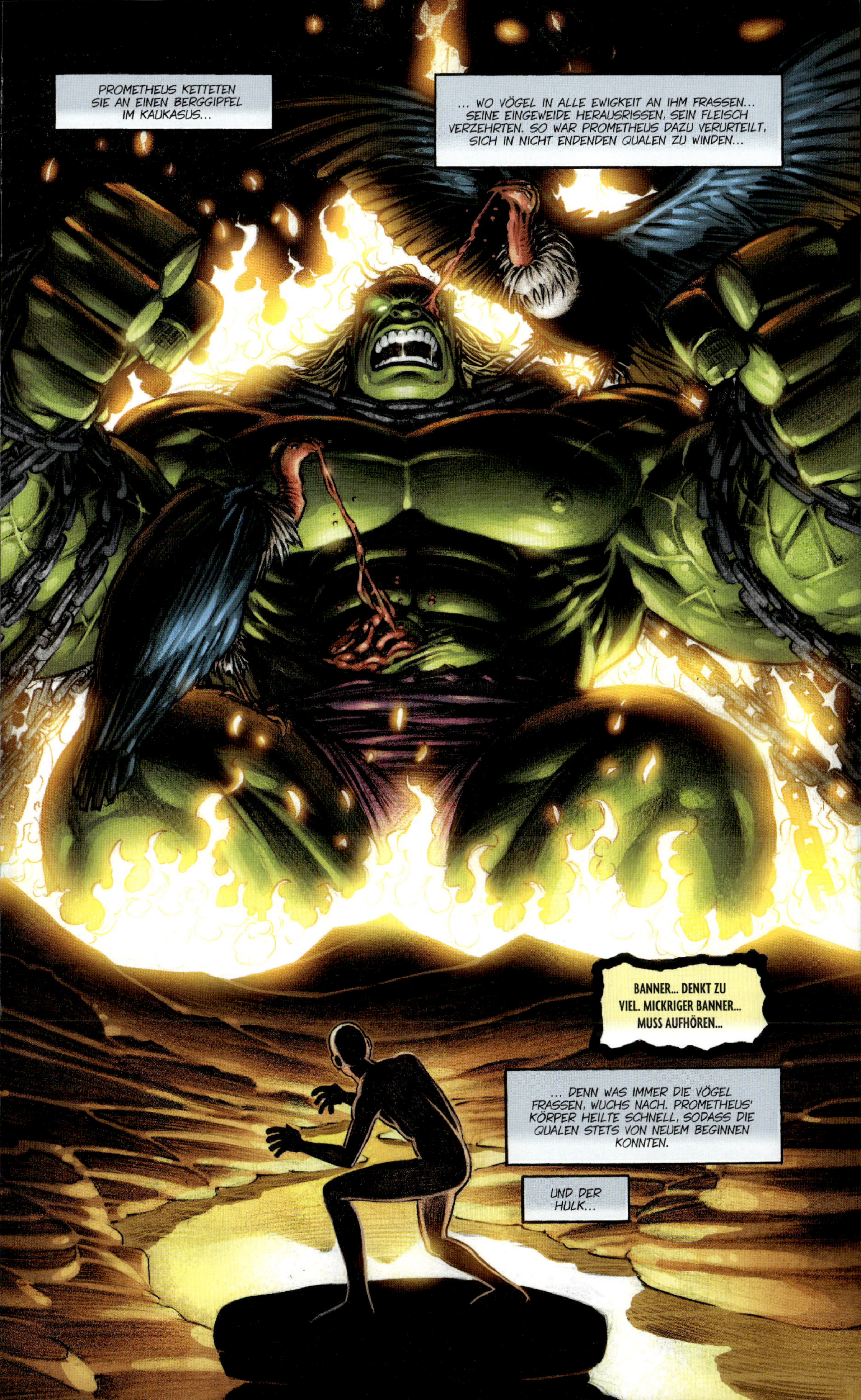
PROMETHEUS KETTETEN SIE AN EINEN BERGGIPFEL IM KAUKASUS...
... WO VÖGEL IN ALLE EWIGKEIT AN IHM FRASSEN... SEINE EINGEWEIDE HERAUSRISSEN, SEIN FLEISCH VERZEHRTEN. SO WAR PROMETHEUS DAZU VERURTEILT, SICH IN NICHT ENDENDEN QUALEN ZU WINDEN...
BANNER... DENKT ZU VIEL. MICKRIGER BANNER... MUSS AUFHÖREN...
... DENN WAS IMMER DIE VÖGEL FRASSEN, WUCHS NACH. PROMETHEUS' KÖRPER HEILTE SCHNELL, SODASS DIE QUALEN STETS VON NEUEM BEGINNEN KONNTEN.
UND DER HULK...

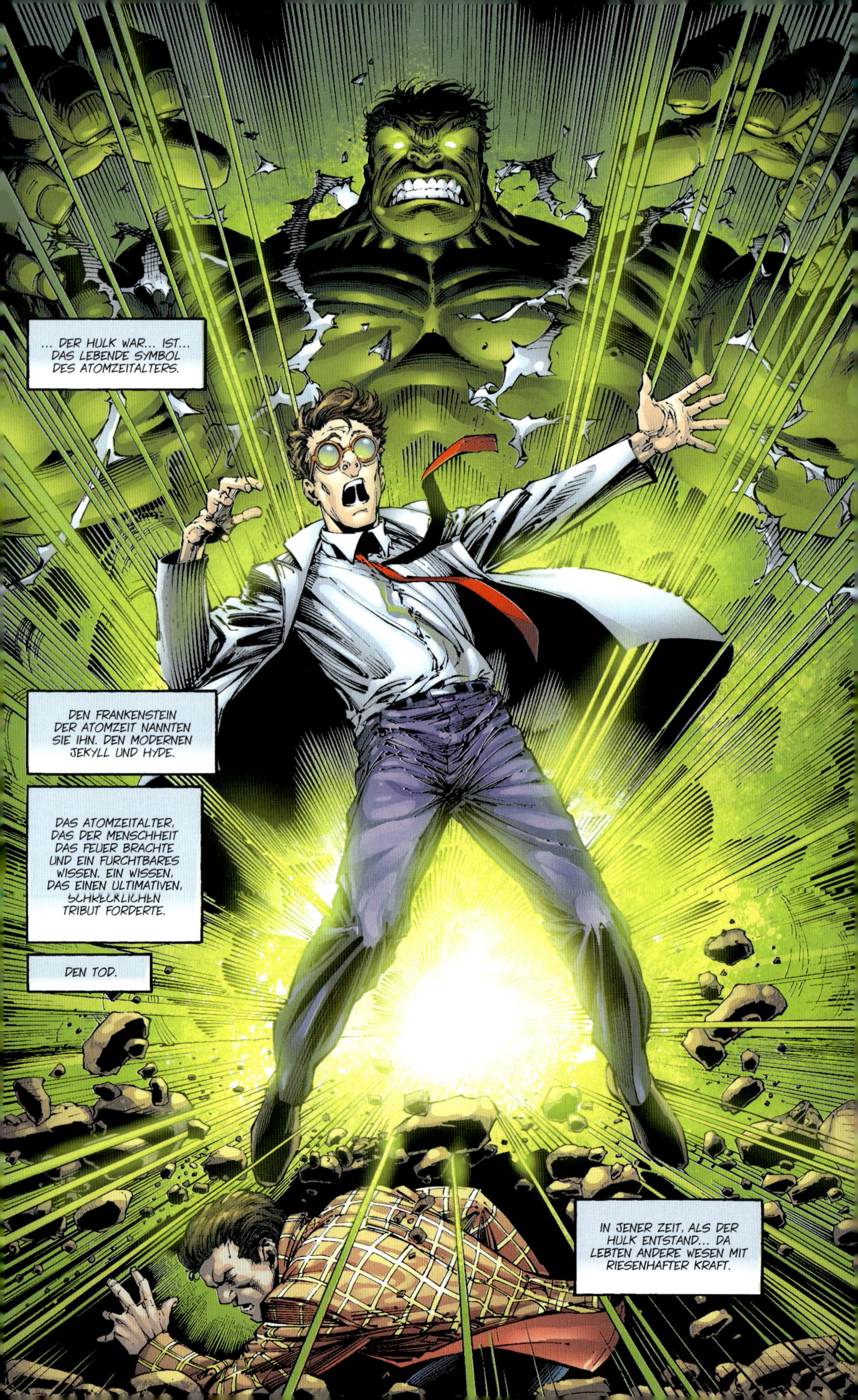
... DER HULK WAR... IST... DAS LEBENDE SYMBOL DES ATOMZEITALTERS.
DEN FRANKENSTEIN DER ATOMZEIT NANNTEN SIE IHN. DEN MODERNEN JEKYLL UND HYDE.
DAS ATOMZEITALTER, DAS DER MENSCHHEIT DAS FEUER BRACHTE UND EIN FURCHTBARES WISSEN. EIN WISSEN, DAS EINEN ULTIMATIVEN, SCHRECKLICHEN TRIBUT FORDERTE.
DEN TOD.
IN JENER ZEIT, ALS DER HULK ENTSTAND... DA LEBTEN ANDERE WESEN MIT RIESENHAFTER KRAFT.

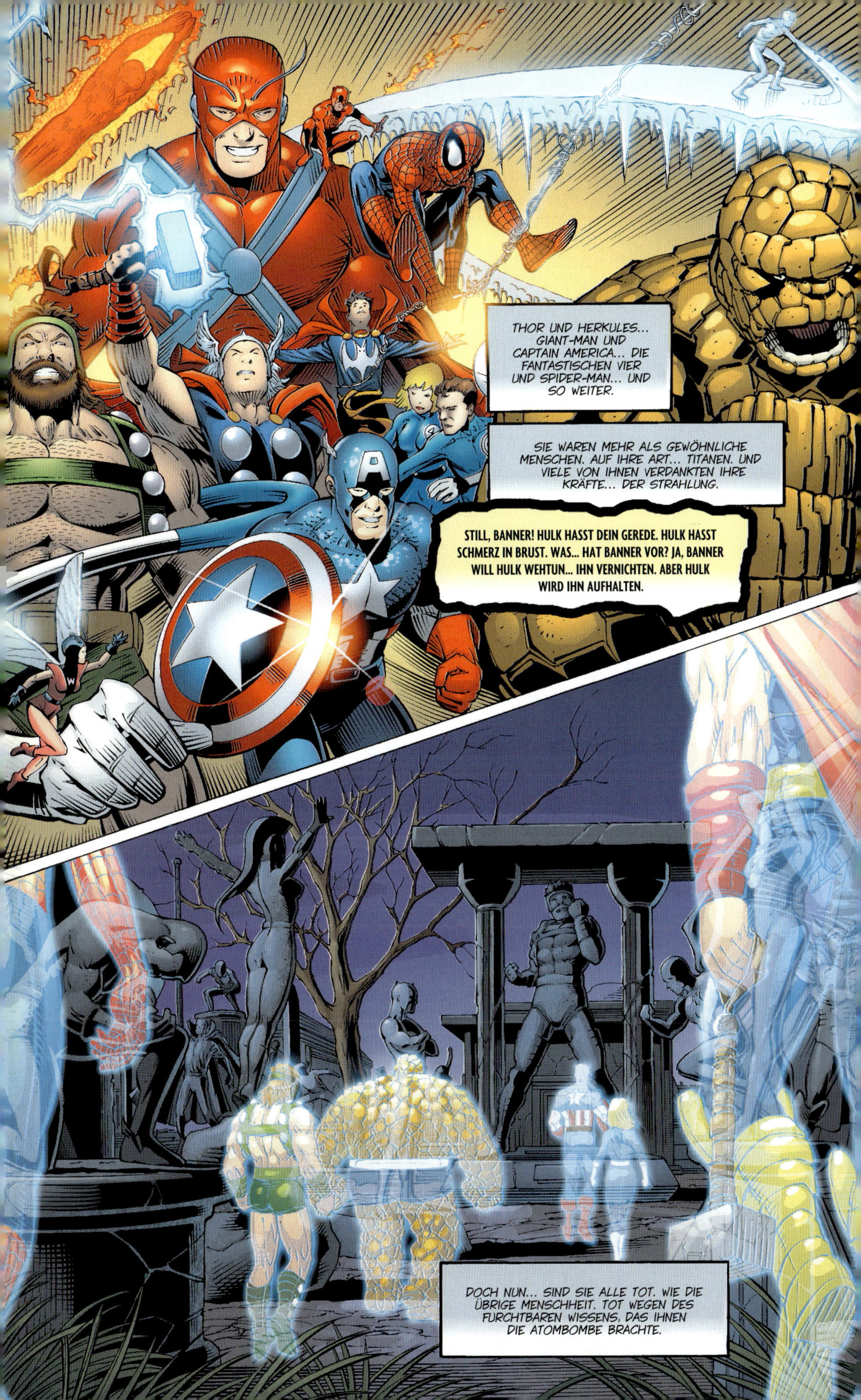
THOR UND HERKULES... GIANT-MAN UND CAPTAIN AMERICA... DIE FANTASTISCHEN VIER UND SPIDER-MAN... UND SO WEITER.
SIE WAREN MEHR ALS GEWÖHNLICHE MENSCHEN. AUF IHRE ART... TITANEN. UND VIELE VON IHNEN VERDANKTEN IHRE KRÄFTE... DER STRAHLUNG.
STILL, BANNER! HULK HASST DEIN GEREDE. HULK HASST SCHMERZ IN BRUST. WAS... HAT BANNER VOR? JA, BANNER WILL HULK WEHTUN... IHN VERNICHTEN. ABER HULK WIRD IHN AUFHALTEN.
DOCH NUN... SIND SIE ALLE TOT. WIE DIE ÜBRIGE MENSCHHEIT. TOT WEGEN DES FURCHTBAREN WISSENS, DAS IHNEN DIE ATOMBOMBE BRACHTE.

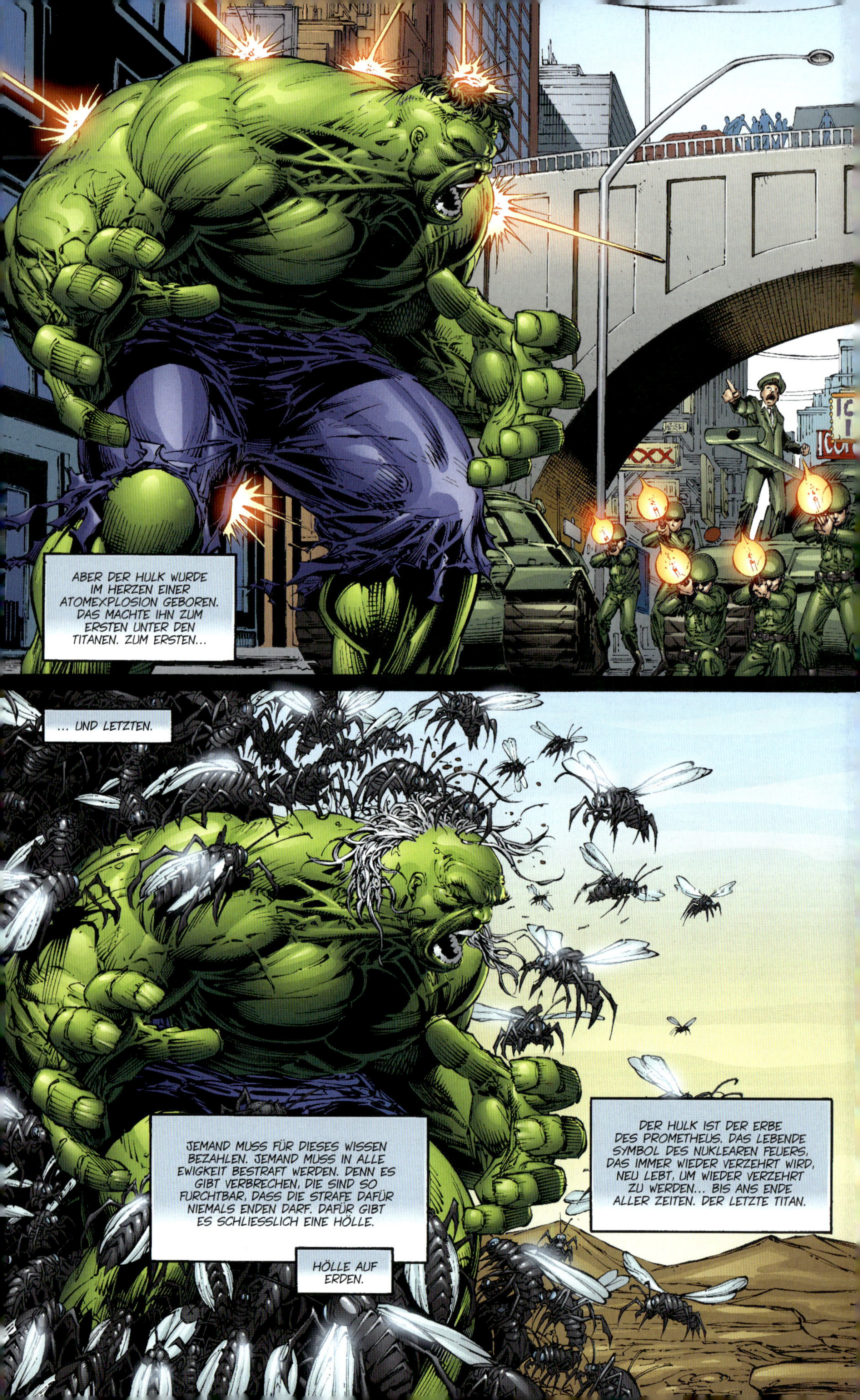
ABER DER HULK WURDE IM HERZEN EINER ATOMEXPLOSION GEBOREN. DAS MACHTE IHN ZUM ERSTEN UNTER DEN TITANEN. ZUM ERSTEN...
... UND LETZTEN.
JEMAND MUSS FÜR DIESES WISSEN BEZAHLEN. JEMAND MUSS IN ALLE EWIGKEIT BESTRAFT WERDEN. DENN ES GIBT VERBRECHEN, DIE SIND SO FURCHTBAR, DASS DIE STRAFE DAFÜR NIEMALS ENDEN DARF. DAFÜR GIBT ES SCHLIESSLICH EINE HÖLLE.
HÖLLE AUF ERDEN.
DER HULK IST DER ERBE DES PROMETHEUS. DAS LEBENDE SYMBOL DES NUKLEAREN FEUERS, DAS IMMER WIEDER VERZEHRT WIRD, NEU LEBT, UM WIEDER VERZEHRT ZU WERDEN... BIS ANS ENDE ALLER ZEITEN. DER LETZTE TITAN.

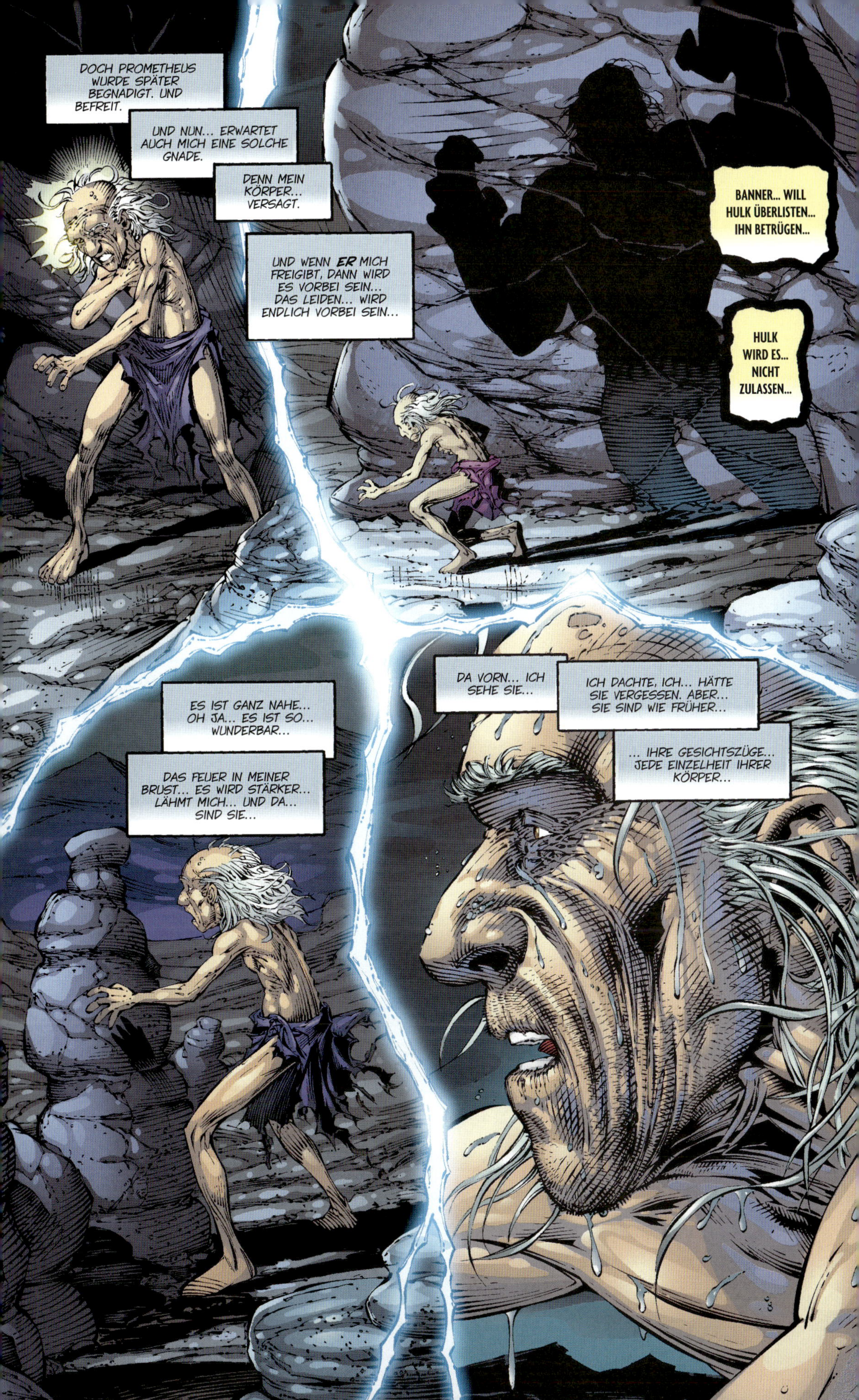
DOCH PROMETHEUS WURDE SPÄTER BEGNADIGT. UND BEFREIT.
UND NUN… ERWARTET AUCH MICH EINE SOLCHE GNADE.
DENN MEIN KÖRPER… VERSAGT.
UND WENN ER MICH FREIGIBT, DANN WIRD ES VORBEI SEIN… DAS LEIDEN… WIRD ENDLICH VORBEI SEIN…
BANNER… WILL HULK ÜBERLISTEN… IHN BETRÜGEN…
HULK WIRD ES… NICHT ZULASSEN…
ES IST GANZ NAHE… OH JA… ES IST SO… WUNDERBAR…
DAS FEUER IN MEINER BRUST… ES WIRD STÄRKER… LÄHMT MICH… UND DA… SIND SIE…
DA VORN… ICH SEHE SIE…
ICH DACHTE, ICH… HÄTTE SIE VERGESSEN. ABER… SIE SIND WIE FRÜHER…
… IHRE GESICHTSZÜGE… JEDE EINZELHEIT IHRER KÖRPER…

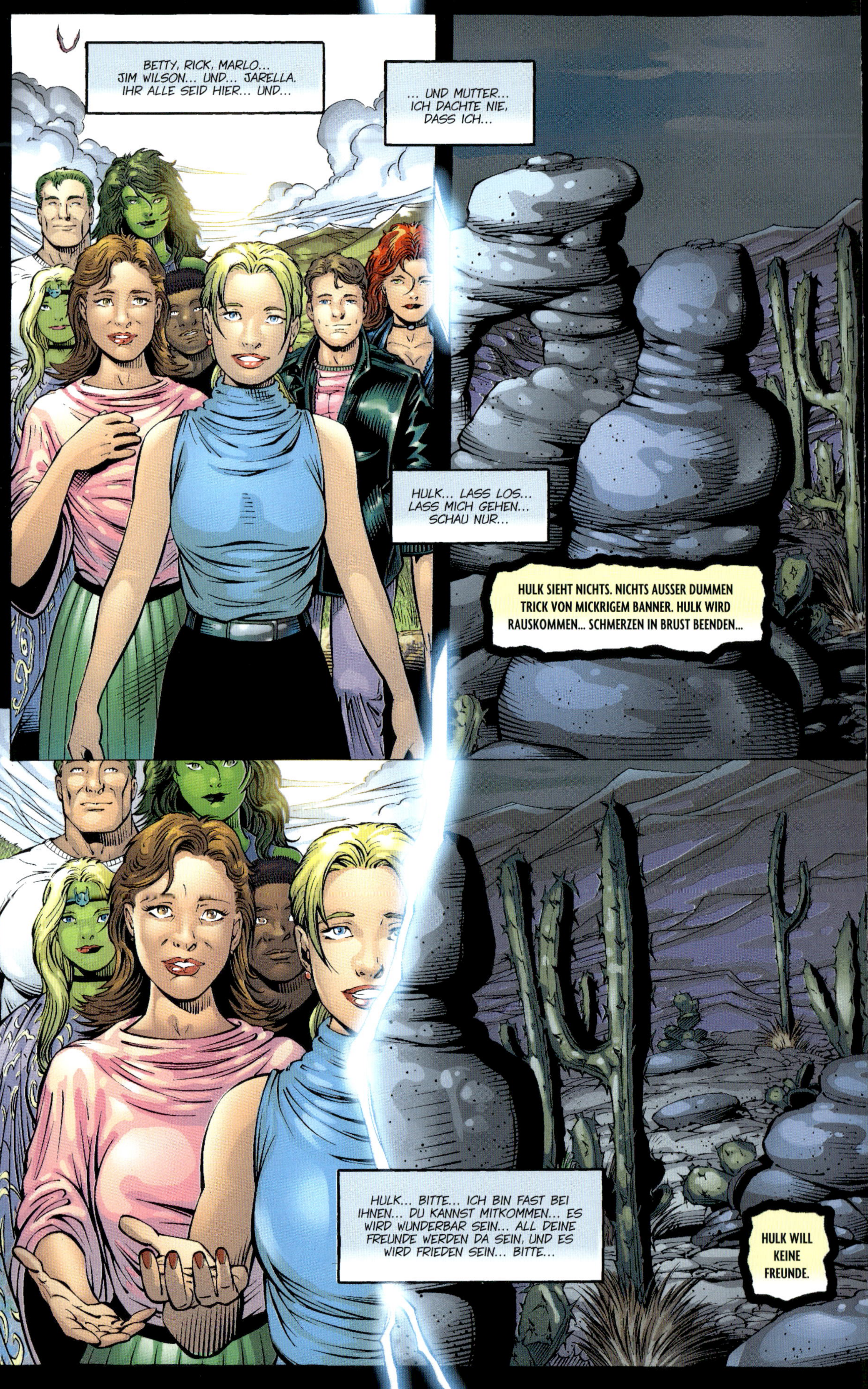
BETTY, RICK, MARLO... JIM WILSON... UND... JARELLA. IHR ALLE SEID HIER... UND...
... UND MUTTER... ICH DACHTE NIE, DASS ICH...
HULK... LASS LOS... LASS MICH GEHEN... SCHAU NUR...
HULK SIEHT NICHTS. NICHTS AUSSER DUMMEN TRICK VON MICKRIGEM BANNER. HULK WIRD RAUSKOMMEN... SCHMERZEN IN BRUST BEENDEN...
HULK... BITTE... ICH BIN FAST BEI IHNEN... DU KANNST MITKOMMEN... ES WIRD WUNDERBAR SEIN... ALL DEINE FREUNDE WERDEN DA SEIN, UND ES WIRD FRIEDEN SEIN... BITTE...
HULK WILL KEINE FREUNDE.

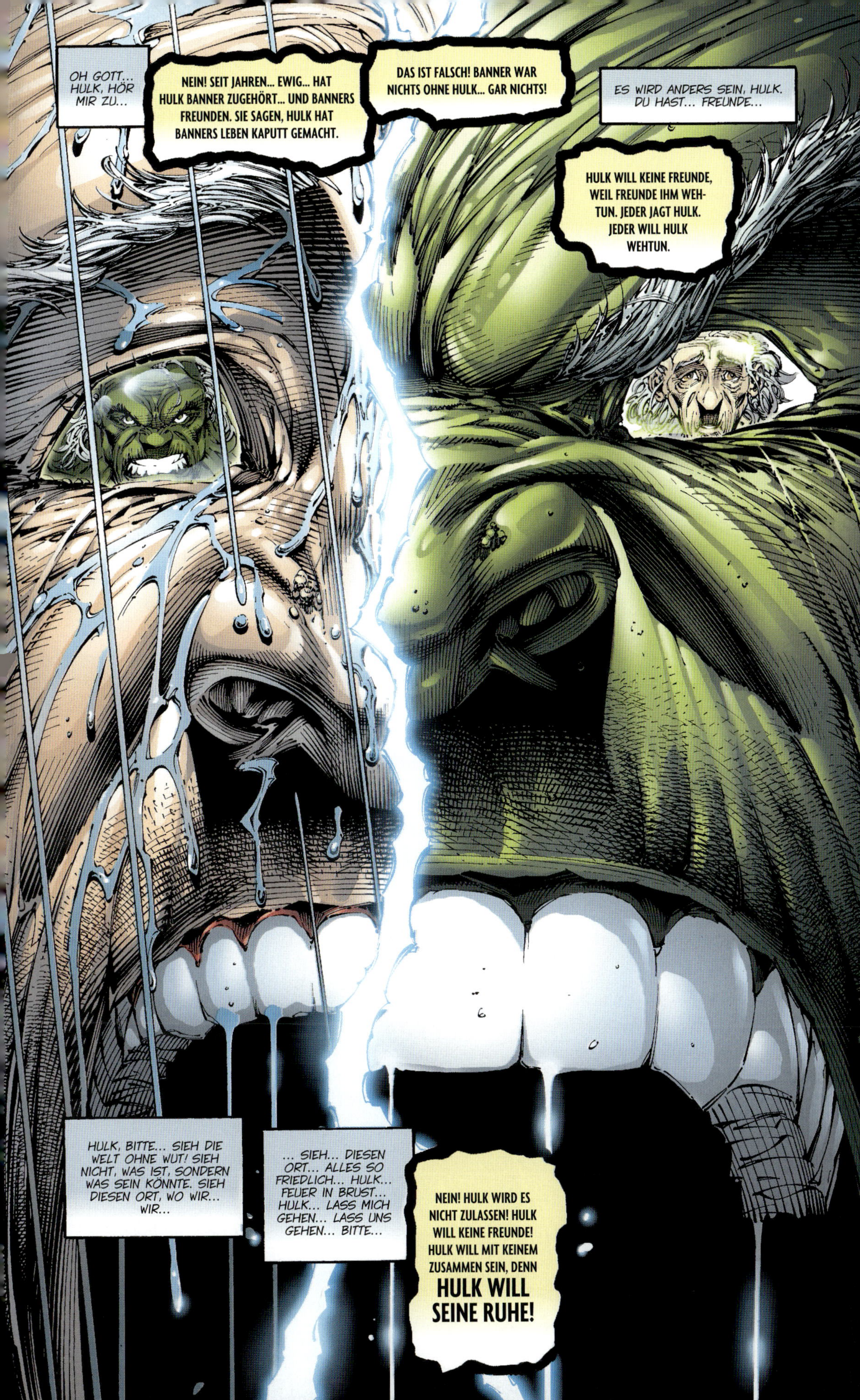
OH GOTT... HULK, HÖR MIR ZU...
NEIN! SEIT JAHREN... EWIG... HAT HULK BANNER ZUGEHÖRT... UND BANNERS FREUNDEN. SIE SAGEN, HULK HAT BANNERS LEBEN KAPUTT GEMACHT.
DAS IST FALSCH! BANNER WAR NICHTS OHNE HULK... GAR NICHTS!
ES WIRD ANDERS SEIN, HULK. DU HAST... FREUNDE...
HULK WILL KEINE FREUNDE, WEIL FREUNDE IHM WEH-TUN. JEDER JAGT HULK. JEDER WILL HULK WEHTUN.
HULK, BITTE... SIEH DIE WELT OHNE WUT! SIEH NICHT, WAS IST, SONDERN WAS SEIN KÖNNTE. SIEH DIESEN ORT, WO WIR... WIR...
... SIEH... DIESEN ORT... ALLES SO FRIEDLICH... HULK... FEUER IN BRUST... HULK... LASS MICH GEHEN... LASS UNS GEHEN... BITTE...
NEIN! HULK WIRD ES NICHT ZULASSEN! HULK WILL KEINE FREUNDE! HULK WILL MIT KEINEM ZUSAMMEN SEIN, DENN HULK WILL SEINE RUHE!

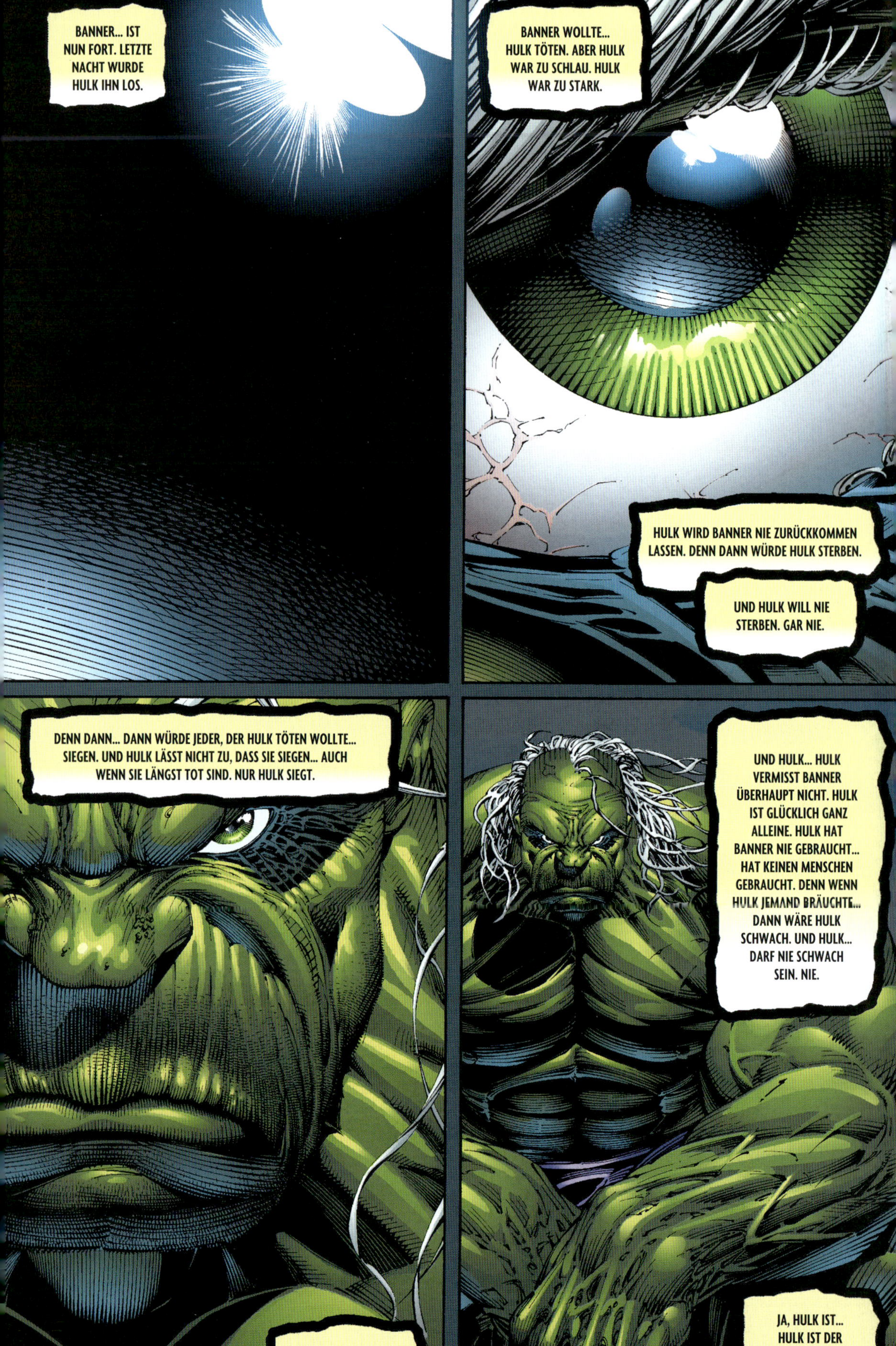
BANNER... IST NUN FORT. LETZTE NACHT WURDE HULK IHN LOS.
BANNER WOLLTE... HULK TÖTEN. ABER HULK WAR ZU SCHLAU. HULK WAR ZU STARK.
HULK WIRD BANNER NIE ZURÜCKKOMMEN LASSEN. DENN DANN WÜRDE HULK STERBEN.
UND HULK WILL NIE STERBEN. GAR NIE.
DENN DANN... DANN WÜRDE JEDER, DER HULK TÖTEN WOLLTE... SIEGEN. UND HULK LÄSST NICHT ZU, DASS SIE SIEGEN... AUCH WENN SIE LÄNGST TOT SIND. NUR HULK SIEGT.
AUCH KÄFER WIRD HULK BALD BESIEGEN.
UND HULK... HULK VERMISST BANNER ÜBERHAUPT NICHT. HULK IST GLÜCKLICH GANZ ALLEINE. HULK HAT BANNER NIE GEBRAUCHT... HAT KEINEN MENSCHEN GEBRAUCHT. DENN WENN HULK JEMAND BRÄUCHTE... DANN WÄRE HULK SCHWACH. UND HULK... DARF NIE SCHWACH SEIN. NIE.
JA, HULK IST... HULK IST DER STÄRKSTE, DEN ES GIBT. HULK IST...

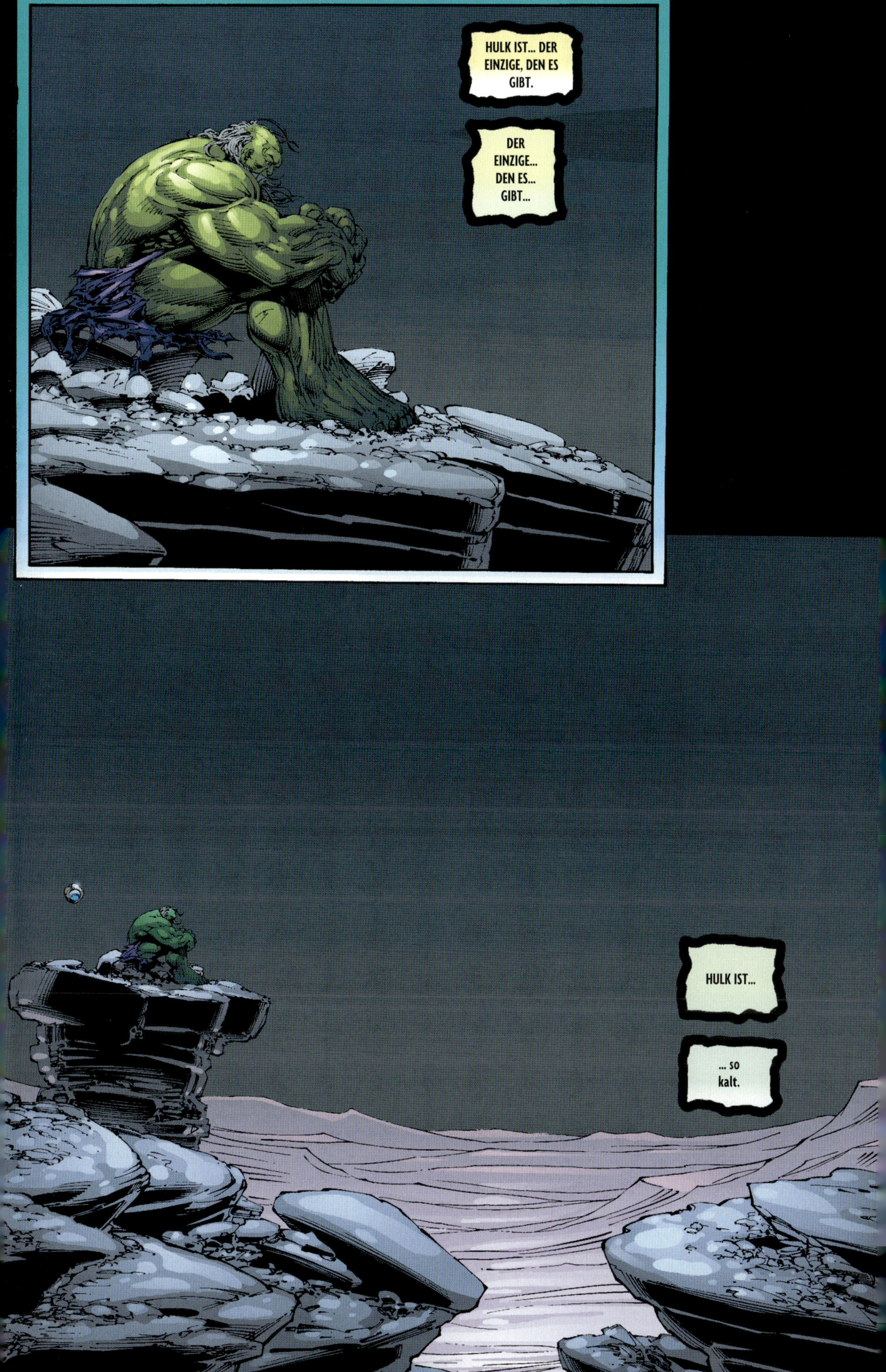
HULK IST... DER EINZIGE, DEN ES GIBT.
DER EINZIGE... DEN ES... GIBT...
HULK IST...
... so kalt.

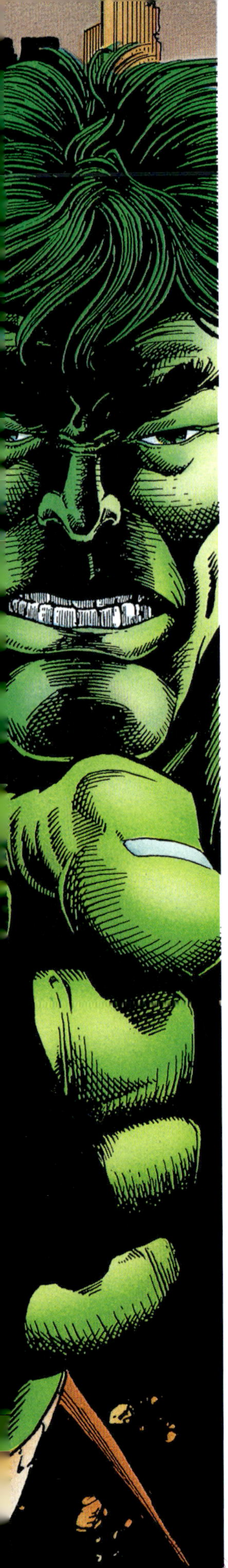

VORWORT
VON PETER DAVID

„Ich will Unsterblichkeit nicht durch meine Arbeit erreichen. Sondern dadurch, nicht zu sterben."

– Woody Allen

Die Menschen träumen davon, ewig zu leben, oder zumindest deutlich länger als die Lebensspanne, die uns statistisch mit unter einem Jahrhundert wohl erwartet. Genau genommen sind es eher ältere Menschen, die diesen Traum hegen. Die Jugend denkt selten über solche Dinge nach. Wenn überhaupt. Riskante Skateboard-Tricks oder gar das Springen von U-Bahn-Waggon zu U-Bahn-Waggon zeugen davon, dass sich junge Menschen ihrer Sterblichkeit eher weniger bewusst sind.

Aber Erwachsene versuchen auf ihre eigene Art, das Unvermeidliche auszubremsen. Wir färben uns die Haare, um das Grau zu verstecken, kaufen uns Sportwagen, wenn wir in die Midlife-Crisis schlittern, und lassen uns von Schönheitschirurgen Fältchen glätten und Fett absaugen. Dabei wissen wir alle, dass wir diesen Kampf nicht gewinnen können. Früher oder später werden auch die ehrgeizigsten Anstrengungen nutzlos und wir treten ab.

Für Autoren ist ihre Arbeit der Griff nach der Unsterblichkeit. Obwohl Woody Allens Ansicht nachvollziehbar ist, bleibt das Geschriebene doch zumindest der Versuch, dass unsere Namen weiterleben. Unsere Worte, unsere Gedanken, die Geschichten, die wir erzählen, haben das Potenzial, Generationen oder sogar Jahrhunderte zu überdauern. Und sie können Menschen noch berühren und beeinflussen, wenn wir längst keine direkte Gelegenheit mehr dazu haben. Wenn man einen Roman aus dem 16. Jahrhundert liest (ja, ich habe *Don Quijote* im Blick), geht man auf gewisse Weise auf Zeitreise. Man begibt sich in die Gedankenwelt von jemandem, der vor Jahrhunderten gestorben ist. Und das ist keine Einbahnstraße, denn auch der Autor teilt durch Zeit und Raum seine Gedanken und Träume mit dem Leser. Mit einer Zukunft, die er zweifellos absolut überwältigend fände.

Deshalb freut es mich immer, wenn Marvel frühere Arbeiten von mir in einer „dauerhafteren" Ausgabe wie dieser wieder veröffentlicht. Das ermöglicht nicht nur neuen Lesern, die die Geschichten bei ihrer Erstveröffentlichung vielleicht verpasst haben, einen Zugang. Gleichzeitig ist es auch ein weiteres Mosaiksteinchen für meinen persönlichen Versuch, die Unsterblichkeit zu erringen.

Und in diesem speziellen Fall besonders, da ja beide Geschichten ihren Fokus auf Unsterblichkeit bzw. deutlich verlängertem Leben haben. Beide zeichnen ein nicht gerade rosiges Bild. Wir sollten uns also vielleicht glücklich schätzen, dass wahre Unsterblichkeit keine Bürde ist, mit der sich irgendjemand von uns auseinanderzusetzen hätte.

Future Imperfect hat seine Ursprünge in einem Meeting von mir mit der damaligen Hulk-Redakteurin Bobbie Chase. Bobbie wollte mit einem Europäer arbeiten, der Erfahrung mit Antiutopien hatte. Ob ich eine Hulk-Geschichte schreiben könnte, die in einer solchen Welt spielt, fragte sie. Nach einigem Nachdenken hatte ich die Idee, das Konzept von *Terminator* umzukehren. Die wenigen Einblicke in die Zukunft, die diese Filme uns geben, schienen mir sehr dystopisch ... ich meine, viel weiter weg von Utopia ist kaum möglich. Also dachte ich daran, das zu tun, was diese Filme nicht taten: die Protagonisten in dieser zukünftigen Welt zu porträtieren, statt Abkömmlinge von dort in unsere Welt zu versetzen.

Der Zeichner, den Bobbie ursprünglich vorgesehen hatte, sprang aus Gründen ab, die ich nie erfahren habe. Aber Bobbie mochte den Plot so sehr, dass sie ihn weiterverfolgen wollte. Leider hatten wir eben keinen Zeichner dafür.

Es war einer der größten Glücksfälle meiner Karriere, dass ich zufällig George Pérez bei einem „Docs in a box" traf, eines dieser ambulanten medizinischen Zentren, bei denen man ohne Anmeldung schnell mal vorbeigehen konnte. Ich brachte eines meiner Kinder wegen einer Kinderkrankheit hin. Warum George dort war, weiß ich nicht. Geht mich auch nichts an. Wir sprachen eine Weile miteinander, dann sagte George: „Ich würde gern mal mit dir arbeiten. Sag Bescheid, wenn du je ein Projekt in der Mache hast." Ich konnte nicht anders, als sofort die Gelegenheit zu ergreifen, und erzählte ihm von meiner Hulk-Dystopie. Er mochte die Idee auf Anhieb. Ich hätte mein Handy rausgezogen und sofort Bobbie angerufen, aber damals gab es noch keine Handys. Also musste ich mich gedulden, bis ich wieder zu Hause war, um Bobbie zu sagen, dass George an Bord wäre, wenn wir ihn für das Projekt haben wollten.

Man kann Georges Beitrag zu der Serie überhaupt nicht genug betonen: sein unglaublicher Sinn fürs Geschichtenerzählen, seine legendäre Aufmerksamkeit für Details. Als er mir seine Entwürfe für die Doppelseite mit der Massenszene im ersten Heft schickte, sagte ich: „Weißt du, was noch fehlt? Walter aus *Wo ist Walter?*" (Original: *Where's Waldo?*) Und als die getuschte Version kam, war Walter da. Ja, er ist wirklich da ... kein Witz. Sucht ihn doch.

Und dann Rick Jones' musealer Trophäenraum. Ich glaube, ich kann sagen, den konnte nur Pérez so hinkriegen. Fast alles entspringt seiner eigenen Fantasie. Ich hatte nur zu Wolverines Skelett, Caps Schild und Thors Hammer ein wenig beigetragen. Alles andere entstammt Georges enzyklopädischem Wissen über das Comic-Universum. Man kann dieses Bild stundenlang anschauen und entdeckt immer noch Neues.

Ich muss erwähnen, dass George, als er *Future Imperfect* fertiggestellt hatte, sagte: „Und falls du je ein anderes Projekt hast ...". Das führte direkt zu unserer nächsten erfolgreichen Zusammenarbeit, *Sachs & Violens*, Figuren von solcher Kraft, dass sie gegenwärtig in *Fallen Angel* von IDW zu sehen sind (schamlose Nicht-Marvel-Schleichwerbung).

Dann ist da noch „The Last Titan" auch bekannt als *Hulk: The End*. Wieder war es Bobbie Chase, die anrief und sagte, dass Marvel eine Serie plante, die die finalen Geschichten verschiedener Figuren erzählen sollte. Dale Keown würde zeichnen, und da ich ja Erfahrung mit dem Hulk hätte, wollte sie wissen, ob ich interessiert wäre, das Ende des grünen Riesen zu beschreiben. Mein Problem war, dass ich bereits eine solche Geschichte geschrieben hatte. Sie war in einer Kurzgeschichtensammlung namens *Ultimate Hulk* erschienen, die ich redigiert hatte (keinerlei Zusammenhang zum späteren Ultimativen Universum). Die Story hatte ich „The Last Titan" genannt. Sie handelte davon, wie Hulk in einer postatomaren Wüste umherwanderte, in der die einzigen Lebewesen außer ihm Kakerlaken waren (und, wie ich vermute, irgendwo in den zerbombten

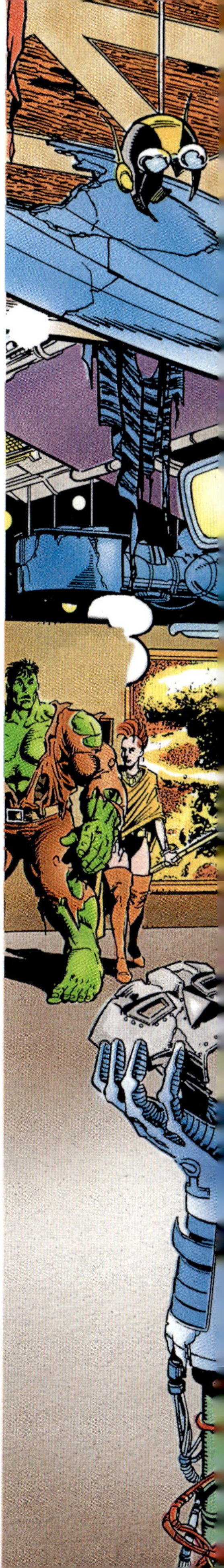

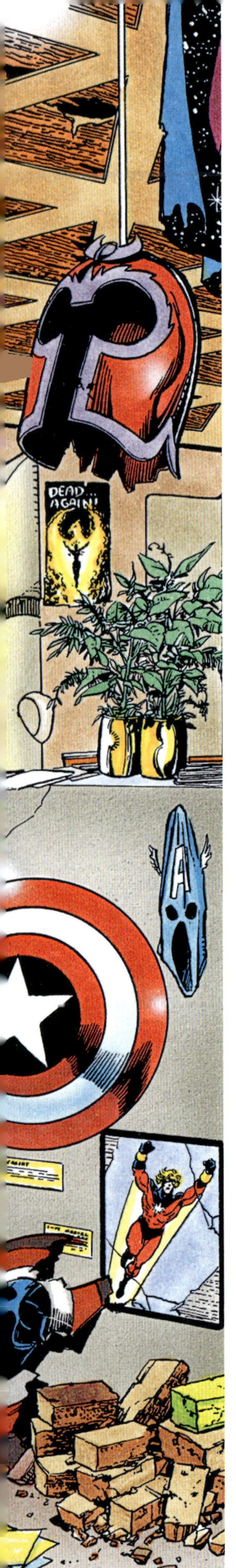

Ruinen von Marvel auch Ralph Macchio). Sie war einige Jahre zuvor erschienen, illustriert von (man ahnt es …) George Pérez. Ich glaubte damals nicht, dass ich sie noch toppen könnte.

Bobbie sagte, dass Marvel das Copyright für die Story besäße, es also kein Problem wäre, wenn wir sie für einen Comic adaptieren wollten. Ich war gern bereit dazu und entwickelte ein paar Ideen, wie man die Geschichte visueller machen könnte – schließlich bestand die Story hauptsächlich aus inneren Monologen. Zu diesem Zweck arbeitete ich einige Dinge weiter aus, die in der Story selbst nur vage angedeutet waren (wie beispielsweise die gesamte Banner-Rekorder-Szene, die ich neu für die Comic-Adaption schrieb, inklusive meines Lieblingssatzes aus der ganzen Geschichte, das komische, kalte: „Eure Spezies hat … tut mir leid, hatte … die Neigung zu nuscheln.").

Als die Story herauskam, war sie so populär, dass sie schnell ausverkauft war. Es ist schön, dass sie nachgedruckt wird, damit die Fans sehen können, was ich für die beste Arbeit von Dale Keown halte. Die allerbeste.

Und es ist sehr passend, dass sie in einem Band mit *Future Imperfect* gedruckt wird, denn wie schon erwähnt, beleuchten beide Geschichten Gedanken und Gefühle in einer Welt, in der man alle überlebt hat, die man je geliebt hat. Es sind Freunde und Familie, die uns erden, die wie Anker in der Welt fungieren. In beiden Geschichten muss der Hulk, weil er so lange lebt, alles hinter sich lassen, was er kannte. Und das hat in beiden Fällen negative Folgen. In der einen Realität wird er wahnsinnig und gibt seinen schlimmsten Neigungen nach, die früher Freunde wie Betty und Rick zu unterdrücken geholfen hatten. In der anderen zieht er sich immer mehr in sich selbst zurück. Ohne Gesellschaft, ohne Interaktion (außer mit Banner) sieht er das Leben nur noch als ein „Überleben" an, und den Tod als die ultimative Schwäche. Und da es beim Hulk immer um Kraft und Stärke geht, ist jede Schwäche zu unterdrücken.

Vielleicht ist ein Grund für den Lesererfolg beider Geschichten, dass wir damit allein gelassen werden, uns zu überlegen, wie es wäre, der letzte Mensch auf Erden zu sein. Wie es wäre, wenn alle, die wir je gekannt haben, zu Asche zerfallen sind (in diesem Fall angesichts der Urnen im Trophäenraum ganz wörtlich zu nehmen). Und wie es wäre, wenn wir uns in einer Welt zurechtfinden müssten, die wir kaum noch erkennen. Würden wir es besser machen als Maestro in Dystopia? Oder als der Hulk in der Kakerlakenwüste, die einst die Erde war? Wahrscheinlich nicht.

Der Hulk hat immer das Beste und das Schlechteste von uns repräsentiert: Hingabe für die Freunde, ewigen Groll auf die Gegner und unstillbare Wut auf alle, die uns im Weg stehen oder uns verletzen wollen. Wer also wäre besser aufgehoben in Geschichten, die von extremer Einsamkeit, Frustration und Wut handeln, die das fortschreitende Alter mit sich bringen? Wer könnte perfekter sein als das Monster, das das personifizierte psychologische „Es" darstellt? Der Hulk, der nur dann weiß, was er will, wenn er es gerade will? Der ewige Teenager, gefangen in der Ewigkeit.

Und wenn ihr diese Einleitung hundert Jahre später lest: Grüße aus der Vergangenheit. Und sorry wegen der globalen Erwärmung.

– Peter David
Long Island, NY, November 2007

NACHWORT
VON GEORGE PÉREZ

Lasst mich denen unter euch, denen *Future Imperfect* gefallen hat, ganz deutlich sagen, wer die eine Person ist, der der größte Dank dafür gebührt, dass ich dieses Projekt übernommen habe: meine reizende Frau Carol Flynn. Ich wusste zwar von Peters Comic-Arbeiten und war durchaus angetan, aber es war Carols überschwängliche Empfehlung für sein Prosawerk - insbesondere seine *Star Trek*-Romane -, die mich dazu brachte, ihn zu fragen, ob wir ein gemeinsames Comic-Projekt realisieren könnten. Carol, eine unersättliche Leserin, gehört eher zur kritischen Sorte. Umso mehr beeindruckte mich ihr durchweg positives Urteil über Peter. In diesem äußerst seltenen Fall, dass ein Zeichner auf einen Autor zugeht - meist ist es umgekehrt -, war das Ergebnis also *Future Imperfect*. Und meine Frau hatte absolut recht, was Peter angeht.

Diese Story ist immer noch die längste, die ich je gezeichnet und getuscht habe, und sie gab mir nicht nur die Chance, ein paar schicke Bilder zu kreieren (wie Peters Museumssequenz - meine absolute Lieblingsszene), sie bedeutete auch eine Art Comeback für mich nach einer eher durchwachsenen Phase, in der nicht allzu viel von mir erschienen war. Aber das Wichtigste dabei war, dass eine professionelle Beziehung mit Peter entstand, die in eine weitere äußerst erfolgreiche Zusammenarbeit mündete: *Sachs & Violens*. Welche Projekte Peter und ich auch umsetzen werden - gemeinsam oder getrennt -, *Future Imperfect* wird immer einen besonderen Platz in meinem Herzen haben.

Danke, Peter, dass du mit mir arbeiten wolltest. Danke, Bobbie und allen anderen bei Marvel, dass ihr die Geschichte drucken wolltet. Und danke, Carol, dass du das Ganze angezettelt hast.

- George Pérez
1993

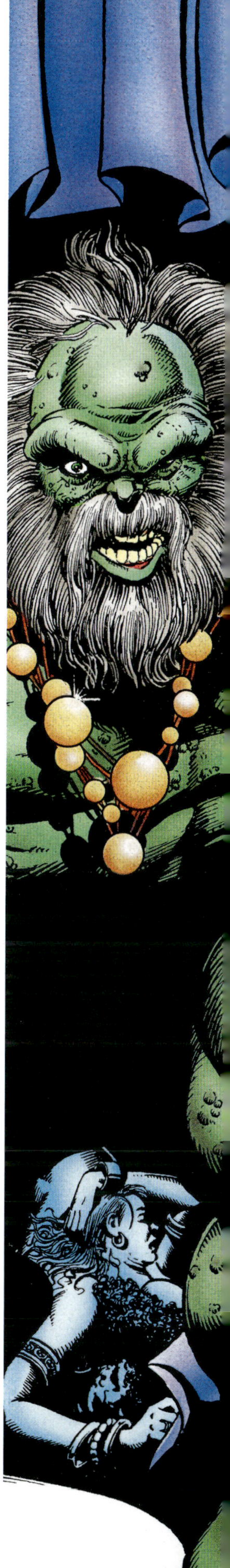

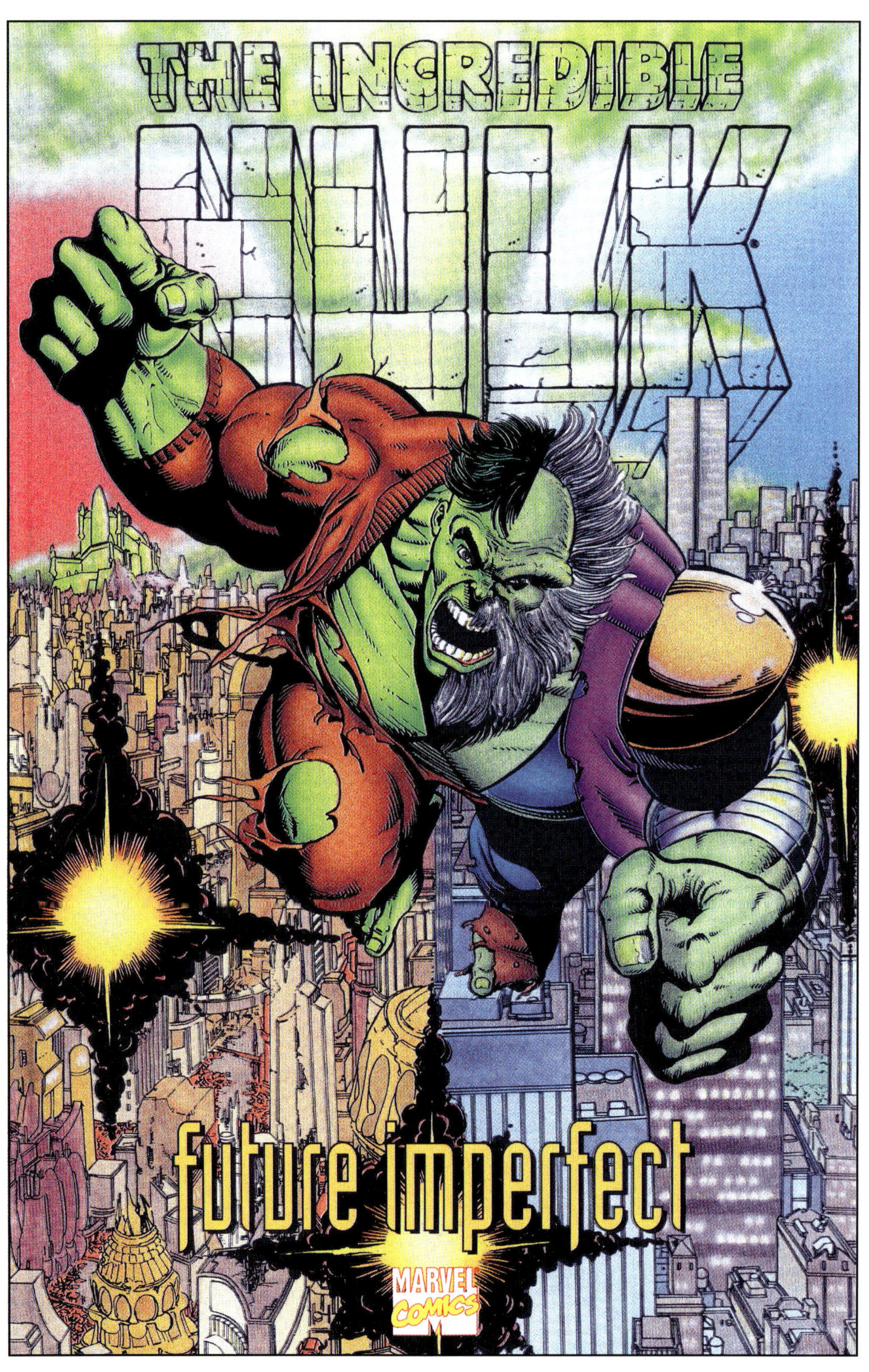

Hulk: Future Imperfect TPB (1994)
Cover von **GEORGE PÉREZ**

GEORGE PEREZ

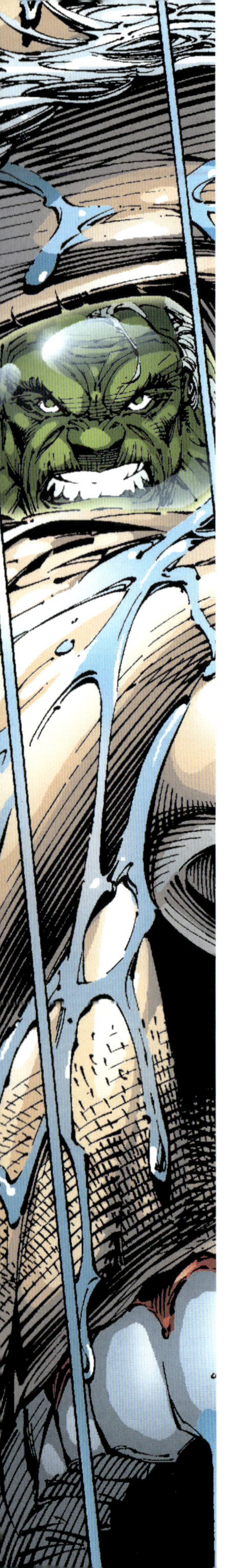

DIE MACHER

PETER DAVID gehört zu den profiliertesten und beliebtesten Autoren der amerikanischen Comic-Szene – und zu den größten Hulk-Kreativen aller Zeiten. Der 1956 geborene David inszenierte zwischen 1987 und 1998 viele wegweisende Storys mit dem Hulk, den er dabei bis heute prägte. Überdies kümmerte sich David in mehreren Epochen um Spider-Man: In den 1980ern textete er etwa die berühmte Saga über den Tod von Jean DeWolff, ab den 1990ern die ersten Abenteuer von Spider-Man 2099 und 2006 in der Ära des *Civil War*-Crossovers weitere Netzschwinger-Geschichten. Darüber hinaus verfasste David *X-Factor*, *Captain Marvel*, *Wolverine*, *She-Hulk*, *Young Justice*, *Aquaman*, *Supergirl*, *Fallen Angel*, *SpyBoy*, *Spike* und *Red Sonja vs. Thulsa Doom*. Neben allerhand Comics zu *Star Trek* schrieb David auch viele Romane zum populären Science-Fiction-Franchise, genauso wie Bücher zu *Babylon 5* oder zu Comic-Verfilmungen wie *Rocketeer*, *Batman Forever*, *Spider-Man* und natürlich *Hulk*. Dazu kommen eigene Romane sowie TV-Drehbücher zu *Babylon 5*, *Young Justice*, *Ben10* und die von ihm mit erschaffene Serie *Space Cases*. David wurde u. a. mit dem Eisner Award, dem Wizard Fan Award und dem GLAAD Media Award ausgezeichnet.

GEORGE PÉREZ beeinflusste mit seiner Arbeit als unverkennbarer Comic-Geschichtenerzähler viele Künstler und selbst aktuelle Adaptionen der großen Helden in verschiedenen Medien. Er verband auf einmalige Weise kleinteilige Seitenlayouts mit großer Blockbuster-Action, füllte jede Seite mit vielen Figuren, Details und Emotionen. Pérez war in den 1970ern, späten 1990ern und frühen 2000ern an mehreren AVENGERS-Sagas beteiligt, zeichnete das verlagsübergreifende Crossover JLA/AVENGERS, das Thanos-Event INFINITY GAUNTLET, und Meilensteine wie NEW TEEN TITANS und CRISIS ON INFINITE EARTHS. Darüber hinaus wurde Pérez zu den wichtigsten Künstlern in der Historie von Wonder Woman: Ende der 1980er prägte er als Autor und Zeichner die neu gestartete WONDER WOMAN-Serie, in der er die Geschichte der Amazonen neu definierte. Obendrein inszenierte der 1954 in New York geborene Pérez Storys mit den Fantastic Four, Black Widow, den Inhumans, Silver Surfer, Man-Wolf, Superman, Green Arrow, der Justice League, dem Duo Power Girl und Huntress, Firestorm und seinen eigenen Heldinnen, den Sirens. Der moderne Meister, der von Fans und anderen Kreativen geradezu verehrt wurde, starb am 6. Mai 2022 im Alter von 67 Jahren.

DALE KEOWN ist ein kanadischer Comic-Macher, der in den 1980ern zunächst Serien wie *Samurai* und *Dragonforce* zeichnete. Danach bebilderte er viele von Peter Davids Hulk-Geschichten, wofür die beiden einen Eisner Award als bestes Kreativteam erhielten. 1993 schuf Keown dann seinen eigenen Helden Pitt und gestaltete dessen Soloserie, deren erstes Heft ein Bestseller war. Nach dem Jahrtausendwechsel zeichnete er kurzzeitig die Serie *The Darkness*. Über die Jahre entstanden zudem Crossover wie *Hulk/Pitt, The Darkness/Hulk* und *The Darkness/Pitt*. Zuletzt illustrierte Keown AVENGERS und HEROES REBORN von Jason Aaron.

HULK
DYSTOPIA

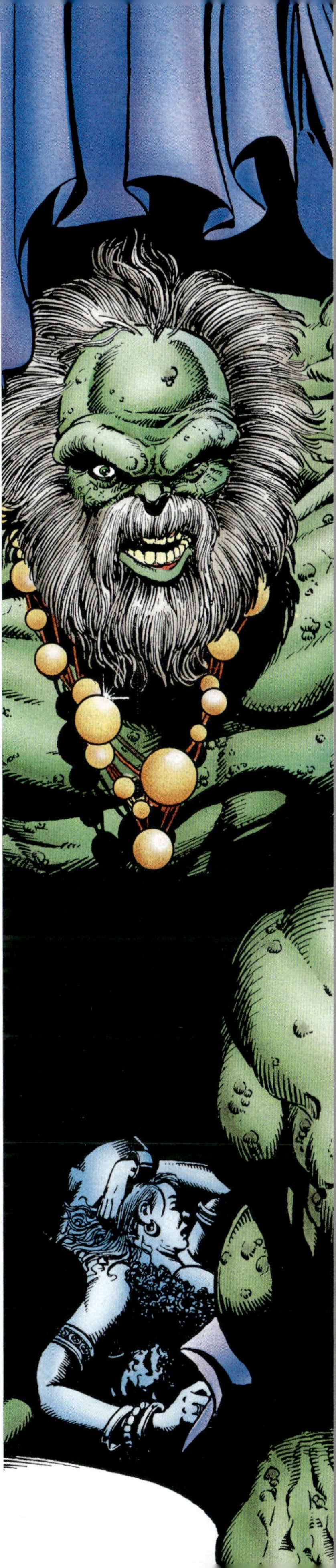

Der **Hulk** war schon immer eine der Hauptfiguren des Marvel-Universums, aber er hat mehr Wandlungen durchgemacht als jeder andere Held. Er zeigte im Laufe der Jahre viele Gesichter: ein wütender Rohling, ein kindlicher Unschuldiger, sogar ein zynisches Genie. 1992 gaben Autor **Peter David** und Zeichner **George Pérez** dem Hulk eine verblüffende neue Inkarnation, die die Fans nie vergessen würden …

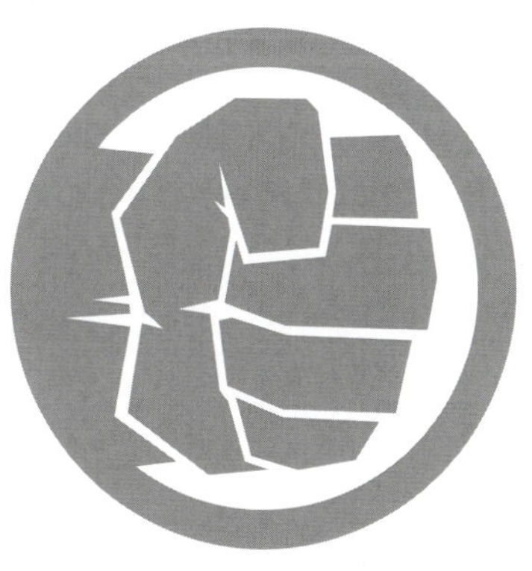

Die Zukunft ist grün

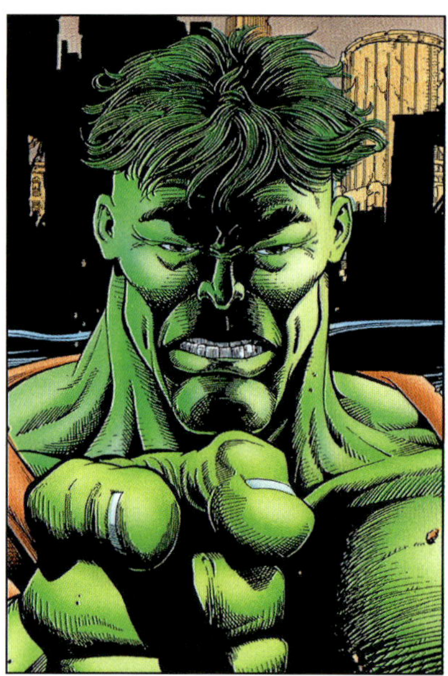

Der Hulk in *Future Imperfect* war ein Amalgam aller früheren Persönlichkeiten der Figur. Zeichnung von George Pérez.

Peter David ist der Autor, der vielleicht am meisten mit dem **Hulk** in Verbindung gebracht wird, denn er hat von 1987 bis 1998 eine beispiellose 12-jährige Serie geschrieben. Er erinnert sich daran, wie er mit der Arbeit begann: „Ich recherchierte über die Reihe, weil ich sie nicht wirklich gelesen hatte, und stieß auf diese Geschichte von **Bill Mantlo**, in der beschrieben wurde, wie **Bruce Banner** als Kind missbraucht wurde. Das brachte mich auf die Idee mit der multiplen Persönlichkeitsstörung. Der Gedanke, dass Bruce nie in der Lage war, sich selbst zu heilen, weil er immer nur sein Äußeres behandelt hat, derweil sich seine eigentlichen Probleme im Inneren abspielten und rauswollten. Dass der Hulk ein Teil seiner Persönlichkeit war und die Gammastrahlen ihr nur eine Form gaben. Vom ersten Heft an hatten wir Bruce Banner nie als ganze Person gesehen. Und irgendwann dachte ich mir, dass ich eine Geschichte schreiben würde, in der **Doc Samson** ihn mithilfe von **Ringmaster** so behandeln würde, wie multiple Persönlichkeitsstörungen wirklich behandelt werden: mit Hypnose. Und das fasste für mich die gesamte Serie zusammen." So entstand der „integrierte Hulk" in *Future Imperfect*, der über Banners Intelligenz, aber auch über die Aggressivität des Hulk verfügte.

David war begeistert von der Aussicht, mit **George Pérez** zusammenzuarbeiten, der damals einer der populärsten Autoren/Künstler der amerikanischen Comic Szene war: „George ist das, was ich als ‚Writer's Artist' bezeichne. Er bringt so viel mit, dass man gar nicht glauben kann, was für ein Glück man hat. Georges Zeichnungen waren so detailliert. Ich erinnere mich noch an die erste Szene mit einer Menschenmenge, die er eingebaut hat, in der wir uns im Grunde auf dem Times Square von Dystopia befinden, und es waren so viele Leute im Bild, dass ich sagte: ‚Weißt du, was noch fehlt? Walter aus *Wo ist Walter?*' (Original: *Where's Waldo?*) Und als die getuschte Version kam, war Walter da. Mit George war alles möglich.

„Ich sagte George, was ich brauchte, und er baute darauf auf. Als ich zum Beispiel die Doppelseite von **Ricks** Trophäenraum beschrieb,

▶ George Pérez gilt als eines der größten Talente der US-Comics. Während seiner 46-jährigen Karriere illustrierte er die meisten der großen Serien, die von Marvel und DC veröffentlicht wurden. Er schrieb auch viele Comics, angefangen mit einer viel gelobten Arbeit für *Wonder Woman* im Jahr 1987. Am bekanntesten war er für ultra-detaillierte Superhelden-Teamserien wie *Avengers, Fantastic Four, Justice League* und *Teen Titans*. Er starb im Mai 2022.

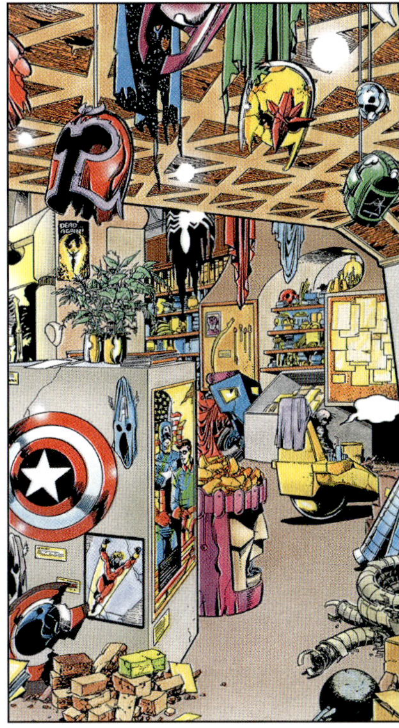

Der alte Rick Jones sitzt in seinem Trophäenraum, umgeben von den Relikten aus dem Zeitalter der Superhelden. Zeichnung von George Pérez.

stand da: ‚Sie enthält folgende Objekte: **Caps** Schild, **Thors** Hammer, **Wolverines** Skelett und das Board vom **Silver Surfer**. Ansonsten kannst du reinstellen, was du willst.' Und George legte einfach los. Vom Schwebemantel bis zum Riverdale-Pulli von **Archie Andrews** war alles dabei. Das ist das Tolle an der Arbeit mit George. Man kann ihm sagen, was man will, aber er wird immer mehr abliefern."

George Pérez hatte gute Erinnerungen an die Geschichte: „Ich hatte sehr viel Spaß dabei, denn Peter war sehr kreativ. Eigentlich ging es nur um eine einzige Figur, aber dann schrieb er die Museumsszene und erwähnte ein paar Dinge, die im Museum sein sollten, weil sie für die Handlung wichtig waren. Wenn ein Autor mir etwas gibt, möchte ich sicherstellen, dass ich ihm gerecht werde, dass ich ihm mehr gebe, als er erwartet hat. Peter hat mir das Kompliment gemacht, dass ich in all den Jahren, in denen er am Hulk gearbeitet hat, sein liebster Mitarbeiter war. Und ich habe nur zwei Hefte gemacht: *Future Imperfect* 1 und 2. Aber es hat viel Spaß gemacht und war eine große Herausforderung. Und bis zu dem sehr viel späteren DC/Marvel-Crossover-Projekt *JLA/Avengers* war es die längste Geschichte, die ich auch selbst getuscht habe."

Das typisch komplexe Artwork der Geschichte bedeutete ein hohes Arbeitspensum. „Bei all den Details bin ich nicht sehr schnell", verriet Pérez. „Bei den letzten Seiten war wirklich Eile geboten, sonst hätten wir den Abgabetermin verpasst. Ich sagte: ‚Nein, ich muss es fertig machen, ich muss es fertig machen.' Das ging so weit, dass ich, glaube ich, 72 Stunden ohne Pause und ohne Schlaf gearbeitet habe. Schließlich schickte ich die letzten Seiten ab, und meine Frau kam herein und sah mich zusammengesunken vor dem Fernseher auf dem Stuhl. Sie rief meinen Namen und dachte, ich hätte einen Herzinfarkt bekommen, weil ich nicht aufwachte. Ich war bewusstlos. Aber es ging mir gut.

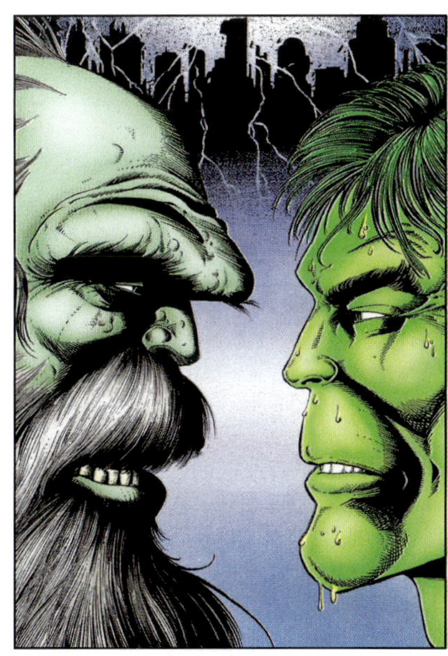

Die beiden Hulks stehen sich Auge in Auge gegenüber. Zeichnung von George Pérez.

„Ich war sehr, sehr stolz auf *Future Imperfect*. Ich hätte nie gedacht, dass **Maestro** nach all den Jahren immer noch beliebt sein würde. Ich dachte, es wäre nur ein einmaliger Auftritt gewesen, aber natürlich wurde er zu Peter Davids **Thanos**: eine Figur, von der niemand erwartet hatte, dass sie wirklich erfolgreich werden würde, aber siehe da."

TIMELINE

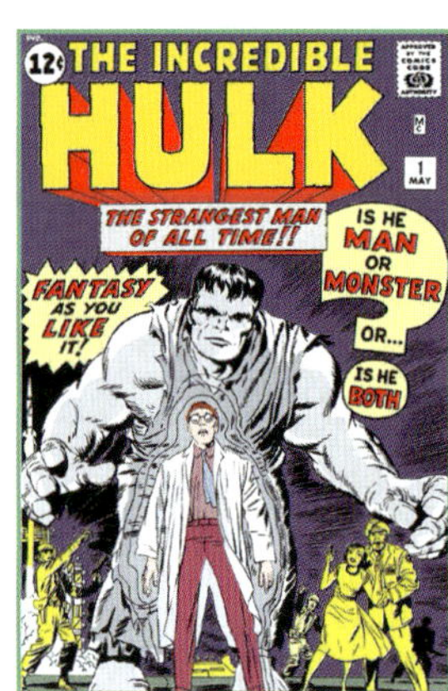

***The Incredible Hulk* 1**
(1962)
STAN LEE
JACK KIRBY
*Die Explosion einer Gammabombe führt dazu, dass sich **Bruce Banner** in den Hulk verwandelt.*

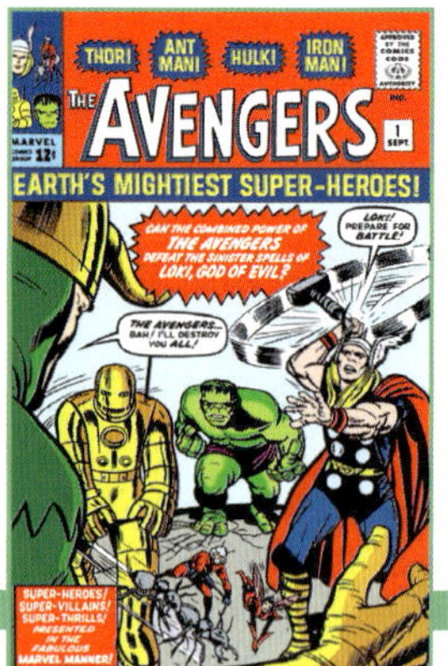

***The Avengers* 1**
(1963)
STAN LEE
JACK KIRBY
*Die **Avengers** sammeln sich zum ersten Mal, um **Loki** zu bekämpfen. Der Hulk ist ein Gründungsmitglied, verlässt das Team aber bald darauf.*

HULK
DYSTOPIA

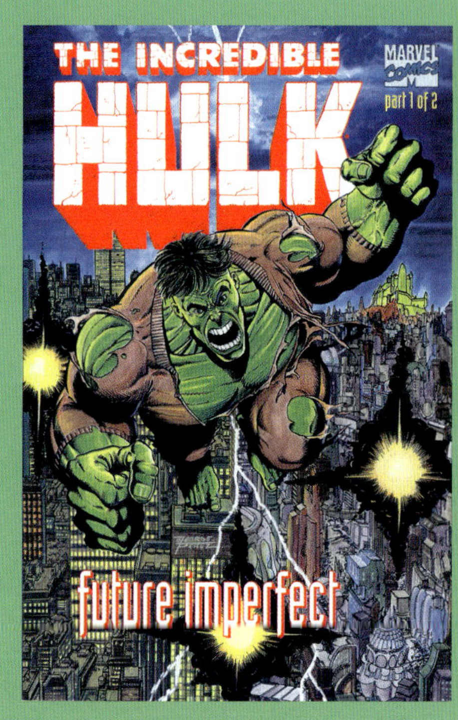

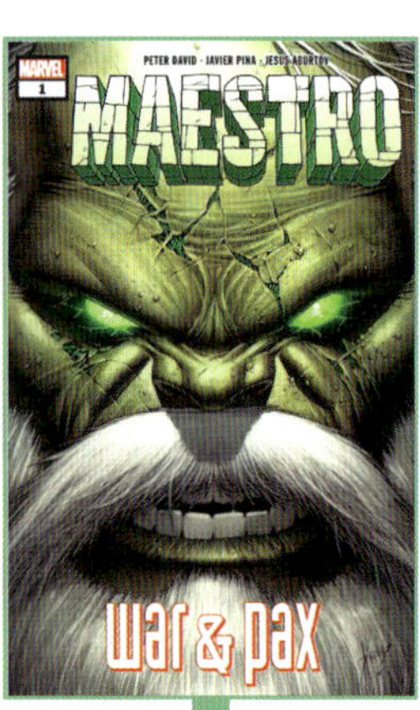

***Maestro: War & Pax* 1**
(2021)
PETER DAVID
JAVIER PINA
*Maestro festigt seine Macht in Dystopia und beginnt, sein Reich zu vergrößern, was zu einer Konfrontation mit **Dr. Doom** führt.*

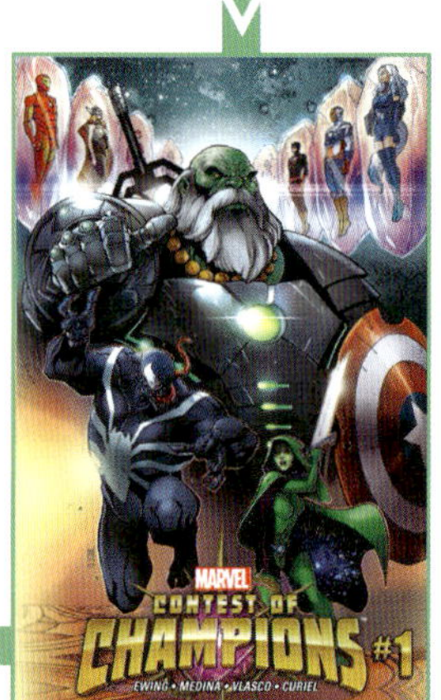

***Contest of Champions* 1**
(2015)
AL EWING
PACO MEDINA
***Maestro** wird zum Diener von **Collector** gemacht. Er besiegt seinen Meister und beansprucht die Herrschaft über Battlerealm.*

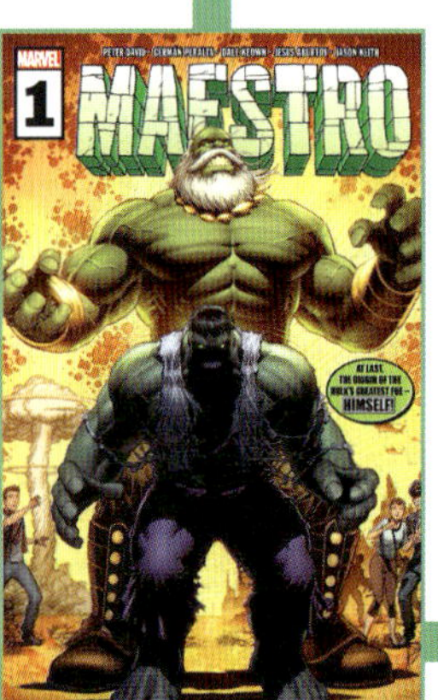

***Maestro* 1**
(2020)
PETER DAVID
GERMÁN PERALTA
DALE KEOWN
Maestros Vergangenheit wird enthüllt, als der Hulk in einem Amerika nach dem Dritten Weltkrieg erwacht.

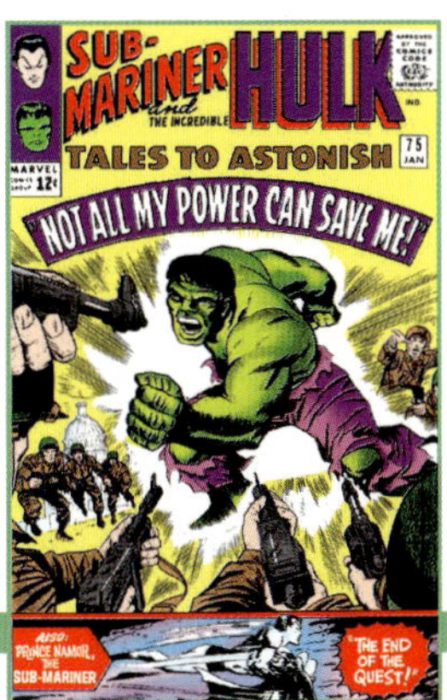

***Tales to Astonish* 75 (1966)**
STAN LEE
JACK KIRBY
Der Hulk unternimmt seine erste Reise in die Zukunft, nachdem er von einer von Bruce Banner entworfenen Waffe getroffen wurde: der „T-Gun".

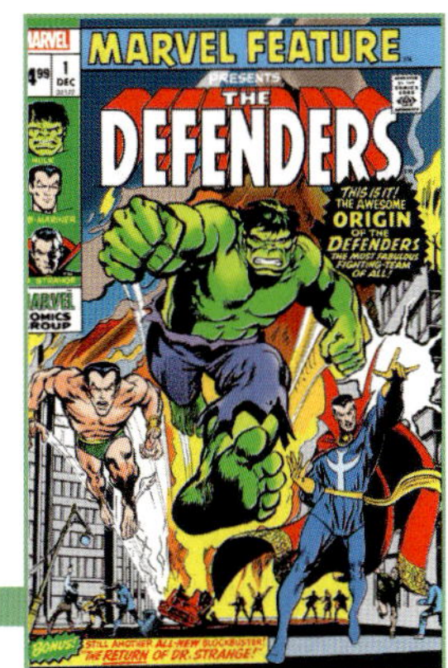

***Marvel Feature* 1 (1971)**
ROY THOMAS
ROSS ANDRU
Dr. Strange *bringt den Hulk und den* ***Sub-Mariner*** *zusammen, damit sie ihm im Kampf gegen den finsteren* ***Yandroth*** *helfen – und die* ***Defenders*** *sind geboren.*

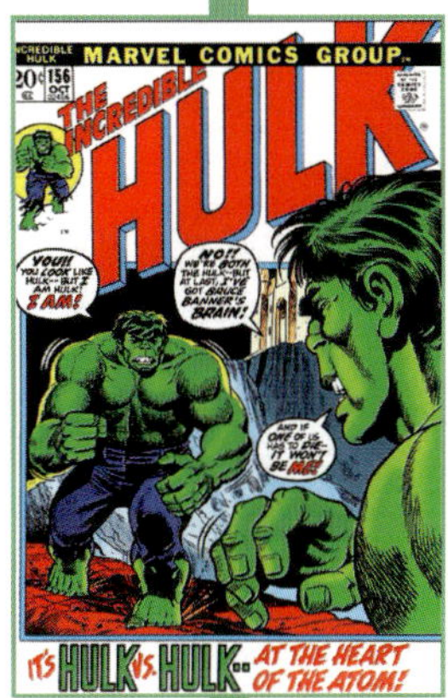

***The Incredible Hulk* 156 (1972)**
ARCHIE GOODWIN
HERB TRIMPE
Gefangen in einer subatomaren Welt sieht sich der Hulk dank eines Zaubers zum ersten Mal mit sich selbst konfrontiert.

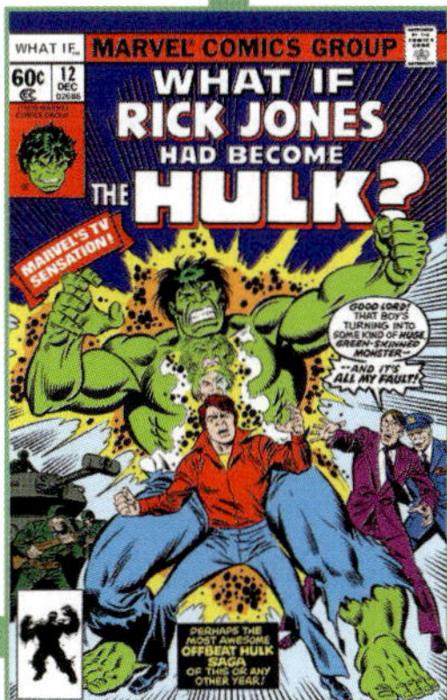

***What If…?* 12 (1978)**
DON GLUT
SAL BUSCEMA
Der ***Beobachter*** *untersucht eine alternative Zeitlinie, in der nicht Bruce Banner, sondern* ***Rick Jones*** *der Hulk wird.*

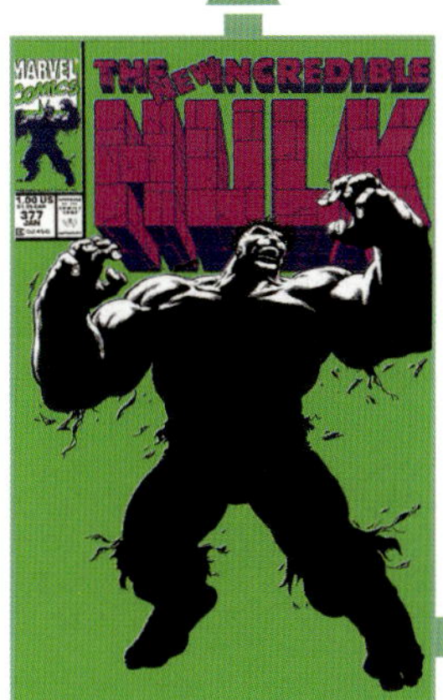

***The Incredible Hulk* 377 (1991)**
PETER DAVID
DALE KEOWN
Doc Samson *gelingt es mithilfe von* ***Ringmaster****, alle Persönlichkeiten des Hulk in einem Wesen zu vereinen.*

Der **Hulk** war schon immer ein Antiheld im Marvel-Pantheon. Er ist eine Figur, die von Helden, Menschen und Schurken gleichermaßen gefürchtet wird, und das aus gutem Grund. Die Wut in ihm ist nie gestillt worden, und seine Stärke wird nur von seiner Intelligenz übertroffen. In *Future Imperfect* zeigen **Peter David** und **George Pérez** eine erschreckend plausible Zukunft für die Figur, die die Herrschaft über die Menschheit anstrebt, die ihn immer gemieden hat.

Eine Zugabe für Maestro

Maestros Vergangenheit wurde in drei Miniserien mit jeweils fünf Heften beschrieben. *Maestro* (2020) wurde von **Peter David** geschrieben und von **Germán Peralta** und **Dale Keown** illustriert. Der **Hulk** entkommt aus einem AIM-Bunker und erfährt von **MODOK**, dass die Erde in einem Atomkrieg so gut wie vollständig zerstört worden ist. Er erfährt zudem, dass **Hercules** der Herrscher über das verbliebene New York, das nun Dystopia heißt, geworden ist und den Namen „Maestro" angenommen hat. Der Hulk kämpft mit Hercules, wird aber besiegt. Wochen später kehrt er zurück und benutzt **Vapor** und ihre Kräfte, um Hercules zu vergiften. Der Hulk beansprucht Dystopia als sein eigenes Königreich und erklärt sich zum neuen Maestro.

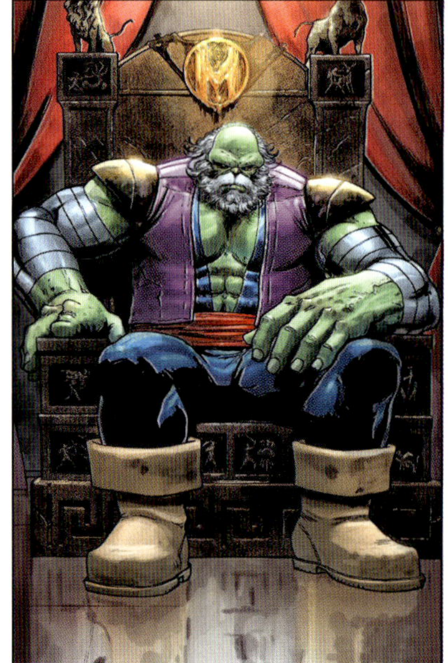

Die drei Maestro-Miniserien dienen als Vorgeschichte zu *Hulk: Future Imperfect*. Zeichnung von Germán Peralta.

Maestro: War & Pax (2021) stammt aus der Feder von Peter David und **Javier Pina**. Maestro wird von seinen alten Kollegen aus der geheimen Gruppe namens **Pantheon** beobachtet. Sie treffen sich mit **Dr. Doom**, der vorschlägt, dass sie zusammenarbeiten, um Maestro zu fangen. Maestro und Doom arbeiten jedoch insgeheim zusammen, um jede Gefahr für ihre eigene Macht auszuschalten, und das Pantheon wird zerstört. Doom und Maestro stehen sich schließlich im Kampf gegenüber. Maestro setzt Elektromagnete ein, um Dooms Rüstung zu zerstören, aber Doom entkommt mittels Teleportation.

Maestro: World War M (2022) wurde von Peter David, Germán Peralta und **Pasqual Ferry** in Szene gesetzt. **Abomination** verbündet sich mit Dr. Doom, dem **Sub-Mariner** und der ersten **Fackel**, um Maestro zu vernichten. Der Sub-Mariner zerstört Dystopia fast mit einer riesigen Meereskreatur namens **Giganto**. Abomination verrät Doom und nutzt die Novaflamme der Fackel, um sie beide zu töten. **Rick Jones** findet die Zeitmaschine von Doom.

▶ Maestro tauchte in *Contest of Champions* 1 (2015) wieder auf, einer zehnteiligen Serie, die von **Al Ewing** verfasst und von **Paco Medina** und **Rhoald Marcellius** illustriert wurde. Maestro wird vom **Collector** gezwungen, Supermenschen aus mehreren Universen auszuwählen, die in einem Gladiatorenkampf gegeneinander antreten sollen. Der Gegner vom Collector ist sein Bruder, der **Grandmaster**. Maestro überlistet beide und übernimmt die Kontrolle über Iso-8, ein Element, das die Realität verändert. Er wird schließlich von den entführten Helden besiegt und wird Teil der Sammlung vom Collector.

Rick Jones

Rick Jones wurde in Scarsdale, Arizona, geboren. Seine Eltern starben, als Rick noch ein Kleinkind war, und er wuchs in einem Waisenhaus auf. Er wurde ein rebellischer Teenager. Eines Abends ließ sich Rick von einigen Freunden dazu überreden, in ein Sperrgebiet in der Wüste von New Mexico zu fahren. Er wusste nicht, dass es sich um ein Bombentestgelände handelte. **Dr. Bruce Banner** entdeckte Rick und schaffte es, ihn in einen Graben zu schleudern, bevor die von ihm entworfene Gammabombe explodierte. Die Gammastrahlung verwandelte Banner in den **Hulk**. Rick wurde zum einzigen Vertrauten von Banner und dem Hulk und war lange Zeit der Einzige, der von ihrer Doppelidentität wusste. Er fühlte sich verantwortlich für Banners Misere.

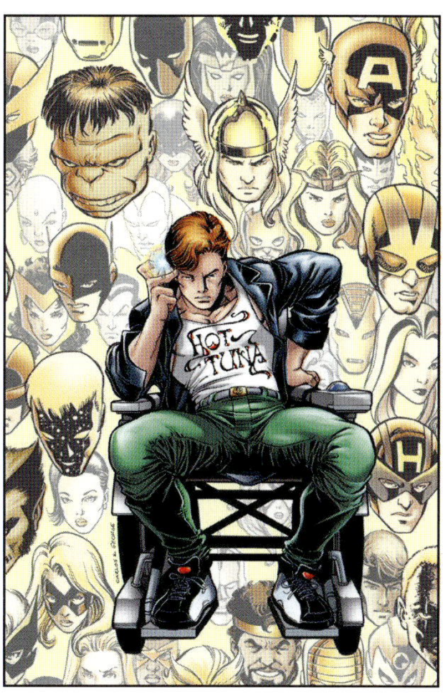

Rick Jones war schon vielen der größten Helden der Erde ein treuer Freund. Zeichnung von **Carlos Pacheco** und **George Pérez**.

Rick kontaktierte mehrere Superhelden wegen des Hulk, was zur Gründung der **Avengers** führte. Später wurde er der inoffizielle Partner von **Captain America**, nachdem die Avengers ihn im Eis der Arktis gefunden hatten, wo er seit den 1940ern eingefroren gewesen war.

Rick verfolgte eine Karriere als Singer-Songwriter, aber seine Bemühungen wurden unterbrochen, als er dem **Kree**-Helden **Captain Mar-Vell** begegnete, der in einem Antimaterie-Universum gefangen war, der Negativzone. Rick willigte ein, Nega-Bänder der Kree an seinen Handgelenken zu tragen, die es ihm ermöglichten, vorübergehend den Platz mit Mar-Vell zu tauschen, sodass der Held auf der Erde aktiv werden konnte. Rick und Mar-Vell wurden gute Freunde, und Rick war untröstlich, als Mar-Vell einige Jahre später an Krebs starb.

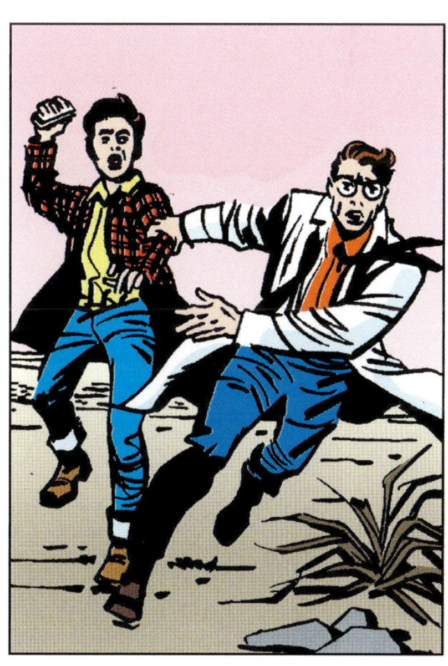

Rick Jones wird von Bruce Banner in *Incredible Hulk* 1 gerettet. Zeichnung von **Jack Kirby** und **Paul Reinman**.

Die Oberste Intelligenz der Kree erfuhr, dass Rick ein geeigneter Träger für die **Destiny Force** war, eine geheimnisvolle Energieform, die alle Menschen in einigen Jahrtausenden entwickeln könnten. Dies machte Rick zum Gegenstand des Interesses mehrerer galaktischer Mächte.

Rick Jones hat ein umfangreiches Kampfsporttraining von Captain America erhalten. Er ist ein autodidaktischer Gitarrist und Mundharmonikaspieler.

WEITERE MUST-HAVE-TITEL

BEREITS ERHÄLTLICH

CIVIL WAR
AVENGERS: HELDENFALL
SPIDER-MAN: SPIDER-VERSE
WOLVERINE: OLD MAN LOGAN
DEADPOOL KILLT DAS MARVEL-UNIVERSUM
THANOS: DIE GEBURT EINES MONSTERS
DAREDEVIL: DER MANN OHNE FURCHT
MILES MORALES: ULTIMATE SPIDER-MAN
MS. MARVEL: META-MORPHOSE
DER TOD VON WOLVERINE
INFINITY GAUNTLET: DIE EWIGE FEHDE
PLANET HULK
X-MEN: DIE DARK PHOENIX SAGA
VENOM: DARK ORIGIN
IRON MAN: EXTREMIS
FANTASTIC FOUR - 4
PUNISHER: FRANK IST ZURÜCK!
MARVEL KNIGHTS SPIDER-MAN
BLACK PANTHER: WER IST BLACK PANTHER?
X-MEN: EIN NEUER ANFANG
FANTASTIC FOUR: ALLES GELÖST?!
SPIDER-MAN: HEIMKEHR
CAPTAIN AMERICA: WINTER SOLDIER
ASTONISHING X-MEN: BEGABT

SPIDER-MAN: KRAVENS LETZTE JAGD
HOUSE OF M
DEADPOOL: WEIBER, WUMMEN UND WADE WILSON
AVENGERS: AUSBRUCH
ULTIMATE SPIDER-MAN: LEKTIONEN FÜRS LEBEN
DER TOD VON CAPTAIN AMERICA
ANNIHILATION
MARVELS
DAREDEVIL: AUFERSTEHUNG
GUARDIANS OF THE GALAXY: SPACE-AVENGERS
AVENGERS PRIME
WOLVERINE: STAATSFEIND
THE SIEGE - DIE BELAGERUNG
SPIDER-MAN/BLACK CAT
DAREDEVIL: IN DEN ARMEN DES TEUFELS
THOR: DIE RÜCKKEHR DES DONNERS
SECRET INVASION
UNCANNY AVENGERS: DER ROTE SCHATTEN
WOLVERINE: WAFFE X
MARVEL ZOMBIES
DOCTOR STRANGE: DER EID
SILVER SURFER: REQUIEM
X-MEN: BEDROHTE SPEZIES
FEAR ITSELF - NACKTE ANGST

THOR: AUF DER SUCHE NACH GÖTTERN
WORLD WAR HULK
SPIDER-MAN: QUALEN
WOLVERINE
NEW AVENGERS: ILLUMINATI
SECRET WAR
THANOS KEHRT ZURÜCK
GHOST RIDER: STRASSE ZUR VERDAMMNIS
AVENGERS: ULTRONS RACHE
DEADPOOL: DREI GLORREICHE HALUNKEN
SPIDER-MAN: ERSTAUNLICHER NEUSTART
AVENGERS FOREVER
X-MEN: SCHISMA - GETRENNTE WEGE
SUB-MARINER: DIE TIEFE
AGE OF ULTRON
SECRET WARS
HULK: GRAU
NEW MUTANTS: HÖLLENBIEST
X-MEN: MAGNETO - TESTAMENT
SILVER SURFER: PARABEL
IRON MAN: DIE FÜNF ALBTRÄUME
CAPTAIN AMERICA: NEUE GEGNER
THOR: GOTT DES DONNERS - GÖTTERSCHLÄCHTER
MARVEL SUPER HEROES SECRET WARS

JETZT ERHÄLTLICH

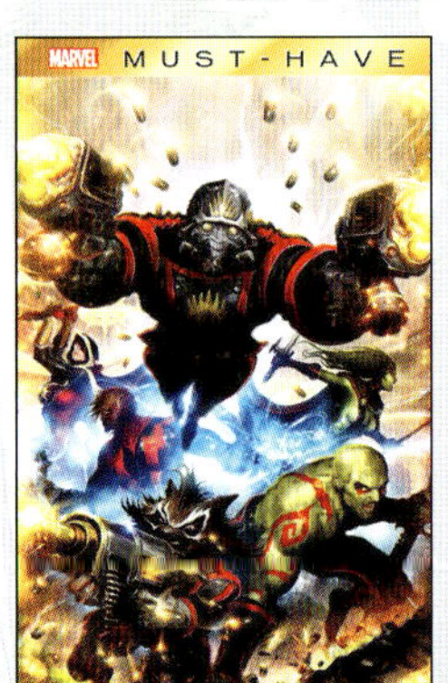

GUARDIANS OF THE GALAXY: KRIEGER DES ALLS

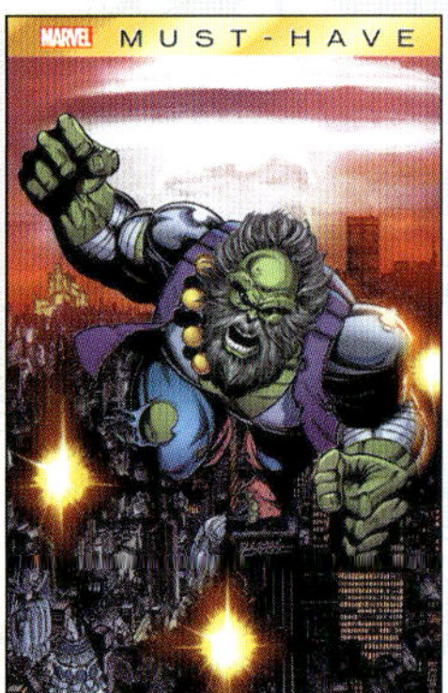

HULK: DYSTOPIA

DEMNÄCHST

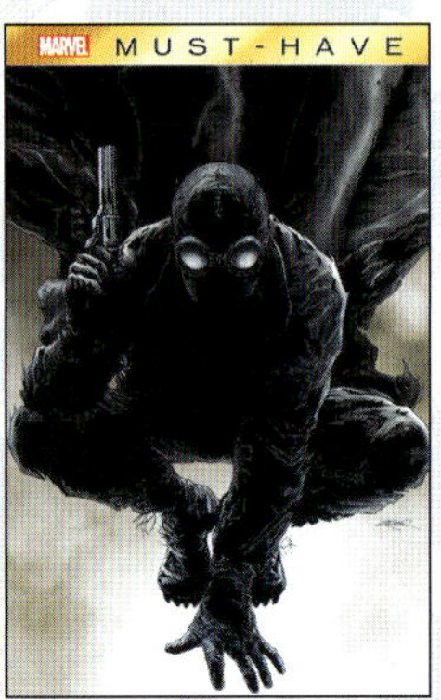

SPIDER-MAN NOIR

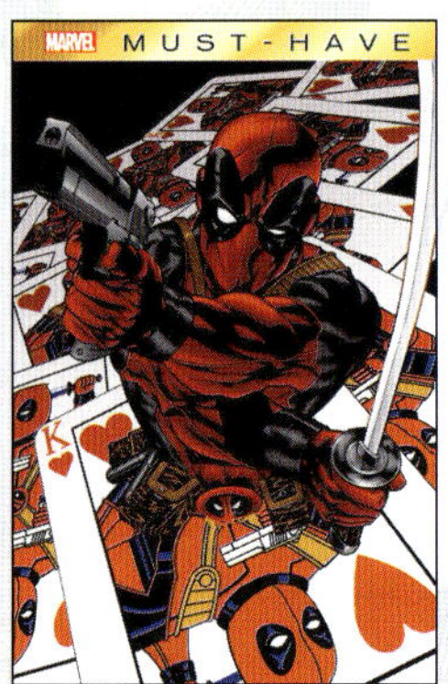

DEADPOOL: DIE WETTE